编委会名单

主　编：卫德佳　郑　翔　王　浩

编委会委员（按姓氏字母排序）：

崔金星　邓大鸣　冯　露
傅晶晶　龚　晓　康　涛
李明騥　李　平　梁　分
罗　燕　马光文　王　浩
王　霜　卫德佳　魏　东
吴孟强　阳露昭　杨翠柏
张　虹　郑　翔

能源法学研究

（第❺辑）

Studies in
Energy Law. Vol 5

主编 卫德佳 郑翔 王浩

四川大学出版社
SICHUAN UNIVERSITY PRESS

图书在版编目（CIP）数据

能源法学研究. 第 5 辑 / 卫德佳，郑翔，王浩主编. 一 成都：四川大学出版社，2023.3
ISBN 978-7-5690-6033-1

Ⅰ. ①能… Ⅱ. ①卫… ②郑… ③王… Ⅲ. ①能源法—研究—中国—文集 Ⅳ. ① D922.674-53

中国国家版本馆 CIP 数据核字（2023）第 038664 号

书　　名：	能源法学研究（第 5 辑）
	Nengyuanfaxue Yanjiu (Di-5 Ji)
主　　编：	卫德佳　郑　翔　王　浩

选题策划：	蒋姗姗
责任编辑：	蒋姗姗
责任校对：	吴连英
装帧设计：	墨创文化
责任印制：	王　炜

出版发行：	四川大学出版社有限责任公司
	地址：成都市一环路南一段 24 号（610065）
	电话：（028）85408311（发行部）、85400276（总编室）
	电子邮箱：scupress@vip.163.com
	网址：https://press.scu.edu.cn
印前制作：	四川胜翔数码印务设计有限公司
印刷装订：	四川煤田地质制图印务有限责任公司

成品尺寸：	185 mm×260 mm
印　　张：	20.5
字　　数：	425 千字

版　　次：	2023 年 6 月 第 1 版
印　　次：	2023 年 6 月 第 1 次印刷
定　　价：	89.00 元

本社图书如有印装质量问题，请联系发行部调换

版权所有 ◆ 侵权必究

前　言

能源是人类社会发展进步的物质基础，是经济社会发展和民生需求的基本保障。为了打造高质量、结构合理的现代化能源体系，实现从数量增长到质量跨越的"能源革命"目标，需要有坚实的能源法治保障。

四川省法学会能源法学研究会自成立以来，为全面落实依法治国基本方略，为"治蜀兴川"创造良好法治环境、提供有力法治保障，为更好地开展能源法学的理论与实际研究，使能源法学研究服务于四川经济社会发展、践行依法治省，以西南石油大学能源法研究中心、法治与社会治理研究院为研究平台，以西南石油大学能源法创新研究团队为研究主力，有效地集中了我省（四川省）的能源法学理论与实务资源，为我国能源立法、能源监管、环境治理、能源市场化改革、"一带一路"能源国际合作等领域提供了大量研究成果。

为进一步贯彻落实习近平总书记对生态文明建设和生态环境保护提出的新理念、新思想、新战略，充分发挥法治保障功能助力实现碳达峰碳中和目标的背景下，由我校（西南石油大学）和四川省能源法学研究会主办，成都高新区人民法院承办的"高新杯"碳达峰、碳中和法治保障研讨会暨四川省法学会能源法学研究会2021年会（换届大会），在四川省法学会的领导下，在四川省能源局、四川省高级人民法院环境资源审判庭和成都市法官协会的指导下，于2021年10月30日在成都金河宾馆举行。会议选举产生了新一届四川省法学会能源法学研究会理事会、常务理事会和主要负责人，年会吸引了能源法理论界和实务界专家学者90余人就能源相关的法律问题进行了广泛而深入的研讨。年会论文经过评审与筛选集结成《能源法学研究（第5辑）》。从内容上看，本辑主要包括以下三个方面的内容：第一，能源行业实践；第二，司法助力碳达峰、碳中和；第三，能源低碳制度建设。

在能源革命向纵深发展，能源法治变革加快，能源生产与消费革命不断深化的背景下，为了更好地推动绿色低碳能源体系变革发展，我们期待更多的专家学者参与和支持能源法研究，为全国能源战略的制定及能源法学科的发展提供实证数据与理论支持，为丰富我国能源法律体系、繁荣我国能源法学事业做出贡献。

卫德佳

2023 年 5 月 5 日

目 录

专题一：能源行业实践

"双碳目标"下碳排放权交易市场的立法思考 ………… 卫德佳 杨慧毓（3）
"双碳目标"视野下四川氢能产业链优化的政策协同路径
　………… 崔金星 唐 莉 罗维宇 陈安琪 何岭洪（13）
论双碳承诺下国家温室气体减排义务 ………… 王 浩 鲜翰林（28）
在技治与法治之间：氢能产业安全标准规制的逻辑及其展开
　………………………………………………… 唐晓寒 王 浩（42）
成渝双城经济圈碳市场法治监管服务体系构建 ………… 郝廷婷 陈晓君（55）
论能源低碳发展下的企业战略调整 ………………………… 郑玮嘉（65）
"一带一路"碳市场法律服务体系建设路径研究
　………………………… 郝廷婷 牟其香 宗 铄 陈晓君（71）
绿色信贷风险及其法律因应 ………… 高丹丽 徐晓双 代 建（80）
"双碳目标"下碳排放配额初始分配制度初探
　——由"拉闸限电"引发的法学反思 ………………… 罗予婕（89）
石油天然气管道建设与运营监管制度的体系化构建 …… 崔金星 罗维宇（98）
"碳达峰碳中和"愿景实现过程中法律保障的困境检视及出路选择
　………………………………………………… 卫德佳 罗兰平（111）

专题二：司法助力碳达峰、碳中和

碳达峰、碳中和中的恢复性司法研究 ………… 吴晓敏 王 雪（123）
司法助力"双碳目标"实现 ………………… 涂晏艇 宋玉霞（132）
预防性环境公益诉讼实施困境与出路 ……………… 陈 恋 罗沁雯（142）
非法采矿罪新类型案件法律适用问题分析 ……… 郝廷婷 陈 楠 邓婷婷（153）
基层人民法院精准服务民营经济绿色发展的路径研究
　——以企业环保合规与环境风险防控为视角
　………………………… 徐晓双 卫翔宇 高丹丽（162）

专题三：能源低碳制度建设

完善立法推动中国碳达峰、碳中和目标 ……………	张　虹　邹　童	(177)
"双碳目标"下碳足迹标签化的制度价值…………	周　强　崔金星	(185)
对《碳排放权交易管理办法》中的监督权探讨		
——以公民参与视角 …………………………	吴晓敏　贾　朔	(197)
双碳立法挑战和路径研究 …………………………	宋玉霞　廖智雅	(206)
国家氢能立法研究 ………………… 王　浩　邹文君　杨　智		(215)
刍议"双碳目标"的法律保障路径 …………………	张　虹　赵　芳	(225)
"双碳目标"背景下四川省构建用能权交易制度路径研究		
……………………………………………………	熊　佳　崔金星	(233)
成渝地区应对气候变化的协同治理研究		
——以环境协同立法为视角 ………………………………	彭力家	(242)
碳达峰、碳中和的立法探究 ………………………………	冯丽妃	(253)
碳中和背景下能源信用监管法律制度研究 …………………	李　庆	(264)
碳排放监管法律制度研究 …………………………………	付晓玲	(277)
迈向碳中和的行政指导 …………… 白灵芝　李智贤　徐海原		(285)
迈向碳中和的"一带一路"能源低碳协作治理 ………	王　浩　黄小坚	(297)

专题一：能源行业实践

"双碳目标"下碳排放权交易市场的立法思考

卫德佳[①] 杨慧毓[②]

摘 要：碳排放权交易市场，是将碳排放的权利作为一种资产，进行公开交易的场所。中国将碳排放的权利市场化，是为了刺激企业节能减排，最终服务于双碳目标，从而应对全球气候危机。中国在碳排放权交易领域虽然取得了一定成就，但也存在诸多问题。碳排放权交易市场相关立法存在层级低、协同能力弱、缺乏有效的惩戒机制等弊端，制约着市场配置资源的效率。本篇文章立足中国国情，借鉴发达国家和地区的立法经验，对碳排放权交易市场立法提出了建议。

关键词：碳排放权；碳交易；气候危机；立法

一、问题的提出

碳排放权的灵感来源于排污权[③]，是指相关主体排放二氧化碳等温室气体的权利。碳排放权交易市场将碳排放权视为一种标的，在这个市场里可以公开透明地交易碳排放权。率先实现减排的企业可以通过碳排放权交易市场将多余的碳排放权转让给减排成本较高的企业，从而获取收益。而减排成本较高的企业通过碳排放权交易市场购买碳排放权，从而缓解自身的碳排放压力。碳排放权交易这一新兴市场行为的产生初衷是提高高碳企业的环境成本，促使企业节能减排，推动技术革新。

中国提出双碳目标是中国对全球气候变暖的真切回应，也彰显了中国的大国担当。双碳目标指出，中国将在 2030 年实现碳达峰，在 2060 年实现碳中和。2021 年作为双碳目标启动的元年，我们应当高度重视碳排放权交易市场的法制构建。早在 2011 年，中国就已在碳排放权交易市场进行试点，为现今全国范围内的碳排放权交易市场的建立提供原始经验。然而这些试点区域具有分散性、高

[①] 卫德佳：四川省法学会能源法学研究会会长，硕士生导师，研究方向为行政法和能源法。
[②] 杨慧毓：西南石油大学法学院，硕士研究生，研究方向为行政法学。
[③] 蒋博雅：《论碳排放权的法律属性》，《辽宁公安司法管理干部学院学报》，2019 年第 1 期，第 95-100 页。

度自治性和盖然性，不足以应对全国碳排放权交易市场中的普遍问题[①]。2021年7月16日，中国碳排放权交易市场（以下简称"碳市场"）启动上线交易。发电行业成为首个纳入全国碳市场的行业，纳入重点排放单位超过2000家。中国碳市场将成为全球覆盖温室气体排放量规模最大的市场。因此，采取法制手段规范碳市场交易的运行及监管刻不容缓。一方面，欧盟国家早就对碳市场的运行进行了规制，在碳交易领域取得了显著成就[②]。在这样的大环境驱动下，中国高碳行业的产品在国际贸易中，极有可能会被科以碳税。另一方面，实施温室气体排放政策的手段可以是柔性的劝说，也可以是刚性的命令控制，而通过建立碳市场的方法更具有灵活性。

如果企业通过技术创新实现了节能减排，可以通过碳市场流转盈余的碳排放配额，从而实现碳排放配额的市场再分配。

二、我国碳排放权交易的法制成就

实现双碳目标，必须要发挥市场配置资源的作用，将低碳能源的正外部性转化为经济利益[③]，驱使社会各行业加入节能减排的队伍。将碳市场作为减排的政策工具，离不开政府的指引和干涉。国家发改委于2011年颁布了《关于开展碳排放权交易试点工作的通知》，开始了中国有关碳交易领域的法律规范的积极探索。试点地区因地制宜纷纷出台有关碳排放权交易的相关规定和管理细则。此后《碳排放权交易管理暂行办法》（2015-01-10）、《碳排放权交易市场建设实施方案》（2017-12-18）、《碳排放权交易管理暂行条例（征求意见稿）》（2019-03-29）等有关碳排放权的规定相继出台，体现了中国对碳市场法制构建的重视。前期的经验积累，使得中国碳交易的配套法律体系初具雏形。中国碳排放权交易的法制成就主要体现在以下三个方面。

（一）碳排放权交易试点积累了原始经验

2011年，中国率先在上海、北京、广州及深圳等七省市展开碳市场交易试点。2016年12月在四川成都设立中国首批试点地区外的第八个国家备案的碳交易机构。同年，福建也成立了碳交易市场。试点地区将碳排放权作为一种金融产品，投放于市场。根据"谁污染谁付费"原则，企业排放二氧化碳之类的温室气体的前提是获取排放资格，并且为这个权利付费。政府主要通过碳定价机制来管

---

① 易兰、李朝鹏、杨历、刘杰：《中国7大碳交易试点发育度对比研究》，《中国人口资源与环境》，2018年第2期，第134-140页。
② 刘宣麟：《欧洲碳交易市场发展对我国的经验借鉴》，《长春金融高等专科学校学报》，2021年第3期，第20-26+64页。
③ 张晓燕、沈沛龙：《法经济学视角下的碳排放交易机制研究》，《未来与发展》，2015年第5期，第32-36页。

理碳排放权交易市场的运行。政府碳定价的方式主要有两种：一是征收碳税，二是通过市场手段建立碳排放权交易体系。征收碳税的定价机制意味着社会总体碳排放量具有不确定性，虽然提高企业排碳成本，却无法有效控制社会总体的排碳量。而通过构建碳排放权交易体系，政府可以明确碳排放总量，严格约束排放单位的排放量，有利于实现双碳目标。基于碳中和的迫切要求，中国政府的碳定价机制以后者为主。

（二）执法能力得到提升

碳排放权及碳排放权交易市场这类新生事物的出现，对已有法律体系提出了全新挑战，然而立法进程需循序渐进，不能贸然在全国推广。因此，在碳排放权交易市场相关方面的立法进程也采取了先试点后推广的措施。

在法律法规缺位的情况下，各试点地区以《清洁发展机制项目运行管理办法》（发展改革委令 2011 年第 11 号）为依据，纷纷制定了地方政府规章和其他规范性文件。比如，江苏省因地制宜颁布了《碳排放权交易市场建设实施方案》，对碳排放市场的交易主体、方式、条件以及相关程序作出了规定。福建省颁布的《福建省碳排放权交易管理暂行办法》对碳排放权交易的配额管理、报告和核查等问题作出了规定。试点地区的立法一方面规范当地碳市场的交易活动，另一方面为全国范围内建立碳排放登记机构和交易机构提供法制基础。

2021 年年初，生态环境部发布了《碳排放权交易管理暂行条例（草案修改稿）》，旨在为全国范围内碳排放权交易机构的运行提供法制保障。

（三）履约机制初步建立

在碳排放权交易市场上，政府掌握主动权，由其确定整体的减排目标，在一级市场上将初始碳排放权分配给入市企业。被纳入碳市场交易体系的企业，如果通过创新手段实现实际排放量小于分配的碳排放量，可以将多余的碳排量在二级市场上进行交易从而获利。对于碳排放量超过实际获得的配额的企业，则需要在二级市场上购买不足的碳排放配额，否则会受到监管机构的处罚。碳市场的交易行为本质上可以归纳为买卖这一民事法律行为，交易双方基于意愿自主买卖多出来的碳排放配额。尽管各地的规定有差异，但基本思路是规定减排企业的合同义务，以及违反合同义务要承担的法律责任。履约机制奠定了碳排放权交易法律制度中法律行为的基调，为构建碳交易管理制度提供了思路。

三、我国碳市场在发展中存在的法律问题

试点地区虽然对碳排放权交易市场的法制构建进行了初步探索，但总体来看，碳市场仍是一个新兴市场，尚未形成稳定的运营模式和成熟的配套设施。上层建筑方面，碳市场的法律法规还不够成熟，影响双碳政策的落地实施。深入分析各地的实践经验，可以发现中国碳市场中的法律制度存在以下三个方面的局限性。

（一）立法层级低，约束力不足

在不同的试点地区，由当地的主管行政机关制定专门的文件，指导碳市场的运行。这些文件多呈现为地方性法规、地方政府规章或其他规范性文件，效力层级低，对交易主体的约束力不足。且各个试点地区的经济发展水平不一，导致各地的碳排放配额差异大、规则不一。就初始配额而言，有的地区是有偿配额，有的地区是无偿配额，有的地区是有偿和无偿配额相结合。不同地区之间碳市场规则的差异，导致其相互之间无法交易。因此，为了构建一个全国统一的碳排放权交易市场，亟须构建相应的法律制度。

（二）制度体系不完善

在碳市场中，碳排放权是一种商品，也是政府用来实现双碳目标的手段。因此，碳排放权不仅具备作为商品的经济价值，还兼具了特有的社会价值。与传统的交易活动相比，碳排放权交易涉及碳排放初始配额的确定、碳排放量的检测、碳排放量的核准等多个极具专业性的环节。这些环节所牵涉的主管机关通常各具相应的资质，没有哪个机关能独自承担上述职能。目前，中国碳排放权交易市场各个部门之间是割裂的，各个环节是断层的[1]。要保证碳市场的运营效率，还需要建立协同的制度体系。

此外，碳排放权作为一种金融产品，上市后不是孤立静态的存在，还有可能产生各种金融衍生品，比如碳股权、碳期货、碳期权等。随着碳市场的发展，更多经济风险会产生，需要完善的制度来规制碳排放权上市带来的潜在金融风险[2]。

（三）缺乏有效的惩罚机制

碳排放交易体系的正常运转依托于真实的碳排放信息。碳排放监管机构的监管力度决定了碳排放信息的可信度。鉴于中国的碳市场处于起步阶段，监管机构依据的法律法规效力层级低，监管缺位。中国出台的《国家企业温室气体排放核算方法与报告指南》，虽规定了监管机构的工作准则，但仅停留在原则层面而缺

---

[1] 王彬辉：《我国碳排放权交易的发展及其立法跟进》，《时代法学》，2015年第2期，第13—25页。
[2] 夏梓耀：《绿色金融发展的法制困境与出路》，《环境保护》，2018年第19期，第52—56页。

乏可操作性。由于监管力度不够，入市企业出于逐利目的，在非管制地区排碳，导致碳泄漏问题的发生。此外，由于违约成本低，有些企业也会选择违约。无论是企业碳泄漏问题，还是企业违约问题，究其本质是碳市场法律制度的不足。由于碳市场的违约成本低，监管成本高，碳市场的市场调节机制难以达到应有之义。除去对碳市场交易主体的监管，对政府权力的监督也是缺失的。碳市场交易意味着政府的干预是必选项。一级市场中碳排放权初始配额的确定及分配都是由政府决定的。现存的规章和规范性文件没有明确规范政府权力运行的边界及政府滥用权力的惩戒机制。

四、域外国家碳排放权交易市场的立法及借鉴

碳排放权市场交易作为推动低碳经济发展的重要手段，受到国际社会的高度重视。以《巴黎协定》《京都议定书》和《联合国气候变化框架公约》为纲领，域外国家和地区纷纷建立了碳排放权市场交易体系。域外相关立法起步早，碳排放市场交易体系相对成熟，为中国碳排放权交易立法提供了学习蓝本。

（一）域外碳排放权交易市场的立法实践

域外督促企业节能减排主要有两种方式：一是征收碳税，二是建立碳排放权交易体系。加拿大、澳大利亚、瑞士等国主要是通过开征碳税的方式，激励企业减排。而新西兰、欧盟等国家是通过限制碳排放权交易的办法，严格控制碳排放的总量，达到发展绿色经济的目的。分析具有代表性的美国和欧盟有关碳排放权交易的立法，借鉴其有益经验，有助于促进我国碳排放权交易立法的完善，高效推进我国碳市场的建立和运行。

美国虽然退出了《京都议定书》，也没有制定全国范围内的减排法律，但是各个州政府自发地建立了区域性的碳排放权交易体系，并辅之以法律保障。在《2009年美国清洁能源与安全法》的指导下，在芝加哥气候交易所、区域温室气体行动、西部气候倡议等减排体系的不断探索下，美国碳排放权交易市场体系日臻完善。芝加哥气候交易所是全美范围第一个自发性的温室气体减排的交易平台[1]。加入交易所的会员承担减排的义务，违反减排规定的会员将承担法律责任。这是美国碳排放权交易的初步探索，但由于缺乏法律的保驾护航，芝加哥气候交易所最终宣告瓦解。这一减排体系的失败表明仅依靠市场的自觉构建碳市场交易体系，会造成碳市场价格波动大、供求关系不平衡的问题。区域温室气体行动吸取了芝加哥气候交易所的经验教训，构建了以市场为基础的强制性减排体系，并制定了严格的监测与报告制度。而西部气候倡议和加州总量控制与交易体系以

---

[1] 温岩，刘长松，罗勇：《美国碳排放权交易体系评析》，《气候变化研究进展》，2013年第2期，第70—75页。

《AB32 法案》为依据，进一步完善了美国碳排放权交易体系。美国各州通过分别立法，形成了成熟的区域性减排体系，对碳排放权市场交易的注册、交易和监管等环节作出了详细规定，提供了碳市场交易的稳固基础。美国没有制定全国性的总量控制法律，导致各区域之间的立法衔接性差，呈现出各自为政的状态。

欧盟的碳排放权交易市场作为全球范围内最大的碳市场，率先实现了《京都议定书》中的减排任务。欧盟之所以能在碳排放体系建设中取得突出成就，是因为欧盟具有完备的法律制度[①]。在立法初期，欧盟委员会颁布了《在欧盟建立温室气体排放权交易指令》，确定了欧盟委员会是碳市场交易法律制度的制定者。这一举措体现了欧盟对碳排放权交易问题的关注和重视。在有法可依基础上，为了提高执法效率，欧盟专门设立了欧盟中央管理处确保碳排放权交易的有序进行。为解决减排过程中暴露的新问题，欧盟还进一步出台了《改进和扩大欧盟温室气体排放配额交易机制的指令》。欧盟有关碳市场交易的立法是一个循序渐进的过程。面对发展中的新问题，欧盟不断出台新的指令，并在不断探索中将更多行业纳入碳市场体系，最终形成全球范围内最大的碳市场。

（二）域外碳排放权交易立法对中国的启示

2017 年 7 月 16 日，中国碳排放权交易市场正式上线，现有的法律制度是否能应对碳市场上的交易风险还有待实践检验。对比分析域外碳排放权交易市场的立法，本文认为可以从以下三个方面继续完善中国碳市场交易立法。

第一，应当加快推进碳排放权交易立法的进程，形成以国家法律为主，地方政府规章、部门规章为辅的碳市场法律体系。美国芝加哥气候交易所的经验表明，自愿性的温室气体减排存在交易市场不完善、供求关系不平衡、碳市场交易价格波动大等弊端，需借助法律的强制力推进减排事业的发展。欧盟在碳市场体系建设初期，就赋予了碳减排行为强制性，并取得了重大成就。域外经验表明，要借助法律的强制力明确碳市场的定位和运行规则，发挥法律稳定市场的积极作用。欧盟作为多国家共同体，经过数十年的法律实践，切实平衡了各国间的经济发展需要和节能减排之间的矛盾。中国各省市虽然经济发展水平参差不齐，但也可以通过立法统筹各地的经济发展和企业节能减排工作。

第二，通过立法应当明确碳市场中各类主体的权利义务关系，积极消除碳市场中的交易风险，使企业对碳市场形成稳定的预期。美国有关碳市场体系建设的多次探索表明，如果不对碳市场进行法律规制，就会面临碳信息泄露、碳价格波动幅度大等市场风险。而欧盟碳市场的平稳运行得益于其完备的法律体系。欧盟在出台碳市场的基本法后，不断对注册登记制度、配额分配制度以及监管制度等

---

① 华炜：《欧盟碳排放权交易机制的法律实践及对中国的启示》，《能源与环境》，2017 年第 3 期，第 2—4 页。

进行法律升级，明确了市场主体的权利义务以及违反法律规定的责任。我国碳排放权交易市场立法应当完善追责机制，真正发挥法律稳定市场的作用。

第三，建立健全碳市场的监管机制，确保碳市场的平稳运行。为了发挥市场配置资源的作用，防止市场失灵，欧盟强化了碳市场的信息披露机制和监管机制，采取了政府监督和非政府监督的双重监督模式。中国《碳排放权交易管理办法（试行）》指出，由生态环境部以及省、市环境监管部门负责碳市场的监管职责，即我国对碳市场的监督主要是依赖政府监督。单纯依赖政府监督难以应对碳市场中不确定的交易风险，还限制了市场配置资源的效率。因此，还需要引入专业机构、市场主体、人民群众等多方监督。面对碳市场中存在的垄断、欺诈、碳泄漏等风险，有必要健全中国碳市场监督管理体系，减少碳交易的风险。

五、我国碳排放权交易市场的立法设计

（一）立法应当解决的问题

2011年，国家发改委发布了《关于开展碳排放权交易试点工作的通知》，各试点地区纷纷制定了地方性法规、政府规章。这些法律文件是我国有关碳排放权市场交易立法的初步探索。目前，全国性的碳排放权交易立法工作正在展开。生态环境部公开征集了《碳排放交易管理暂行条例（草案修改稿）》的意见。要发挥法律保障市场配置资源的作用，需要厘清立法应当解决的三个问题。第一，应当构建系统的国家碳排放权交易体系。全国性的碳市场交易系统处于起步阶段，各地区各部门之间的衔接性和联合性不足。立法应当确保各地步调一致，严格控制地方自主性。第二，要明确碳排放总量和初始碳排放配额。这些碳信息的真实性依赖于法律确定碳排放的检测、核准以及报告主体。第三，建立多元、透明的监管体系。立法应当将原则规则化，使法律法规具有实际操作性，真正发挥碳市场助力双碳目标的作用。

（二）具体措施

目前，在全国碳排放权注册登记机构和交易机构成立前，由湖北碳排放权交易中心有限公司负责全国碳排放权登记注册工作，由上海环境能源交易所股份有限公司负责全国碳排放权交易工作[1]。继电力行业被纳入碳市场后，其他重要行业也会陆续进入市场。全国碳市场的持续发展，需要完善的立法体系和配套措施保驾护航。本文认为应当出台专门的法律，确定碳排放的控制总量和分配制度，界定碳排放的监管主体、监管职责，切实发挥碳市场配置资源、节能减排的作用。

---

[1] https://mp.weixin.qq.com/s/-78Pwi0L1ra4cq-tls03nQ。

1. 完善碳排放权交易立法

首先,现存的有关碳市场的立法效力层级低,难以营造稳定的交易环境。应当由全国人大常委会制定碳交易立法,或者由国务院制定碳交易相关的行政法规,提高立法层级[①]。提高立法层级,既可以提高碳交易法律的公信力和权威性,也有助于在全国范围内开展碳交易活动。在碳排放权交易试点阶段,我国各地区之间的经济发展水平和政策不同,导致了碳交易立法的差异出现。通过全国性的碳交易法律可以有效改变各自为政的碳交易格局,建立统一的碳市场。

其次,制定专门的《碳排放权交易管理法》。第一章,总则,应当明确碳排放权交易法的立法目的、立法原则、立法主体以及法律适用。碳排放权交易虽具有传统市场交易的共性,但它主要是国家用来推动绿色低碳社会发展的市场手段。构建碳排放权交易的法律法规,是为了规范全国范围内碳市场的运行,推动温室气体减排,应对全球气候变暖。第二章,登记规则,主要是国家明确交易主体的入市资格,哪些企业具备进入碳交易市场的资质,经过有关部门的核准后,方能拥有交易账户。第三章,排放规则,获得排放配额的企业应当在规定区域内排放温室气体,以便行政机关检测和核算。第四章,配额清算和清缴规则,对超过配额排放温室气体的企业处以罚款。第五章,交易规则,企业在二级市场上买卖碳排放权的规则参照买卖合同的规定。第六章,处罚规则,对于超量排放且没有购买碳排放权的企业,以及违反碳交易履约机制的企业要处以惩罚。处罚内容包括恢复原状、缴纳罚金等内容。情节严重触犯刑法的,移送司法机关处理。第七章,附录,对专业性的词汇予以释明。

再次,修改完善碳排放权交易相关的单行法律。《温室气体自愿减排交易管理暂行办法》《大气污染防治法》等相关法律法规和《碳排放交易管理办法》之间可能存在适用上的冲突,需要对冲突部分进行整合和调整。

最后,应当制定配套的碳市场规范。碳排放权作为一种新兴的金融产品,势必会衍生碳期货、碳股权、碳证券等金融产品。碳市场的发展依赖于法律制度的健全。碳市场的运转涉及多个职能部门多个地方政府之间的协作,故在制定《碳排放权交易管理法》外,还应当制定配套的规章,包括部门规章和地方立法。我国的法律和行政法规对全国范围内的碳排放权交易作出全局性规定后,地方政府再根据各地情况有的放矢进行落实。现阶段,我国生态环境部门已经实施了部门规章《碳排放权交易管理办法(试行)》。其他部门也应当跟上,协同立法,加快构建碳达峰碳中和"1+N"政策体系[②]。

---

① 苏宇庭:《中国碳排放权交易体系立法研究》,《社会科学论坛》,2018年第5期,第240—246页。
② https://wap.peopleapp.com/article/rmh21924055/rmh21924055。

2. 完善监管体系，加大追责力度

碳排放权交易市场是国家用来应对气候危机，助力节能减排的市场手段。政府作为碳市场的引导者、监督者和责任人，应当承担监管职责和社会责任。从监督主体讲，构建监管体系的前提是明确政府的监管职责和监管范围。我国行政机关奉行"法无明文规定不可为"的准则，故应当在法律的框架内明确政府的监管职责。要加强对监管部门的授权，赋予行政机关完整的监督权。

从监督的内容而言，监督体系包括对碳排放量的总量设定、碳排放配额分配、碳排放方式等各个环节。政府在法律框架下行使监督权，对碳市场的各个环节进行把控。比如就市场准入环节而言，政府应当审慎审查入市主体的资质，保障交易的顺利进行，维护市场稳定。信息对称是确保交易安全的砝码，政府对信息披露的监督减少了交易主体的交易风险。就碳排放核算环节而言，由具有专业资质的部门监测企业的排放量，对于碳泄漏的企业予以处罚。就企业的违规行为，政府应当积极行使监管权力，搜集证据，处以惩罚。

以上是从实体法的角度构建碳交易市场的监管体系。从程序正义的角度出发，良好的程序能够规范碳市场的监管行为，助力科学合理的监管体系的构建。其一，应当健全信息公开机制。政府对企业作出准入决定、处罚决定都应当做到程序正当，决定公开透明。面对行政机关权力扩张的现象，碳市场主体参与交易的各环节的信息对称可以监督监管权力的正确行使。其二，完善听证程序机制。碳市场相关领域具有高度的专业性，需要借助专家群体的专业知识打破知识壁垒。监管行为应当依托于专业的知识储备以确保监管决定的科学性。其三，构建监管制度的评价程序。该程序旨在评判监管行为的合理性，提高政府的公信力。

在明确碳市场监管体系的具体内容和程序后，还应当平衡市场监管与市场正常运行的关系。把握监管的力度，监管用力过猛会妨碍市场配置资源的效果，导致"监管失灵"。与此同时，对于监管人员滥用职权的行为或者监管失职的行为，应当予以惩戒。对未尽到监管义务的主体苛以法律责任，督促其履责。

六、结语

碳排放权交易市场是中国实现双碳目标的重要的市场手段。试点地区关于构建碳市场的初步探索，为全国范围内构建碳排放权交易市场提供了原始经验。中国现有的法律制度存在立法层级低、互通性差、处罚力度不够的缺陷，不能切实保障碳市场的良性运转。为加速碳市场在全国范围内的推广，应当充分发挥法制的保障作用。域外发达国家和地区的成功经验表明，碳市场是一个需要依靠法律保障的市场，中国在碳市场上的法律缺失是未来市场发展的痛点。为了规避碳市场的风险，一方面，要确保碳市场有法可依。由全国人大常委会制定法律，助力碳市场交易体系的构建，在法律法规中明确碳排放量、分配、核算以及清缴的规则。另一方面，在法律法规的框架内，构建市场监督体系，提升执法效率。政府作为权力的执行者、监督者，要落实碳市场配置资源的基础性作用，促使企业发挥节能减排的作用。

"双碳目标"视野下四川氢能产业链优化的政策协同路径

崔金星[①]　唐　莉[②]　罗维宇[③]　陈安琪[④]　何岭洪[⑤]

摘　要：四川氢能产业依托得天独厚的能源资源优势，基本实现了覆盖氢气制备、储运、加注、燃料电池、整车制造等全产业链的主要领域。然而，缘于当前四川氢能产业链发展顶层设计缺乏比较优势，出现了市场化程度不足、关键技术不够成熟、基础设施不健全等制约因素，加之氢能政策与四川氢能产业发展比较优势不匹配，与氢能实际发展不协调，政策之间缺乏协同效应，导致当前氢能产业政策存在政策驱动多点、重点不明确，政策手段单一，缺乏有效的政策实施评估机制与回馈等问题。《四川省氢能产业规划（2021—2025年）》将优化氢能产业链、拓展应用场景等设定为"十四五"期间发展目标，对四川氢能产业链优化的政策提出了新要求。同时"双碳目标"的提出，使四川氢能产业链政策面临调整和优化的机遇，同时也面临发展定位、现实评估等领域进行矫正和重整的要求。文章从政府出台的相应政策出发，在加快氢能市场化构建的目标指引下梳理四川氢能产业链发展现状，分析其中的政策短板，并对如何进行政策协同提出了相应的优化路径，以期推动四川省氢能产业链的优化发展。

关键词：双碳目标；四川；氢能产业链优化；政策协同；政策工具

一、引言

为应对气候变化和能源危机及生态环境恶化对人类构成的重大威胁，减少碳排放，降低对化石能源的依赖，寻求能源绿色转型渐成国际共识。中国立足于可持续发展的内在驱动和人类命运共同体的大国担当，于2020年宣布了"双碳目标"愿景[⑥]。"双碳目标"驱动下，优化能源结构，推动实现能源绿色转型，成

[①] 崔金星：西南石油大学法学院硕士生导师，主要研究领域为经济法、能源法、环境法。
[②] 唐莉：西南石油大学法学院2020级法律（法学）硕士。
[③] 罗维宇：西南石油大学法学院2020级法律（法学）硕士。
[④] 陈安琪：西南石油大学法学院2020级法学硕士。
[⑤] 何岭洪：西南石油大学法学院2020级法学硕士。
[⑥] 2020年9月中国明确提出2030年"碳达峰"与2060年"碳中和"目标。

为实现"双碳目标"的重要抓手。氢能作为储量丰富、绿色低碳的二次能源，具有无污染、多样化、来源广等特点。因此，氢能的应用对于缓解全球的能源危机和应对全球气候变化都具有重要意义。中国政府从2012年就开始颁布一系列氢能中长期发展的政策文件，制定和实施氢能产业发展政策，不断推动氢能的开发利用。2016年，国家发展和改革委员会、国家能源局等联合发布的《能源技术革命创新行动计划（2016—2030年）》明确提出了对氢能应用链的创新，要求在氢能产业链的问题上依托先进技术，实现各环节的一体化[1]。因势利导，2020年，四川省经济和信息化厅发布了《四川省氢能产业发展规划（2021—2025年）》（以下简称《规划》），其中重点任务有优化氢能产业链、健全标准体系、加大示范应用等。该文件的公布为四川发展氢能产业、加快新旧动能转换提供了有利的政策引导[2]。

鉴于氢能发展的重要性和必要性，本文基于对四川氢能产业链发展的政策工具内容及其相互影响，从四川氢能产业链发展现状、未来规划及相关政策走向出发，分析当前氢能产业链发展中存在的问题、发展方向、面临的挑战以及政策优化的可行路径；从政策协同理论和分析工具出发，提出通过政策协同实现氢能产业链优化的可行路径。经过初步分析，本文认为当前四川省氢能产业发展仍处于商业化初级阶段，产业链应用成本较高，政策支持体系还需加强[3]。在当前阶段，政策优化、政策协同对氢能产业链的发展起着主要作用。因此，有必要在四川氢能产业链发展现状的基础上，分析四川氢能产业链发展的政策短板，并提出相应的优化设计，使得政策间协调统一，共同推动四川氢能产业链的发展。

二、四川氢能产业链的发展现状、存在问题及根源分析

根据《规划》，四川氢能产业在制造、储存、输送、应用四个环节的总目标为：氢能产业链进一步优化，应用场景进一步拓展，燃料电池汽车实现规模化商业应用[4]。故，对四川氢能产业链的发展进行现实评估及现状梳理有助于政府决策，提高政策协同效力，以政策促进氢能产业发展。

（一）四川氢能产业链的发展现状

氢能产业发展已呈普遍推动趋势。其中四川省是国内可再生能源制氢和燃料

---

[1]《能源技术革命创新行动计划（2016—2030年）》：研究基于可再生能源及先进核能的制氢等技术，实现大规模、低成本氢气的制取、存储、运输、应用一体化。

[2]《四川省氢能产业发展规划（2021—2025年）》：优化氢能产业链主要要求是壮大核心企业，引进龙头企业，培育配套企业。

[3]《四川省氢能产业发展规划（2021—2025年）》：四川氢能产业发展已具备一定基础，但仍处于商业化初级阶段，全产业链应用成本较高，推广应用范围相对有限，基础设施发展较为滞后，产业支持政策体系还需进一步完善。

[4]《四川省氢能产业发展规划（2021—2025）》对产业链的发展提出进一步要求，并计划将四川打造成氢能产业基地、示范应用特色区域和绿氢输出基地。

电池创新研发的重要地区，省内相关氢能发展企业已超100家，产业链覆盖氢气制造、储存、输送、应用等环节。为顺应时代的发展潮流，四川省政府及各地方政府均出台相应政策支持氢能产业的发展。在政策的大力扶持下，四川省氢能产业在上、中、下游各环节均取得突出成效，产生了较好的经济效益和社会效益。

制氢方面，四川电解水制氢、工业副产氢、化石能源制氢效果均较突出。据统计，四川水电装机容量十分巨大，全省调峰弃水电量近百亿千瓦时[1]。同时，四川省的水电有明显丰、枯期，若企业在丰水期利用低谷弃水电量发展制氢，则有助于缓解水电弃水难题、节约电价成本。《四川省人民政府办公厅转发四川省水电消纳产业示范区建设实施方案的通知》明确提到有关降低电价、加快推进示范区建设、消纳弃水电量的政策运用[2]，其中省政府在针对输配电价及到户电价的成本减少方面有了较大突破，有助于解决电解水制氢成本过高的难题[3]。四川省在工业副产氢领域有多家规模较大企业，经验丰富。

储氢运氢方面，由于盆地地形，四川省的天然气资源储量尤其充足，也为运氢提供充足空间。经调查，仅内江市的燃气已探明储量达上千亿立方米，可开采的页岩气占储量一半以上[4]，丰富的化石能源为四川省开展制氢产业提供良好基础。储运方面，四川省已吸引了如东方锅炉、中材科技等国内领先企业的投资眼光，大规模氢能企业纷纷入驻四川，并在技术经验上为川内其他能源公司提供借鉴模板。

氢气应用方面，氢气加注领域的设备制造和建设运营企业更独树一帜，如四川金星和四川能投等企业。其中四川金星公司研发的"隔膜式氢气压缩机"成为四川省重大技术装备国内首台产品[5]。2018年2月，成都市开通运营了西部首条燃料电池公交示范线路并配套建设西部地区首座加氢站[6]。燃料电池领域，东方电气对燃料电池电堆的研制技术属国内领先、国际同步水平[7]；整车制造领域，截至2020年，四川省已累计投入220辆燃料电池汽车，安全运营超650万公里，

---

[1] 《四川省氢能产业发展规划（2021-2025）》：截至2019年，四川水电装机容量7696万千瓦，其中2019年全省调峰弃水电量达92亿千瓦时，电解水制氢潜力巨大。工业副产氢方面，四川省在炼化、合成氨、电解食盐水、焦化、钢铁等领域有规模以上企业45家。
[2] 《四川省人民政府办公厅转发四川省水电消纳产业示范区建设实施方案的通知》：2018年1月1日起的增量用电量执行单一制输配电价0.105元/千瓦时；电解氢的到户电价分别为0.30元/千瓦时左右。
[3] 《四川省人民政府办公厅转发四川省水电消纳产业示范区建设实施方案的通知》：电解氢执行单一制输配电价0.105元/千瓦时，到户电价为0.3元/千瓦时左右。
[4] 数据来源：https://new.qq.com/omn/20210120/20210120A0DUC300.html。
[5] 数据来源：http://www.pidu.gov.cn/pidu/c125557/2021-04/19/content_d757ef24460f40349d8dcfae9a249a73.shtml。
[6] 数据来源：https://www.163.com/dy/article/FN781PR90519BMQA.html。
[7] 《四川省氢能产业发展规划（2021-2025）》：东方电气掌握燃料电池全套关键技术，研制了技术达国内领先、国际同步水平的燃料电池电堆。

配套建成 5 座加氢站，加氢总量超 20 万公斤，应用规模为西部第一、全国领先[①]。

(二) 四川氢能产业链发展存在的问题

四川氢能产业链发展有其独特的地理、政策优势，但由于氢能产业是近年来新兴的能源产业，整体发展仍处于初级阶段。当前制约四川氢能产业链发展的因素，本文总结主要有以下三点：市场化程度不足、关键技术不够成熟、基础设施不健全等。

其一，四川省作为西部区域的代表省份，其氢能产业起步较晚。我国京津冀地区、珠三角地区、长三角地区的各大城市从 2019 年开始进行有关氢能产业发展的政策推广以及规划。北京市、天津市均出台氢能补贴方式吸引氢能企业入驻，逐步完善产业布局；广东省率先抢占市场，逐渐形成氢能产业示范区，成为产业布局最完善的省份；浙江省积极引进氢能企业，培育氢能产业人才，建立科学人才团队。四川省的氢能产业发展规划始于 2020 年，处于商业化初期阶段。省政府及各地方政府对于氢能产业在西部地区的发展更多借鉴其他地区的开拓模式，尚未能结合自身产业链进行合理分析，结合创造自身优势打造区域特色。尽管四川省的扶持政策吸引了部分优质企业，但这部分企业大多集于一座城市，其他地方政府的优惠政策仍然无法有效吸引更多的氢能企业驻足。在市场化程度不足的情况下，氢能产业链未能在每个环节发挥应有的作用，上、中、下游企业数量少，规模小，尚未形成全面发展的产业链体系。

其二，四川省在制氢和用氢方面的关键技术受制约。四川省的氢能产业发展范围以可再生能源制氢和燃料电池为主。在电解水制氢方面，四川省的水电装机容量虽大，但电解水制氢电量消耗大，制氢规模小，在中国的制氢规模中占比很小。尽管四川盆地天然气十分丰富，但天然气制氢反应运行过程的系统能耗和温室气体释放量较大，改善条件成本较高。四川省在工业副产氢方面的有规模以上企业 45 家以上，但受技术的限制，目前用此方法制取的氢气纯度较低，质量不佳。在燃料电池应用方面，四川省在产品研发与工程应用方面基础较弱，膜电极、电池堆及发电系统的成熟度不高，可再生能源制氢技术、车载高压储氢及氢运输技术、高效燃料电池分布式发电系统及其供氢技术等方面与国外相比还有较大差距。故，四川省在许多关键技术的掌握上还存在不足，与其他地区的差距较为明显，产业链的发展受到制约。

其三，四川省的加氢站和燃料电池汽车等基础设施不够健全。其他重点发展氢能产业的区域在氢能基础设施的建设上已有显著成效。截至 2020 年，京津冀

---

① 数据来源：http://scnews.newssc.org/system/20201205/001131178.html。

地区已建设完成13座加氢站，其中北京市、河北省各6座，天津市1座；珠三角地区的广东省已建成28座加氢站，其中佛山市已建成17座加氢站；长三角地区已建成23座加氢站，其中上海市11座、江苏省8座、浙江省4座。而四川省共配套建设5座加氢站，与上述地区发展差距较大。在燃料电池汽车的运用上，四川省也存在明显不足。天津市目前已示范应用氢能汽车800辆以上，广东省现已成为华南地区燃料电池及氢能汽车制造基地。截至目前，四川省投入使用的燃料电池汽车为220辆，在氢能产业的运用上稍显滞后。此外，四川省各地方政府尚未出台有关氢能应用基础设施的具体制度规范，安全性和责任监管存在体系不足问题，如加氢设备产业化能力不足，审批和监管制度不完善，运营模式不成熟等。

（三）四川氢能产业链的地理优势

四川省依托得天独厚的资源环境，在能源利用、地区合作、企业引进等方面均有发展前景。四川省应当立足本土，深入挖掘，充分利用自身优势，找准定位，重点突破，以点带面，形成"一强多优"产业发展格局。

四川省多地沿长江而起，水资源丰富；四川盆地广袤，天然气资源储量充足。在制氢方面，可利用丰富水资源，将其转化为潜力巨大的电解水制氢。而天然气等化石能源属于优质的清洁能源，利用天然气制氢对四川地区的环境保护也会产生有利作用。四川省多个地区均具有自身特色，地区合作将会给四川省的氢能产业链发展带来优势。成都—内江—重庆发展轴可抓住成渝地区双城经济圈建设这一契机，形成成渝城市间的深层互补，共同打造成渝氢走廊；川南氢港沿江港口的物流发展有利于促进氢能港口物流示范区的建立；攀西示范区和绿色氢路的合作推广对于发展川西氢能经济、加强绿色可持续发展道路、燃料电池的广泛应用等具有深刻意义。在吸引企业投资方面，四川地区已吸引了四川能投、东方电气等具有领先技术的高水平公司。加之四川省政府加大政策支持力度，重点将财政资金用于氢能技术攻关、平台搭建、示范应用等，对其他各类氢能企业来川发展和投资具有巨大吸引力。

据悉，中国已初步形成了以北京、上海、广东、湖北、四川为代表的五大发展区域。其他区域的氢能产业起步较早，四川省在发展氢能产业链时可在产业投资、技术提升、品牌打造、基础设施完善等方面借鉴其他区域有益经验，形成大城市带动小区域的发展模式，创立西部地区的氢能产业发展品牌，发挥区域特色。

三、四川氢能产业链发展政策现状评估

市场化程度不足、关键技术不够成熟和基础设施不健全是制约四川氢能产业链发展的三大因素。四川省政府在国家政策稳步推进的情况下，贯彻落实《"十

四五"规划纲要和 2035 远景目标纲要》，为加速中国氢能产业孵化，谋划布局一批氢能产业，颁布了具有前瞻性的氢能源产业专项政策和规划，并依照地方发展特点，构建起以氢燃料电池为技术核心，以政策补贴为主要政策手段，达到推广应用新能源汽车产业链的政策支撑体系和发展布局的目的，为四川氢能产业链的发展提供强有力的政策支持。但是氢能产业链实际上还处于发展探索阶段，氢能政策集中于用氢环节，致使现实发展与政策指导不契合，政策间未能形成有序完整框架，未能实现政策协调推动产业链发展的作用。

（一）四川氢能产业链发展的政策现状及政策体系

通过搜集 2006 年至 2020 年四川氢能源产业相关的政策 73 条，以及结合 2021 年中国氢能行业分析报告[①]，笔者从政策类型、政策目标、政策措施等不同方面对收集的政策进行解读。

1. 政策类型分析

现大致梳理出四川省氢能产业链发展的政策状况。通过政策收集与梳理，四川氢能产业链发展相关政策涵盖全国人大、国务院、工信部、财政部、国家发改委、能源局等机构颁布的 73 条。不同的政策类型具有不同的强制力和实施范围，其对四川氢能产业链产生的效果也存在不同。因此，有必要对与四川氢能产业链发展相关的政策类型进行分析，纵向梳理四川氢能产业链政策体系。地区能源发展也应当在国家总体能源指导下部署，故，本次政策类型的整理包括国家层面颁布的总体氢能源产业政策（政策分类见表1）。

表1 2006 年至 2021 年 9 月四川氢能源产业政策类型分布

政策类型	法律	纲要	办法	决定	指导	规划	计划	通知	指南	方案	要点	意见	著作	其他
政策数量	2	3	4	1	2	9	5	1	8	8	4	2	8	25

由表1可见，四川氢能源产业政策类型繁多，从法律到意见，其颁布主体、实施范围都存在较大差异，这也从侧面反映出政府在氢能产业链发展中积极的指导作用，对未来氢能源的发展路径、创新方向、政策体系建设、基础设施建设等有着明确的规划并给予足够的重视。其中，四川氢能产业链政策类型以规划、通知、指南、意见为主，这四种政策类型约占政策总数的 60%。

2. 氢能产业链规划与政策目标

四川氢能产业政策主要通过颁布氢能产业部署政策对未来几年的氢能产业链发展方向进行指引和规划，其中包含有大量的制氢技术发展方向（电解制氢与可再生能源消纳体系建设、工业副产氢等）、储运氢能技术突破难点、加氢站建设

---

① 《2021 年中国氢能源行业分析报告》，https://bg.qianzhan.com/report/detail/1607281732570984.html。

的目标以及主要的应用氢能源的方式——燃料电池及燃料电池汽车[①]。

除了大方向指引外,在具体的氢能产业链发展中,还配套构建了氢能产业补贴标准和补贴细则、与燃料电池汽车配套的加氢站基础设施建设、燃料电池回收利用等方面的行业标准研制、可再生能源消纳体系以及建设燃料电池汽车应用推广示范点,大致构建起以氢燃料电池为技术核心,以政策补贴为主要政策手段,推广应用新能源汽车的氢能产业链政策支撑体系和发展布局(政策目标如图1所示)。

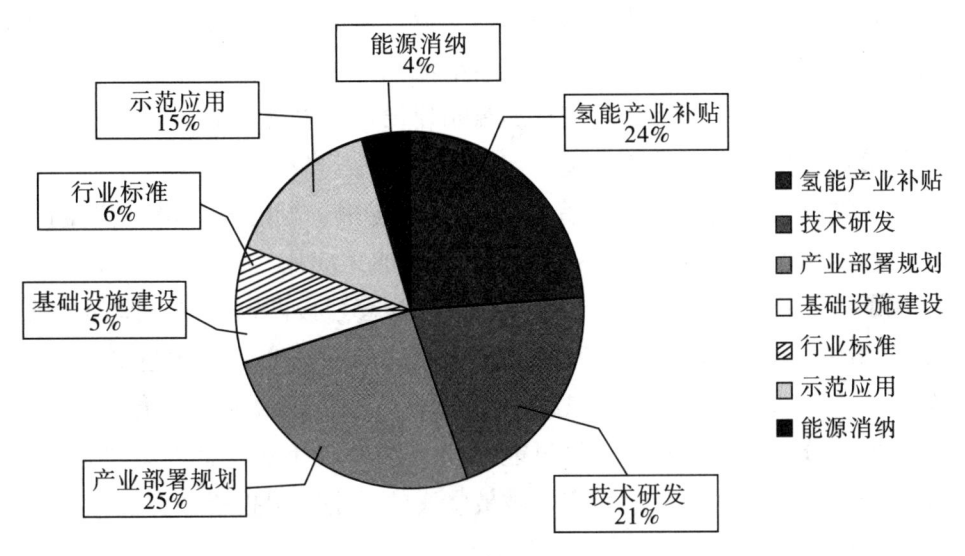

图1 四川氢能源政策目标分类

3. 氢能产业链政策工具选择

氢能产业补贴占据四川现有政策的24%,示范应用达15%,氢能产业链发展明显依赖于氢能产业补贴以及示范城市的建设,一是通过政策对氢能产业链各部分的精准补贴,加上购置税、关税等的税收补贴,调动制氢领域技术攻坚的积极性,建立基础建设的经济支撑和氢能产品的市场化发展,比如对符合条件的氢燃料电池汽车产品按照车型给予100万元的奖励[②],对国家级创业中心给予1000万元一次性奖补等相关十八项具体政策补贴措施。二是结合四川各地区资源分布情况,打造各类氢能产业示范区,以自然资源作为依托形成综合能源示范,比如将燃料电池汽车运用到公共交通和公共货物运输中,加强制氢、储运氢、加氢、用氢的产业实践和氢能利用示范,推动氢能源初步走向产业化发展。

---

① 《四川省经济和信息化厅关于印发〈四川省氢能产业发展规划(2021—2025年)〉的通知》,www.china-nengyuan.com/news/161738.html。
② 《四川省人民政府关于印发〈四川省支持新能源与智能汽车产业发展若干政策措施〉的通知》,http://www.sc.gov.cn/10462/c103044/2020/9/30/5a37938af489498b861716f17e236964.shtml。

（二）经验：四川氢能产业链发展政策"多位一体"

第一，专项出台财税激励政策，推动氢燃料电池技术进步与产业推广。《四川省人民政府关于印发四川省支持新能源与智能汽车产业发展若干政策措施的通知》中明确指出，要通过技术研发资助、市场推广挂钩氢燃料电池研发实现双向激励，比如对具有重大技术突破的企业，应当按照对项目的实际投入，给予不超过30%的一次性奖补。结合四川从事氢能产业的企业及科研院所已超100家，具有良好的科研基础的实际[1]，这种双向鼓励性政策避免了一刀切的平均式的补贴，能够精准地大力扶持科研能力强劲的企业，从而切实助推燃料电池的技术攻坚，突破技术难题。同时还大力补贴燃料电池汽车的市场推广应用，对加氢站建设用地指标方面进行政策支持，加速加氢站建设，使以燃料电池动力为主的新能源汽车的市场化推广没有后顾之忧。

第二，注重培育消费市场，着力推动示范应用。氢能发展最终要走向市场化，对此，四川就重点氢能产业链即燃料电池加大应用推广。2018年2月，成都市开通了西部首条燃料电池公交示范线路并配套建设西部地区首座加氢站。截至2020年8月，已累计投入220辆燃料电池汽车，安全运行超过350万公里，配套建设了5座加氢站，加氢总量超15万公斤，示范规模为西部第一[2]。四川氢能产业发展充分发挥示范效应，将氢能产业链发展从计划设想落实到具体实践，展现出氢能产业链应用场景，用实践做最坚实的背书吸引投资，引进龙头企业的景象。

第三，依托政策框架，合理规划氢能发展新格局。四川氢能产业将搭建"一轴、一港、一区、三路"的"1113"发展格局。通过成都—内江—重庆连通"一轴"，以成都氢能产业为核心，完善内江氢能产业规划编制，兼顾与重庆深化互补合作，共同打造成渝氢走廊；"一港"是川南氢港，依托宜宾、泸州沿江港口优势打造氢能港口物流示范区，开展氢能港口装备制造；"一区"是攀西示范区，充分利用雅安、凉山、阿坝的旅游和矿产资源，开展燃料电池景区车辆、燃料电池房车、燃料电池矿用车等示范应用；"三路"是攀枝花—凉山—雅安—成都、乐山—眉山—成都、阿坝—绵阳—德阳—成都三条绿色氢路，依托四川富余水电资源开展电解水制氢，打造三条绿色氢路，并在沿线布局氢能基础设施和电解水制氢设备生产制造，带动全省水电消纳。这"一轴、一港、一区、三路"的发展新格局，纵横各方，兼顾水陆两域，适应四川以成都为发展核心的经济发展特

---

[1] 《四川省经济和信息化厅关于印发〈四川省氢能产业发展规划（2021—2025年）〉的通知》，www.china-nengyuan.com/news/161738.html. 来源：四川省经济和信息化厅。

[2] 《四川省经济和信息化厅关于印发〈四川省氢能产业发展规划（2021—2025年）〉的通知》，www.china-nengyuan.com/news/161738.html. 来源：四川省经济和信息化厅。

点,并高效利用四川各地区丰富的自然资源,将自然优势转化为氢能发展动能,构建起较为先进完善的能源发展体系指引。

(三)不足:四川氢能产业链政策与实际发展不协调

四川氢能产业链发展如火如荼,四川地区各级政府出台政策及时快速,力图加快氢能产业链发展进程。但出台的氢能政策存在政策领域单一、政策工具单一、背离本土能源资源比较优势,与四川氢能产业链实际发展不相协调。

1. 政策领域单一

政策集中扶持用氢,但制氢、储运氢、加氢等环节并未受到足够的关注。制氢得到保障是氢能产业链发展的前提,电解制氢是主流的制氢方式,但是消耗电能制造氢能必须攻克的技术难题就是制造的氢能的利用效果必须超越所消耗的电能以及制备过程的投入,使氢能源能够与天然气、煤炭等能源在市场上比价。氢能源的储藏和运输相比于天然气、煤气要求更高,实现安全高效的储运氢能源同样是氢能产业链市场化的重要环节,但公路运输用高压、大容量管束集装箱氢气储运技术、站内固定式高压储氢容器制造技术等还未成熟。最为核心的燃料电池技术,制造成本高,利用能耗大,燃料电池系统集成技术的开发还有待突破。"双碳目标"下,氢能源相比于传统煤炭、化石能源更具战略意义,真正要发展氢能源需要解决的问题并不是应用,攻破技术难题,降低成本才是氢能产业链发展的关键,现有政策对制氢、储运氢、加氢的重视仍旧不足。

2. 政策工具单一

从图1中可以看出,四川氢能产业链政策工具比较单一,集中在财税补贴上,虽然具有前瞻性地提出技术研发资助、市场销售挂钩氢燃料电池研发双向补贴政策,也制定了燃料电池补贴标准,但是方式比较粗糙单一。比如张家口从绿色金融的角度探索氢能产业链发展,避免氢能产业发展过于依赖政策补贴的情况,探索国际、国内科技、市场、绿色金融合作通道和构建规模效益支持的市场化经济性发展机制和绿色清洁支持政策。因此,四川的氢能产业补贴还需要建立更加完善的绿色金融租赁、绿色信贷等金融政策和相应的风险担保和补偿制度体系,助推可再生能源制氢尽早实现价格市场公平化竞争。除了财税补贴外,现有的73条政策中,仅数十条涉及氢能产业规范,整个氢能产业链涉及体系庞大,无论是燃料电池的行业标准还是储运氢能源的安全监管或是燃料电池汽车推广应用规范,都缺乏完善的监管和规范体系建设,加上政策制定部门各职能不同,政策制定目的多有偏差,已有的规范体系实施难度甚大,要想发挥现有政策体系的优势,必然需要协同多种政策工具,构建氢能产业政策矩阵,发挥政策合力。

3. 背离本土能源资源比较优势

氢能政策对四川氢能产业链发展现实的评估不够。四川氢能产业虽已具备一定基础，基本的行业体系已经构建起来，但仍然处于商业化初级阶段，全产业链应用成本高，推广应用相对有限，基础设施较为滞后。但是政策支持集中在燃料电池和燃料电池汽车推广方面，对于产业链前端技术的攻坚难度评估不够，补贴力度不够；政策配套建设也不足，政策工具单一，对于氢能源产业发展所需要的财税、行业标准、行业评估等政策体系建设缺乏完善的应对。这种政策与现实的不匹配，致使氢能产业链促进发展政策间协同能力不足。现有的支持政策分散于鼓励科技创新、新能源汽车和节能环保的措施中，财税政策集中在消费端的车辆购置补贴上，对燃料电池核心技术研发和产业链上游实际资金的支持较少，支持政策尚未形成体系，本应相辅相成的产业链体系没有在政策中形成合力，呈现出政策制定的目标是点对点的单一应对模式，缺技术则加大资金投入，缺市场则补贴推广应用，缺乏对整个氢产业链发展的深层次内在协同。

总而言之，氢能产业链实际还处于发展探索阶段，制氢、运氢、储氢等问题还尚未得到解决，氢能政策却集中在对用氢的研究，现实发展与政策指导不相匹配，政策间未能形成有序完整框架，无法实现政策协调推动四川氢能产业链发展的作用。

四、政策协同理论与氢能产业链优化中的政策协同

（一）政策协同理论与氢能产业链优化政策协同的必要性

政策协同是基于协同思维和方法，致力于解决复杂领域问题的理论，其源于复杂问题的出现，单一的政策实施无法解决多目的、多数量的政策规定所带来的冲突。

受干预政策和分权体制的影响，政策协同理论发源于西方国家。1975年，美国《公共行政评论》开展专题对政策管理进行讨论。赫尔曼·哈肯最早提出协同理论，他认为协同即系统各部分之间互相协作而产生的整体效益，组成系统的各子系统应当相互协同，使系统有序发展。随着社会风险的增多、政策制定实施难度的增大，不同政策在制定和实施过程中出现政策制定目的冲突、针对主体重叠等现象，使得政策无法有效贯彻。政策协同理论的出现从根本上避免不同政策之间的重叠、冲突带来的负面影响提供了理论依据。政策协同虽有不同的表达，如有人称之为政策协调、政策协助，但这些不同的术语都强调不同政策的协调一致、有机配合，认为政策协同所欲实现的是"1+1＞2"的效果。学者Hattori认为加强价格管控和总量控制政策的协作性有利于全社会福利的提高；学者朱光喜分析后认为，政策协同可以避免政策间的"外部性"，有利于降低政

策执行成本。政策协同的优点得到理论证明，学者们将政策协同理论与社会生活中的复杂问题解决措施相结合，无论是知识产权公共政策体系、整体政府研究还是区域协同发展，政策协调理论都有了体现。政策协同理论早已突破传统的公共政策领域的界限，向着解决更广泛的社会问题迈进。

氢能产业链作为复杂系统性工程，不仅涵盖生产、储存、运输、应用等阶段，每一阶段还会涉及安全、环保、经济、监管等领域，与之相关的政策不仅数量繁多，且内容跨度大，覆盖面广，不可避免地存在着政策不协调问题。在上文对四川氢能产业链发展政策体系进行梳理时，发现当前四川氢能产业链政策类型跨度极大，从具有普遍规范效力的法律到仅有指导性意义的意见、著作等，出台的氢能政策对四川氢能产业链发展所具有的影响力不同，氢能政策的明确度和实施力度也存在较大差异。这种层次的复杂性，使得四川氢能政策在制定和实施过程中就带有较大"不协调"的可能性，因此，有必要借用政策协同理论对氢能产业链政策进行优化。

（二）四川氢能产业链优化政策协同的主要领域和内容

协调四川氢能产业链相关政策，协同治理四川氢能产业链的发展既是攻坚战，也是持久战，从哪一角度、方向对四川氢能产业链政策进行优化成为下一个需要探讨的话题。

基于不同的角度，政策协同表现出不同的层次。在学者梅吉尔斯看来，政策协同关键在主体间的协同，径合组织（OECD）则是将政策协同路径从横向、纵向、时间三个维度进行阐述，彭纪生提出政策措施也应当与政策目标实现协同。尽管政策协同的内容和方式复杂多样，学者们提出的优化方向也有不同，但最终选择的政策协同具体方式和内容还是要回归于氢能产业链的特性和政策协同的协同要素。

氢能产业链有其独特性。首先，主体特殊。氢能作为国家大力发展的清洁能源，是国家正大力推进的新能源。为实现碳中和、碳达峰的双碳目标，实现绿色发展，政府出台各项政策，加大对氢能的推广力度。其次，过程特殊。产业链是产业"链条"，非"点"或"面"，其研究角度不能与新能源汽车产业发展、大气污染治理等政策协同研究方向相同。再次，采取的工具特殊。当前氢能产业链仍处于建设阶段，恰当的政策工具有利于氢能产业链的快速发展。因此，氢能产业链政策离不开主体、目标与工具三个协同要素，对四川氢能产业链政策协同的研究也应当围绕这三个协同要素展开。政策目标是政策执行的明确指令，反映了政策的本质理念和核心价值；政策工具是各政策主体特别是政府为了满足公众需求而进行的一系列制度安排；政策结果是颁布政策最终实现的成效，政策结果与政策目的息息相关，并受政策工具使用情况的影响。在这三个协同要素中，政策工具成为政府制定和实施政策时为实现既定目的而运用的方法和手段，成为连接政策目标与政策结果的桥梁，在推动氢能产业链发展方面具有显著作用，因此，有必要对氢能产业链中的政策工具选择给予足够重视，构建一条以政策目的为初始，以政策结果为导向，以政策工具为重点的"目的—工具—结果"政策协同之路。

五、四川氢能产业链优化的政策协同机制与路径

四川氢能产业链发展离不开政府政策促进，然而政策条文多，不等于政策体系完整，其关键在于不同政策能否构成一个有机系统，它们各司其职又相互协同。

（一）四川氢能产业链发展定位与氢能产业链优化的政策目标

近年来，氢能产业得到如此迅速发展离不开能源结构由传统能源向清洁能源转型的能源属性。2020年9月22日，国家主席习近平向全世界郑重宣布——中国"二氧化碳排放力争2030年前达到峰值，努力争取2060年前实现碳中和"。中国首次明确提出碳中和目标，社会经济开始进入低碳转型期，就此，也为中国氢能道路指明了方向。

目前，全球96%的氢气是煤或天然气方法制取，电解水制氢约占4%。中国是世界第一产氢大国，2020年产氢量约为2200万吨，以化石能源制氢为主，其中煤焦化、气化占比62%，天然气、水蒸气重整制氢占比19%，石油制氢、工业副产氢提纯占比18%，可再生能源制氢仅占1%。短期内化石能源制氢仍将是中国主要的制氢途径。然而，四川省在制氢方面有着独特优势。四川氢能发展的最大优势在于其丰富的可再生能源支持。在可再生能源制氢方面，截至2019年，四川水电装机容量7696万千瓦，其中2019年全省调峰弃水电量达92亿千瓦时，电解水制氢潜力巨大。工业副产氢方面，四川省在炼化、合成氨、电解食盐水、焦化、钢铁等领域有规模以上企业45家，工业副产氢丰富。化石能源制氢方面，天然气资源储量超7万亿立方米，页岩气累计探明地质储量约1.2万亿立方米，可利用天然气、页岩气等发展化石能源制氢[①]。四川本身所具有丰富的水电资源以及天然气等清洁能源为氢能发展提供了得天独厚的优势。因而，基于国家双碳发展目标，四川氢能产业链聚焦自身能源优势，以水电资源、天然气等为制氢基础的发展定位显得十分必要。

（二）四川氢能产业链优化的政策协同机制

从氢能产业发展的现状和趋势看，遵循的基本路径是氢能产业的发展繁荣倒

[①] 四川省经济和信息化厅发布的《四川省氢能产业发展规划（2021—2025年）》。

逼基础设施的完备，进而推动氢能全产业链的发展优化。从国家战略目标来看，氢能的发展程度与国家能源结构转型、实现双碳目标直接挂钩。第一，构建氢能产业链政策协同机制。为使政策过程强制贯彻执行下去，应当解决官僚组织中的层级结构和专业化分工所带来的阻力问题。构建政策协同机制，明确各政策主体之间的关系，在协同合作的基础上，通过互动对话来促使各部门于实际行动中实现共同目标，体现为一方面要优化政策协同的结构性机制，另一方面要优化政策协同的程序性机制。第二，做好氢能发展不同环节的政策协同。政策从横向和纵向予以区分，横向即从空间上，譬如同时期氢能的制氢、储运、加氢站、氢燃料电池、终端应用环节的政策协同，政策施行需要从氢能产业链上下游环节进行统筹布局。横向即从时间上，针对同一环节的不同时期政策予以协同衔接，确保氢能发展有一个稳定、一体化的发展轨迹，走氢能产业化、市场化快速发展的道路。第三，做好围绕氢能产业基础设施建设政策协同。基础设施建设是推进氢能产业链优化的强力支撑，其贯穿氢能发展全过程。第四，做好氢能发展与其他产业发展的政策协同，充分运用好土地政策、财政政策和科技政策。一方面，坚持氢能产业链的市场化，做好氢能全产业链的发展优化，利用诸如"科技特派员"等政策推进发展；另一方面，将氢能与四川优势水电、天然气等能源资源结合，通过"多产业＋"的方式融合发展，实现产业之间资源要素的相互流动。

（三）四川氢能产业链优化的政策协同路径与主要内容

氢能作为我国明确的一种新能源，其产业发展属于国家扶持的战略性新兴产业。因而，制定合理的引导、扶持发展政策势在必行。四川的氢能产业发展已具备一定基础，但仍处于商业化初期阶段，全产业链应用成本较高，推广应用范围相对有限，基础设施发展较为滞后，产业支持政策体系还需进一步完善。

其一，明确政策协同目标——实现氢能市场化。目前，氢能产业处于起步阶段，距离大规模产业化仍然有较长的路程，但基于对产业未来高速增长的预期，上市公司纷纷投资氢能产业。2018 年，中国氢能社会投资总额达到 2000 亿元；2019 年氢能相关投资与收并购共 48 例，单个项目最大投资额为 100 亿元级别，以直接投资或间接控股方式参与氢能产业的 A 股上市公司超过 70 家，关联企业多达上百家。氢能概念股票纷纷大幅上扬，在不到 8 个月时间内，多家公司股票累计涨幅达到约 50%～300%[1]。

其二，审慎选择政策协同工具。如前文所述，四川氢能产业链政策工具比较单一，集中在财税补贴，虽然具有前瞻性地提出技术研发资助、市场销售挂钩氢燃料电池研发双向补贴政策，同时也制定了燃料电池补贴标准，但是方式比较粗

---

[1] 中国电动汽车百人会发布《中国氢能产业发展报告 2020》，2020 年 10 月 15 日。

糙单一。过于依赖政策补贴,如果补贴未能随着氢能产业发展而适时调整,则会带来产能盲目扩张、技术进步缓慢的恶果。四川氢能发展在政策工具的选择上,应当立足实际,着眼发展短板,认真评估产业链前端技术攻坚难度,从财税、行业标准、行业评估等途径建立起完备的政策支持体系。激励性政策较适宜置于制氢环节中,运氢和储氢对安全要求较高,因此政策应当多为限制性政策,对储存和运输的工具标准、环境标准等进行统一等。

其三,实现政策全链条覆盖。政策最大的作用在于对产业发展中出现的问题予以矫正,为其发展保驾护航。因此,对于当前主要依靠政策扶持发展的氢能产业,实现政策全链条覆盖十分重要。对此,四川氢能发展应当对其现状有着清晰定位。四川氢能产业政策支持主要集中在对于燃料电池和燃料电池汽车的推广上。未来相当长时间内,四川氢能产业的最大机遇就是政策的大力支持。要实现四川氢能产业链政策协同发展,必须要氢能制氢、运氢、储氢、用氢四个方面"抱团"发展:围绕氢能产业链,加强科研投入和产业培育;纵向从顶层设计到项目实施全方位推动;实现以点带面进入氢能产业,为后续产业化发展,形成经济增长点奠定基础;坚持择优进入,打造产业链前端一体化体系等。

参考文献:

[1] 何青,孟照鑫,沈轶,等. "双碳目标"下我国氢能政策分析与思考 [J]. 热力发电,2021 (11):27-36.

[2] 殷伊琳. 我国氢能产业发展现状及展望 [J]. 化学工业与工程,2021,38 (4):78-83.

[3] 陈梅芬. 加快四川省氢能产业发展 [J]. 决策咨询,2019 (3):6-7,10.

[4] 郑怀林. 张家口氢能全产业链发展的实践:经验、问题与建议 [J]. 河北金融,2021 (4):19-22.

[5] 游双矫,张震,周颖,等. 氢能先发国家的产业政策及启示 [J]. 石油科技论坛,2019,38 (5):57-66.

[6] 张国兴,高秀林,汪应洛,等. 中国节能减排政策的测量、协同与演变——基于1978—2013年政策数据的研究 [J]. 中国人口·资源与环境,2014,24 (12):64.

[7] Philip M. Burgess. Capacity building and the elements of public management [J]. Public administration review,1975,(December Special issue).

[8] 哈肯. 高等协同学 [M]. 郭治安,译. 北京:科学出版社,1989:2-3.

[9] Hattori K. Firm incentives foe environmental R&D under non-cooperative and cooperative policies [R]. University library of munich,Germany,2010.

[10] 朱光喜. 政策协同:功能、类型与途径——基于文献的分析 [J]. 广东行政学院学报,2015,27 (4):20-26.

[11] 周莹,刘华. 知识产权公共政策的协同运行模式研究 [J]. 科学学研究,2010,28 (3):351-356.

[12] 周志忍，蒋敏娟. 整体政府下的政策协同：理论与发达国家的当代实践 [J]. 国家行政学院学报，2010（6）：28-33.

[13] 张明之. 区域产业协同的类型与运行方式——以长三角经济区产业协同为例 [J]. 河南社会科学，2017，25（4）：79-85.

[14] 王洛忠，张艺君. 我国新能源汽车产业政策协同问题研究——基于结构、过程与内容的三维框架 [J]. 中国行政管理，2017（3）：101.

[15] OECD. Government coherence: the role of the centre of government [R]. OECD public management service/public management committee, 2000.

[16] 陈振明. 政策科学教程 [M]. 北京：科学出版社，2015：54.

[17] 彭纪生，仲为国，孙文祥. 政策测量、政策协同演变与经济绩效：基于创新政策的实证研究 [J]. 管理世界，2008（9）：25.

论双碳承诺下国家温室气体减排义务

王 浩[①]　鲜翰林[②]

摘　要：国家温室气体减排义务是国家对于温室气体排放应尽的职责和义务。履行国家温室气体减排义务是我国履行国际气候公约、推进气候治理的应然选择。然而，国家温室气体减排义务面临虚置化的可能，其制度层面的原因在于国家温室气体减排义务的法律依据不足，义务履行主体间尚未形成合力且减排手段不完善。为履行国家温室气体减排义务，兑现减排承诺，需要在公民基本环境权益——宪法减排义务逻辑下建构国家温室气体减排义务。因此，要使国家温室气体减排义务得到有效履行，需要明确双碳目标下国家温室气体减排义务的法律依据；建立政府、企业社会力量多主体协同的主体架构，为国家温室气体减排提供体制保障；完善温室气体减排的强制与激励措施；健全国家温室气体减排义务履行责任机制以实现双碳承诺。

关键词：双碳承诺；温室气体减排义务；国家机制

一、引言：国家温室气体减排义务的缘起

世界范围内，气候环境变化导致愈加频发的极端天气和气候灾害引发了国际社会的关注。《京都协定书》《巴黎条约》等一系列环境气候变化公约的签订和履行表明了各国在应对全球气候变化方面已达成共识，即各国应采取相应手段来控制和减少二氧化碳的排放，以应对全球气候环境变化。截至2021年4月，全世界共超过130个国家和地区提出了碳达峰、碳中和目标[③]。我国作为发展大国，也在顺应国际社会这一关注。2020年9月，国家主席习近平提出：中国力争

[①] 王浩：西南石油大学法学院副教授，西南石油大学法学院院长助理，西南石油大学法治与社会治理研究院副院长，中国社会科学院法学博士后，研究方向为行政法。
[②] 鲜翰林：西南石油大学法学院2020级硕士研究生，研究方向为行政法。
[③] 包括：已实现碳中和的2个国家，已立法的6个国家，处于立法中状态的包括欧盟（作为整体）和其他5个国家。另外，有20个国家（包括欧盟国家）发布了正式的政策宣示，提出目标但尚处于讨论过程中的国家和地区近100个。具体参见：https://eciu.net/netzerotracker。

2030年前二氧化碳排放达到峰值，争取2060年前实现碳中和[①]。中国在国际会议所做的碳达峰、碳中和承诺，体现了大国的责任与担当，与此同时，也需要国内统筹实施，通过履行温室气体的减排义务，以实现承诺目标。为切实履行这一责任，党中央国务院已经成立了碳达峰、碳中和工作领导小组，制定实现碳达峰、碳中和目标的时间表、路线图以及相关的政策文件，政策措施主要涉及气候变化、污染防治、能源结构、产业布局、绿色金融、碳排放权交易等多领域，致力于构建碳达峰碳中和"1+N"政策体系[②]。在中央领导小组的指引下，以生态环境部为代表的职能部门也开始了政策实践。2021年1月，生态环境部发布文件提出："以双碳承诺为牵引，加强气候变化应对与生态环境保护工作统筹融合。"[③] 2021年3月，国家发改委召开的双碳目标专家座谈会也提出要加快出台双碳承诺顶层设计政策文件，确保如期实现目标。

然而，在双碳的背景下，个别地区出现空喊口号，蹭热度，蜂拥而上，或"一刀切"，过度超前行动等运动式"减碳"苗头。2021年7月30日，习近平总书记指出："尽快出台2030年前碳达峰行动方案，纠正运动式'减碳'。"[④] 双碳目标承诺如何在国内履行？国家温室气体减排义务的逻辑构成是什么？正当性源于何处？其是否具有法律支持？面对多元利益主体，我国应采取何种手段，在减排的同时满足各方利益需求，寻求减排义务的实现和经济的协调发展？对上述问题的回应是有效履行碳减排义务的前提。

在此背景下，本文拟就分析国家温室气体减排义务的现状与困境，并提出相关解决措施以实现双碳承诺。

二、正当性分析：双碳背景下亟须履行国家温室气体减排义务

（一）履行温室气体减排义务是遵守国际气候公约规定的要求

20世纪末，气候变化问题日益严峻，具体表现为全球气候变暖，应对气候变化风险成为全球性问题之一[⑤]。全球各国为应对气候变化，经协商、谈判达成了共识并签署了一系列气候公约。1992年《联合国气候变化框架公约》为解决全球气候问题奠定了法律基础，其中确立了公约的最终目标和法律原则，并明确

---

① 《习近平在第七十五届联合国大会一般性辩论上的讲话》，http://www.gov.cn/xinwen/2020-09/22/content_5546168.htm。
② 中共中央，国务院：《关于完整准确全面贯彻新发展理念 做好碳达峰碳中和工作的意见》（中发〔2021〕36号）。
③ 生态环境部：《关于统筹和加强应对气候变化与生态环境保护相关工作的指导意见》（环综合〔2021〕4号）。
④ 《中共中央政治局召开会议，分析研究当前经济形势和经济工作，中共中央总书记习近平主持会议》，http://www.xinhuanet.com/politics/leaders/2021-07/30/c_1127713888.htm，最后访问日期：2021年7月30日。
⑤ 朱炳成：《全球气候治理面临的挑战及其法制应对》，《中州学刊》，2020年第4期，第56页。

了在发展优先的前提下，发展中国家只承担提供温室气体源义务；1997年《京都议定书》根据气候公约原则的指引，进一步明确了发展中国家在其范围内制定规则以改进温室气体的排放和模式①；2015年《巴黎协定》则确定了控温目标和自主贡献的参与模式。

上述公约的签订为各国确立和分配了国际义务，如《联合国气候变化框架公约》序言就规定"各国应该制定有效的立法并应当反映其所适应的环境和发展方面的情况"②，而控制和减少温室气体排放就是国际义务的核心要义。同时，控制和减少温室气体排放作为公约中规定的最重要的国际义务，也需要各国在国内采取措施予以展开和实践。我国作为上述公约的成员国和全球最大的碳排放国，一直以来积极履行公约中所负义务。从2007年中国制定的《中国应对气候变化国家方案》到2013年发布的《国家适应气候变化战略》，再到2015年提交的《强化应对气候变化行动——中国国家自主贡献》，上述实践表明：在公约的指导下，中国实现了碳减排义务履行从"外"到"内"的过程。而双碳承诺的提出正是我国进一步遵守气候公约的要求，体现的是信守承诺的大国担当。因此，在双碳承诺的背景下，采取多元化法律手段，控制和减少温室气体排放，既有助于国内温室气体减排义务的实现，也在实现过程中进一步遵守了国际公约的规定，履行了我国所负的国际义务。

（二）履行温室气体减排义务是全球气候治理的基本要求

《2019年气候变化绩效指标》显示，1998年后的20年间，全球爆发了超过一万个极端气候事件，造成五十多万人死亡，经济损失超过三万亿美元③。同时，联合国环境规划署指出，极端气候事件的数量将会在未来10年持续增加④。极端气候事件的发生促使全球各国共同协作，开展气候治理行动。而全球气候治理最大的困境就是"集体行动的逻辑"⑤，同时集体行动逻辑中的激励因素使得发达国家希望借助于自身在全球气候治理中的作用来提高国际地位⑥。

基于此，全球各国以气候治理为契机，提出了温室气体减排承诺，在应对气候变化的同时，也旨在提升自己在全球气候治理中的地位和话语权，从而在今后

---

① 周洪钧：《〈京都议定书〉生效周年述论》，《法学》，2006年第3期，第123页。
② 韩良：《论气候行政权》，《政法论坛》，2010年第4期，第2—4页。
③ David Eckstein, Marie-Lena Hutfils and Maik Winges, Global Climate Risk Index 2019, Germanwatch e. v. 2018, p. 5.
④ Daniel Puig, Anne Olhoff, Skylar Bee eds., The Adaptation Finance Gap Report, Nairobi, Kenya: United Nations Environment Programme, 2016.
⑤ "集体行动的逻辑"是指除非一个集团中的人数很少，存在强制或其他某些特殊手段促使个人按照他们的共同利益行动，理性的、自利的个人将不会采取行动以实现他们共同的或集团的利益。参见［美］曼瑟尔·奥尔森：《集体行动的逻辑》，陈郁，郭宇峰，李崇新译，格致出版社2011年版。
⑥ 何志鹏，马文飞：《领导全球气候治理中国何以可能》，《河北法学》，2020年第7期，第2—23页。

的气候谈判中掌握主动权。例如，美国提出到 2025 年，温室气体的排放在 2005 年的基础上减少 26%～28%；欧盟也提出到 2030 年，在 1990 年的基础上减排 40%[①]。

而我国作为传统能源消费大国，在全球气候治理中的作用不可小觑。国际能源署发布的《2020 煤炭报告》指出，中国作为全球最大的煤炭生产国，2019 年原煤产量达到 38 亿吨，占世界比重将近一半，相当于经济合作与发展组织（OECD）国家比重的 2 倍，相当于美国煤炭占世界比重的 6 倍[②]。我国传统能源消费的巨大体量也为今后的全球能源消费转型和在全球气候治理中占据一席之地奠定了基础。在此背景下，我国提出碳达峰与碳中和承诺，履行温室气体减排义务，契合了当前全球气候治理的要求。前者是后者的基础和前提，温室气体减排义务的实现与否也会影响我国今后在全球气候治理中的作用。因此，温室气体排放义务作为双碳承诺的核心任务，是否切实履行不仅影响双碳承诺能否如期实现，也影响我国在全球气候变化治理中的作用，从而影响今后的气候变化谈判和气候变化规则的制定。

（三）履行温室气体减排义务是建立人类气候命运共同体的当然选择

2015 年，习近平主席提出"人类命运共同体"，旨在希望各国在追求自身发展的同时，也要兼顾他国合理关切，以实现共同发展。而在气候变化的背景下，面对日趋严峻的生态环境和频繁出现的极端气候，不管是国际气候公约的签订还是各国对全球气候变化的共同治理和内部治理，都体现了人类作为命运共同体的团结与合作。换言之，在人类命运共同体的指引下，人类气候命运共同体作为其组成部分应运而生。

这里所谓的"人类气候命运共同体"是以可持续发展观为指导思想，以全球治理为主要路径，各国结合自身实践探寻和应对气候变化的政策与措施，同时在团结合作的基础上，最终实现生态、经济和社会协调发展和人与自然和谐共生的目标[③]。在当今世界，气候变化的公共物品属性使其带有外部性特征，这让各国在气候变化的背景下，已经成为利益与安全交融的气候命运共同体。这就要求各国齐心协力，以共同目标为指引，积极采取有效的行动，以应对气候变化带来的消极影响。

我国作为全世界最大的发展中国家，应积极发挥在构建"人类气候命运共同体"中的作用。就我国自身来说，要实现构建作用，就需要结合碳达峰、碳中和

---

① 李慧明：《全球气候治理制度碎片化时代的国际领导及中国的战略选择》，《当代亚太》，2015 年第 4 期，第 128−156 页，第 160 页。
② 国际能源署（IEA）数据库，https://www.iea.org/reports/coal-2020。
③ 李强：《构建"人类气候命运共同体"：内涵、挑战及出路》，《中国社会科学报》，2019 年 12 月 12 日第 4 版。

承诺,切实履行温室气体减排义务,为各国提供控制和减少温室气体排放的实践经验,并建立为国际社会所普遍接受和遵循的温室气体减排机制。

三、实践检视:国家温室气体减排义务履行面临的挑战

(一)国家温室气体减排义务虚置化

从国家双碳减排政策、法规等制定的背景来看,由于国家主导双碳目标具有执行力强、效率高的优势,因此通过自上而下的国家权力贯彻,从而确保控制和减少温室气体排放达到实效是必要的。具体表现为,通过法律法规设置政府职责来调控资源,并通过各省以及制定的双碳发展规划来促进和规范减排工作,效率较高。例如,天津市于2021年9月27日出台了第一个涉及双碳承诺的地方性法规——《天津市碳达峰碳中和促进条例》,其中通过大量条文明确了政府在涉及双碳承诺方面的政策措施、项目布局和规划等职能。在政府职能的推动下,多方社会主体及民间力量也容易参与到减排义务的履行过程中,以实现全民动员。

然而,片面强调国家的减排义务容易导致其义务虚置化。这里虚置化是指国家碳减排义务不能很好地履行,存在落空的可能性。其根源在于,国家环境权利阙如与碳减排国家义务空泛化。一方面,民众基于基本权利享受的环境法益,作为一种由国家强制力所保护的法律价值有一系列国内立法予以保障,具有排除政府随意干预和阻却的效力[1],但是,民众环境权利,由于缺乏请求权的法律装置,难以实现。另一方面,碳减排国家义务空泛化。目前我国由于尚未出台履行减排义务的专门法律,同时双碳目标背景下的相关规定过于原则,操作性不强,加之政策文件的稳定性不足,国家碳减排义务可能走向空泛化,很少涉及公民请求权,导致对公民基于基本权利所享有的环境权益的具体实现导向不足。可见,积极性权利缺位与碳减排义务空乏,政策法规虽形式上呈现出一幅"制度建设"景象,但制度的完善与其本身的执行存在落差。比如,碳中和行动方案片面强调政府的义务履行,对在减排义务下公民权利实现的规定不足。因此,国家温室气体减排义务存在被虚置的可能。

(二)国家温室气体减排义务法律规范依据不足

目前,我国在已经出台的环境保护法律中,对双碳承诺下控制和减少温室气体排放作出了一些规定。就国家出台的法律而言,例如《中华人民共和国大气污染防治法》中规定"大气污染物和温室气体实施协同控制",《中华人民共和国环境保护法》也将"防治污染和其他公害"作为立法目的之一,《中华人民共和国

---

[1] 张万洪,王晓彤:《工商业与人权视角下的企业环境责任——以碳达峰、碳中和为背景》,《人权研究》,2021年第3期,第41—52页。

煤炭法》第十一条规定了"开发利用煤炭资源，应当遵守有关环境保护的法律、法规，防治污染和其他公害，保护生态环境"。另外，生态环境部出台的《碳排放权交易管理办法（试行）》，为碳排放权交易市场提供了指导规则。

在地方实践中，也涉及双碳承诺的立法。如《北京市碳排放权交易管理办法（试行）》《上海市碳排放管理试行办法》《天津市碳达峰碳中和促进条例》。另外，中央和地方政府部门也出台了相关政策文件对温室气体的排放等问题予以规范，如国家标准化管理委员会颁布的《工业企业温室气体排放核算和报告通则》为工业企业的碳排放核算和报告标准提供了指引方向；四川省生态环境厅等五部门联合发布的《四川省积极有序推广和规范碳中和方案》也为建立当地的双碳政策体系提供了方案参考。

但上述涉及碳达峰、碳中和的法律法规和政策文件仍不能掩盖我国专门领域缺乏规范依据的事实，对国家履行温室气体的减排义务也未细化。首先，专门立法尚未出台。目前已有的法律法规，立法目的是环境保护和生态文明建设等，虽然涉及双碳承诺的内容，但并未直接就其立法，应对双碳承诺和气候变化的专门立法体系尚未形成[1]。其次，能源基本法对于碳达峰、碳中和的内容缺失。双碳承诺的本质是实现能源转型，作为能源领域的基本法，能源法不仅指引各能源单行法的基本价值取向，也承担着实现双碳承诺的基本任务。虽然能源法（征求意见稿）第十六条确立了环境保护和应对气候变化条款，然而，其宣示性条款作用有限。一方面，其立法目的和立法原则对于该内容的缺失使得该条款侧重于对企业和个人的义务导向，而对国家的减排义务一笔带过；另一方面，单一条款无法为双碳承诺的国家减排义务提供制度性保障，易让该条款束之高阁，并且能源法尚未出台。上述因素导致能源领域实现双碳承诺下的国家减排义务缺乏法律基础，也难以发挥对各能源单行法的指引功能。再次，各法律立法目的难以协调。现有涉及双碳法律涵盖领域众多，包括污染防治法、环境法、能源法等，都不同程度涉及控制温室气体的排放，但由于立法目的的不同和立法时机的限制，其缺乏对双碳承诺的全局考虑，导致立法目的无法有效衔接。例如，环境保护法的立法目的"环境保护，防治污染，推进生态文明建设"就与能源法（征求意见稿）所表述的"保障能源安全，提高能源效率"立法目的不相适应。立法目的的不协调会直接影响各领域各主体对法律义务的理解和执行。在双碳承诺的背景下，国家各机关主体减排义务的实施和合作也有赖于立法目的统一协调，因此需要统筹规划双碳承诺涉及领域法律的立法目的，为各主体减排义务的合作建构提供共同

---

[1] 肖隆平：《专访全国政协常委吕忠梅：用法律保障实现碳达峰碳中和》，《新京报》，https://www.bjnews.com.cn/detail/161518572315012.html。

的价值支撑。

（三）国家温室气体减排义务履行体制不顺

在双碳承诺背景下，国家温室气体减排义务分配是通过各个职能部门发布具体行动方案的实施细则予以确定，但各主体机制仍不健全。

其一，从政府内部主体之间关系层面看。双碳目标下碳减排涉及部门众多，包括国家发改委、自然资源部、生态环境部等职能部门，其各自的职能分配及双碳目标的执行主体和责任主体还未明确。具体来说，表现在国家发改委与其他职能部门之间的监管职能关系尚未厘清，一方面，国家发改委与市场监管总局、财政部、生态环境等部门同时涉及能源监管、碳减排义务政策规划与实施、环境监管等领域，其职能存在交叉和重叠。另一方面，国家能源局作为发改委下的一个局，其监管权力有限，缺乏必要的独立性[1]。同时，我国碳市场监管体制模式与制度还处于发展阶段，与我国已有的环境督查、财政监管等体系尚未建立有机联系[2]。另外，目前各部门的权责划分仍不够明确，部门间信息交流合作机制建设还不完善，部门之间协调合作也存在问题[3]。

其二，从政府与外部社会力量之间的关系层面看。一方面，政府与市场主体之间的关系。双碳承诺的实现离不开碳排放权交易等市场机制的运行，能源企业是市场运行中最重要的主体，政府如何合理分配政府与企业、企业与企业之间的碳排放份额还有待明确；同时，政府作为碳排放权市场建设的主要监管者，如何在加强自身监管的前提下，培育第三方监管力量。另一方面，政府与个人之间的关系。政府对双碳政策的实施与制定必然会影响到公民个人的权利义务。2021年9月，全国各地基于双碳背景下存在的煤炭供应不足、节能减排指标等原因导致的"拉闸限电"[4]事件表明，在履行减碳义务的同时，保障公民合法权益的实现，也是在这一过程中无法回避的问题。

（四）履行国家温室气体减排义务的措施不完善

其一，命令控制型方式过于僵化。双碳目标背景下，由于时间紧，任务重，加之每年会发布节能减排指标，国家温室气体的减排义务的具体实践操作极可能以行政命令等"命令控制型"[5]模式予以体现，即采用"一刀切"方式执行。如

---

[1] 王俊豪，金暄暄：《中国能源监管体制深化改革研究》，《经济学家》，2020年第9期，第95-103页。
[2] 田丹宇：《我国碳排放权的法律属性及制度检视》，《中国政法大学学报》，2018年第3期，第75-88+207页。
[3] 傅志华，施文泼：《环境保护税实施两周年评估和制度完善建议》，《财政科学》，2020年第11期，第42页。
[4] 金观平：《"拉闸限电"凸显结构转型紧迫性》，《经济日报》，2021年09月28日第1版。
[5] 命令控制型监管不仅将监管聚焦在政府行政部门，而且聚焦在命令控制型的监管方式上。命令控制型监管方式以其强制性、不可变通性和严格的法律责任，在很长一段时间良性地引导了监管政策的方向。具体参见［美］孙斯坦：《自由市场与社会正义》，金朝武、胡爱平、乔聪启译，中国政法大学出版社，2002年，第368页。马英娟：《监管的概念：国际视野与中国话语》，《浙江学刊》，2018年第4期，第56页。

2017年，政府为推进北方"煤改气"，各级政府制定淘汰落后技术政策，以指令性的方式把减排指标下达给企业，并且关、停、并、转了一批高排放的企业。另外，在2020年12月，为实现节能减排指标，义乌市采取"拉闸限电"的行政手段以控制高峰时段用电，对企业实行限产和错峰生产[①]。2021年9月，江苏、广东、浙江等地区在能耗双控的情况下对企业进行停工限产，东北地区由于双碳目标下的煤炭供应不足而造成居民生活的拉闸限电引发了舆论关注。

在双碳承诺背景下，为实现国家温室气体减排义务，通过传统行政强制手段虽然短时期内能够达到节能减排的目标，但从长期来看，行政强制手段一方面会阻碍企业正常生产，对当地经济产生不良影响，此举不符合双碳承诺的最终目的。同时，行政强制手段对居民正常生活造成的影响也无法获取公众对双碳目标的支持。

其二，激励性的措施实效性不足。随着双碳承诺的提出，传统命令控制型方式开始发生转变。2020年12月，国务院提出要"完善节能低碳激励政策"，措施包括：税收优惠政策、技术革新和淘汰高能耗产品、健全绿色金融体系和灵活绿色的价格机制[②]。在能源、建筑、交通等行业采取行政补贴、行政奖励等激励性措施。例如光伏产业作为我国激励性措施的重点领域，中央各部门通过行政补贴给予了必要扶持。2002年，我国发起"西部偏远无电地区的能源供应计划"[③]；2013年至今，中国发改委、能源局、财政部、商务部等部门通过政策下发形式，明确了光伏产业补贴规模和补贴标准。可以看出，上述激励性措施主要是通过政策文件指引，不可否认，政策所具有的明确性和执行性，在实现国家、政府和产业发展职能方面起到了难以替代的作用[④]。然而，相关政策文件出台虽然灵活多变，适应某些预期目标，但由于缺乏足够的稳定性和长期性，面临合法性质疑，在未推动激励性措施的立法转型的同时，也降低了市场主体的预期。例如我国2014年开始建立的能效"领跑者"制度[⑤]，该制度仍停留在政策规范层面，导致其规范层级较低，法律属性不明，从而影响了该制度的功能发挥[⑥]。总而言之，

---

① 林伯强：《"拉闸限电"给中国能源低碳转型带来的启示》，《中国科学报》，http://news.sciencenet.cn/htmlnews/2020/12/450712.shtm，访问日期：2021年7月20日。
② 国务院新闻办公室：《新时代的中国能源发展》白皮书（全文），http://www.scio.gov.cn/ztk/dtzt/42313/44537/index.htm，2021年7月10日访问。
③ 肖兴志，李少林：《光伏发电产业的激励方式、他国观照与机制重构》，《改革》，2014年第7期，第79页。
④ 彭中礼：《论国家政策的矛盾及其规制》，《法学》，2018年第5期，第63—73页。
⑤ 我国能效"领跑者"制度指以激励性措施为主要手段，在特定领域通过树立标杆的方式激励该领域内其他用能主体及用能产品提升节能目标指数，并通过不断更新能效"领跑者"目录和转化为相关强制性标准等方式逐步提高全领域节能目标标准的激励性制度。具体参见：国家发改委等部门联合发布的《能效"领跑者"制度实施方案》发改环资〔2014〕3001号；于文轩，冯瀚元：《"双碳目标"下能效"领跑者"制度的完善路径》，《行政管理改革》，2021年第10期。
⑥ 于文轩，冯瀚元：《"双碳目标"下能效"领跑者"制度的完善路径》，《行政管理改革》，2021年第10期。

上述因素大大降低了国家温室气体减排义务履行激励性措施的实效性。

四、理论证成：国家温室气体减排义务的逻辑展开

2018年宪法修改之前，关于生态文明建设和环境保护是作为一项单独的基本权利还是作为国家目标写入宪法中尚有争论。2018年宪法修改后，其以国家目标为基本方向、以生态环境保护作为国家的一项重要的客观法义务纳入其中，以此否认了环境权作为公民的主观基本权利[①]。同时，通过公权力活动贯彻环境保护的国家目标与公民因各项基本权利所享有的环境法益并不冲突。因此，国家把控制和减少温室气体排放作为实现环境保护和生态文明建设的重要内容，其义务就源于宪法所规定的国家目标和公民享有的环境法益。

（一）作为公民基本权利所享有的环境法益

2018年环境保护作为国家目标纳入宪法，表明了其是根据客观法规范而直接指向国家义务，以此否认了环境权作为基本权利为公民个人所主张。与此同时，环境保护作为国家目标的客观规范和其他基本权利的规定也指向了公民所享有的环境法益。

大量温室气体的排放源于高能耗、高污染行业的发展，从而带来了环境污染，而环境污染必然会给公民个人的生命、健康带来危害。

我国宪法虽未直接规定生命权和健康权，但可以从宪法相关规定中进行推导。一方面，我国宪法中的人权条款和人格尊严条款为国家保障公民的生命和健康提供了规范指引。生命权作为人类社会中最根本和最基本的权利，构成了法治社会的理性与道德基础[②]。另一方面，《中华人民共和国宪法》第四十一条所规定的对国家机关工作人员监督的和给付赔偿的基本权利，也赋予公民获得了知晓身边环境状况的知情权，并在因环境污染，基本权利受到威胁时，有权向国家提出赔偿。另外，作为宪法具体化的各部门法，也对因基本权利产生的环境法益作出了具体规定，如《中华人民共和国民法典》中就规定了生命权和健康权的不可侵犯性；《中华人民共和国环境保护法》第五十三条赋予我国公民环境知情权，而第六条的责任条款则表明：在环境权益受到侵犯的情况下，公民能够主张请求权益受损补偿或赔偿[③]。因此，公民基于各项基本权利所享有的环境法益，在推动国家采取各种手段控制和减少温室气体排放的同时，也反哺着公民环境法益的实现。

---

① 张翔：《环境宪法的新发展及其规范阐释》，《法学家》，2018年第3期，第90—97，193—194页。
② 韩大元：《中国宪法学应当关注生命权问题的研究》，《深圳大学学报（人文社会科学版）》，2004年第1期，第25—28+37页。
③ 张震：《环境权的请求权功能：从理论到实践》，《当代法学》，2015年第4期，第22—31页。

(二) 双碳国家目标指引下的国家温室气体减排义务

我国在经历 40 多年的经济高速发展后，经济总量已经跃居世界第二。与此同时，片面地追求经济速度也使碳排放量逐年增加，给环境带来了不小的危害。传统高能耗行业的发展和温室气体的排放对我国环境造成了巨大污染。如 2013 年，我国各地持续出现的大范围的雾霾天气，以至于像北京等城市的空气污染指数都突破历史极值[1]。环境污染使我国在认识到经济发展转型重要性的同时，也需要从立法上作出根本规定。

因此，2018 年宪法修改对环境保护作出了较为完善的规定。一方面，修正案正式将"生态文明建设"纳入宪法序言的"五位一体"的总体布局中。另一方面，宪法修改将"美丽"一词作为生态文明建设的目的和归宿，同时将其纳入宪法序言作为社会主义国家前缀，表明国家建设社会主义不再追求片面的经济发展，而是经济与环境保护、生态文明建设相协调的可持续发展战略。自此，"美丽中国"不仅成为现行宪法根本法的组成部分，而且成为国家政治决策、法律制定与实施的一项重要考量因素[2]。正是基于这一国家目标，我国提出双碳承诺并把控制和减少温室气体排放作为双碳承诺的核心任务。

在生态文明建设和"美丽中国"国家目标的确立和指引下，《中华人民共和国宪法》正文部分第二十九条赋予了国家保护生态环境的职能。该条款作为一项综合的环境保护条款，概括式地对国家课予义务，对总纲中其他关于国家任务的环保条款具有统摄作用[3]。正如上文所述，我国经济发展的同时也给生态环境带来了危害，因而在双碳承诺的背景下，国家的温室气体的减排义务契合《中华人民共和国宪法》第二十九条的宗旨和精神。《中华人民共和国宪法》第二十九条概括式地总结了国家环境保护的义务，而第八十九条的规定则进一步确定了国家如何实现宪法序言所规定的美丽中国的目标。《中华人民共和国宪法》第八十九条明确了国务院具体承担生态文明建设的职能。该条虽然只规定了国务院的相应职能，但在"美丽"和"生态文明建设"的国家目标指引下，控制和减少温室气体排放作为实现国家目标的重要途径，不仅是国务院，而是全部公权力机关都应受到国家目标的规范约束，并且基于权力属性和任务功能的不同，其具体职能也各有侧重。

---

[1] 王敏，黄滢：《中国的环境污染与经济增长》，《经济学（季刊）》，2015 年第 2 期，第 557-578 页。
[2] 陈明辉：《什么样的共和国？——现行宪法中"社会主义国家"的性质与内涵》，《北大法律评论》，2019 年第 20 卷第 2 辑，第 49 页。
[3] 马骧聪：《新宪法与环境保护》，《法学评论》，1983 年第 2 期，第 48 页。

五、路径探寻：国家温室气体减排义务的实现机制

（一）明确双碳目标下国家温室气体减排义务的法律依据

首先，在修订生态环境保护法律法规时，将双碳承诺目标纳入立法内容。其一，对环境保护法等相关法律进行修订，纳入实现双碳承诺下国家温室气体减排或应对气候变化的内容。其二，加快能源基本法的出台明确了能源法温室气体的减排依据。2020年4月，中国能源法（征求意见稿）发布，能源法的立法进程明显加快，但基于各种原因，能源法尚未进行正式的立法程序。为顺应双碳承诺的发展趋势和能源产业的长期发展，可以在能源基本法立法目的条款中将"应对气候变化和可持续发展"作为目的之一纳入其中，同时将涉及环境保护和应对气候变化的条款进行整合，以气候变化专章的形式予以呈现[1]。立法目的的嵌入和专章的列举，有助于能源领域各主体对控制和减少温室气体排放义务的具体实践展开。同时，各能源单行法也应适时进行修订，以适应能源基本法的统领。

其次，我国应单独制定应对气候变化和涉及碳中和的法律。一方面，作为应对气候变化以及实现双碳承诺的主要法律依据，降碳是碳达峰碳中和的法律转化，清洁生产促进法等相关法律法规虽然可以产生一定的推动作用，但以气候变化应对法为核心的国家专门立法显然更具多重优势[2]。另一方面，制定专门的《碳中和促进法》。从短期来看，碳达峰是我国目前的紧迫目标，需要具有灵活性的政策文件和地方立法实施予以保障。而从长期来看，碳中和作为一项涉及我国全局性、纲领性的目标，对我国经济和环境协调发展、产业升级等方面具有重要意义。因此，我国应通过碳达峰相关具体政策文件的经验总结和地方立法实践，制定专门的《碳中和促进法》，明确碳中和目标的指导原则、政府义务、公民权利等，既要涉及绿色低碳发展转型的内容，也要提供市场主体交易、绿色金融产品等制度保障，以实现国家温室气体减排义务的切实履行和碳中和目标。

最后，制定国家温室气体减排义务履行的相关配套办法。一方面，在国家层面，除了在相关法律中就双碳承诺予以呈现，也应通过具体内容予以细化，如以《中华人民共和国大气污染防治法》第二条为依据，建立协同控制的具体制度、管控实施标准和纠纷处理程序。另一方面，在地方层面，鼓励其在修改或制定涉及生态文明建设、碳市场建设等法规规章时，设置双碳承诺下温室气体减排义务的倡导性条款，并就此作出针对性立法。

（二）建立双碳目标下国家温室气体减排的主体架构

其一，明确政府内部各主体之间的关系。首先，在双碳目标下要明确相关部

---

[1] 王江：《论碳达峰碳中和行动的法制框架》，《东方法学》，2021年第5期，第12页。
[2] 王江：《论碳达峰碳中和行动的法制框架》，《东方法学》，2021年第5期，第12页。

门之间对温室气体减排的职能划分。碳减排的职能划分包括横向和纵向。从横向上来说，原则上仍应根据双碳具体涉及领域进行职能界定，如能源监管、碳排放交易等依然由具体主管部门进行管理。从纵向上需要明确中央与地方政府的碳减排职能。如每年国务院发布碳减排行动方案，地方结合自身实际发布实施细则予以执行。其次，在双碳目标下，明确碳减排部门的权力配置。目前涉及碳减排的权力配置主要以政策文件执行，其决策和执行难免存在衔接不上的问题。因此，上述职能划分需要通过《碳中和促进法》等法律予以明确，并合理配置相关部门碳减排的权力，以提升涉碳减排部门决策和执行的实效性。最后，建立统一的温室气体减排机构。明确碳减排部门的职能划分虽有助于理顺涉碳减排各部门之间关系，以提升履职效率，然而，温室气体减排毕竟涉及多方利益，利益的交错使涉碳减排部门的职能划分并非泾渭分明。因此，在明确各部门职能以外，需要建立统一的碳排放机构。我国为应对双碳承诺已成立领导小组，同时，加快构建包括发改委、生态环境等多部门组成的综合行政执法体制，形成权界清晰、责任明确、交流合作的综合执法格局。在未来，中央各部门与地方政府也应成立统一的碳排放机构或领导小组，以协调政府内部职能交错、利益冲突等问题。

其二，明确政府和社会力量之间的关系。一方面，由于双碳目标涉及多方利益主体，国家在履行减排义务的同时，作为市场主体的企业需要履行企业的社会责任，需要具有专业技术力量的行业组织参与。另一方面，程序听证和信息公开等方式，将企业和公民个人纳入双碳政策实施制定的过程中，在互相监督和合作的过程中厘清政府、企业与用户之间的权利义务，促使其共同履行国家碳减排义务。

（三）完善双碳目标下温室气体减排的措施

双碳背景下，节能指标的完成不能简单依靠行政命令等"一刀切"模式，要综合运用灵活的强制手段和激励方式履行国家温室气体减排义务。

其一，增强命令控制型方式的灵活性。一方面，要使命令控制型方式精细化。2021年10月，中共中央和国务院印发《国家标准化发展纲要》，其中提到要制定双碳标准，实施双碳标准化提升工程。因此，在双碳背景下，地方政府可以在调研的基础上，结合自身实际情况，制定双碳核算标准与企业排放标准，引导企业实现精细化管理。同时，《中华人民共和国行政处罚法》第三十四条规定了行政机关设定裁量基准的权力。在涉及企业超标排放等情形下，设定行政处罚、行政强制等手段的裁量基准，以规范行政机关的执法行为。另一方面，要使"命令控制型"方式差异化。在双碳背景下，地方政府要结合实际情况，根据涉碳排放企业规模确定排放标准，实行分类管理，并对重点企业进行碳排放监控。行政机关在涉及碳排放分类管理的过程中，对其处罚和执行，也应遵守《中华人民共和国行政处罚法》第三十三条规定，结合主观过错和危害后果，进行差异化处置，以实现强制手段的灵活性。

其二，增强激励性措施的实效性。激励性措施作为以经济诱因等正面激励和反面约束的方式[①]，需要予以规范化。一是引入激励性措施。一方面，通过行政补贴、行政奖励和完善碳市场建设等方式引导企业革新技术手段，控制和减少高耗能产业排放温室气体。例如在碳排放权交易领域，政府机关应健全全国碳排放权交易市场，制定碳排放权交易及相关活动的技术规范，合理设计碳排放分配方案。另一方面，建立健全碳排放市场风险管理机制和信息披露制度，鼓励公众积极监督，即把非正式的社会治理机制作为一种间接威慑力，不同于公共执法的直接威慑，具有低成本、效率高等优势[②]。二是类型化激励性方式。通过明确各激励性方式的概念、构成要件、时间周期、应用领域等以区分激励性措施，从而归纳类型化激励性措施，为激励性措施的分类实施提供基础。三是运用行政行为法规范。在归纳类型化激励性措施的基础之上，通过出台行政补贴、行政奖励、行政指导等行政法规范建立法治化的激励性制度。例如，在我国能效"领跑者"制度领域，将现行的能效"领跑者"政策实施的具体环节，如评选程序、遴选标准、激励措施等方面予以法治化，提升其规范位阶，并完善能效"领跑者"制度与强制性节能标准制度、能效标识制度之间的规范联系。

（四）健全责任共担的责任体系

双碳承诺的提出，加之激励性措施的运用，使国家温室气体减排义务的履行主体不仅仅是政府，行业协会和企业也加入其中。在此基础上，厘清由不履行义务而产生的责任主体，对保障国家温室气体减排义务的履行和实现双碳承诺也极为重要。

其一，要明确碳减排义务主体责任。在双碳承诺下，温室气体的减排义务的责任承担者包括政府内部、行业协会和企业自身。因此，需要明确各方主体的责任，具体包括：政府内部对于未履行减排义务的行政责任，从中央层面来说，如自然资源部、生态环境部等部门责任，从地方来说，包括地方政府对国务院的以及地方政府与其部门之间的责任划分；企业未履行减排义务的民事、行政及刑事责任。

其二，要追究不履行碳减排义务主体的责任。明确各方责任后，还需要通过相应方式予以落实。一方面，在目前政府内部上级对下级政府的问责方式下，下级政府可能因能力不足，难以鉴别环境违法者或由于上级设置的减排目标过于超前，导致出现虚假执法和过度执法。因此，在双碳承诺下，问责方式不应只为简

[①] 李沫：《激励型监管的行政法思考》，《政治与法律》，2009年第10期，第86—91页。
[②] 胡苑：《论威慑型环境规制中的执法可实现性》，《法学》，2019年第11期，第152—164页。

单的惩戒，还应通过奖励、劝勉和鼓励等方式提升执法主体的积极性和灵活性，法官的独立性一方面能够使其作为第三方，对各方当事人所面临利益冲突进行合理判断；另一方面，存在于社会发展中的复杂矛盾也在司法判断的过程中予以呈现，并经法院的判决起到良好的社会示范作用。因此，通过司法方式追究行政机关或企业未履行减排的义务责任，其方式包括行政诉讼和环境公益诉讼。例如当碳排放者不履行、怠于履行碳减排义务，致使生态环境或公众健康处于碳排放影响的状态时，可以依据民法和环保法等法律规定，对碳排放者提起诉讼。再如，行政机关未落实减排义务或因落实义务导致公民合法权益遭受损害的，法院可以受理相关案件，以增强政府履行减排义务的合法性。

六、结语

碳达峰、碳中和目标是一项全局性的系统工程。在党中央和国务院专门领导小组的引领下，国务院各部委及其地方政府开展了一场紧锣密鼓的温室气体减排义务的行动实践。然而，国家减排义务的履行涉及领域众多，涵盖范围广泛，决定了其不仅是一个单一响亮的口号，更需要采取稳步和细致具体措施予以落实，以实现经济发展、双碳目标和公民权利保障的多元平衡。在宪法公民环境权益和国家目标的规范推导中，国家温室气体减排义务的实现首先依赖于健全的法制体系保障，应协调现有各法律的立法目的，制定专门针对性立法和配套办法。其次，在明确中央与地方政府职能划分同时以法律形式确定其权力配置，并在此基础上构建统一的双碳减排机构，理清其与社会主体力量之间的关系。再次，应完善双碳承诺减排义务的具体措施，增强传统命令控制性方式的灵活性的同时，保障激励性措施的实效性。最后，国家温室气体减排义务的履行离不开责任制度的依托，应明确碳减排义务主体责任，并通过政府内部问责和司法方式追究不履行碳减排义务主体的责任。通过上述行动实施，以确保如期实现双碳承诺。

在技治与法治之间：氢能产业安全标准规制的逻辑及其展开

唐晓寒[①] 王 浩[②]

摘 要：氢能安全的标准规制是指运用标准的方式对氢能进行规制，以保障氢能安全。氢能安全的标准规制作为保护氢能的必要举措同时对于氢能安全管理，推进氢能产业安全标准化建设具有重要意义。然而，中国氢能产业安全标准规制还面临规范依据不足、标准规制体制不顺、运行机制不畅等问题。为实现氢能安全的有效规制，应充分把握氢能在生产、加工、运输、使用等环节的技术特性，以标准作为氢能安全技术治理的手段，以法治保障技术治理的实现。具体而言，氢能安全标准规制，应从标准基本法、氢能标准规范以及配套规范方面来完善规范依据；建立多元的氢能安全标准规制主体结构；从传统标准规制方式革新、理顺运行程序以及厘清主体责任的角度健全氢能安全标准的运行机制。

关键词：氢能安全；标准化；法治

随着化石燃料日益枯竭，能源危机和其负面影响日益扩大，而氢能凭借清洁、高效、低碳的优点，被广泛研究和利用。2016 年，中国相继发布了《能源技术革命创新行动计划（2016—2030）》和《"十三五"国家科技创新规划》，进一步对氢能安全技术配备中各种平台、装备零件、系统构成、材料材质等安全标准问题展开研究。2019 年 3 月，《政府工作报告》中建设性地构建了未来氢能研究开展的蓝图，在扩大氢能基础性设施建设的同时，进一步完善氢能安全相关标准。2020 年 9 月，习近平主席在第 75 届联合国大会上承诺，中国力争 2030 年前二氧化碳排放达到峰值，努力争取 2060 年前实现碳中和。在碳达峰、碳中和背景下，氢能的地位将越发重要，在传统工业、交通、建筑等领域脱碳中有望扮演重要作用。因此，随着氢能安全标准的逐渐完善，氢能安全性日益得到保障，氢能将作为重要的可再生能源载体，形成从储存到开发到与燃料电池技术相结合

[①] 唐晓寒：西南石油大学法学院研究生。
[②] 王浩：西南石油大学法学院副教授，西南石油大学法学院院长助理，西南石油大学法治与社会治理研究院副院长，中国社会科学院法学博士后。

等多个方面的广阔产业链，以积极促进能源低碳化结构调整、新兴装备制造业发展和能源动力系统革新。

然而目前氢能仍然归属在危险化学品的监管下，具有易燃易爆特性，同时具备燃点低、扩散范围大、爆炸影响范围广等特点，一旦发生氢能源泄露等意外事件，大范围内的火灾与爆炸无法避免。近几年来，在氢燃料储存运输的过程中，因加氢站等配套设施不完善或者燃料保管使用失误等行为发生的爆炸与火灾意外事件屡屡不止。仅在2019年5月至6月，美国、挪威、韩国等三国分别出现了三起在氢运输、储存、加注过程的氢安全事故。5月，在韩国的江原道江陵市发生了一起因氢燃料储存不当造成的爆炸案，其中2人死亡，6人受伤。同期，美国加州一工厂因储氢罐保存不当引发爆炸，加氢站无法进行加氢。6月，挪威首都奥斯陆一处加氢站发生爆炸事件，引发了对氢能产业发展如何保障安全使用的讨论与关注。目前中国氢能技术研究与国外依然有较大差距，在液氢制取与储运、船用氢能燃料电池动力系统、加氢站关键设备及部件等技术方面需要加大科研投入，预研相关技术标准，提前谋划布局，用法律制定相关标准引领我国氢能技术及产业安全高质量发展[①]。

可见，上述频发的氢能安全问题提醒我们加快建立氢能安全标准的步伐。为促进四川省的氢能产业的加快发展，在国家、四川省委、四川省政府的战略部署下，四川某油气集团参与编纂了《四川省氢能产业发展规划（2021—2025年）》，此举一方面在于学习外国先进技术完善中国氢能产业链以及配套基础设施，创建较为完备的装备、技术、能效标准体系，带动氢能相关产业链发展。具有优势的产品能够形成优越的技术标准，带动产业从制造、储存、运输到实际加氢以及和燃料电池混合的适用于实况的氢能的全流程技术标准的完善，加上从单独式加氢站到混合式加氢站的不同的安全标准的建立，促进了燃料电池分布式能源发电安全技术标准的形成与实施。另一方面能够促进氢能以及与氢能相关的技术领域例如燃料电池、掺氢天然气等混合的技术标准制定以及修订，以此建立较为系统的具有整体建构性的技术标准体系。

因此，建立氢能安全标准是保证国家能源安全、低碳发展的关键举措。所谓的氢能安全标准规制是通过建立氢能行业标准、氢能安全防护技术、氢能生产使用等方面的规范标准化体系，通过标准的方式，保障氢能安全。如何在法律框架下实现对氢能安全的技术治理，对氢能安全标准规制领域进行回应便成为学界关注的主要问题。因此，本文将以氢能的安全标准规制为研究对象，通过分析当下

---

① 杨智，刘丽红，李江：《氢能源产业技术标准化发展现况》，《船舶工程》，2020年第S1期，第39-49+419页。

氢能安全的标准规制所面临的困境和问题，遵循氢能安全标准规制的制度逻辑，厘清技治与法治的基本关系，从依据、体制和机制三个维度构建氢能安全标准规制体系。

一、氢能安全发展亟须标准规制

（一）以标准规制氢能发展是保护能源安全的重要举措

氢气作为易燃易爆的危险性气体，在制取、储存、运输、加注和使用的系列过程中均存在隐性的扩散泄漏和爆炸的危险。我国依托 SAC/TC342 和 SAC/TC309 标准技术委员分别确立并构建的氢能技术标准体系和燃料电池标准体系，结合相关的氢能技术行业标准，在推动我国氢能技术发展中发挥了巨大的作用，但不可忽视的是，随着材料和工艺的不断创新，一些发展较快的氢能技术领域还存在标准滞后、薄弱，甚至是空白等问题，制约了氢能产业的发展[1]。

1. 氢能制取领域

水电解制氢国家标准数量较多，主要围绕整机系统的技术条件、安全要求等制定，但关于关键零部件、功能子系统等方面的标准较少，尤其是碱性水电解制氢设备的关键部件石棉隔膜，因资源、环境、健康等因素正逐步退出市场，而正在越来越多地使用无石棉隔膜，目前关于无石棉隔膜的使用并未形成规范性的质量标准，因此也没有统一的质量检测试验方法和试验平台。同时，针对水电解制氢所得高纯氢气中微量杂质（氧气、水）的专用检测分析方法也缺失相关技术标准。

2. 氢能储运领域

目前国际主流氢能储运应用技术为液氢储运技术及高压气态储氢技术，虽然中国液氢储运技术较国外发展相对缓慢，过去大型储罐以及运输车一直也是以国外引进为主，但随着航天航空事业的不断展开，中国在液氢储罐方面的制造技术不断改进，取得很多优异成果，近些年，中国成功研制出了大型、中型、小型等三类液氢储罐，在投入工业产业的运营测试中获得了大量的工业制造方面的实践经验，并在液氢性能及输送、隔热材料、储罐材料等许多工业基础性的研究版块倾注了大量的研究心血，最终成绩也很让人欣慰。但目前国内针对液氢储罐的标准较少，主要有《液氢贮存运输要求》（国军标 GJB2645—1996）及《液氢安全应用准则》（国标 GJB5405—2005）等标准，仅列出液氢操作使用中的方法及注意事项，并没有说明具体设备的性能要求和参数指标。实际上，行业产业还需要更为详尽的国家标准，如《液氢贮存和运输安全技术要求》和《液氢生产系统技

---

[1] 王寒：《世界氢能发展现状与技术调研》，《当代化工》，2016 年第 6 期，第 1316—1319 页。

术规范》,然而这两项还处于正在制定的状态,液氢储运方面的国家标准相对匮乏。

3. 氢能应用领域

氢能应用领域主要集中在氢能燃料电池方技术的研发方面。以船舶燃料电池为例,中国提倡发展绿色船舶,其中包括发展船舶用燃料电池动力系统技术,现行中国燃料电池技术标准主要围绕车用领域进行研制,虽然船用燃料电池动力系统也是采用氢气燃料电池,但是使用环境、运行功率范围等与车用氢气燃料电池存在差异,不能完全借鉴现有车用领域燃料的电池标准,所以中国船舶用燃料电池技术标准尚属空白。

综上所述,氢能制取领域、氢能储运领域、氢能应用领域存在的标准滞后、薄弱甚至空白问题,影响了氢能产业的发展。因此,中国亟须建立氢能安全标准以确保氢能产业安全发展,进而实现标准对能源安全的保障。

(二)氢能标准是能源安全管理的重要一环

就现状而言,全球每年氢能制取量为 6300 万吨左右,其中中国每年制取氢能就达到 2200 万吨,中国的产氢量约占世界氢产量的 1/3,产氢量排名跃居全球第一位。[1] 对此,国家和政府都极其重视以安全技术标准规制保护氢能产业的安全发展,要求政府应当在氢能安全标准体系制定上加大力度[2]。氢能的安全需要通过标准规制来建立和实施严密的技术与管理并行的安全体系,"严格安全准入标准,指导管控安全风险"[3]。一方面,需要系列的氢能安全标准才能够有效应对法律不能很好回应氢能产业技术的问题;另一方面,健全氢能产业标准体系才能够确保氢能安全治理工作在实践中真正落地,并通过统一的技术归口,在氢能管理的框架内通过标准的方式实现氢能安全管理。因此,氢能安全标准的建立,不仅能在技术层面上,对氢能的界定、管理以及各个环节处理等方面作出清晰的梳理,而且能够在氢能安全标准体系框架内对氢能安全管理起到重要的指导和示范作用。

(三)氢能标准是推进我国能源产业标准化管理的重要抓手

氢能安全标准作为开展氢能安全监管,规范行业氢能安全要求,指导氢能产业提升氢能安全能力的重要抓手,对促进氢能应用规范化、提升氢能活动安全性有着重要意义。从氢能安全标准的种类上来说,根据《中华人民共和国标准化法》第二条对标准种类的规定,氢能安全标准也包括国家标准、行业标准、地方标准、团体标准、企业标准等几类,然而,在氢能安全标准实践中,以国家标准

---

[1] 周奕丰:《发展氢能源保障能源安全》,《小康》,2021年第2期,第100-101页。
[2] 刘刀:《加快氢能产业发展 保障国家能源安全》,《新能源科技》,2021年第3期,第26页。
[3] 姚卫华:《安全生产地方标准制定的法律规制》,中国社会科学院研究生院,2018年。

为主，企业标准较少，表明氢能安全标准的种类还不健全。另外，就氢能安全的功能而言，氢能安全标准主要可以分为"基本要求类标准""实施指南类标准""检测评估类标准"以及"行业应用类标准"①，实际上，在氢能安全标准规制实践中，基本要求、实施指南、检测评估以及行业应用标准之间的关系尚未理顺。上述实践说明，氢能安全标准的种类不健全，关系未理顺，意味着当前中国氢能安全标准体系尚未形成。习近平总书记提出要构建"清洁低碳、安全高效"的能源体系，推动能源供给侧结构性改革②。而氢能安全标准体系是氢能安全标准化的前提和基础，因此，健全氢能安全标准化体系，运用氢能安全标准对氢能进行全流程规制是实现氢能安全标准化的关键。

二、氢能安全标准实施中的问题及原因

（一）氢能安全标准规制依据不足

第一，氢能安全标准规制领域的基本法缺失。中国氢能相关标准由国家标准化管理委员会制定，国家标准分为强制执行（GB类）和推荐执行（GB/T类），与此同时还有行业产业领域内部制定的行业标准③。对于促进氢能的开发而言，三者在法律上都具备一定效力，即国家强制力保障氢能行业持续规范运营。就目前而言，已制定的中国氢能的技术相关标准，国标有80多项，行标有40多项，此外还有地方标准5项。然而已制定的标准都是初步涉及工程建设、检测方法、管理氢气质量安全等方面，如《加氢站用储氢装置安全技术要求》《甲醇转化变压吸附制氢系统技术要求》等，在涉及如何运用方面的标准却很少。同时，要保障氢能在中国的发展，一套完整的法律与标准体系必不可少，因此，需要推进氢能安全标准规制相关的法律、法规、规章等的制定。虽然有少数地方政府采取了一些尝试，如制定地方政府规章，但法律效力较低不能推广。氢能安全标准规制的制定文件多归属于国家政策和其他相关标准，否则缺乏直接性的条文和国家强制力。现行基本法的缺失，导致实践中氢能产业的安全标准制定的基本法依据不足。

第二，氢能安全单行法标准的规定不足。氢能产业发展是一项系统工程，需要制定单行法。氢能安全标准制定细分不足也会导致内部法律制度结构的失衡。目前中国国家标准层面主要集中在氢能应用燃料电池技术标准方面，其他领域的氢能技术标准相对薄弱，配套政策并不完善。行业标准层面根据自身行业领域涉及氢能技术需求及发展特制定相关标准，能有效补给氢能基础、运输、加氢站、

---

① 廖帅凯：《行政法中技术标准的强制性问题探究》，华东师范大学，2019年。
② 王蕾，裴庆冰：《能源技术视角下的能源安全问题探讨》，《中国能源》，2019年第10期，第38—43页。
③ 毛宗强，左宁：《中欧氢能领域相关法规初步对比》，《中外能源》，2009年第11期，第27—31页。

安全、储存、制备、加注设备和检测相关技术标准需求，但有相当部分涉及氢能行业的标准发布时间较早，而相关氢能技术经历十几年甚至二十几年的发展已经有了较大变化和提升，行业标准对当前技术必然存在不适用。地方标准由于经常修订则更能较好地响应新技术、新产品的技术标准需求，但目前能搜索到的氢能技术标准较少，涉及面不够广泛。现在国家鼓励有专业技术支持的学会、协会等社会研究团体按照自身确立的标准制定程序，自主制定发布，并由社会自愿采用的团体标准，这类标准具有制定周期短，涉及面广泛，新技术及新产品技术标准需求响应及时等优势，但受市场化影响，标准质量良莠不齐。氢能的行业产业链从上游的生产、储存、运输到下游的投入使用的各个环节，都有其独特的内生安全风险，每个环节都应该具有具体的安全标准。可见，针对上述问题，只有针对氢能各个环节实施中的安全问题制定单行法，才能对氢能发展做具体、专业、系统规制。

第三，氢能安全标准配套政策不完善。目前中国氢能安全标准的制定和实施缺乏相应的配套政策[1]。比如在中国氢工程建设领域中，目前并没有规定加氢站工程设计、施工、建造运营等相关的标准规范和法规，只能参考GB50516—2010《加氢站技术规范》、GB/T34584—2017《加氢站安全技术规范》，标准适用性不强；在配套设施加氢站加注过程中，加注协议标准大多参考美国汽车工程师学会发布的相关系列标准，国内缺失相关标准。针对加氢站的核心设备设施配套中使用的气瓶、管路、阀体、压缩机等关键部件，国内缺少相关配套加氢站用关键部件系列标准。因此，亟须完善氢能产权安全标准相关配套政策，健全氢能产业安全标准的起草、制定、论证、修改，以推动氢能产业的稳定发展。

（二）氢能产业安全标准规制体制不顺

一方面，氢能安全标准规制各监管机构之间的关系不协调。当前，在我国独立的能源监管机构尚未建立的情况下，应重点解决多部门交叉、监管机构协调不够的问题。负责氢能安全标准制定的机构有国家能源局、标准化委员会和地方政府机构等。应当重点解决因标准规制各部门之间沟通不畅或者各地区之间配合出现漏洞而导致的氢能安全监管问题，以及在实践过程中出现的氢能安全标准规制主体不明确或"多头管理"问题。

另一方面，氢能安全标准规制机构与标准委员会、氢能企业之间的关系尚未理顺。以加氢站安全管理为例，虽然氢气早被列入《危险化学品目录》，但至今关于加氢站的国家安全管理标准规范仍然处于空白状态，参与标准制定和实施的主体之间的复杂关系未理顺。加氢站安全标准规范的制定和执行监管的主体究竟

---

[1] 王田田：《我国氢能开发与利用法律制度研究》，山东师范大学，2019年。

是管理城市燃气的住建部门，还是管控危险化学品的消防、安检部门，仍缺乏规范的考究。实践中，氢能相关标准制定总体上仍然是政府主导，而相关领域的专家、专业化的标准组织以及相关企业对于氢能安全标准的制定参与度不够，导致氢能企业在使用氢能标准的过程中出现诸多问题。

（三）氢能安全标准规制机制不畅

1. 传统的标准规制方式较为僵化

中国仍然采用传统的氢能安全标准，而传统的氢能安全标准规制更多地采用强制性标准，虽然明确了氢能作为新能源的一种。氢能产业属于战略性新兴产业，但中国氢能产业在发展过程中存在明显的技术生产标准缺失的问题，氢能安全标准较少，且氢能企业安全标准有直接转化为强制标准的情形。由于各产业的不同，传统强制标准难以规范氢能，不能满足复杂的氢能安全规制需求，这使得氢能安全标准规制方式显得僵化。

2. 氢能安全标准规制程序不健全

氢能安全标准信息公开程序不健全。氢能安全标准需要公开标准的招标、制定、发布等信息，然而，实践中氢能安全标准信息公开的程序不健全，氢能安全标准专家咨询制度有待完善。科学、理性的氢能安全标准体系的建立离不开专家和行业组织的积极参与。专家往往具有丰富的知识储备以及实践经验，对于氢能安全标准的发展动态、国内外研究趋势都有整体性的把握。《标准化法》第七条对教育、科研机构参与标准化工作表达了鼓励的态度。然而，我国氢能安全标准参与程序机制不健全，从事氢能安全标准化工作的组织和信息安全标准领域的专家参与不足。

3. 氢能安全标准规制主体责任不明确

一方面，氢能安全标准规制主体不明确。政府既要直接推进氢能安全标准的制定，也要进行执行和监督[①]。由于缺乏具体法律规范的指引，在标准制定实践中会出现政府、企业和第三方机构等主体之间分散的问题，但是各主体各自应该承担什么责任，以及责任范围大小尚不清楚，直接或者间接影响氢能安全标准的制定和执行。

另一方面，法律问责机制缺失。法律规定的缺失导致一旦发生氢能安全事故，难以确定事故责任人。标准规制责任追究机制不健全，导致对于政府监管机构、标准化组织等主体不履行标准责任追究不到位。

---

① 刘群，张红林，官思发，李言瑞：《发展氢能产业的调研与思考》，《高科技与产业化》，2020年第10期，第59—63页。

三、氢能安全标准规制的逻辑

氢能安全标准规制需要专业的技术支撑，也需要法律的保障，因此，在标准的制定和体系建设方面，结合氢能行业中的特点，又体现出诸多需要与法律相互结合的新特点。氢能安全标准并不是独立的技术标准，而是与相应法律法规深入结合，共同维系氢能相关行业或产业发展的重要规范以及细化理解相关法律的重要参考依据。

（一）氢能安全标准规制法治以技治为支撑

氢能安全标准规制在规范的效力层面，技治相较于法治而言，更具有科学性。氢能安全标准的形成是尊重行业发展规律的结果；同时，专家参与对科学性的提升起到了举足轻重的作用。

一方面，氢能安全标准对行业发展的支撑。系统、先进、完整的氢能技术是制定氢能安全标准规制，控制氢能开发利用中安全风险的关键。为此，氢能安全规制措施实施备受重视。技术规范和法律规范相互交融已成为氢能安全治理的必然趋势。氢能安全治理须适应快节奏的技术发展需求，以及氢能安全治理的技术化及治理场景的复杂性[1]。对于标准本身来说，标准能够顺利实施的价值远远大于发表一个标准的价值。比如，氢能安全标准需要把握氢能产业特点，与行业需求相适应的程度决定了最终制定形成的标准能否顺利实施。从形成过程来看，标准需要通过自下而上、听取行业呼声的方式来制定；法律规则则是自上而下、以国家公权力的纵向行使为基础制定。两者截然不同的产生方式决定了标准的制定必将面临专业性和理性化的挑战。而研究机构、高校与企业的技术、实务及法律专家参与国家氢能安全标准制定，多元的编制主体使得氢能安全标准在制定和实施过程中更接地气，更能有效地进行监管和完善，这一过程使推荐性的国家标准具有"自下而上"的自律规范属性[2]，在法律规范和自律规则间发挥着承上启下的作用，更有利于推进氢能安全共治的实现。

另一方面，社会力量参与氢能安全标准制定以增强标准的科学性。其一是由更多的氢能技术以及实务领域中的专业人才提出技术层面的问题，再由法律专家将其转化为具有可操作性的规范和规则，集思广益，共同为氢能安全生产提供保障。其二是提升了社会各界对氢能安全治理的参与度。组织行业组织、企业、学术机构等主体为氢能安全标准的制定进言献策，通过各主体之间的多方协作，建立以法律法规为基础、监督执法为保障、宣传教育为支撑的一套科学路径，促进

---

[1] 曹湘洪：《氢能开发与利用中的关键问题》，《石油炼制与化工》，2017年第9期，第1—6页。
[2] 罗佐县，曹勇：《氢能产业发展前景及其在中国的发展路径研究》，《中外能源》，2020年第2期，第9—15页。

氢能安全标准治理规则的完善。

（二）氢能安全标准规制技治需要法治予以保障

"标准以科技和经验的综合成果为基础，是科技创新的重要载体。"[1] 以美国为代表的发达国家，在能源短缺的危机下以及环保观念下对于能源安全标准法规的制定十分重视[2]。而中国目前整个能源法律体系与发达国家相比较为落后，缺乏明确的安全标准法规，不能为氢能安全发展提供基本指导。若仅仅依靠技术治理，氢能安全标准在民主性和确定性两方面都面临着挑战，此时就需要在法治的框架下，对其进行规范。

其一，法治对于技治民主性的补强。氢能产业作为新能源产业，在各个行业均在技术驱动下实现新发展的大背景下，氢能安全标准的制定必定会涉及多方利益。因此，这就有必要将技治处于法治规范之下。氢能产业需要根据新《标准化法》第四条规定"制定标准应当……保证标准的科学性、规范性、时效性，提高标准质量"，使氢能安全标准的内容和程序满足科学性和规范性。在氢能安全标准制定的过程中需要通过自我规制保障标准制定程序的公正性[3]。在制定氢能安全标准的过程中，听取受标准治理影响的各利益者的意见，以充分考察市场运行情况为基础制定具有民主性的安全标准。

其二，法治对于技治确定性的增强。氢能作为危险化学品，安全标准法规的制定阻碍着氢能的大规模推广应用，中国亟须根据实际建立安全监管及技术标准体系。根据欧盟的发展经验，标准化组织可以通过制定氢能产业安全标准，将统一的氢能产业安全目标与灵活多变的市场要求结合，对涉及氢能生产安全的关键性要求作强制性规定，同时将符合这些要求的技术手段通过自愿性标准实现，并根据氢能产业技术的升级发展适时修订[4]。通过出台安全标准评价等关键审批事项，自上而下的管理办法与技术论证方法，加快健全中国氢能标准体系；为防止仅仅依靠技治手段制定的标准受到利益集团的影响，应加快建立第三方检测，利用安全标准规范更好指引氢能产业的建设和发展，用法治给予氢能安全发展更好的保障[5]。由于氢能安全标准和法律规范在性质和表达上的相似性，决定了两者制定上的一致性。因此，氢能安全标准制定应采取与法律规范类似的表达方式，

---

[1] 于连超：《作为治理工具的自愿性标准：理论、现状与未来——兼论中国标准化法制的革新》，《宏观质量研究》，2015年第4期，第92—99页。

[2] 罗丽：《日本能源政策动向及能源法研究》，《法学论坛》，2007年第1期，第136—144页。

[3] 于连超：《〈标准化法〉的新理念与新制度评析》，《标准科学》，2018年第1期，第6—12页。

[4] 江山：《论中国标准化战略的转型——基于欧盟标准化实践的考察》，《社会科学》，2020年第6期，第113—121页。

[5] 凌文，刘玮，李育磊，万燕鸣：《中国氢能基础设施产业发展战略研究》，《中国工程科学》，2019年第3期，第76—83页。

也即是用法律规定标准,需要留有一定的裁量空间,保证氢能安全标准的确定性和在一定时期的稳定性。

四、氢能安全标准规制的制度保障

(一)明确氢能安全标准规制依据

首先,制定氢能安全标准法律依据。在现行立法体系中,中国目前仅有框架性、指导性的《可再生能源法》,并没有详细的、具有强制性的法规为氢能安全标准法规的制定提供强有力的支撑,无法适应氢能产业领域各个环节的安全发展的要求。因此,亟须针对氢能发展的各个环节,制定具有专业性和技术性优势的安全标准规范,更好地支持和保障氢能安全生产和发展的全过程。美国《氢能源法案2001》对氢能生产技术、运输流程、储氢设备、加氢站建设、违规责任方面都设立强制性标准规定,并具体细分氢能生产、运输、储存以及使用各个环节中的安全问题,可以作为中国制定详细的氢能安全标准法律依据和参考[1]。

其次,制定氢能安全标准配套制度。氢能安全标准不仅仅涉及氢能这一可再生能源本身,更多的是氢能产业链生产、运输、使用以及维护等各个环节,其运行过程需要配套的安全标准规范提供保障。可以组建具有权威性、公正性的第三方氢能安全检测研究中心,为氢能产业链全过程以及其他领域中的安全标准规范标准制订、风险评价评估等方面提供技术支持。

最后,增强氢能安全标准规范之间的协调性。氢能产业复杂,涉及的行业领域众多,除开其自身生产、运输、储存等环节,也外延至交通、运输、机械制造等多个行业,其内部也有相应的标准规范。如果不注意氢能安全标准规范之间的对接和协调,容易造成标准之间的冲突与矛盾。因此,氢能安全标准法规的制定不仅要符合其自身特点,更重要的是协调各项标准规范之间的规范,避免标准法规之间产生冲突与矛盾。

(二)理顺氢能安全标准规制体制

一方面,氢能安全标准制定主体应该协调一致。氢能作为危险化学品,其安全标准规范的制定涉及国家能源局、国家安全生产监督管理总局、国家标准委员会以及地方政府和行业等主体,导致制定和执行过程复杂混乱。为理顺氢能安全标准规制主体,解决"多头管理"问题,强有力的执行和协调在氢能安全标准的制定和实施过程中是必不可少的。可以参照德国在标准化实践中采用的一个标准化对象阐述一个标准原则,不得影响受法律保护的对象,由此理顺氢能安全标准制定主体之间的关系,避免相互矛盾的标准产生。

---

[1] 李雪芳:《储氢系统意外氢气泄漏和扩散研究》,清华大学,2015年。

另一方面，构建氢能安全标准多元治理体制。首先由国家安全生产主管部门进行氢能安全标准的总体规划，及时发布相关信息组织社会主体力量积极参与，并为氢能安全标准规范的制定和研究建构氢能安全国家重点实验室，供氢能行业中的专家和学者进行探讨和完善。同时，地方氢能企业要在氢能安全标准制定过程中充分发挥积极性，有条件的企业可以建立氢能安全标准研究机构，为氢能安全标准的制定提供必要的技术支撑。还需要社会第三方公正的氢安全检测研究中心，保证氢能安全规范标准制订过程中的合理性和公正性[1]，由此逐步形成以国家为主导、社会力量积极参与的氢能安全标准多元治理体制。

（三）完善氢能安全规制的标准方式

目前中国氢能国家强制性安全标准缺乏完整性和先进性，亟须规范和完善。如十年前借鉴国外的《加氢站技术规范》，在氢能技术快速发展下，其先进性存在不足[2]。另外，传统标准制定活动中的政府管制色彩浓重[3]。氢能行业安全标准的制定和实现，需要政府减少对氢能安全标准制定的主导，通过积极参与协调和服务标准化工作，制定推荐性国家标准，增强标准之间的协调性与执行性[4]。同时，政府在"放权"的同时也要注意避免过犹不及，对于一些影响关系重大的氢能安全标准，要及时进行引导和监督。因此，应改变传统氢能安全标准制定方式。就当下标准实践而言，氢能安全领域的推荐性标准更倾向于行为规范的性质，在作用上也更偏重于引导各类企业行为符合法律规定，而不是为标准化建设提供合法依据。

（四）明确氢能安全保护标准的运行程序

一方面，应当及时公开氢能安全标准。氢能安全标准作为关系到氢能行业发展利益的信息，其所具备的条件完全符合《政府信息公开条例》所规定的公开条件。因此，氢能安全标准应被纳入行政机关主动公开的信息范围之列。国家标准化管理委员会应及时对氢能安全的标准进行公开，以便公众知晓。根据地域网络普及情况和经济发展状况，除网络外，政府还可以提供公告栏、信息显示屏等线下查阅渠道。

另一方面，健全氢能安全标准制定的参与程序机制。第一，在氢能安全标准

---

[1] 郑津洋，刘自亮，花争立，等：《氢安全研究现状及面临的挑战》，《安全与环境学报》，2020年第1期，第106—115页。

[2] 曹湘洪，魏志强：《氢能利用安全技术研究与标准体系建设思考》，《中国工程科学》，2020年第5期，第144—151页。

[3] 王艳林，陈俊华：《大标准化时代与〈标准化法〉之修改——以政府职能转变为中心的讨论》，《河南财经政法大学学报》，2017年第3期，第1—12页。

[4] 张宇轩：《新〈标准化法〉开放性的特点——基于"开放标准域"理论的观察》，《中国标准化》，2018年第17+76—81页。

专家评审的过程中，应判断专家是否和所承担的任务存在利害关系，是否适于参加氢能安全标准化技术委员会。第二，应建立专家的动态更新机制和进入与退出机制。这有助于将真正活跃在氢能技术安全领域的一线专家，及时充实到标准建设队伍中。第三，基于信息覆盖面广、传播速度快的特征，各分委员会更应该对组织架构和运作程序进行详细规定，构建完善的分委员会会议制度。

（五）厘清氢能安全标准规制中的责任

一方面，应明确氢能安全标准规制主体责任。氢能安全标准规制中监管责任边界模糊以及政府部门利益的现实冲突，导致责任不明，甚至出现互相推诿的情况。因此，不同的氢能安全标准立项部门应当根据各自主体的职能定位，明确国家能源局、安全生产委员会和标准化行政主管部门的具体责任，建立多方共同负责的协调机制，合理具体地分配安全责任义务，减少法律滞后性的弊端[①]，保证氢能安全标准的权威性和可操作性。另一方面，追究不履行氢能安全标准规制主体的责任。在氢能安全标准制中，对氢能标准监管机构、社会力量不承担相应责任的，应追究相应的法律责任。

参考文献：

[1] 杨智，刘丽红，李江. 氢能源产业技术标准化发展现况 [J]. 船舶工程，2020，42（S1）：39-49，419.

[2] 王寒. 世界氢能发展现状与技术调研 [J]. 当代化工，2016，45（6）：1316-1319.

[3] 周奕丰. 发展氢能源保障能源安全 [J]. 小康，2021（2）：100-101.

[4] 刘刃. 加快氢能产业发展保障国家能源安全 [J]. 新能源科技，2021（3）：26.

[5] 王蕾，裴庆冰. 能源技术视角下的能源安全问题探讨 [J]. 中国能源，2019，41（10）：38-43.

[6] 毛宗强，左宁. 中欧氢能领域相关法规初步对比 [J]. 中外能源，2009，14（11）：27-31.

[7] 刘群，张红林，官思发，等. 发展氢能产业的调研与思考 [J]. 高科技与产业化，2020（10）：59-63.

[8] 曹湘洪. 氢能开发与利用中的关键问题 [J]. 石油炼制与化工，2017，48（9）：1-6.

[9] 罗佐县，曹勇. 氢能产业发展前景及其在中国的发展路径研究 [J]. 中外能源，2020，25（2）：9-15.

[10] 于连超. 作为治理工具的自愿性标准：理论、现状与未来——兼论中国标准化法制的革新 [J]. 宏观质量研究，2015，3（4）：92-99.

[11] 罗丽. 日本能源政策动向及能源法研究 [J]. 法学论坛，2007（1）：136-144.

[12] 于连超.《标准化法》的新理念与新制度评析 [J]. 标准科学，2018（1）：6-12.

[13] 江山. 论中国标准化战略的转型——基于欧盟标准化实践的考察 [J]. 社会科学，2020（6）：113-121.

---

① 迟翔宇：《我国能源安全战略的法律保障问题探析》，《黑河学刊》，2016年第5期，第108-109页。

[14] 凌文,刘玮,李育磊,等. 中国氢能基础设施产业发展战略研究 [J]. 中国工程科学,2019,21 (3):76-83.

[15] 郑津洋,张俊峰,陈霖新,等. 氢安全研究现状 [J]. 安全与环境学报,2016,16 (6):144-152.

[16] 郑津洋,刘自亮,花争立,等. 氢安全研究现状及面临的挑战 [J]. 安全与环境学报,2020,20 (1):106-115.

[17] 曹湘洪,魏志强. 氢能利用安全技术研究与标准体系建设思考 [J]. 中国工程科学,2020,22 (5):144-151.

[18] 迟翔宇. 我国能源安全战略的法律保障问题探析 [J]. 黑河学刊,2016 (5):108-109.

[19] 王艳林,陈俊华. 大标准化时代与《标准化法》之修改——以政府职能转变为中心的讨论 [J]. 河南财经政法大学学报,2017,32 (3):1-12.

[20] 张宇轩. 新《标准化法》开放性的特点——基于"开放标准域"理论的观察 [J]. 中国标准化,2018 (17):76-81.

[21] 姚卫华. 安全生产地方标准制定的法律规制 [D]. 北京:中国社会科学院研究生院,2018.

[22] 廖帅凯. 行政法中技术标准的强制性问题探究 [D]. 上海:华东师范大学,2019.

[23] 王田田. 我国氢能开发与利用法律制度研究 [D]. 济南:山东师范大学,2019.

[24] 李雪芳. 储氢系统意外氢气泄漏和扩散研究 [D]. 北京:清华大学,2015.

成渝双城经济圈碳市场法治监管服务体系构建

郝廷婷[①] 陈晓君[②]

摘　要：中国所承诺的碳达峰、碳中和目标与优化营商环境建设、生态文明建设高度契合，因促进经济高质量发展离不开绿色低碳发展之路。全国碳排放权交易市场迅猛发展，成渝双城经济圈既迎来国内碳交易发展上升期的机遇期，也面临着国内碳市场立法不足、区域碳交易发展相对滞后、规范性文件不健全等困境。为抓住碳市场发展的战略机遇期，应当尽快打通成渝地区碳市场的互通机制，进一步加强区域协作，强化生态环境部门的主管部门职能，尽快制定落地成渝双城经济圈碳排放权管理办法等法规，做到有法可依，并通过行政法规和规范性文件推行碳普惠体系，细化配额管理等具体制度，营造宽松有力的市场环境。明确纠纷解决机制，将碳交易纠纷统一归由环境资源审判庭审判，从而助力绿色高质量发展之路。

关键词：碳市场；法治服务体系

一、前言

为应对全球气候变化，中国在第75届联合国大会上向世界宣布"2030年前实现碳达峰、2060年前实现碳中和"目标，碳达峰、碳中和目标与优化营商环境建设、生态文明建设高度契合，也是实现绿色发展的应有之策。2021年7月16日，全国碳排放权交易市场上线交易正式启动。为优化提升成渝地区双城经济圈营商环境，走高质量发展道路，抢占碳市场份额先机，亟须构建有序的成渝双城经济圈碳市场法治监管服务体系。

二、构建成渝双城经济圈碳市场法治服务体系的必要性

（一）构建成渝双城经济圈碳市场法治服务体系正逢其时

当前，实现碳达峰、碳中和是一场广泛而深刻的经济社会系统性变革。

---

① 郝廷婷：成都市中级人民法院，环境资源审判庭庭长，西南财经大学博士在读。
② 陈晓君：成都市中级人民法院，法官助理，法学硕士。

习近平总书记强调,要把碳达峰、碳中和纳入生态文明建设整体布局。成渝双城经济圈碳交易市场的规范化建设需要打通多方合力。"十四五"是碳达峰的关键期、窗口期,碳经济将成为经济起飞的下一个风口。发展绿色金融,构建绿色低碳循环发展的经济体系,深入推进节能减排,以绿色金融示范区为切入点,逐步引导低碳金融等绿色经济向成渝经济圈聚集,必须依托良好的碳交易市场生态法治环境,构建与成渝双城经济圈碳市场发展相匹配的法治监管服务体系势在必行。

(二) 成渝双城经济圈碳市场法治监督服务体系构建优势明显

2020年中央财经委员会第六次会议上,成渝成为与京津冀、长三角、粤港澳区并列的中国经济第四极,涵盖了两江新区和天府新区两个自贸区,有优厚的政策背景支持。地缘、人才、政策等得天独厚的优势为构建成渝双城经济圈碳市场监管服务体系打下了坚实基础。随着《最高人民法院关于为成渝地区双城经济圈建设提供司法服务和保障的意见》的落地,成渝地区多维度、深层次的司法协作机制正不断成熟,建立健全包括跨域立案、审判、执行在内的司法协调联动机制和人才交叉培养协作机制为形成统一的碳市场管理规范提供了便利条件。

(三) 助力"一带一路"碳市场法治服务体系建设

目前,国际碳交易规则仍然由发达国家操控主导权,较少发展中国家突破零和博弈。以美国、欧盟等为代表的国家和地区长期致力于自身碳管理体系的推广和区域外适用,而目前"一带一路"国家仍然没有确定统一的减排标准,相应的监测、报告、核查规则也并不健全。哈萨克斯坦及部分中东欧国家已经拥有了自己的碳市场,而俄罗斯、越南、巴基斯坦等国家也在积极建立本国的碳市场交易制度。川渝地区是支撑"一带一路"和长江经济带联动发展的倡议纽带,是连接中国西南、西北,沟通中亚、南亚、东南亚的重要交通走廊,在对外沟通方面具有独特的地缘优势。成渝双城经济圈碳市场交易制度可以为"一带一路"国际碳市场构建提供理论基础和实践基础,以强化中国在国际碳市场交易体系内的话语权。

(四) 成渝地区碳交易市场发展相对落后

重庆市是最早作为碳试点的省市之一,但相较于其他地区存在碳交易价格低、市场份额少、交易量少的问题,碳交易市场整体发展缺少获利,在碳市场的发展中已经处于不利局势,现将相关数据整理如下:

专题一：能源行业实践

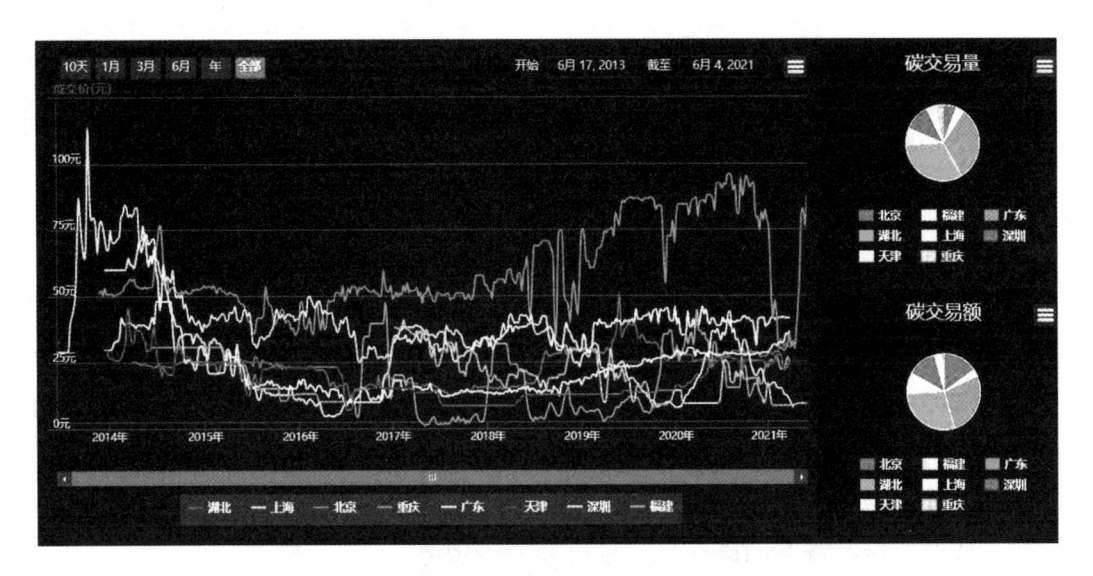

图 1　2013 年 6 月至 2021 年 6 月各地碳市场行情走势①

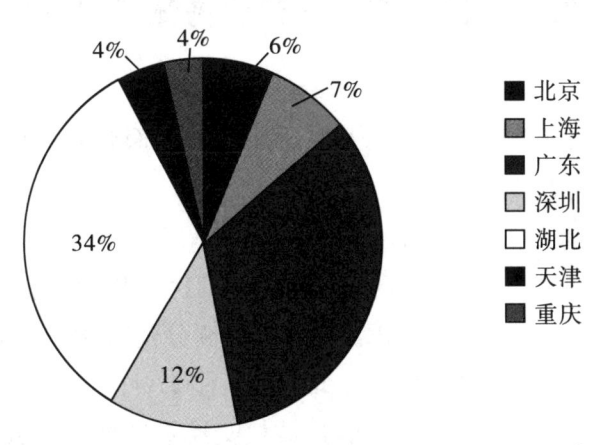

图 2　2013 年 6 月至 2021 年 6 月各地碳交易总量占比②

表 1　2013 年 6 月至 2021 年 6 月各地碳交易总量③

地区	碳交易总量（单位：万吨）
北京	1461.5
上海	1739.7
广东	7755.1
深圳	2710.9

---

① 图 1 为 2013 年 6 月至 2021 年 6 月各地碳市场行情走势。图源碳交易网，http://www.tanjiaoyi.com/，访问日期 2021 年 9 月。
② 图 2 为 2013 年 6 月至 2021 年 6 月各地碳交易总量占比。图源碳交易网，http://www.tanjiaoyi.com/，访问日期 2021 年 9 月
③ 表 1 为 2013 年 6 月至 2021 年 6 月各地碳交易总量。根据碳交易网相关数据整理，http://www.tanjiaoyi.com/，访问日期 2021 年 9 月。

续表1

地区	碳交易总量（单位：万吨）
湖北	7827.6
天津	920.1
重庆	869

考虑到城市体量，暂时不将重庆与广东、湖北两个省份做对比，仅将重庆碳交易有关情况与北京、上海、深圳、天津四个市做比较，可以明显看出重庆已经在碳市场发达程度上落后于先进地区。从碳交易总量看，深圳的碳交易总量超过重庆的3倍，北京及上海的交易总量分别是重庆的2倍左右。从碳交易价格看，重庆市碳市场交易价格最高不超过50元，最低不足2元。而成都的碳市场还未起步，成渝双城经济圈的碳交易市场已经处于劣势。

三、成渝双城经济圈碳市场法治服务体系建设的现状及存在的问题

（一）成渝双城经济圈碳市场法律监管服务体系面临的国内环境

1. 国内碳市场法律体系建设进入加速期

2017年《全国碳排放权交易市场建设方案（发电行业）》印发实施，明确了建立全国统一的碳市场的整体方向。2021年1月5日，生态环境部公布了《碳排放权交易管理办法（试行）》，印发配套的配额分配方案和重点排放单位名单，2225家发电企业分到碳排放配额[1]。2021年5月17日，生态环境部正式发布了《碳排放权登记管理规则（试行）》《碳排放权交易管理规则（试行）》和《碳排放权结算管理规则（试行）》，为即将启动的全国性交易市场做好了前期铺垫。2021年3月30日，生态环境部公布了《碳排放权交易管理暂行条例（草案修改稿）》并向社会公开征求意见。目前生态环境部与司法部正在联合推动碳排放权交易立法，碳排放交易权立法正在全面提速[2]。

2. 国内碳市场法律体系建设存在的问题

一是碳市场交易立法滞后，立法层次不高。从2011年到2021年的十年间，中国碳市场交易呈现出起步早、发展快的特点，但是缺乏系统化的设计，使碳市场交易付出了更多的试错成本，阻滞了由点向面的发展节奏。以部门规章、政策性指导文件和地方性法规为主，尚无较高位阶的全国性法律。专门立法的缺失导

---

[1] 新华网：《全国碳市场第1个履约周期正式启动》，http://www.xinhuanet.com/2021-01/05，2021年1月5日。

[2] 郄建荣：《生态环境部与司法部联合推动碳排放权交易立法》，《法治日报》，2021年7月20日。

致无法构建碳交易法律体系的闭环。现行的《大气污染防治法》及《水污染防治法》仅提到了排污总量控制及排污许可制度方面内容,导致了碳交易缺乏规范,在碳交易资质认定、主体权利义务、责任承担、风险监管方面仍然缺乏强有力的法律规制手段,《碳排放权交易法》的制定实施亟须提上日程[①]。

二是政策与法律衔接不到位,抵御风险能力脆弱。碳市场的正常运行离不开对碳排放权的定性,而《民法典》中欠缺关于碳排放权明确的法律界定和保护,《碳排放权交易管理暂行办法》在"附则"中将其描述为"分配给重点排放单位的规定时期内的碳排放额度"。这种描述性规定未对其法律属性予以明确,不利于提升市场参与者的预判和交易的确定性。

三是未形成统一高效流动的碳市场管理体系。对全国各地发布碳排放权管理规范性文件的 8 个省市的内容进行整理,会发现我国关于碳市场的规范具有强烈的地域性和限制性,各地关于碳排放权管理的规范性文件普遍篇幅较短,虽然在配额管理、碳排放配额管理、碳排放核算、碳排放权交易、法律责任、监督管理等方面作出了安排,但是这种粗放的规定很难覆盖碳市场日新月异的发展变化。各地对于碳排放权管理的主管部门和责任部门规定也不尽相同,有的以生态环境部门为主,有的以发改委为主,这就造成了即使全国市场打通后各地的管理也很难统一的后果。2018 年,国家出台了《深化党和国家机构改革方案》,国务院组建生态环境部负责应对气候变化和减排职责。碳排放理应纳入生态环境部门职责范围内,从而捋顺碳市场的管理责任。

表 2　全国各地碳排放权交易管理规范性文件整理

名称	条数	旧版	新版（征求意见稿）	主管部门
北京	26 条	总则;碳排放权管控和配额管理;碳排放权交易;监督管理与激励措施;法律责任;附则	无	市发改委
天津	40 条	总则;配额管理;碳排放权检测、报告与核查;碳排放权交易;监管与激励;法律责任;附则	无	市发改委主管部门
上海	45 条	总则;配额管理;碳排放权核查与配额清缴;配额交易;监督与保障;法律责任;监督管理与激励;附则	无	市发展改革部门是本市碳排放权管理工作的主管部门

---

① 郝海青:《法治政府视角下中国碳市场法律监管制度研究》,《辽宁大学学报(哲学社会科学版)》,2017 年第 2 期,第 94—100 页。

续表2

名称	条数	旧版	新版（征求意见稿）	主管部门
重庆	43条	总则；碳排放权配额管理；碳排放权核算、报告与核查；碳排放权交易；监督管理；附则	总则；温室气体排放单位；分配与登记；碳排放权交易；碳排放权核查与碳排放权配额清缴；监督管理；附则	市生态环境主管部门
湖北	55条	总则；碳排放权配额分配和管理；碳排放权交易；碳排放检测、报告与核查；激励和约束机制；法律责任；附则	无	省发展和改革委员会是本省碳排放权管理的主管部门
广东	43条	总则；碳排放信息报告与核查；配额发放管理；配额交易管理；监督管理；法律责任；附则	无	省发展改革部门负责全省碳排放管理的组织实施、综合协调和监督工作
深圳	55条	总则；配额管理；核查履约；碳排放权登记；碳排放权交易；监督管理；法律责任；附则	总则；配额管理；量化、报告、核查与履约；碳排放权交易；监督管理；法律责任；附则	市人民政府负责领导，生态环境部主管，相关部门负责管理
沈阳	26条	总则；配额管理；报告、核查与配额清缴；监督管理与激励；附则	无	市生态环境主管部门负责本市行政区域内地方碳排放权交易相关工作的组织实施、综合协调和监督管理

（二）成渝地区碳市场法律监管服务规范性制度亟待补足

通过合理法律路径规范碳市场有关交易，构建碳市场交易法律体系，是实现经济效益、社会效益和法律效益的统一的必然选择，也有利于促进碳交易市场的良性发展。

2011年10月开始，北京、天津、上海、重庆、湖北、广东、深圳等7省（市）已经启动了碳市场的地方试点，并在实践过程中积累了宝贵经验，覆盖了电力、钢铁、水泥20多个行业近3000家重点排放单位；到2021年6月，试点省市碳市场累计配额成交量4.8亿吨二氧化碳当量，成交额约114亿元[1]。2021年7月16日，全国碳排放权交易市场上线交易正式启动，全国碳市场第一个履约周期为2021年全年，纳入发电行业重点排放单位2162家，覆盖约45亿吨二氧化碳排放量，碳市场的正常运行亟须规范性文件支撑。现将各地出台相关管理试行办法整理如下：

---

[1]《国新办举行启动全国碳排放权交易市场上线交易国务院政策例行吹风会（全文实录）》，http://www.mee.gov.cn/ywdt/xwfb/202107/t20210714_846936.shtml，2021年7月14日。

表 3　全国省市碳排放权交易管理办法颁布及修订（或征求意见）时间

	省（市）	颁布时间	修订时间	名称
1	北京	2014.05		北京市碳排放权交易管理办法
2	天津	2016.12		天津市碳排放权交易管理暂行办法
3	上海	2013.18		上海市碳排放管理试行办法
4	重庆	2014.04	2021.07	重庆市碳排放权交易管理暂行办法
5	湖北	2014.04		湖北省碳排放权管理和交易暂行办法
6	广东	2014.01		广东省碳排放管理试行办法
7	深圳	2014.03	2020.03	深圳市碳排放权交易管理暂行办法
8	沈阳	2021.08		沈阳市碳排放权交易管理办法

除 7 个试点地区外，沈阳市也颁布出台了碳排放权交易管理办法。成都的碳排放权交易管理办法却姗姗来迟，不利于成渝双城经济圈形成统一的碳市场，畅通成渝地区的碳交易。应当加快收集碳排放权交易市场的数据资料，深入研讨并尽快制定、颁布匹配成渝双城经济圈发展的制度性规范，并加快下层实施细则的制定，为成渝地区碳市场的运行和国际碳市场规则的形成作出良好示范。

四、成渝双城经济圈碳市场法治服务体系建设路径

（一）成渝双城经济圈碳市场规范建设的原则方向

1. 强化政府部门监管及分工职责

虽然碳市场中碳排放权交易是以平等民事主体达成契约的形式表现出来，然而，从环境与自然资源保护法律的角度看，碳排放权也属于环境权的一种，其起源就带有生态环境保护与经济可持续发展的双重政策目标，不能完全放手于参与市场交易的理性经济人，还必须符合政府部门分阶段、分步骤对碳市场的发展给予干预和引导的发展方向。

因此，完善成渝地区双城经济圈的碳市场法治服务体系，应当尊重中国社会主义市场经济的内在规律和现实需要，体现碳排放权同时兼具公法和私法的双重属性，保持碳市场法律规范的开放性，同时根据成渝地区的资源禀赋、经济状况、市场特征和生态环境建设需要，在中央授权范围内对碳排放权进行具体限制[①]。碳市场牵扯的监管职能部门众多，极有可能出现"九龙治水"的局面，需要明确生态环境部门、证监会、银保监会协同监管，其他机构辅助、参与的基本模式，同时在司法机关内部确立起相关的分案机制、审理规则等规范，形成多元

---

① 冯莉婷：《浅谈碳达峰、碳中和愿景下碳排放权的法律性质》，《世界环境》，2021 年第 3 期，第 87 页。

化纠纷解决模式。

2. 加强与环境法及金融法律体系规范的衔接

一是加强与环境法律体系关联性。包括污染防治单行法中的《中华人民共和国大气污染防治法》、资源利用单行法中的《中华人民共和国电力法》《中华人民共和国煤炭法》《中华人民共和国节约能源法》《中华人民共和国可再生能源法》、绿色发展单行法中的《中华人民共和国清洁生产促进法》《中华人民共和国循环经济促进法》以及综合性环境保护单行法中的《中华人民共和国环境影响评价法》《中华人民共和国环境保护税法》《中华人民共和国资源税法》等，充分利用已有的环境资源法律保护智慧成果，发挥其"内部激励"效能。

二是加强与《中华人民共和国证券法》《中华人民共和国期货法》等金融法律体系关联性，明确碳市场中的碳远期、碳期权、碳债券、碳资产证券化、碳基金等特殊的市场交易规则和监管规范，做好与现行金融法律体系的适配工作。

3. 营造宽松活力的碳市场发展生态环境

碳排放权交易作为绿色经济发展的新领域，应当坚持问题导向，本着鼓励为主的原则对碳市场交易主体提升容忍度和容错率，营造出良好的市场交易氛围，为市场主体调解和纠错预留出充足的时间区间。生态环保部门、工商管理部门等要做好碳交易规则的宣传和普及工作，谨慎设置处罚的条件和金额，谨慎采取限制交易措施。鼓励成立碳排放权交易相关行业协会，强化行业自律，提升碳核查数据质量，宣传和普及碳排放权相关知识，推动绿色低碳发展。

(二) 成渝双城经济圈碳排放权交易管理制度构建方式

1. "善治"为基，构建成渝双城经济圈碳交易市场的高层合作

一是鼓励自贸区先行先试，进一步深化合作助力成渝地区双城经济圈建设，以重庆两江新区和四川天府新区自由贸易点为发力点，积极参与碳排放权、排污权交易市场建设，开展生态环境治理合作，打造低碳试点先行区。积极参与碳市场建设，支持成渝双城经济圈开展具有明显生态修复和保护效益的温室气体资源减排项目，设立资源减排等碳交易中心加大对碳减排项目的支持力度。二是强化职能部门对接协作。由于机构改革和政府部门职能变化，生态环境主管部门的主体责任地位应当更加明确。在成渝双城经济圈的碳市场规范建设过程中，应进一步明确生态环境部门作为主管部门的核心地位，将核查机构监管和交通碳交易监管等职责调整至主管部门，统筹协调职能部门为碳市场发展提供支持。通过协议形式加强成渝地区生态环境部门的配合协作，依托重庆市已有的资源与环境交易中心和联合产权交易所集团股份有限公司做好成渝双城经济圈的碳市场发展初期的组织管理。三是设置通道，及时配合全国碳市场建设进程。全国碳市场的启动和建设已经提上日程，目前深圳市已经明确了管控单位退出机制，对深圳碳市场

管控单位如何退出予以规范,在成渝地区的碳市场管理规范上也应当加强与全国碳市场的对接,提前设计好退出机制,确保区域碳市场管控与全国碳市场管控的衔接机制。

2."良法"为本,打通成渝双城经济圈碳交易市场规范化的筋脉

《碳排放权交易法》的制定出台尚需时间,而地方碳市场的发展离不开地方法规、部门规章和行业规范,从而让碳交易能够有序发展。建立成渝双城经济圈碳排放权管理办法等法规应当提上日程。一是明确配额管理制度,逐步实现绝对总量控制,引入年度配额管理实施方案,不再对覆盖范围、抵消机制、配额结转等管理内容作过多规定。二是强化监督管理,沿用《重庆市碳排放权交易管理暂行办法》的思路,由区县级生态环境主管部门监督检查排放单位温室气体排放和碳排放配额清缴情况,建立成渝地区黑名单信息贡献机制,对核查技术服务机构发现不合格的及时通报公开。三是尝试引入碳普惠体系。碳普惠是推动非控企业、机构团体和居民共同参与减排行动的重要机制,目前长三角已经探索在上海、南京、合肥等城市开展碳普惠的试点。在成渝地区允许碳普惠体系产生的核证减排作为抵消信用的一种,以支持家庭、个人和小微企业对绿色生产生活方式的创建。

(三)优化成渝双城经济圈碳市场交易纠纷解决机制

一是强化前端调解,建立科学高效的矛盾纠纷化解机制。鼓励规范建立成渝地区碳排放权交易相关行业协会,充分发挥行业协会的纠纷前端化解作用,强化行业的自我管理,出台区域性行业管理规范,为碳交易市场主体迅速便捷化解矛盾冲突提供有利条件。

二是明确碳市场交易相关案件归口由环境资源审判法庭审判。现阶段碳交易相关司法纠纷较少,在中国裁判文书网上以"碳交易"为关键词,从2013年至2021年共检索出71个案件,其中包括刑事案件4个、民事案件52个、行政案件3个。环境司法专门化的探索是对传统的行政处罚为主、司法保护为辅的方式的创新,在法院内部设置的针对环境资源案件的专项审理也在逐渐完善[①]。重庆高院在《关于环境资源审判庭受案范围的规定(试行)》中明确规定将涉及环境资源的刑事、民事、行政(包括非诉行政执行)等案件归口由环境资源审判庭审理。2020年,成都法院新收涉环境资源案件1516件,旧存198件,审结1641件,涵盖了民事、刑事、行政领域。成渝地区已经具备成熟完善的环境资源审判团队。正如前文分析,碳排放权纠纷具有公益和私益双重属性,归口由环境资源

---

① 安克明:《最高人民法院设立环境资源审判庭》,https://www.chinacourt.org/article/detail/2014/07/id/1333746.shtml,2021年8月25日访问。

审判法庭审理更能契合碳排放权的属性,也更有利于总结审判经验,为碳市场发展提供司法智力支持。

五、结语

经济社会发展与生态环境保护一直是社会建设的"双翼",为优化提升成渝双城经济圈营商环境,推动碳排放权等绿色新兴产业发展,需构建成渝双城经济圈碳市场法治服务体系,落实碳减排目标,促进和保障成渝双城经济圈碳交易市场的良性运行,进而实现"良法"和"善治"。

论能源低碳发展下的企业战略调整

郑玮嘉[①]

摘　要：国家提出碳达峰与碳中和，在新的政策引领下，中国要贯彻落实低碳经济，达成"双碳目标"。除了从国家政策和立法角度进行规制，企业作为高碳排放量中占比较重的一部分，主动创新配合政府的监管完成低碳发展的要求也具有重要意义。在低碳发展的要求下，企业面临内部技术落后、专业环境人才缺乏、融资投资风险剧增以及业务范围落后这四个问题。除了依法生产经营，如何完善内部管理机制和优化外部经营策略是企业创新配合政府监管的重要方向。只有把低碳环保思想落实到生产经营的各个环节中，才能实现企业的长期可持续发展，完成低碳发展的目标。

关键词：双碳；低碳发展；企业创新；环境效益

一、新发展模式：低碳发展

经济迅速发展，环境问题日益突出，其中较为突出的问题就是由于高量的碳排放带来的气候变化。为稳定大气中的温室气体含量，预防剧烈的气候变化对人的伤害，1997年12月在日本京都签订的《京都议定书》规定了强制减排的义务，但只针对发达国家。可见，发展中国家并未正式参与到减排低碳的行列中[②]。低碳经济的概念首次被提及是在能源白皮书《我们能源之未来：创建低碳经济》中，由英国政府在2003年提出。在2006年，中国出台了相关政策，并先后颁布了《大气污染防治法》《节约能源法》《循环经济法》等多部法律，向世界宣布了中国要走低碳经济的发展道路。在2021年的两会期间，碳达峰、碳中和首次被写入中国的政府工作报告，低碳发展成为中国经济发展的重要经济发展模式。

中国提出在2030年前二氧化碳排放量达到峰值，在2060年前实现碳中和。为实现"双碳目标"，低碳经济是实现目标的重要经济模式，节能减排是重要举

[①] 郑玮嘉：西南石油大学法学硕士。
[②] 荆哲峰，雷立均：《国际碳交易市场发展对中国的启示》，《中国人口·资源与环境》，2011年第4期。

措。"双碳"的提出极大地冲击了国内企业的发展,由此衍生出来的碳排放权交易也会极大地冲击国际市场。拥有"负排放"技术的企业将碳排放权出售给无该项技术的企业,发达国家把碳排放权出售给发展中国家,一定程度上不仅不会改善碳排放量的现状,甚至会增加落后一方的碳排放量[1]。因此,仅依靠市场的资源配置达成"双碳目标"是不可行的。政府通过司法和立法为低碳发展提供法律保障,并通过宏观调控的方式监管市场。企业作为市场的主要主体需要从内部革新,积极配合政府的监管,和政府打好配合战,贯彻落实低碳发展,做到节能减排。

二、低碳经济下企业面临的挑战

根据发达国家的经验,当社会的服务占比达到70%左右,城市化率达到80%左右,即实现碳达峰。而中国目前两项的百分比大致为55%和65%,计划实现"双碳目标"的时间相比于发达国家,缩短了二十年。为实现"双碳目标",在低碳经济模式下,企业面临巨大挑战。以印刷包装行业为例,其生产过程中产生的二氧化碳污染会带来巨大的经济损失,以及缺乏绿色包装的技术支持,使得该行业在低碳经济模式下受到剧烈冲击[2]。企业面临的挑战大致分为以下几点。

第一,"低排放"技术不完善。国家提出"双碳目标",天津市更是在2021年9月27日通过了《天津市碳达峰碳中和促进条例》,这是中国首部把实现"双碳目标"作为省级地方性法规的立法目的的条例[3]。国际社会再次把低碳减排、保护环境作为经济导向,如果企业要在市场竞争中保持优势,就要以政策为指导,以法律为准绳,形成自己的技术竞争优势。大多数企业仅追求国际顶端的低碳技术,忽视技术与企业自身的发展策略的贴合度,在高投入的情况下并没有形成自己的技术竞争优势,并且回报率低,到后期容易因为资金流动性低面临经营困难。部分企业甚至无视法律法规,通过生产劣质产品或者偷排污水等来降低生产经营成本。因此,低碳技术的研发只有与企业的发展策略相适应,才能为企业提供长期有效的服务。

第二,专业环境人才缺乏。降低碳排放量不是仅存在于企业生产环节中的某一环,而是贯穿于整个生产环节。之前企业只需要根据自己的需求配备相应的技术人才,缺乏专业的环境人才负责把控每个生产环节是否做到低碳减排[4]。例如建筑行业是高碳排放量的行业,除了房屋建筑材料本身的生产会产生大量的二氧

---

[1] 于天飞:《碳排放权交易的市场研究》,南京林业大学,2007年,第59页。
[2] 钟福明:《低碳经济背景下印刷包装行业转型升级策略研究》,《中国包装》,2021年第9期。
[3] 天津人大:《天津市碳达峰碳中和促进条例》,《天津市人民代表大会常务委员会公告(第八十二号)》。
[4] 张嘉军:《基于低碳经济的企业战略管理创新探究》,《商讯》,2021年第23期。

化碳，还包括在拆除再建过程中施工产生的以及被浪费的建材所代表的二氧化碳。企业本身以盈利为目的，只要在合理的成本范围内，企业大概率会忽视给气候带来的不利影响，不利于降低碳排放量。企业缺乏专业环境知识，对政府出台的有关"双碳"的政策文件理解不到位，容易在生产经营环节违法超排二氧化碳。在国家要求低碳排放量的政策下，企业专业人才的欠缺不利于达到政府对低碳发展的要求，同时会造成巨大的经济损失。

第三，融资、投资风险剧增。为达到降低二氧化碳排放量的要求，企业面临低碳技术研发的迫切性和新业务的开拓，大都会选择向银行或金融机构借贷。企业借贷成本高，加上技术投资本身就是一项长线的投资，并不能马上获得回报，用于原有业务开展的资金也会受到影响，拓展新业务也不一定能在短期内获得较乐观的收益，企业的融资风险高[1]。"双碳"的提出，会滋生许多新的投资项目，企业应当积极响应政策的号召，促进低碳发展的完成。例如，积极加入碳排放权交易市场的构建和低碳技术的研发。由于中国对企业碳排放权信息收集不全，未形成一个全国性的碳交易市场，目前多以地方法规为指导形成的区域性交易市场。同时，企业自身信息披露度不高，并不能确定该项低碳技术是否符合自身的发展需求，企业投资趋于盲投，承担的投资风险高[2]。

第四，原有业务范围落后。企业经营的业务范围是根据已出台的法律法规制定的，"双碳"这个新概念在国内提出，自然会引发相关的新产业萌芽，这些新兴产业相比于旧的经营业务，更加具有吸引力。市场是资源配置的决定性因素，新兴产业抢占市场，旧的业务模式将会失去市场竞争力，企业将面临巨大的生存压力。

三、低碳经济下企业创新的策略

（一）树立环境责任意识

企业在盈利的同时，应当树立承担环境责任的法律意识，这既满足"减量化、再利用、再循环"的要求和可持续发展的价值目标，也满足"双碳目标"对低碳排放量的要求。企业的趋利性和环境效益相结合，才是当代企业竞争力的发展方向，这就要求企业要自觉主动履行社会环境责任。企业作为民事主体承担的环境责任，以是否违法作为划分标准，大致分为环境法律责任和环境道德责任。环境法律责任是指企业应当依法经营，严格按照法律法规的要求进行生产排污，杜绝投机取巧的冒险心理，而环境道德责任的标准更高。在此基础上，企业应当

---

[1] 仲伟：《低碳经济背景下企业财务管理措施》，《中国集体经济》，2021年第32期。
[2] 仲伟：《低碳经济背景下企业财务管理措施》，《中国集体经济》，2021年第32期。

以国家法律标准作为自己生产经营的底线，以不违法为前提，接受国家法律和社会责任的约束，积极主动追求更高的低碳标准，配合国家促进低碳发展的进程。

企业体现自己承担环境责任的法律意识可通过以下几个方面实现。首先，在生产过程中，企业应当提高资源的利用率，使用更加高效的生产机器和工艺，避免生产中二氧化碳的不必要消耗。其次，严格把控排污标准，做到依法排污，减少碳排放。最后，企业应到将承担环境责任的费用纳入企业的核算中，设立单独的资金板块进行环境成本计算[1]。环境保护和企业经济的相关性越来越密切，环境投资更是一个间接性和长期性显著的投资。进行环境专项成本计算，有利于企业的长期发展[2]，更是将承担社会环境责任的法律意识贯穿于企业生产的各个环节中，影响企业发展的决策。

（二）完善内部管理机制

国家提出碳达峰碳中和，倡导企业低碳发展，在这样的大背景下，企业原有的内部管理机制已经落后于国家出台的相关低碳发展的法律法规。而企业作为受规制的主体，通过内部管理机制的完善能更好地达到国家低碳的生产经营标准。

首先，完善内部财务监管。企业的内部管理机制维持着企业的运营，高效的内部监督管理机制有利于企业在低碳经济下保持自身的市场优势。企业各方面的运营状况会通过企业的财务数据反映出来，在"双碳目标"下保障经济效益的同时实现低碳排放，企业要做到以下几点。第一，保障低碳技术研发的资金和专业环境人才的配置。合理有效分配企业资金，提升资源的利用率，保证企业在面临新环境的冲击时，积极主动从内部革新，缩短企业适应新环境的时间。第二，确保资金流动性，合理分划新投资带来的亏损风险。根据上文阐述，低碳技术和新业务的回报期较长，企业要做好应对措施，削减不必要的开支，维持原有业务的正常开展，确保企业在完成低碳排放的同时有稳定的收入渠道。及时掌握新发展板块的效益状况，根据数据作出相应的发展策略调整。

其次，配备专业的环境人才。企业应有目的地招收具有专业环境知识的人才，从专业的角度落实低碳排放，让专业人才参与到企业经营的各个环节中，严格把控碳排放量，提高资源利用率，降低企业成本。同时，让专业人才参与到公司决策中来，让他们从专业角度准确解读政策内容，提出合理的建议，协助企业确定一个可行的发展方向。

最后，研发低碳技术。企业中原有的生产方式和工艺属于高碳模式，资源的利用率较低，在生产经营中会产生大量的二氧化碳。以往，企业多采取碳抵消的

---

[1] 王亚飞：《低碳经济视角下企业环境成本会计核算研究》，《河北企业》，2021年第9期。
[2] 阿布都合力力·阿布拉：《低碳经济下的企业社会责任会计探讨》，《生态经济》，2017年第6期。

方式减少企业的排放量，例如依赖植树造林，或者通过碳排放权的交易获得更多的排放量。企业应该在能源结构和产业结构上进行技术研发，根据自身的业务范围和实际情况研发相关的低碳技术。

（三）优化外部经营策略

首先，优化融资、投资方案。基于研发低碳技术和开展新业务，企业需要大量的资金支持，向银行或其他金融机构借贷成为企业融资的重要方式之一。此时的金融市场也存在较大的变动，因此对于企业而言，树立法律意识尤为重要。企业在进入金融市场时，明确法律入市标准，依法入市。企业在筹备借贷时，需要对自己的资产和可期待的收益进行准确评估，并明确新领域的开拓所需的时间和资金，确保不会因为长期负债而面临破产。国家提出低碳发展的新政策新法规，许多响应"双碳目标"的项目会在市场上大量涌现。由于企业披露信息度不高，企业在选择投资项目前，要充分了解投资项目的内容，计算该项目的回报率和投入额，要时刻保持自身承担环境责任的法律意识，从环境保护和低碳的角度去评估该项目。企业要用更长远的眼光考虑投资项目，不应局限于经济效益，还应当关注到项目本身是否具有潜力，能否提升企业的知名度。在目前的新市场里，对社会的环境效益是企业的重要竞争力之一，无论融资还是投资都会给企业带来一定的风险，除了通过风险评估把风险控制在合理限度内，企业还要优化内部的利润分配方式，存储一笔应急资金，确保在突发情况下可以正常运转[①]。

其次，合理开拓新业务。企业的目的是盈利，国家要求环境效益与经济效益相结合，很多企业原有的高碳业务继续开展会给企业带来巨额的环境成本，除了能源结构变动，开发新业务也是企业适应低碳经济的方式之一。开展新业务不能盲目跟风，企业应当根据自身情况参与低碳业务，明确战略定位，作出长期规划。在原有业务的基础上进行衍生，企业上手速度更快，收益回报时限更短，能更加有效地促进低碳发展。

最后，主动进行企业信息披露。上文所述的企业融资、技术研发、开拓新业务顺利进行的重要前提是信息透明。在新要求下，市场也面临革新，新项目和新企业涌入市场需要信息作为决策的重要依据。为降低企业运营风险，实现低碳排放量，除了依法公开，企业更应主动披露信息。企业披露的信息里不仅包括相关项目的基本信息，更要重点公开环境信息。企业主动接受法律的监督，也要通过企业之间相互监督，生产营业环节中的低碳也成为企业的竞争力之一。引导社会群众来监督，使企业自觉养成低碳习惯，主动配合和接受政府的监管，降低政府的行政成本并提高行政效率。同时，主动披露可提高企业的声誉，夯实市场基

---

① 仲伟：《低碳经济背景下企业财务管理措施》，《中国集体经济》，2021年第32期。

础。企业不能仅依赖政府的信息公开，应通过召开新闻发布会等方式主动披露信息，提升市场的信息公开度[1]。例如，中国的碳排放权交易市场，正是因为各企业信息披露力度不够，市场的信息不全，国家掌握的信息自然也不全，对市场调控和监管都不能及时做到调整和完善。中介机构作为市场主体之间交换和获取信息的媒介也难以发挥自己的功能，导致中国一直未能形成全国性的碳排放权交易市场[2]。企业主动披露信息，接受政府的监管，利于降低自身的生产经营风险，并协助政府构建一个更加完善的低碳市场。

四、总结

根据上文论述，在低碳发展的大势下，国家通过立法和政策等方式进行宏观调控，企业作为受政策规范的主要主体，除了遵守法律法规，还要及时调整生产经营策略。企业树立承担环境责任的法律意识，接受国家的监管，主动披露环境信息，提高市场的透明度，从生产技术、专业环境人才以及发展策略上达到国家低碳发展的要求。企业提高自身的竞争力，尽快适应市场的变化，协助政府维持市场的稳定，在低碳发展的要求下依旧维持国内经济的稳定增长。

---

[1] 赵惊涛：《低碳经济与企业环境责任》，《吉林大学社会科学学报》，2010年第1期。
[2] 荆哲峰，雷立均：《国际碳交易市场发展对中国的启示》，《中国人口·资源与环境》，2011年第4期。

"一带一路"碳市场法律服务体系建设路径研究

郝廷婷[①] 牟其香[②] 宗铄[③] 陈晓君[④]

摘 要：中国所承诺的碳达峰、碳中和目标与优化营商环境建设、生态文明建设和绿色"一带一路"建设高度契合，为优化提升"一带一路"营商环境，推动绿色"一带一路"建设，需构建"一带一路"碳市场法律服务体系。当前，"一带一路"碳市场法律服务体系存在立法不足，政策与法律衔接不到位，缺乏地缘优势，难以保障碳市场交易的系统性、融通性及解纷机制不完善等问题。文章从建立完善国内及涉外法律体系、建立解纷机制和法律服务合作机制等四个方面提出了建设路径建议。

关键词：一带一路；碳市场；法律服务体系；路径

一、引言

优化营商环境，促进经济高质量发展离不开绿色低碳发展之路，而中国作为"一带一路"建设的倡导国，在与"一带一路"沿线国家的经济交往中，遭受资源掠夺和污染产业转移等诸多质疑。面对质疑，中国的实际行动成为最佳反证。为应对全球气候变化，中国在第75届联合国大会上向世界宣布"2030年前实现碳达峰、2060年前实现碳中和"目标。碳达峰、碳中和目标与优化营商环境建设、生态文明建设和绿色"一带一路"建设等目标高度契合，是全球气候治理的应有之策。为缩小"一带一路"沿线国家碳排放差距，推动"一带一路"绿色低碳发展，优化提升"一带一路"沿线国家营商环境，坚持走高质量发展道路，需构建"一带一路"碳市场法律服务体系，以保障碳市场的有序规范高效运行，切实服务和保障全球气候治理目标的实现。

[①] 郝廷婷：成都市中级人民法院，环境资源审判庭庭长，西南财经大学博士在读。
[②] 牟其香：成都市中级人民法院，法官助理，法学硕士。
[③] 宗铄：成都市中级人民法院，法官助理，法学硕士。
[④] 陈晓君：成都市中级人民法院，法官助理，法学硕士。

二、"一带一路"碳市场法律服务体系建设的意义和价值

"一带一路"建设横跨4个大洲,涉及65个国家,为应对全球气候变化,推进绿色"一带一路"发展,需要"一带一路"沿线国家和地区的共同努力和行动。《联合国人类环境宣言》《联合国气候变化框架协议》《巴黎协定》《联合国2030年可持续发展议程》《关于推进绿色"一带一路"建设的指导意见》《"一带一路"生态环境保护合作规划》《推动共建丝绸之路经济带和21世纪海上丝绸之路的愿景与行动》《"一带一路"绿色投资原则》等国际环境条约及环境保护相关的多边或者双边条约均致力于全球气候治理,缩小全球碳排放差距,推动绿色低碳发展。中国为应对全球气候变化作出了重要承诺,并为实现碳达峰、碳中和承诺作出了战略部署,以中国碳交易市场为基础,构建"一带一路"碳市场法律服务体系具有重要的战略意义和价值。

(一)促进"一带一路"沿线国家生态法治建设

当前,为应对全球气候变化,中国为兑现碳达峰、碳中和承诺提出了绿色低碳发展的重要战略目标,而推进绿色"一带一路"建设,缩小"一带一路"沿线国家和地区碳排放差距也正是其重要任务之一。"一带一路"沿线国家和地区大多属于发展中国家,粗放式经济发展方式导致其碳排放压力较大,如何提升"一带一路"沿线国家和地区的生态环境治理能力,降低碳排放量,是关乎绿色"一带一路"建设和全球气候治理的重要内容。以中国碳交易市场为基础,构建"一带一路"碳市场法律服务体系,能促进"一带一路"沿线国家生态法治建设。

在构建"一带一路"碳市场法律服务体系中,中国现有环境法律法规中《大气污染防治法》《清洁生产促进法》《循环经济促进法》《节约能源法》《可再生能源法》等法律和2020年12月新修订的《碳排放权交易管理办法(试行)》,以及正在制定中的《气候变化应对法》等能为沿线国家生态法治建设提供较好的参考。同时,构建"一带一路"碳市场法律服务体系需要兼顾"一带一路"沿线国家碳市场法律制度的相似性,求同存异,共谋碳市场交易的有效运行,势必在侧面上促进"一带一路"沿线国家加强生态环境法律法规的修改和完善力度,进而促进"一带一路"沿线国家生态法治建设,促进绿色"一带一路"建设发展。

(二)促进"一带一路"沿线国家走绿色发展道路

全球气候治理应充分发挥市场机制的调节和分配作用,碳排放权交易作为实现碳达峰、碳中和目标及缩小全球碳排放差距的重要方式,需要充分保障碳排放权交易市场的有序、规范、高效运行。而"一带一路"沿线国家碳交易市场制度存在不同程度的相似性和差异性,且"一带一路"沿线国家中有许多国家仍采取

粗放式经济发展方式，存在碳减排意愿弱、碳减排压力大等难题，如何充分推动"一带一路"沿线国家积极参与全球环境治理，落实碳减排目标，需要在法律制度上予以充分保障。构建"一带一路"碳市场法律服务体系，保障"一带一路"沿线国家在碳交易市场制度和法律服务体系上的兼容性、可行性和安全性，促进"一带一路"沿线国家主动实现碳减排目标，积极提升生态环境能力，坚持走绿色发展道路，实现绿色"一带一路"建设的美好愿景。

（三）为达到全球碳减排目标提供法律服务保障

"一带一路"建设横跨4个大洲，涉及65个国家，其中有很多发展中国家，构建"一带一路"碳市场法律服务体系能推进绿色"一带一路"建设的发展，不仅对全球气候治理目标的实现大有裨益，而且能够为达到全球碳减排目标提供法律服务保障。

尽管世界各国在应对气候变化中签订了诸多国际协议、双边协议或者多边协议，但是气候治理效果并不显著，并未实现预期的目标。经济发展与生态环境保护的抉择一直是困扰世界各国的难题，而绿色低碳发展道路成为破解难题的良策。但是各国国情不同、发展阶段不同、法律制度不同等因素，阻挠了全球碳减排目标的发展进程。若"一带一路"沿线国家坚持走绿色低碳发展道路，在经济发展与生态环境保护中交出完美答卷，将会为全球碳减排目标的实现提供宝贵的样本，也将为全球碳减排目标的实现提供有力的法律服务和保障。

三、"一带一路"碳市场法律服务体系建设的现状及存在的问题

（一）中国碳市场法律服务体系的建设现状

通过合理法律路径规范中国碳市场有关交易，构建碳市场交易法律体系，是实现经济效益、社会效益和法律效益的统一的必然选择，也有利于促进碳交易市场的良性发展，把握经济上行的重要风口。"建设全国碳排放权交易市场是利用市场机制控制和减少温室气体排放，推动绿色低碳发展的一项制度创新，也是落实习近平主席对外庄严宣示承诺我国2030年前达到峰值、努力争取2060年前实现碳中和的国家自主贡献目标的重要核心政策工具。"[1] 2011年10月开始，北京、天津、上海、重庆、湖北、广东、深圳等7省（市）已经启动了碳市场的地方试点，并在实践过程中积累了宝贵经验，覆盖了电力、钢铁、水泥等20多个行业近3000家重点排放单位，到2021年6月，试点省（市）碳市场累计配额成

---

[1] 中华人民共和国生态环境部官网：《国新办举行启动全国碳排放权交易市场上线交易国务院政策例行吹风会（全文实录）》，http://www.mee.gov.cn/ywdt/xwfb/202107/t20210714_846936.shtml，2021年7月14日。

交量4.8亿吨二氧化碳当量,成交额约114亿元[①]。2021年7月16日,全国碳排放权交易市场上线交易正式启动,全国碳市场第一个履约周期为2021年全年,纳入发电行业重点排放单位2162家,覆盖约45亿吨二氧化碳排放量,已经成为全球规模最大的碳市场。全国碳市场的建设是推进绿色低碳发展的创新和重要政策工具。

1. 中国碳市场法律体系建设沿革

碳市场交易监管涉及部门多,必须以更高层次的立法保障碳市场各项制度的有效实施。为规范全国碳交易市场各参与方的合法权益,维护碳交易市场秩序,2017年《全国碳排放权交易市场建设方案(发电行业)》印发实施,明确建立全国统一的碳市场的整体方向。2021年1月5日,生态环境部公布了《碳排放权交易管理办法(试行)》,印发配套的配额分配方案和重点排放单位名单,2225家发电企业分到碳排放配额[②]。2021年5月17日,生态环境部正式发布了《碳排放权登记管理规则(试行)》《碳排放权交易管理规则(试行)》和《碳排放权结算管理规则(试行)》,为即将启动的全国性交易市场做好了前期铺垫。目前生态环境部与司法部正在联合推动碳排放交易立法,碳排放交易权立法正在全面提速[③]。

2. 中国碳市场法律体系建设存在的问题

一是碳市场交易立法滞后,立法层次不高。从2011年到2021年的十年间,中国碳市场交易呈现出起步早、发展快的特点,但是缺乏系统化的设计,使碳市场交易付出了更多的试错成本,阻滞了由点向面的发展节奏。以部门规章、政策性指导文件和地方性法规为主,尚无较高位阶的全国性法律。专门立法的缺失导致无法构建碳交易法律体系的闭环。现行的《大气污染防治法》《水污染防治法》仅提到了排污总量控制及排污许可制度方面内容,导致了碳交易缺乏规范,在碳交易资质认定、主体权利义务、责任承担、风险监管方面仍然缺乏强有力的法律规制手段,《碳排放权交易法》的制定实施亟须提上日程[④]。二是政策与法律衔接不到位,抵御风险能力脆弱。碳市场的正常运行离不开对碳排放权的定性,而《中华人民共和国民法典》中欠缺明确的法律界定和保护,《碳排放权交易管理暂行办法》在"附则"中将其描述为"分配给重点排放单位的规定时期内的碳排放

[①] 中华人民共和国生态环境部官网:《国新办举行启动全国碳排放权交易市场上线交易国务院政策例行吹风会(全文实录)》,http://www.mee.gov.cn/ywdt/xwfb/202107/t20210714_846936.shtml,2021年7月14日。

[②] 新华网:《全国碳市场第1个履约周期正式启动》,http://www.xinhuanet.com/2021-01/05,2021年1月5日。

[③] 郄建荣:《生态环境部与司法部联合推动碳排放权交易立法》,《法治日报》,2021年7月20日。

[④] 郝海青:《法治政府视角下中国碳市场法律监管制度研究》,《辽宁大学学报(哲学社会科学版)》,2017年第2期。

额度"。这种描述性规定未对其法律属性予以明确，不利于提升市场参与者的预判和交易的确定性。三是缺乏有关国际交易的相关规定。《碳排放权交易管理规则（试行）》的视野定位在全国碳排放权交易市场。根据国际碳市场经验，设计国内碳市场交易法律制度时，也应当考虑到国外商贸、服贸和投资等输入中国时碳泄露和其他温室气体的跨界转移问题，制定对其交易单位的适格标准和数量等加以限制，用来规制境外排放和国外投资者在中国排放的"域外条款"[①]。

(二)"一带一路"沿线国家碳市场法律服务体系的建设现状

1. "一带一路"区域性碳市场法律服务体系建设正逢其时

1994年《联合国气候变化框架公约》正式生效，对发达国家及发展中国家定的义务以及履行义务的程序有所区别，发展中国家只承担提供温室气体源与温室气体汇的国家清单的义务，制定并执行含有关于温室气体源与汇方面措施的方案，不承担有法律约束力的限控义务。随着美国退出《巴黎协定》，英国脱欧等使得发达国家在落实"共同但是有区别的责任"方面逐渐弱化，广大发展中国家之间合作的重要性日益增加。《巴黎协定》的市场机制实施细则未出台，京都机制的沿用和分享收益等问题依旧分歧严重，导致"一带一路"区域碳市场难以依赖市场机制。《巴黎协定》几乎囊括了"一带一路"沿线国家，要求所有缔约方都参与减排，承认双边、多边、区域性的减排机制，具有很高的"开放性"，给区域碳市场建设带来利好。

2. 沿线国家市场发展取得一定成效

目前，哈萨克斯坦及部分中东欧国家已经拥有了自己的碳市场，而俄罗斯、越南、巴基斯坦等国家也在积极建立本国的碳市场交易制度。巴基斯坦政府已于2017年颁布了《气候变化法》并在之后成立国家委员会，这标志着其向利用市场机制进行低成本减排靠近[②]。

(三)"一带一路"碳市场法律服务体系建设存在的问题

1. 缺乏构建区域碳市场法律服务体系的地缘优势

各主权国家必须协调一致，通过缔结有法律约束力的自我实施性质的国际协议来克服国际社会市场失灵的过程[③]。目前，国际碳交易规则仍然由发达国家操控主导权，较少有发展中国家之间突破零和博弈。"一带一路"横跨4个大洲，共有60多个国家，而地域跨度大的客观条件也削弱了构建区域性碳交易市场的地域优势。当前许多国家的碳市场还处于发展初期，相关法律规范不完善，而碳

[①] 肖峰：《论"一带一路"背景下我国履行〈巴黎协定〉的机制创新》，《海关与经贸研究》，2018年第4期，第118-129页。
[②] 史学瀛，孙成龙：《"一带一路"碳市场法律制度初构》，《理论与现代化》，2020年第2期。
[③] 郑玲丽：《全球治理视野下"一带一路"碳交易法律体系的构建》，《法治现代化研究》，2018年第2期。

市场法律制度的兼容性问题如果得不到解决，必然会耗费大量精力，滋生"搭便车"的心理，从而削弱碳市场的稳定性。

2. 难以保障碳市场交易的系统性、融通性

碳交易系统具有复杂的特点，完善和发展也需要投入大量的时间。以现有的发展较好的欧盟、新西兰、韩国为例，其内部碳交易的发展离不开指定法律层级较高的配套法规、较好的实施细则这两个要素，从而构建起规范的碳交易市场秩序①。国际社会以美国、欧盟等为代表的国家和地区长期致力于自身碳管理体系的推广和区域外适用，而目前"一带一路"国家仍然没有确定统一的减排标准，相应的监测、报告、核查规则也并不健全②。各个国家和地区碳市场履行制度的差异决定了区域性碳市场需要分步骤、分阶段进行。"一带一路"区域性碳市场的建立要求高度的政治阶段和长期的积累合作。中国作为"一带一路"牵头国家，本身的碳市场法律体系仍不健全，捋顺自身市场法律规范仍然需要时间。如何将不同国家的碳市场链接起来，尽量减少链接成本，在兼容性和独立性中取得平衡仍然需要时间打磨。另外，在统一监管、确保碳市场交易的公平和透明方面也需要进一步规划和思考。

3. 解纷机制建设不完善

碳市场的良性发展离不开对交易风险的防控和预防。而作为国家间的合作，碳市场交易必然面临浓重的政治色彩，因此，需要建立起有针对性的一套商事纠纷解决机制，以强化配额和碳信用交易的商事属性，提高解纷效率。

四、"一带一路"碳市场法律服务体系建设路径

（一）完善"一带一路"碳市场国内法律体系

中国 2020 年 12 月 5 日审议通过了《碳排放权交易管理办法（试行）》，仅属于部门规章层级，法律位阶较低，这种单一的、粗线条的规范还不足以统领"双碳目标"下的碳排放权交易市场全方位、全流程、全线条的多方管理工作。应当加快收集碳排放权交易市场的数据资料，深入研讨并尽快制定、颁布更高层级的法律法规，并加快下层实施细则的制定，为"一带一路"碳市场的运行和国际碳市场规则的形成作出良好示范。

1. 明确碳排放权法律性质，协调好碳市场中民事交易和行政监管之间的关系

虽然碳市场中碳排放权交易是以平等民事主体达成契约的形式表现出来，其

---

① 郑爽：《国际碳排放交易体系实践与进展》，《世界环境》，2020 年第 2 期，第 50—54 页。
② 廖斌，崔金星：《欧盟温室气体排放监测管理体制立法经验及其借鉴》，《当代法学》，2012 年第 4 期，第 118 页。

交易的对象符合物权法上对于物权属性的界定，即确定性、可支配性和交易性，然而，从环境与自然资源保护法律的角度看，碳排放权也属于环境权的一种，其起源就带有生态环境保护与经济可持续发展的双重政策目标，不能完全放手于参与市场交易的"理性经济人"，还必须符合政府部门分阶段、分步骤完成"双目标"的计划和安排。因此，完善国内的碳市场法律服务体系，应当尊重中国社会主义市场经济的内在规律和现实需要，通过中央文件、法律法规明确碳排放权同时兼具公法和私法的双重属性，保持碳市场法律规范的开放性，同时鼓励地方根据本地的资源禀赋、经济状况、市场特征和生态环境建设需要，在中央授权范围内对碳排放权进行具体限制[1]，做好地方碳市场试点向全国碳市场建立的过渡阶段的法律制度保障。

2. 挖掘碳市场法律体系的巨大潜力，加强与其他相关法律规范的衔接

首先，碳市场法律体系与环境法律体系密切相关、交织穿插，包括污染防治单行法中的《大气污染防治法》、资源利用单行法中的《电力法》《煤炭法》《节约能源法》《可再生能源法》、绿色发展单行法中的《清洁生产促进法》《循环经济促进法》以及综合性环境保护单行法中的《环境影响评价法》《环境保护税法》《资源税法》等，既要将"碳市场"机制建设融入环境保护的综合性工作中，充分利用已有的环境资源法律保护智慧成果，发挥其"内部激励"效能，激发市场主体贯彻新发展理念、研发节能减排技术的热情，也要注意通过立法技术的使用和审判机关主观能动性的充分发挥，避免给市场主体造成法律义务上的负累和掣肘。其次，碳市场法律体系是建成绿色金融体系制度保障的重要组成部分，与证券法、期货法等金融法律体系密切相关，需要通过立法方式明确碳市场中的碳远期、碳期权、碳债券、碳资产证券化、碳基金等特殊的市场交易规则和监管规范，做好与现行金融法律体系的适配工作。由此可见，碳市场牵扯的监管职能部门众多，极有可能出现"九龙治水"的局面，需要在立法中明确生态环境部门、证监会、银保监会协同监管，其他机构辅助、参与的基本模式，同时在司法机关内部确立起相关的分案机制、审理规则等规范，形成多元化纠纷解决模式。

(二) 建立"一带一路"碳市场涉外法律体系

目前，世界上大多数的碳市场规则都是由发达国家制定，是多种因素影响下发达国家之间以及发达国家和发展中国家之间利益博弈的结果，然而多级化的世界格局已经不可逆转，"和平和发展"才是世界发展的主流，呼唤着发展中国家通过和平对话的方式建立共赢的碳市场法律体系[2]。应当充分利用"一带一路"

---

[1] 冯莉婷：《浅谈碳达峰、碳中和愿景下碳排放权的法律性质》，《世界环境》，2021年第3期，第87页。
[2] 郑玲丽：《低碳经济下碳交易法律体系的构建》，《华东政法大学学报》，2011年第1期，第59-64页。

国家机制互通的良好基础，充分研究中国与"一带一路"国家在环境、能源、金融等法律制度体系上共通的法律智慧，在寻求共识的基础上融入中国环境资源保护法律智慧成果，推动形成碳市场合作的新模式。

当前《碳排放权交易管理暂行条例（征求意见稿）》还没有防止碳泄露等有关国际交易的相关规定。根据国际碳市场建设和发展经验，构建国内碳市场交易法律制度时，也应考虑到外国产品、服务和投资等输入我国时，由于沿途各国减排力度各异而产生的碳泄露问题，需要对各国交易单位的适格标准等加以限制，并在互惠的基础上协定互认规则，形成规制境外排放和外国投资者在中国排放的"域外条款"[①]。同时，可以探索构建科学可行的中国法域外适用体制机制，在尊重和遵守国际碳交易法律规则、准则的基础上，充分发挥中国法律在解决涉外碳市场法律纠纷中的重要作用。

（三）建立"一带一路"碳市场交易纠纷解决机制

根据国际上以往的贸易、投资类争端解决经验，通常会通过世界贸易组织（WTO）争端解决机构来推动，但一方面，碳交易市场具有环境保护的明显特征，另一方面，WTO是全球范围内争端解决机制，每年工作量巨大，交由其解决必然会导致效率低下。考虑到"一带一路"自身的地理优势和特点，可以考虑以下三条纠纷解决路径：一是由中国出面牵头，在与沿线主要碳排放国家进行磋商的前提下，建立专门的碳排放权交易争端解决仲裁机构。同时，中国也可以充分聚集国内碳市场资源，将国内现有的仲裁机构打造成为国际碳市场仲裁中心。二是充分利用中国已经建立起来的国际商事法庭，建立起专门的对应"一带一路"项目的碳交易市场争端解决程序，包括设置合理的审限制度、管辖规定、判决的承认与执行以及法官选任等内容。三是充分利用好中国的司法智慧，充分构建谈判磋商的平台，通过调解的方式在充分尊重争议双方意思自治的前提下促进互相和解、达成共识，这种ADR的模式能够充分弥补仲裁和司法程序的缺陷，有利于"一带一路"国家长远合作关系的形成。由此，中国可以推动构建起集仲裁、司法、调解三位一体的"一带一路"碳市场纠纷解决机制，为沿线国家碳市场的衔接与协调发展保驾护航[②]。

（四）建立"一带一路"碳市场法律服务合作机制

"一带一路"贯穿欧亚非大陆，国家类型繁多，技术、资金能力迥异，无论是采取统一的碳市场法律服务合作方式，还是追求碳市场法律合作机制的"一蹴

[①] 肖峰：《论"一带一路"背景下我国履行〈巴黎协定〉的机制创新》，《海关与经贸研究》，2018年第4期，第118—129页。

[②] 杨希成、张望平：《"一带一路"视野下国际投资争端机制构建》，《牡丹江大学学报》，2021年第7期，第13—22页。

而就"都是不现实的，因此，探索推动"一带一路"国家碳市场衔接，需要探索碳市场法律服务合作"三步走"。对于与中国碳市场法律体系相差较大的沿线国家而言，可以利用国际性"软法"的形式推动碳市场的衔接，包括但不限于召开碳市场建设的国际会议，积极推动不同国家之间的磋商并达成合作备忘录，积极支持国际碳行动伙伴组织（ICAP）等国际组织订立碳市场合作建议、意见、指南，以及相互派遣碳市场法律服务人才等方式引导"一带一路"沿线国家的企业在碳市场上的行为，为碳市场的衔接提供法律服务和引导，争取推动"软法"转化为"硬法"成果[①]。针对与中国碳市场法律制度和规范设计相近的国家，应当充分发挥国际"硬法"的内在优势，通过制定具有强制性的法律规范，将合作国家衔接双方或多方碳交易市场的意思表示写进双边或多边协议，确保市场运行规范有序。同时，面对国际社会风险，应注意保持法律体系的开放性，对政治因素等情势变更作出更加周全的规定。通过"软法"与"硬法"的法律服务体系建设，推动"一带一路"沿线国家在配额分配规则、价格控制规则、履约规则、处罚责任体系等法律体系上产生贯通性，有利于推动形成"一带一路"国家在碳市场建设与发展上的"共同语言"，在碳市场整体对接的道路上走得更远。

五、结语

经济社会发展与生态环境保护一直是国家社会建设的"双翼"，而中国所承诺的碳达峰、碳中和目标与优化营商环境建设、生态文明建设和绿色"一带一路"建设高度契合，为优化提升"一带一路"营商环境，推动绿色"一带一路"建设，需构建"一带一路"碳市场法律服务体系。清洁美丽世界是人类命运共同体的依托的归宿，优化营商环境是提升经济高质量发展的重要战略，在全球碳减排的趋势下，如何推动"一带一路"沿线国家积极参与全球环境治理，落实碳减排目标，促进和保障"一带一路"碳交易市场的良性运行则显得至关重要，构建"一带一路"碳市场法律服务体系正当其时。笔者从现状剖析问题，进而尝试提出"一带一路"碳市场法律服务体系建设路径，以期略尽绵薄之力，既保障"一带一路"沿线国家经济高质量发展，又推进全球碳减排目标的早日实现，建设清洁美丽的世界。

---

① 程清源：《国际碳交易市场衔接法律制度研究》，天津：财经大学，2020年，第27—28页。

绿色信贷风险及其法律因应

高丹丽[①]　徐晓双[②]　代　建[③]

摘　要：经济全球化时代背景下，环境污染、生态破坏等时代问题同步伴生，中国的生态文明建设步入战斗高地阶段，运用金融的手段，间接作用于环境保护是绿色信贷鞭之所及。通过文本研究、数据分析和案例分析的方式，探查生态文明建设背景下，中国绿色信贷的发展情况，绿色信贷中涉及的国家、商业银行、企业三者所面对的困难和因应，以构建起一种合理、平衡的绿色信贷实施场域。从三个层面进行绿色信贷方向性规划：一是国家层面法律制定的重点，由行政规制向促进商业银行风险管理与绿色金融产品创新等基础法律保障方面推进；二是商业银行在实现经济利益的同时兼容环境保护社会责任，坚持审慎经营原则，创新绿色金融产品，推动绿色信贷普及化；三是企业兼顾生产经营与利益相关者考量，把自然资源保护纳入企业承担社会责任而进行的生产经营活动规划。

关键词：绿色信贷；潜在责任人；声誉建设；信息披露

一、问题的提出

2021年1月1日起施行的《中华人民共和国民法典》，将"绿色原则"由具体实践的"绿色理念"上升到至高无上的法律原则，以法律回应的方式保护环境与维护生态之时代命题[④]。2021年10月24日，中共中央、国务院发布《关于完整准确全面贯彻新发展理念做好碳达峰碳中和工作的意见》，该意见在完善政策机制部分中指出，要"积极发展绿色金融。有序推进绿色低碳金融产品和服务开发，设立碳减排货币政策工具，将绿色信贷纳入宏观审慎评估框架，引导银行等金融机构为绿色低碳项目提供长期限、低成本资金。鼓励开发性政策性金融机构按照市场化法制化原则为实现碳达峰、碳中和提供长期稳定融资支持。支持符合条件的企业上市融资和再融资用于绿色低碳项目建设运营，扩大绿色债券规模"。

[①] 高丹丽：四川省崇州市人民法院环境资源审判庭法官助理。
[②] 徐晓双：四川省崇州市人民法院环境资源审判庭庭长。
[③] 代　建：四川省崇州市人民法院街子法庭副庭长。
[④] 王利明：《彰显时代性中国民法典的鲜明特色》，《东方法学》，2020年第4期。

保护环境必须依靠法治，这是国情所需，也是时代所需，绿色与金融有机结合，将发挥出商业银行在经济发展中的重要作用。通过银行金融手段作用于企业节能环保项目，从而推动绿色发展或可持续发展的进程，实现生态文明建设和供给侧改革目标，这一被称为绿色金融、环境融资、可持续融资的概念自提出后便行之有效。商业银行信贷多为企业优选、首选的融资手段，环境保护和绿色产业的融资也是绿色信贷大力推广的对象[①]。据银保监会数据统计，在2020年年末，中国的21家主要银行，其绿色信贷余额已经超过11万亿元，而且，绿色信贷不良率远低于同期各项贷款；此时，中国的绿色信贷规模近12万亿元，位居世界首位。然而，在四大银行与其余股份制银行、政策性银行之间存在绿色信贷余额差距大、发展不均衡的问题。

那么，对于绿色信贷的发展，国家、金融业、企业三者之间是存在一种互相促进的关系还是相互博弈的紧张关系？如何才能通过角色功能定位相互作用，构建起良性的绿色信贷发展模式？

二、绿色信贷风险

绿色信贷政策实施过程中，不可避免地存在政策运行的现实风险，如金融层面的反应滞后和逃避，以及企业转型的阵痛和抗拒。然而，环境保护问题不仅仅是当代人的问题，也事关子孙后代和人类的长远发展，是不得不进行立即应对和长远考虑的问题。以多元共治的生态环境法治观，考察国家、金融业、企业三者在绿色金融实施过程中存在的负向影响因素，反思传统法学理论，重构法律观、正义观、安全观，促进环境治理体系从事后惩戒向风险预防转型，补强环境保护单一行政管理短板，构筑多元参与的生态文明法治体系，实现社会、生态、经济"三位一体"发展。

（一）法律法规政策运行中固有制度风险、政策实施风险、多头监管风险

1. 固有制度风险

包括政策风险、法律风险两个方面。政策风险，主要体现在绿色信贷政策本身在运行、实施过程中需要完善和进化，存在激励机制不足、标准不统一、适用率低等问题。绿色金融业绩评价体系导致的指引偏差，绿色产业指导目录更迭与日新月异的时代需求不匹配，行业环保绩效评价指南技术规范调整迟延，绿色信贷标准体系不完善等问题不断凸显。法律风险，主要体现在"法律万能主义"与"法律虚无主义"之间存在法律代替政策或法律无用政策至上等思想认识误区方

---

① 陈鹏，逯元唐，高军，徐顺青：《我国绿色金融体系构建及推进机制研究》，《环境保护科学》，2016年第1期。

面。在绿色信贷相关法律施行过程中存在"上热下冷""传导失衡"等问题，四大银行较之其余股份制银行、政策性银行，对绿色信贷重视度高，绿色信贷余额充足。

2. 政策实施风险

我国绿色信贷的发展主要为政府政策强力推动，多倚重于"产业政策导向型"的政策推动，商业银行和企业内驱动力稍显不足。近年来，中央政府密集出台的关于绿色信贷监管的政策性文件，如《节能减排授信工作指导意见》《绿色信贷指引》《绿色信贷实施情况关键评价指标》《效能信贷指引》《关于构建绿色金融体系的指导意见》《绿色产业指导目录（2019年版）》等，也从侧面反映了绿色信贷政策总体实施情况不佳。法律法规层面，《中华人民共和国宪法》《中华人民共和国民法典》《中华人民共和国环境保护法》《中华人民共和国商业银行法》的规定多为原则性、倡导性、宣示性规定，各主体在遵循法律、适用法律的过程中，对笼统、模糊、操作性不强的条款的使用效果不佳。

3. 多头监管风险

绿色信贷主要通过金融的方式作用于环境保护，然而金融与环保结合下的绿色信贷，监管主体究竟是环保部门还是金融监管机构，在实践中出现了推诿和监管不到位的情况。环境资源具有全民属性、公共性、外部性，在环境资源的使用上各主体均具有平等权利，容易出现环境资源被滥用的"公地悲剧"。环境公共信托理论的引入[①]，肯定了环境权益在财产法上的属性，把作为环境资源权利人的全体公民享有的环境权利委托给政府，由政府代为行使全体公民享有的环境资源权利，解决了"公地悲剧"中"所有者缺位"的难题。同时，政府基于其行政监管功能，对环境资源的行使依法进行直接和间接的监督管理。政府对环境资源的直接监管主要针对生产企事业单位的污染排放、生活排放等；间接的监管可以通过银行绿色信贷等间接作用于环境保护和生态维护。然而，目前对绿色信贷的监管，主要存在监管标准不一、监管不到位、监管一体化不适应地方差异化发展的情况。

（二）金融业绿色转型缓慢、同业自律性组织监管缺失

1. 商业银行自我规制失灵

商业银行绿色信贷发展新，属于动态发展的新兴事物，金融机构内部控制和稽核尚处于低水平发展，目前银行从业人员大多具备金融经济、法律、营销等专业知识，对环境保护法律法规政策的理解和运用存在知识和专业性不足的问题，从银行管理层面来看商业银行风险内化不足，尚未将环境风险评估因素、可持续

---

① 张颖：《美国环境公共信托理论及环境公益保护机制对我国的启示》，《政治与法律》，20011年第6期。

金融与日常生产经营紧密结合①；从银行运营层面来看，绿色信贷中信贷部门面对环保政策专业性高要求时，在实际操作贷款时普通工作人员难以及时发现贷款企业存在的环保问题风险点。

2. 金融行业自律监管实效低

金融业信息不对称致使行业监管弱化的情况比较明显。商业银行按照政府规定的格式，将财务报表、最低资本金与保证金、偿付能力标准等经营结果内容定期呈报主管机关并进行公告，即履行了金融监管中信息公开的义务，至于金融机构的经营优劣、是否具有不当经营等行为，一般公众和企业难以进行判断；从广义的金融监管语境分析，同业自律性组织的监管也缺乏全面的监管信息和有效的监管手段。

3. 绿色金融转型风险大

中国银监会《绿色信贷统计信息披露说明》中统计数据显示，2013年至2016年间中国21家主要商业银行在节能环保项目和服务贷款方面的不良率呈上升趋势，在2017年6月末下降明显。这一数据表明中国银行绿色信贷业务属于商业银行优质信贷业务，绿色信贷业务是商业银行的一种正确商业选择②。然而，绿色信贷产品种类不多，难以满足企业和个人的绿色消费需求。同时，绿色信贷产品创新涉及方方面面，风险高，成本大，商业银行发展绿色信贷内生动力不足。

（三）企业信贷难、还款难、转型难，忽视环境保护

1. 经济"新常态"下行期，企业公平融资权保障难

绿色信贷的发展更需要平衡银行信贷自主权与企业融资公平权，经济发展下行期，银行信贷资金回收难，商业银行通过提高授信条件来预防资金回收风险无可厚非。访谈有经验的银行信贷部门工作人员③表示，近年来，银行信贷部门的催收压力很大，许多企业还款困难；同时信贷的贷前审核也越来越严格、精细，银行在对企业进行贷前调查时不只是简单地进行文字材料的审核了，企业老板是企业发展和风险防控的关键，部分企业还款困难与企业老板的经营决策具有高度关联，在做贷前调查时还要通过面对面沟通、同行业企业主交流等方式多角度、系统性了解企业老板（实际控制人）的人品和爱好等情况。在走访调研工业区企业时，企业工作人员表示，目前环保投入过重，经济不景气，企业已经开始裁员，但是政府对环保的要求越来越高，导致企业在环保方面的投入不断增加，在

---

① 南京市农村金融学会课题组：《商业银行绿色信贷风险防控研究》，《现代金融》，2020年第4期，第40页。
② 黄韬：《商业银行绿色信贷的实现路径及其法律掣肘》，《浙江大学学报》，2021年第2期，第107页。
③ 访谈时间2021年10月8日，被访谈人某银行工作人员余某某、薛某某。

经济下行的情况下对企业经营雪上加霜①。

2. 企业"常态化"互保联保，风险传递可能性大

企业贷款时，银行要求企业提供有效的担保来严格控制风险和实现风险缓释，企业提供的担保措施，形式多种多样，例如房产土地抵押、第三方担保、存货（应收账款、存单）质押等，实际上第三方担保多为企业采用，企业相互担保成为目前企业发展常态。往往借款企业与担保企业存在不明显的关联关系，借款企业一旦出现资金断裂、经营危机，往往担保企业也会受到牵连，最终企业间相互担保方式的第二还款来源成为摆设。同时，经济下行期企业资金不足，资金流动性差，金融借款并不能完全满足企业的资金需求，企业往往还会通过民间借贷的方式进行融资。民间借贷具有隐蔽性，企业和商业银行信息传导不对称，一旦企业发生资金危机处理不善，引发连锁反应，会爆发区域性金融风险。

3. 企业盈利目标为主，忽视生产经营中的环境保护

企业不能深刻理解生态安全、和谐共生、永续发展价值目标的功能定位，对环境保护与生产经营间的正向激励关联性不能充分把握，部分存在回避、规避环境保护的问题，甚至存在违法生产经营污染环境、破坏生态的事件。在走访调研企业中，有台资企业表示，现在对成都等城市的企业而言违法成本不高，台湾本地区对环保要求很严格，一旦发生环保问题会直接导致企业破产，因此应该加大成都等城市的执法力度，提高违法成本②。

中国裁判文书网上公开的数据显示，以案由污染环境罪进行搜索，2010年以来案件数量持续上涨，2016年突破2000件，2019年突破3000件，2019年后案件数量呈下降趋势。数量排名靠前的省份分别是浙江省3024件、河南省2866件、广东省2025件、山东省1718件、江苏省1521件。以案由重大环境污染事故罪进行检索，案件12件，包括辽宁省6件、山东省2件、广东省2件、浙江省1件、安徽省1件。环境污染所多发地区主要为经济发展区，同时浙江省、江苏省等地注重生态文明建设，案件数量自2016年或2019年后开始逐年减少。

三、绿色信贷风险的法律因应

绿色金融政策的发展，国家是指挥棒，金融机构是调节器，企业是践行者。生态环境保护不是环保部门一家的独角戏，生态环境问题面临的多元性、多面性，要求多元主体进行强制规范、技术创新、管理变革、市场激励等。国家基础性、激励性、保障性法律法规持续更新出台，引导金融机构产品向绿色信贷专项

---

① 2021年4月30日，调研成都某某印务有限公司、成都某材料有限公司。
② 2021年4月30日，调研成都某科技有限公司。

转型；金融机构回应绿色可持续发展需求和时代主题，驱动内生自愿导向机制向绿色金融信贷转型并完善绿色信贷机制流程；企业生产经营重视声誉建设，提高承担社会责任能力和环境保护自主性。

（一）国家层面激励性、规范性、保障性法律法规政策的完善与更新

1. 内生自愿实现机制，市场化的政策导向

坚持绿色信贷的实施遵循自愿性与市场机制为主，充分鼓励银行优先追寻经济利益，在实现经济收益的同时承担起银行企业社会责任。政府绿色信贷的创新实践具有灵活性和适应性强的特质，在可运用的手段中多以税收优惠、财政贴息等激励性方式进行，各级财政不断加大对绿色低碳产业、技术研发的支持力度，逐渐降低明显的行政干预行为。从强制力向内生动力转变，实现银行绿色信贷市场的充分自由发展，借鉴德国模式建立专门的绿色银行，鼓励商业银行建立起主营绿色信贷的生态银行。同时，为商业银行绿色信贷发展构建起必要的风险分担和补偿机制[①]，研究设立国家低碳转型资金，鼓励社会资本设立绿色低碳产业投资基金，营造鼓励创新、保障充足的经济环境。

2. 行政权力推动机制，激励性的法律支持

树立法律的权威性和稳定性，在绿色信贷政策法律性文件中，多采取"鼓励""引导""支持"等强有力的环保措施激励性方式，鼓励银行资金向绿色产业、绿色行业流动，对污染型企业或项目的资金支持逐渐减弱或降低，充分发挥绿色信贷对环保和绿色产业发展的导向作用。建立健全绿色金融标准体系，建立正向外部激励机制，可以推行绿色金融产品认证机制[②]，通过一种"打标签"的方式鼓励绿色信贷快速发展。环境主管部门很难精通多元化、多层次的银行监管，商业银行环境责任风险的监管部门需要具有环保和金融交叉学科知识，环境主管部门公布环境违法企业或违法项目时，同步向社会公众披露为环境违法企业或违法项目提供贷款的银行，促成社会监督机制的完善是最简单直接的监管方式。

3. 宽严相济机制，有区别地信贷监管

有区别地进行不同程度的信贷监管，在经济下行背景下，对"两高一剩"等限制性信贷进行重点监管，进一步而言，可以将限制性信贷作为银行违法违规放贷进行银行法律责任规制，对违规放贷的查处重点从银行内部查处提升至行政机关的行政处罚程度。依照《银行业监督管理法》《中国银监会关于印发〈节能减

---

① 魏庆坡：《商业银行绿色信贷法律规制的困境及其破解》，《法商研究》，2021年第4期，第84页。

② 参见 Novethic, "SRI: the French government creates official labels for financial products," http://www.novethic.com/responsible-investment-news/sri-the-french-government-creates-official-labels-for-financial-products.html，2021-10-03。

排授信工作指导意见〉的通知》《中国银监会关于印发〈绿色信贷指引〉的通知》等法律法规、部门规章等，对"严重违反审慎经营规则"的风险管理不足进行行政处罚。中国银监会南通监管分局对江苏如东融兴村镇银行有限责任公司贷前审查不严，未核查借款人环评违法情况而进行行政处罚[①]；天津银监局对平安银行的贷前审查不严谨向环保未达标企业进行放贷给予行政处罚[②]。对绿色信贷则大开方便之门，多以法律支持、政策激励为主，同时，参考美国《综合环境反应赔偿和责任法案》（又称《超级基金法案》）中规定的商业银行确保贷款资金项目不污染环境并承担永久的环境保护责任，探索时机适宜时从《环境保护法》层面，参考借鉴美国"潜在责任人"制度进行规制，通过设置严格责任、连带责任要求相关主体来补救环境污染[③]，以侵权法律关系规制商业银行环境责任，直接规定关于商业银行严重违反审查授信项目环境风险规定、参与企业管理等特定情形下商业银行承担环境责任的条款。

（二）金融层面充分重视绿色原则与金融业相结合，信贷资金向绿色信贷倾斜，重视绿色金融产品创新

1. 坚持绿色原则，充分承担社会责任

商业银行作为民商事主体，其经营行为首要坚持"效益性"经营原则，同时，商业银行应当依照《中华人民共和国民法典》第九条[④]的规定遵循"绿色原则"，承担起《中华人民共和国公司法》第五条、《中华人民共和国环境保护法》第六条规定的公司应当承担的绿色社会责任。商业银行大力推行绿色信贷，实质而言，就是承担社会责任的表达（杜莉、张鑫）。有研究者通过部分银行公布的经营情况，进行面板数据的回归分析后，得出绿色信贷能够有效降低银行风险的结论（李苏），同时绿色信贷具有抑制商业银行风险的作用（孙光林）[⑤]。总之，绿色信贷是国家、金融业、企业三者未来的优选。大胆创新使用绿色基金、绿色债券、绿色保险、社会责任投资、环境证券化等绿色金融工具，同时，绿色金融信贷创新产品可以向碳金融产品、排污权质押融资、节能减排收益权质押融资等绿色产品推进。

2. 坚持审慎原则，合法合规放贷业务

商业银行应当严格遵守《银行业监督管理法》，强化银行内部治理，高度注重银行风险管理与风险控制、风险缓释，出台内部信贷政策指引，探索优化绿色

---

① 通银监罚决字〔2017〕4号。
② 津银监罚决字〔2018〕35号。
③ 秦芳菊：《我国商业银行绿色信贷的法律进路》，《南京社会科学》，2020年第5期。
④ 《民法典》第九条："民事主体从事民事活动，应当有利于节约资源，保护生态环境。"
⑤ 马若微，翟彤彤：《绿色信贷政策对商业银行信贷风险的影响——基于银行声誉视角的中介效应分析》，《农村金融研究》，2021年第6期，第9-21页。

信贷审批流程标准和标准化流程。将绿色信贷作为履行社会责任的主要方式进行信息披露，同步强化透明度制度建设，完善监管便捷方式和调动多方社会主体监督。目前，《商业银行信息披露管理办法》中并不要求商业银行对绿色信贷信息进行披露，然而，商业银行可以主动对此项信息进行披露。《关于构建绿色金融体系的指导意见》中强制性要求上市公司披露环境信息，因此，上市商业银行应当就绿色信贷情况进行披露。

3. 坚持差异原则，合理配置绿色资金

商业银行可以采用利率差异化的方式，精细化设置目标客户和融资差异化服务产品，优化银行个人、企业信贷产品结构，促进信贷资金绿色转型，同时有效降低银行信贷风险。美国富国银行设定专项优惠贷款鼓励建筑商业开发商进行绿色修建[1]；美国银行专门为购买节油设备的卡车运输公司提供免除担保、条款灵活的绿色贷款通道[2]；英国巴克莱银行发行"呼吸信用卡"，为进行绿色消费的消费者提供优惠利率的贷款，同时，该银行将该项信用卡业务盈利的一半用于支持全球碳减排[3]。2007年，中国首次将绿色信贷上升为一项政策[4]，兴业银行第一时间积极响应国家环保政策并宣布遵守赤道原则，建立健全银行内部绿色信贷流程，创新能效融资产品。兴业银行第一时间对绿色信贷政策作出积极回应，其绿色信贷产品不断创新，绿色信贷规模大幅提升，银行信贷业务发展持续向好。兴业银行通过响应国家环保政策，大力促进绿色信贷发展，其积极承担社会责任进一步提升了兴业银行声誉，银行整体发展稳中前进。

（三）企业层面将社会责任纳入利益相关考量，重视声誉建设，提高企业信息披露

1. 利益相关考量，承担企业社会责任

利益相关者理论最早出现在关于企业社会责任的论述中[5]，从承担企业社会责任角度考量，企业不仅仅是全体股东利益的代表，也是企业内部员工、消费者、社会公众和社区的利益受托人，故而，利益相关者理论中至关重要的外部相关者——自然环境这一要素，在企业承担社会责任中不可或缺。

---

[1] 参见 UNEP Finance Initial, "Green financial products and services: current trends and future opportunities in North America." http://www.unepfi.org/fileadminn/documents/greenprods-01.pdf, p.16, 2021-10-03。
[2] 参见 UNEP Finance Initial, "Green financial products and services: current trends and future opportunities in North America." http://www.unepfi.org/fileadminn/documents/greenprods-01.pdf, p.16, 2021-10-03。
[3] 参见 http://www.applycreditcard-online.com/credit-cards-uk/barclaycard-breathe-card/, 2021-10-03。
[4] 2007年7月30日，中国人民银行、国家环境保护总局、中国银行业监督管理委员会联合发布《关于落实环境保护政策法规防范信贷风险的意见》，国内绿色信贷正式拉开帷幕。
[5] 何杰，曾朝夕：《企业利益相关者理论与传统企业理论的冲突与整合——一个企业社会责任基本分析框架的建立》，《管理世界》，2010年第12期，第176—177页。

2. 重视声誉建设，提高绿色信贷通过率

声誉效应能够为企业发展带来优质客户资源，同时能够改善企业与银行之间的信息不对称。在声誉测评指标体系中，社会责任、产品服务、财务表现分别排名前三，其中社会责任指标权重占比35%。承担环境保护的社会责任是企业提高声誉的重要表现方式，有实证研究指出，企业在环境保护方面有较好的表现有利于企业自身获得更为长期的新增贷款[1]。企业重视自身环境可持续发展能力建设，有助于获取银行长期贷款，也能促进商业银行绿色信贷业务，达成环境持续向好、企业绿色发展、绿色金融充分发挥的三赢局面。

3. 主动披露信息，吸引潜在投资者信任

信息不对称理论、信号传递理论均是市场经济活动中相关人员对信息掌握的差异进行的研究，信息掌握充分可靠的卖方较之信息缺乏的买方，在市场交易中具有更优质的信息资源和优势地位。在企业年报等信息公开渠道中，对自身绿色建设、未来绿色发展计划、承担社会责任、促进社会可持续发展项目、碳排放报告等进行企业信息披露，可以减少信息不对称的影响因素，吸引潜在投资者。

四、结语

当前，中国正处于结构调整的攻坚克难时期、生态环境质量改善的爬坡过坎阶段，生态环境压力仍将处于高位。在落实减污降碳总要求，实现碳达峰、碳中和的目标愿景下，突破传统环境治理技术、方法、路径和格局，探索从源头治理，以经济手段绿色金融方式作用于企业生产经营，推动绿色发展、生态优先落到实处。中华人民共和国第一部法典——《中华人民共和国民法典》，将"绿色原则"以法律条文形式固定，通过绿色金融政策的施行进一步落实"绿色原则"，通过金融手段间接引导企业加大环境保护、进行绿色产业转型均值得广泛探索，将"绿色原则"的辐射范围从一般民事主体民事行为向商主体具体商行为辐射。绿色信贷参与主体多元化，利益协调均衡差距大，法律关系复杂多重，政策与指导意见操作性低，环境与金融监管分属不同部门监管多头等问题，需要理论不断更迭创新和紧随其后的实践检验。

---

[1] 沈洪涛，马正彪：《地区京津发展压力、企业环境表现与债务融资》，《金融研究》，2014年第2期，第153-166页。

"双碳目标"下碳排放配额初始分配制度初探

——由"拉闸限电"引发的法学反思

罗予婕[①]

摘　要：在中国宣布开启实现"双碳目标"的一周年之际，东北地区"拉闸限电"事件引发了社会广泛关注。实现"双碳目标"是贯彻绿色发展理念、倒逼经济发展转型、保障能源安全的必经之路，2020年，生态环境部发布《碳排放权交易管理办法（试行）》，对全国碳排放权交易市场进行统一管理。但在后疫情时代背景下，政治、经济因素的复杂性，为中国节能减排之路增添了新的挑战。加之，当前中国碳排放权交易制度仍处在从"试点"走向"全国"的探索阶段，制度层面存在诸多不完善之处。"拉闸限电"事件暗含了全球能源供需矛盾外，还彰显了当前中国地方碳排放总量确定与分配方案的诸多矛盾，主要体现为决策分散、碳排放份额属性不明、前期数据监测能力不足、各地方协调性差等问题。碳排放配额初始分配是碳排放权交易市场运行的第一步，探索配额初始分配制度的完善路径，将对整个碳排放权交易体系产生积极影响。

关键词：碳排放权；碳交易；碳排放份额；碳中和；碳达峰

地球是人类赖以生存的家园，随着环境问题日益突出，由二氧化碳排放而引发的全球气候变化问题深受世界关注。截至今日，世界上已经有超过130个国家和地区提出有关碳达峰、碳中和的目标。2020年9月，中国在第75届联合国大会上宣布：中国将在2030年实现碳达峰，2060年实现碳中和。事实上，中国已于2011年，在北京、上海、深圳、重庆等7个省（市）设立碳排放权交易试点，探索低碳发展道路。如今10年过去，碳排放权交易法律制度正在不断完善，也逐渐由试点走向全国。但在后疫情时期，现有相关法律法规在规制碳排放权交易市场方面仍然存在诸多问题。以最近引起广泛关注的东北"拉闸限电"事件为例，其背后反映的不仅是由全球疫情时代引发的能源短缺，也体现了我国碳排放权交易制度存在不足。

---

① 罗予婕，西南石油大学法学院法律硕士。

一、问题的提出:"拉闸限电"背后的法律魅影

2021年入夏以来,全国20多个省份出现了错避峰甚至拉闸限电现象。但在东北地区拉闸限电之前,此类事件的社会关注度一直不高,直至2021年9月,东三省出现居民用电大规模断电现象,才引发广泛关注。而此事最受关注的,是吉林市新北水务有限公司9月26日发布的公告:"按照国家电网要求,将执行东北电管局和吉林省能源局有关有序用电的精神,不定期、不定时、无计划、无通知停电限电。此种情况将持续到2022年3月份,停电停水变为常态。"限电范围由工业用电发展到居民用电,对民众的生活将产生巨大影响。

究其根源,"拉闸限电"现象的幕后原因主要有以下两点。

首要原因是煤炭短缺。受疫情影响,全球经济形势不容乐观,2021年9月以来,受美国大规模印钞影响,全球大宗商品(原材料)暴涨,能源供需矛盾日益突出。恰逢中国经济复苏叠加高温天气,导致用电量激增[1]。而中国"市场煤"与限价电长期并存,"煤电顶牛"导致发电企业发电越多亏损越大。同时,有学者提出,"运动式"减碳、燃煤发电上涨电价的形成机制是根本原因。因部分地区落实"能耗双控"目标工作不到位,执行工作中对部分企业实行"一刀切",随着用电需求增长,不得不"紧急刹车",最终导致电力供不应求[2]。

实现"双碳目标"是贯彻绿色发展理念、倒逼经济发展转型、保障能源安全的必经之路。近期的"拉闸限电"现象进一步提醒我们,要科学有序推进"双碳目标"的实现,但也不能因为"拉闸限电"因噎废食,而应总结经验,剖析原因。

笔者认为,导致部分地区落实"碳双控"工作出现问题的根源是——我国尚未形成完备统一的相关法律制度,以对碳排放权交易市场进行集中管理。尽管早在2011年设立碳排放权交易试点地区,各地出台相关法规探索节能减排路径,但"各自为政"的探索阶段使得规制效果良莠不齐。2020年,生态环境部发布《碳排放权交易管理办法(试行)》,意在应对气候变化和促进绿色低碳发展中充分发挥市场机制作用,推动温室气体减排,规范全国碳排放权交易及相关活动。但该办法内容存在大量原则性规定,具体施行仍然要将部分权力下放到地方政府。"拉闸限电"现象的出现,恰好反映部分地区缺乏宏观视角,未对碳排放工作进行合理规划。为避免政府盲目进行"运动式"减排工作,对地方经济、民生

---

[1] 李富兵,樊大磊,王宗礼,等:《"双碳目标"下"拉闸限电"引发的中国能源供给的思考》,《中国矿业》,2021年第10期。

[2] 李富兵,樊大磊,王宗礼,等:《"双碳目标"下"拉闸限电"引发的中国能源供给的思考》,《中国矿业》,2021年第10期。

造成打击，政府工作需要进行科学引导：一方面，政府应加大本地区碳排放监测工作力度，获取准确信息数据；另一方面，需要结合实际情况，对碳排放份额进行合理配置，平衡减排工作与经济、民生之间的关系。而这两点，均建立在合理的碳排放配额初始分配制度之上。

政府作为碳排放配额总量设定和排放额初始分配的主体，承担着搭建碳排放权交易一级市场的重要任务，而碳排放配额分配工作是实现碳排放权交易有效运行的前提。因此，完善的碳排放配额初始分配制度是保障政府正确行使权力，"双碳目标"顺利实现的重要基石。

二、碳排放配额初始分配制度的祛魅

碳排放配额初始分配是指碳排放权交易主管部门在确定履约期间碳排放配额的总量后，通过法定方式首次将配额从政府账户分配给控排对象[1]，是碳排放权交易制度的重要组成部分。

（一）碳排放权交易制度的产生

碳排放权交易制度的出现是为应对气候变化。20世纪60年代，经济学家提出排污权交易概念，是"碳排放权交易"概念的起源。随着人类经济活动的不断增加和范围的扩大，地球上温室气体排放逐渐增长，工业生产造成的温室气体过量排放渐渐影响了人类的生活。传统经济学认为经济活动的目的即利益最大化，然而外部性概念和理论的出现，让人们开始意识到是否增加社会整体福利这一标准应是考量经济活动合理性的基础。

碳排放权交易制度最先兴起于欧盟，欧盟在全球应对气候变化方面一直希望扮演领导者的角色，制定的政策也在一定意义上具有引导性。2005年1月1日，欧盟开启了全球第一个跨国家、参与国家最多的区域性碳排放权交易市场，以碳排放配额为交易单位综合性交易体系——欧洲碳排放交易体系（EU ETS）[2]。

（二）碳排放配额初始分配制度的法律价值

在碳排放权交易制度诞生后，早期研究者依据"科斯定理"，认为在交易成本为零的市场中，市场机制对资源配置的作用于碳权的初始分配并无关联，因而忽视了碳排放权的初始分配问题[3]。在之后的现实实践中，交易成本问题与交易市场的种种乱象，让学者们认识到交易开始之前的碳排放权分配模式和方法对交易效率的巨大影响。

碳排放配额初始分配制度的内容主要为两个方面：第一，确定全国碳排放配

---

[1] 刘明明：《论我国气候变化立法中碳排放配额的初始》，《中国政法大学学报》，2016年第3期。
[2] 吴濛：《碳排放配额初始分配模式和方法研究》，浙江工业大学，2017年。
[3] 吴濛：《碳排放配额初始分配模式和方法研究》，浙江工业大学，2017年。

额总量；第二，制度分配方案，确定各省市的配额总量。归根结底，配额初始分配制度在碳排放权交易体系中发挥"控制总量"的作用。

碳排放权交易制度本质是将经济理论引入环境治理体系中来，利用市场灵活性、企业趋利性的特点，实现减排目的。碳排放权交易的本质是为了鼓励排放主体主动通过低碳技术或革新生产技术以减少碳排放量，从而降低温室气体排放总量。而总量控制的减排目标设定以后，二氧化碳排放权就变成了一种稀缺资源，一旦排放主体认识到温室气体排放总量是有限的，企业就会对自己的碳排放行为形成一种经济压力，会因发展的需要而在源头上努力降低碳排放[1]。因此，在碳排放权交易体系中，总量控制是实施碳排放权交易的基础，碳排放权交易是实现总量控制的有效途径和重要手段。如学者所言：碳排放权交易一级市场是整个碳排放权交易得以创建和有效运行的基石[2]。碳排放配额初始分配制度的重要性可见一斑。

（三）碳排放配额初始分配制度的分配原则与分配方法

根据碳排放配额初始分配的定义，可以将其拆解为"由谁分配""如何分配""分配给谁"三个问题。其中，"如何分配"的内涵尤为重要，其关系到分配制度的核心——分配原则与分配方法。

关于分配原则，经过长时间探索，目前主流观点主要包括"共同但有区别责任原则""公平与效率原则""支付能力原则"与"可持续发展原则"[3]。这四种原则均在不同程度上体现了法律的"平等价值"。学者认为，我国进行配额初始分配时，应当遵循效率与公平原则，在公平视域下进行初始分配，实现宏观意义上的控排区域之间的公平，与微观意义上的排放主体之间的公平[4]。

从试点地区实践来看，中国配额初始分配方式包括无偿分配与有偿分配两种。根据《碳排放权交易管理办法（试行）》第十五条之规定，中国碳排放配额分配采取无偿分配为主，有偿分配为辅的分配方式。

有偿分配主要采取拍卖和政府定价的方式。无偿分配主要采取"祖父分配法"与"基准分配法"，两者区别在于前者基于控排单位基准年或基准期间的平均排放量进行分配，后者基于履约期间控排单位产量与单位产品排放总量进行分配。相较而言，"基准分配法"更能适应企业决策与市场的变化，根据情势及时调整。

---

[1] 吴濛：《碳排放配额初始分配模式和方法研究》，浙江工业大学，2017年。
[2] 曹明德：《中国碳排放交易面临的法律问题和立法建议》，《法商研究》，2021年第5期。
[3] 吴濛：《碳排放配额初始分配模式和方法研究》，浙江工业大学，2017年。
[4] 参见刘明明：《中国碳排放配额初始分配的法律思考》，《江淮论坛》，2019年第4期。

三、中国碳排放配额初始分配制度的问题梳理

碳排放权交易体系通过配额的分配实现温室气体排放总量的控制[1]。碳排放配额初始分配制度作为碳排放权交易制度流程的第一步，直接决定了后续程序的运行效果上限。但由"拉闸限电"现象可见，各地区在进行配额分配时仍然存在诸多问题，主要体现在以下三个方面。

（一）缺乏国家层面的立法依据

2014年中国国家发展和改革委员会发布《碳排放权交易管理暂行办法》，2020年生态环境部发布《碳排放权交易管理办法（试行）》，两者均为部门规章。有学者认为，根据《中华人民共和国立法法》第八十条第2款之规定：部门规章在没有法律或者国务院行政法规、决定或命令作为依据时，不得设定减损公民、法人和其他组织权利或增加义务的规范。碳排放权本质是对控排企业增设清缴义务，限制其碳排放行为，由部门规章及地方性法规、规章规定碳排放权，显然违反了《中华人民共和国立法法》的上述规定[2]。同时，部门规章的法律位阶较低，可能导致碳排放权交易制度规范权威性不足，从而影响碳排放权交易制度得到统一正确的实施，与立法者目的背道而驰。

（二）碳排放配额法律属性不明确

碳排放权的权利属性一直备受争议，这也直接导致碳排放配额法律属性亦不明确。权利属性问题将直接影响到权利的行使规则，是碳排放权交易制度的核心问题。然而，在现行《碳排放权交易管理办法（试行）》中，立法者回避了对碳排放配额定性问题，并未对其属性进行明确规定。仅在第8章中，第四十二条第3款中规定："碳排放权是指分配给重点排放单位的规定时期内的碳排放额度。"然而，权利并非实体，该规定将碳排放权利与权利本身标的画上等号，仍不能回答碳排放权与配额的属性问题。

事实上，对于碳排放权到底是否属于权利的问题，学界本身就存在争议。根据美国、欧盟等国家和地区的环境治理法规以及联合国框架下的气候协议，在环境保护的规制中，法律从来就没有直接规定企业排放的权利。排放权的核心是义务本质而非权利本质也是法学界辩论的焦点[3]。有学者认为，排放权在法理上并不能成立：法定权利是法律所允许的权利人为了满足自己的利益而以相对自由的

---

[1] 曹明德：《中国参与国际气候治理的法律立场和策略：以气候正义为视角》，《中国法学》，2016年第1期。
[2] 曹明德：《中国参与国际气候治理的法律立场和策略：以气候正义为视角》，《中国法学》，2016年第1期。
[3] 郑爽：《碳排放法律确权剖析》，《宏观经济研究》，2019年第10期。

作为或不作为的方式获得利益的一种手段，并有其他人的法律义务得到保证[①]。因此，在权利义务的法律关系中，权利和义务是相对应的。但"向大气排放温室气体的权利"在实际生活中找不到相应的义务主体。相反，从本质上讲，企业不具有对公有环境资源和容量进行破坏、污染和排放的权利。碳排放权交易制度是通过市场调节机制对企业碳排放量加以限制，只是与传统的管制方式相比方式更加灵活，以平衡环境保护与经济发展之间的关系，但实质上所起到的效果并无不同。因此，有部分学者认为设定碳排放权本身有悖法理。

但在碳排放权交易制度中，基于市场规则，将碳排放权界定为财产权，会更有利于对碳交易市场的流通运行。因此，也有部分学者认为碳排放权是对大气环境（容量）的使用权，并将这种使用权置于中国民法体系财产权中的物权类财产，研究碳排放权属性，存在用益物权[②]、准物权[③]、准用益物权[④]、特许物权[⑤]等多种观点。但将碳排放权定义为物权仍然存在障碍，其中最大的问题是私权属性与公权力调整环境目标之间的冲突。物权具有支配性、排他性，宪法规定"公民合法的私有财产不受侵犯"。国家对公民私有财产进行征收、征用，需要予以补偿。而气候变化的不确定性，企业的合并、分立与关停等不确定因素，都预示着在环境治理中碳排放配额将不断调整，这一冲突将为国家对碳排放权交易的规制设置过多的障碍。

（三）分散决策方法存在弊端

在试点阶段，各试点地区项目并未联通，均由各地政府自主决定。由此，各地区配额分配制度主要存在规则不统一的问题，该问题直接导致了碳排放权交易一级市场的混乱情况。

分散决策的方法的确更具有灵活性，便于各地主管部门因地制宜。但同时也造成了各地规则不一、治理强度不一，从而影响碳排放权交易市场的正常运行。主要体现在以下两个方面：（1）总量目标的设定和配额分配规则不统一；（2）碳排放权交易机制覆盖范围不统一。各试点由于缺乏企业、行业碳排放的基础数据以及基础建设能力有限，对碳排放权交易的宏观把控缺乏科学性与整体布局观，导致部分地区碳排放配额徒有虚名。

同时，各试点碳排放交易体系仅考虑自身经济、环境背景，各自独立，该情况与大气环境的整体性、温室气体的流动性存在矛盾冲突。与传统行政区划不

[①] 郑爽：《碳排放法律确权剖析》，《宏观经济研究》，2019年第10期，转引自沈宗灵：《法律学》，高等教育出版社，2002年版。
[②] 叶勇飞：《论碳排放权之用益物权属性》，《浙江大学学报（人文社会科学版）》，2013年第6期。
[③] 杜晨妍，李秀敏：《论碳排放权的物权属性》，《东北师大学报（哲学社会科学版）》，2013年第1期。
[④] 刘自俊，贾爱玲：《论碳排放权的法律性质——准用益物权》，《环境污染与防治》，2013年第10期。
[⑤] 苏燕萍：《论碳排放权的法律属性》，《上海金融学院学报》，2012年第2期。

同,土地尚有边界,而大气环境无法通过简单的划定界限而进行分割,不同区域之间相互影响,并不能独善其身。因此,加强区域联通,形成"先集中,后分散"的分配协调机制,是避免出现"挤出效应"与"囚徒困境"、造成碳泄漏,使碳排放权交易形成良性发展的应有之义。

相关部门规章的发布,证明中国碳排放权交易制度已逐步从"各自探索"逐渐走向"全国统一"。但《碳排放权交易管理办法(试行)》多为原则性规定,且在生态环境部进行初始分配后仍然采用各行政区"层层分配"的模式,与试点阶段相比,仅仅增加了生态环境部制定方案的环节,并没有实质性改变。

四、"双控目标"下碳排放配额初始分配制度的立法反思

(一)建立国家层面的碳排放交易法律规范体系

根据《中华人民共和国立法法》的规定,为社会主体增设义务只能由法律或者行政法规加以规定。目前,中国以部门规章——《碳排放权交易管理办法(试行)》的形式对碳排放权交易制度予以规定,与上位法存在冲突,应当提高碳排放权交易制度相关立法的法律位阶,由法律或行政法规加以规定,以提高其稳定性与权威性,发挥其应有的法律作用。有学者提出,结合中国当前气候变化法的思路,应当将碳排放权交易立法定位为拟议中的《气候变化应对法》的下位法,由该法通过专章或具体条文方式进行原则性规定[①]。

(二)明确碳排放配额法律属性

明确碳排放权、碳排放配额法律属性是目前构建碳排放权交易法律体系的核心问题。《碳排放权交易管理办法(试行)》第二十条规定:全国碳排放权交易市场的交易产品为碳排放配额。该条规定属于第四章——"排放交易",将碳排放交易二级市场中的配额定义为"产品",属于财产权范畴,体现了国家拟对碳排放权进行财产权化、物权化的整体基调。然而,在规章第3章——"分配与登记"中,对于由生态环境部以及省级生态环境主管部门分配的初始份额并未明确规定。

碳排放权具有公权与私权混合属性。在碳排放权交易一级市场,即碳排放份额初始分配中,是由生态环境部及地方生态环境主管部门对其进行统筹分配,此时,碳排放权的公权属性更加突出。进行初始分配后,碳排放权交易来到二级市场,此时交易主体为各控排企业,碳排放权的私权属性更甚。基于这种特性,若以将碳排放权定性为财产权为前提,笔者更偏向于将碳排放权定义为用益物权。

---

① 曹明德:《中国参与国际气候治理的法律立场和策略:以气候正义为视角》,《中国法学》,2016年第1期。

学者叶勇飞认为:"碳排放权的公权性不会改变其用益物权属性。"[1] 该观点可以建设用地使用权为参照,把土地作为重要环境要素,与温室气体排放指标一样,是国家的稀缺资源。国家通过出让、划拨的方式,赋予社会主体对国有土地占有、使用、收益的权利,再授予部分主体转让权能,使部分建设用地使用权得以进入市场。因此,将碳排放权认定为用益物权,能够兼顾其公权与私权属性,更好发挥其宏观调控与微观调整的双重作用。

但同时,该观点依然存在漏洞。以建设用地使用权为例,建设用地使用权的客体——城市土地,与温室气体存在性质差别,主要体现在土地不具有流动性,只能存在于一国境内的固定位置,因此可以确定土地的归属者,这也是土地能被认定为"物"的原因。而温室气体具有流动性,并不局限某一省份,甚至某一国家,将其推定为国家所有,缺乏事实与法理依据。学者丁丁和潘方方认为,没有任何一类主体可以拥有对大气环境(容量)的所有权,目前也没有任何国家的法律作出大气环境资源属于国家主权控制和管辖方面的规定[2]。

(三)采用集中决策模式

根据《碳排放权交易管理办法(试行)》的相关规定,中国为建立全国统一的碳排放权交易市场,已对初始分配的主体、初始分配模式等问题进行了统一规定,但在初始分配的前置程序上仍然模糊。如第十四条规定:"生态环境部根据国家温室气体排放控制要求,综合考虑经济增长、产业结构调整、能源结构优化、大气污染物排放协同控制等因素,制定碳排放配额总量确定与分配方案。"但就其如何搜集基础信息,搭建全国碳检测系统,建立全国碳排放权交易协调机制,并没有给出具体方案。

当前,采用集中决策模式,一方面有利于在碳排放配额初始分配中贴合温室气体特性,方便生态环境部制定科学合理的初始分配方案;另一方面,有利于在各省市的碳排放权交易体系之上,创建协调机制,帮助各省市跨行政区划的碳排放配额顺利流通,打通区域壁垒,充分发挥碳排放权交易二级市场的市场调节作用。

参考文献:

[1] 李富兵,樊大磊,王宗礼,等."双碳目标"下"拉闸限电"引发的中国能源供给的思考[J].中国矿业,2021,30(10):1-6.
[2] 刘明明.论我国气候变化立法中碳排放配额的初始分配[J].中国政法大学学报,2016(3):120-131.

---

[1] 叶勇飞:《论碳排放权之用益物权属性》,《浙江大学学报(人文社会科学版)》,2013年第6期。
[2] 丁丁,潘方方:《论碳排放权的法律属性》,《法学杂志》,2012年第9期。

[3] 吴濛. 碳排放配额初始分配模式和方法研究 [D]. 杭州: 浙江工业大学, 2017.

[4] 曹明德. 中国碳排放交易面临的法律问题和立法建议 [J]. 法商研究, 2021, 38 (5): 33-46.

[5] 郑爽. 碳排放法律确权剖析 [J]. 宏观经济研究, 2019 (10): 169-175.

[6] 叶勇飞. 论碳排放权之用益物权属性 [J]. 浙江大学学报 (人文社会科学版), 2013, 43 (6): 74-81.

[7] 杜晨妍, 李秀敏. 论碳排放权的物权属性 [J]. 东北师大学报 (哲学社会科学版), 2013 (1): 27-30.

[8] 刘自俊, 贾爱玲. 论碳排放权的法律性质——准用益物权 [J]. 环境污染与防治, 2013, 35 (10): 104-107, 112.

[9] 苏燕萍. 论碳排放权的法律属性 [J]. 上海金融学院学报, 2012 (2): 97-103.

[10] 刘明明. 中国碳排放配额初始分配的法律思考 [J]. 江淮论坛, 2019 (4): 113-120.

[11] 丁丁, 潘方方. 论碳排放权的法律属性 [J]. 法学杂志, 2012, 33 (9): 103-109.

[12] 曹明德. 中国参与国际气候治理的法律立场和策略: 以气候正义为视角 [J]. 中国法学, 2016 (1): 29-48.

石油天然气管道建设与运营监管制度的体系化构建

崔金星[①] 罗维宇[②]

【摘要】 随着石油天然气管道的不断建设，《石油天然气管道保护法》已经不能满足管道监管的需要。2015年《油气输送管道完整性管理规范》（GB32167—2015）的出台，标志着中国油气管道完整性管理进入全面推广应用时代。但由于该规范法律位阶较低、强制性不高，导致运行过程中出现诸多阻碍。为充分发挥管道完整性管理作用，保障国家管道安全，应当坚持风险预防、合作监管、智能监管三大原则，构建体系化的石油天然气管道建设与运营监管体制机制。必须坚持管制性监管、激励性监管、社会性监管共同发挥作用，保障"政府主导、部门主管、企业负责、公众参与"方针的有效贯彻，实现油气管道的有效监管。

【关键词】 石油天然气管道；监管制度；管道完整性管理；风险预防

一、引言

随着国家能源的转型升级，石油与天然气在能源消费结构中所占比重越来越高。石油天然气作为中国重要能源，其建设与运营状况关系到中国能源安全。管道作为石油、天然气的五大传输方式之一，其重要性不言而喻。为保障石油天然气管道安全，中国先后出台《石油天然气管道保护条例》《石油天然气管道保护法》《安全生产法》等法律法规和《输气管道工程设计规范》《石油天然工程设计防火规范》等国家标准或行业性标准，提出"安全第一、预防为主、综合治理"的保护方针，对企业和政府在石油天然气管道建设与运营过程中的职能进行了划分，初步形成了"政府主导、部门监管、企业负责、公众参与"的监管机制。遗憾的是，现有的监管制度并未充分发挥风险预防、安全防控的作用。山东青岛的输油管道泄漏爆炸事故，再一次将油气管道安全监管问题拉回公众视野中，使管理者意识到体系化的管道完整性管理对石油天然气管道安全保护的重要性。

---

① 崔金星：西南石油大学法学院硕士生导师，研究方向为环境法、能源法。
② 罗维宇：西南石油大学法学院2020级法律（法学）硕士研究生，研究方向为能源法、民法。

2015年,《油气输送管道完整性管理规范》(GB32167-2015)出台,填补了中国完整性管理国家标准的空白[1],标志着中国油气管道完整性管理进入全面推广应用阶段[2]。此后,部分省市陆续在《石油天然气管道保护法》《安全生产法》《油气输送管道完整性管理规范》等规定的基础上,结合本省实际制定本省行政区域内管道适用的安全保护条例。但《石油天然气管道保护法》等上位法长期未进行修订,无法满足当前石油天然气领域管道保护的需要;其蕴含的监管理念较为落后,不能对石油天然气管道保护起到有效监管作用。因此,中国石油天然气管道领域问题不断。管道的规划建设、管道临时占地补偿、应急处置救援机制等问题无法得到有效解决,极大地影响管道的安全运行,不利于国家能源安全。

随着世界范围内检测技术和信息技术的快速发展,完整性管理已经被证实是一项行之有效的油气管道管理办法[3],中国石油天然气管道建设与运营必须坚持管道完整性管理理念,并针对当前存在的定位不清晰、职权不分明等问题加以完善,加快形成"政府主导、部门监管、企业负责、公众参与"的现代监督机制与体系,对国家油气建设与运营监管机制进行体系化建设,保障油气管道安全、国家能源安全。

二、石油天然气管道建设与运营监管法律规范

中国有关石油天然气管道监管的法律法规体现于与石油天然气有关的法律规范、标准中,监管理念蕴含在监管法律规范之中。

中国最早的有关石油天然气管道监管的法律规范是2001年颁布的《石油天然气管道保护条例》,该条例共5章31条,旨在保障石油天然气管道的正常运行,维护公共安全[4]。对于监管责任,该条例规定由政府对管道实施监督管理、宣传教育,协调解决与管道安全有关的事项,查处危害管道设施安全的行为;管道企业负责管道设施的安全运行,除对管道基础设施具有装备、巡查、维护的义务,还附有配合政府有关部门工作、抢修的责任。因该条例颁布时间过早,中国石油天然气发展速度过快,管道的建设和运营早已超出了该条例可以调整的范围。在能源安全背景下,《石油天然气管道保护法》于2010年6月25日通过,并于2010年10月1日起施行。该部法律对制定《石油天然气保护法》的目的进

---

[1] 杨静:《〈油气输送管道完整性管理规范〉解读与分析》,《安全管理》,2016年第6期,第54页。
[2] 郭崇:《浅析〈油气输送管道完整性管理规范〉》,2020年第18期,第14-15+17页。
[3] 董绍华,杨祖佩:《全球油气管道完整性技术与管理的最新进展》,《油气储运》,2007年第2期,第1-17页。
[4] 《石油天然气管道保护条例》第一条:为了保障石油(包括原油、成品油,下同)、天然气(含煤层气,下同)管道及其附属设施的安全运行,维护公共安全,制定本条例。

行了补充，指出保障石油、天然气运输安全，维护国家能源安全和公共安全[1]。法律明确了各级人民政府对管道保护工作的领导、督促、检查职责，对管道企业的从规划建设、竣工验收、使用运营都明确了安全保护要求，同时还明确规定了管道保护的安全距离。根据《石油天然气管道保护法》第四条的规定，中国石油天然气管道建设与运营中形成的是部门监管的监管体系[2]，即油气管道从规划建设到生产运行，涉及能源、国土、住建、环保、安全、公安机关等政府部门中的哪一部门，那一部门就按照各自领域的法律规范承担安全管理职责。

2002 年《中华人民共和国安全生产法》公布，对生产经营单位的安全生产义务进行了规定，明确了"安全第一，预防为主"的方针[3]。2014 年，第十二届全国人民代表大会常务委员会第十次会议通过关于修改《中华人民共和国安全生产法》的决定，于 2014 年 12 月 1 日起施行。修订后的《安全生产法》指出，安全生产工作应"以人为本，安全发展"，对方针也进行了调整，从"安全第一，预防为主"完善为"安全第一，预防为主，综合治理"，强调形成单位负责、职工参与、政府监管、行业自律、社会监督的监管机制。作为中国生产大法，《安全生产法》明确企业在安全生产工作中起到的是主体责任，政府部门为监管责任：各级人民政府领导辖区内的安全生产工作，安全生产监督管理部门负责安全生产综合监督管理事项，各行业主管部门负责各行业与安全有关的事项。

除全国适用的管道安全法律外，部分省份也依据本省特色制定了本省石油天然气管道保护条例。例如山东省 2019 年施行的《山东省石油天然气管道保护条例》，该条例在遵循上位法和有关规定的基础上，将本省好的经验吸纳入条文中，对管道保护措施、应急处置、监督管理等进行了更为具体的规定，形成了政府领导、部门监管、企业负责、公众参与的管道保护监管机制，对企业主体进行责任强化，加强政府的领导地位，引导公众参与管理。

石油天然气管道建设与运营监管体制还体现在相关标准之中。2015 年根据中石油、中石化、中海油以及地方管道企业安全现状而制定的国家标准《油气输送管道完整性管理规范》（GB32167-2015）出台，这是中国第一部管道完整性企业标准。该标准规定了油气管道包含数据采集与整合、高后果区识别、风险评价、完整性评价、风险消减与维修维护、效能评价六个方面的内容，将企业应尽到的义务与责任贯穿于管道设计、施工、投产、运行和报废的全过程，对石油天

---

[1] 《石油天然气保护法》第一条：为了保护石油、天然气管道，保障石油、天然气输送安全，维护国家能源安全和公共安全，制定本法。

[2] 《石油天然气管道保护法》第四条：国务院能源主管部门依照本法规定主管全国管道保护工作，负责组织编制并实施全国管道发展规划，统筹协调全国管道发展规划与其他专项规划的衔接，协调跨省、自治区、直辖市管道保护的重大问题。国务院其他有关部门依照有关法律、行政法规的规定，在各自职责范围内负责管道保护的相关工作。

[3] 《安全生产法》第三条：安全生产管理，坚持安全第一、预防为主的方针。

然气管道建设和运输过程中可能遇到的问题提出技术性解决手段，用以风险预防、应急抢险。本标准明确了六条强制性要求，其余为推荐性要求。强制性要求集中于高后果区识别、风险评价与完整性评价三个领域，可见这三个领域是油气管道完整性管理的关键环节。因该标准主要是为管道企业保护石油天然气管道提供借鉴，因此多体现管道企业的义务，参照该标准对管道企业权利与义务进行设计可以发现其核心内涵为"企业负责，政府主导"。此后，标准陆续出台，如《输气管道系统完整性管理》（SY/T6621—2016）、《输油管道完整性管理规范》（SY/T6648—2016），管道完整性管理相关标准的陆续颁布标志着管道完整性管理工作已由企业自发行为上升到国家强制阶段，完整性管理也从运营范畴向管道全生命周期转变[①]。

从石油天然气管道相关法律规范和国家标准来看，我国管道管理经历了三个阶段。第一个阶段是应急处理阶段。该阶段主要针对油气管道事故发生后的应急、抢修等进行规定，是一种"出现问题—解决问题"的机械模式。第二阶段是预防性维护阶段。该阶段注重对管道基础设施的日常维护，将管道日常巡护纳入条文中，实时监测以保障管道安全。第三个阶段是完整性管理阶段，即涵盖数据收集与分析、检测与评价、维修维护为一体的预防性监管模式[②]。管道完整性管理因其独特优势，被多数国家所采纳，实践证明，该管理模式与中国实际情况相符合，因此，应当坚持管道完整性管理，推动油气管道领域长期存在问题得以解决。

三、现实评估与实践检视：石油天然气管道监管现状与问题

2019年中国油气管道总长度已达12.66万公里[③]。且该数据还将随着石油天然气的大规模开发而不断增长。当前油气管道监管无论是从立法角度还是实践角度都将管道完整性管理作为石油天然气管道监管的改革方向。但该制度机理仍不成熟，监管实效尚不明显，有待进一步完善。

（一）石油天然气管道监管现实图景

石油天然气管道完整性管理已从行业自律转变为国家强制，现已投入实践：

第一，行业方面。管道完整性管理已成为石油天然气行业管道监管的议题。石油天然气行业有关管道的规划与政策均将完整性管理列为重要任务。从石油天

---

① 陈胜森，刘卫华，王联伟：《集团型企业管道完整性管理体系建设》，《油气储运》，2019年第1期，第27页。
② 张耀东：《构建科学的油气管道安全管理体系》，《国际石油经济》，2014年第1期，第178—179页。
③ 《2020年中国天然气现况报告》，"4、管线长度 城市燃气"，http://www.chinapower.com.cn/zx/zxbg/20201210/36989.html，2020-12-10/2021-07-04。

然气行业议题和政策来看，管道完整性管理已成为石油天然气管道监管体系的核心。2009年，中石油颁布了国内首套自主编写的管道完整性管理企业规范Q/SY 1180《管道完整性管理规范》，并在2013年、2014年对其进行完善。国内首个管道完整性管理国家标准GB32167《油气管道完整性管理规范》也是中石油于2015年在Q/SY 1180的基础上修改所得。可见，中国石油天然气行业早已掀起管道完整性管理监管体系的浪潮。

第二，立法层面。2015年10月国家标准化委员会公布的《油气输送管道完整性管理规范》首次将管道完整性管理纳入国家标准序列，使中国油气管道完整性管理有了技术参考，开启了中国管道完整性管理时代。2016年国家能源局、发改委等五部门联合颁布2197号文件[①]，确定了政府监督、指导开展管道完整性管理工作的职责，强化管道企业实施管道完整性管理的主体义务[②]。2017年，国家能源局发文要求开展油气管道保护信息报送工作。此后，出台的管道保护条例均融入完整性管理理念，例如《山东省石油天然气管道保护条例》第七条[③]明确规定，企业是管道建设、保护和安全运行的责任主体，并建立全省管道信息综合管理系统平台，构建起以数据分析为主的风险防范机制，体现完整性管理核心。由此，完整性管理理念转化为法律制度，体现于当前国家管道法律法规和标准之中。

第三，实践方面。石油天然气管道监管实践中已经采取管道完整性管理措施，预防保障管道安全。中国石油各地区管道公司自2001年起就开始实施管道完整性管理，并建立了相应的管理体系和标准体系[④]。中国石化销售华南公司建立了成品油管道完整性管理体系[⑤]。且为了保障管道完整性管理体系的全面推行，各管道企业纷纷建立信息化数据收集平台，中石油于2011年自主研发建成了国内首套管道完整性管理系统，为实现管道完整性监管提供可靠的信息化服务。

---

① 《国家发展和改革委员会、国家能源局、国务院国有资产监督管理委员会等关于贯彻落实国务院安委会工作要求全面推行油气输送管道完整性管理的通知》（发改能源［2016］2197号），http://www.pkulaw.cn/fulltext_form.aspx?Db=chl&Gid=31c0cf97c5a55d9e, 2016-10-18/2021-07-04。

② 刘冰，姚学军：《油气管道完整性管理全生命周期标准体系须先行》，《石油工业技术监督》，2017年第10期，第22页。

③ 《山东省石油天然气管道保护条例》第七条：管道企业是管道建设、保护和安全运行的责任主体，应当依法履行管道保护义务，执行国家技术规范和强制性要求，建立、健全并组织实施本企业管道巡护保养、隐患防治和应急救援等制度和操作规程，宣传管道安全与保护知识，确保管道安全运行。新闻媒体应当开展管道保护法律、法规和管道保护知识的公益宣传，提高公众保护管道的法律意识，并对危害管道的行为进行舆论监督。

④ 黄维和，郑洪龙，吴忠良：《管道完整性管理在中国应用10年回顾与展望》，《天然气工业》，2013年第12期，第1-5页。

⑤ 田中山：《成品油管道完整性管理体系建设与实践》，《石油科学通报》，2016年第3期，第376-377页。

（二）石油天然气管道建设与运营监管体制面临的多重困境

自《油气输送管道完整性管理规范》出台至今已有十载，完整性管理体系已经在石油天然气管道监管中获得行业认可、国家认可，并逐步在立法、执法、实践中形成完整性监管体系。但因《油气输送管道完整性管理规范》出台时间较短，国内各企业缺乏足够的管理实践积累[①]；与《石油天然气管道保护法》等上位法不相匹配，尚未形成一套成熟统一的体系化监管模式，因此，该制度机理在中国仍未成熟，监管实效不明显。

1. 管理体制机制不畅

管道完整性管理理念对政府、管道企业、公众的职责均进行了规定，但由于《管道完整性管理规范》现仅为管道企业管道保护的国家标准，该规范仅对企业保护职责进行确定，且法律效力较低，因此不能对国家整体管理体制机制起到纲领性作用。当前，管道完整性管理理念虽已被石油天然气行业普遍接受，但在实际操作中出现许多问题，使得管道管理体制机制运行不畅，未能充分发挥管道完整性管理理念的作用。当前，导致管道管理体制机制不畅的原因有两个。一是管理责任不清晰。管道建设与运营过程中政府与企业间权利义务划分仍不明确，政府与企业监管定位不准，致使职能混乱；各政府部门主管监管工作，但涉及管道工作的部门众多，各部门间部分职能存在重叠情形。二是企业内部监管体系未建立。管道企业对管道安全全面负责，因此企业内部监督管理机制要协调。管道企业内部管理散于不同的环节，各环节衔接程度将直接影响企业对管道监管的能力，而企业内部人员配置不充分[②]，直接影响企业高效管理管道安全的能力。

2. 城乡规划与管道发展不紧密

在役管道与城乡发展土地需求矛盾也存在冲突[③]。随着城镇化进程的加快，城市土地已经不能满足现有发展的需要，大部分城市发展重心开始向郊区、乡镇转移。因管道大多建设在郊区，因此在城镇化过程中，部分埋藏油气管道的土地会被纳入新的城市规划建设之中。当城市规划与管道管线发生冲突时，往往需要对管道进行改道或者拆除，这一过程将加大管道泄露风险，增加安全隐患。此外，还存在部分地方政府基于土地收益，在指定城乡规划时考虑不足，城市规划未经审批，随意性较大，政策连续性较差，可能出现刚进行管道建设即被纳入新建设区域的情形。根据《石油天然气管道保护法》的规定，管道中线两侧一定区域内土地的使用是有限制的，因此新规划土地将对管道所用土地的类别产生影

[①] 帅义，帅健，苏丹丹：《企业级管道完整性管理体系建构模式》，《中国安全科学学报》，2016年第7期，第148页。

[②] 严文锐：《油气管道安全管理存在的问题及改进措施》，《安全管理》，2016年第6期，第31页。

[③] 李枢一：《油气管道保护面临的形势与对策》，《内蒙古石油化工》，2016年第9期，第82页。

响，对该区域管道的保护级别提出新的要求，增大管道管理的难度和安全风险。

3. 管道占地矛盾难协调

土地资源具有稀缺性，在经济高速发展的背景下，如何提高对土地的利用效果成为各行业关注的热点话题。石油资源的供应也要考虑到尽可能减少对土地资源的占用[①]。理论上，管道因多采用埋地铺设方式，仅有6%左右长度的管道处于地面，不会对土地利用造成太大困扰[②]。实际上，管道建设和运用对土地正常使用影响极大。《石油天然气管道保护法》对管道中线两侧一定范围内的土地使用行为进行了限制，使得土地完整性遭受破坏[③]。管道建设区分永久性占用土地和临时性占用土地两种土地利用方式。永久性占用土地通常国家会与土地相关权利人签订合同约定土地补偿金进行补偿。土地占地矛盾多体现在临时性用地问题上。因建设管道的需要，部分土地可能被临时占用用以管道建设和维护，管道建成后会恢复原有使用。但石油天然气具有一定的腐蚀性，对土地作物种类也有特别要求，可能影响到部分土地的正常使用。在影响土地正常使用时，管道企业如何对土地权利人进行补偿以及补偿标准的确定等问题一直是石油天然气行业争论的话题。现有的《石油天然气管道保护法》对相关问题的规定仅是原则性的解决方式，不能实际解决管道占地问题。

4. 油气管道隐患长期存在，管道安全遭受威胁

2013年山东省油气管道爆炸事件为国家油气管道安全敲了一记响钟。自2013年12月开始，国家在全国范围内开展油气管道隐患排查，大量隐患的存在暴露出的不仅是油气管道监管的长效保护机制尚未形成，而且反映出管道监管机制存在漏洞和缺陷。造成油气管道隐患长期存在的原因有很多。首先，油气管道隐患排查难度较大。在中国，95%以上的油气管道采取埋地铺设方式，这种管道铺设方式使得油气管道受腐蚀被发现的可能性较小。而调查研究表明，外部干扰、材料失效和腐蚀往往是造成管道失效的三个主要原因[④]。其次，部分管道运行时间超过服役年限[⑤]。一般来说，油气管道使用寿命为30年，中国第一批管道建成时间约为20世纪八九十年代，距今约30年的时间。早期建成的管道已逐步迈入老龄期，发生泄漏、造成安全问题的可能性较高，管道隐患无法避免。最后，隐患排查缺少技术支撑。因石油天然气管道多采用埋地铺设的方式进行建

---

① 张向阳：《石油管道维修队伍应急抢修区域化管理模式的具体探究》，《中国石油和化工标准与质量》，2017年第24期，第56—57页。
② 吴迪，李昌霖：《新形势下如何保证石油管道运输的安全性》，《化工管理》，2018年第27期，第96页。
③ 李枢一：《油气管道保护面临的形势与对策》，《内蒙古石油化工》，2016年第9期，第82页。
④ 唐晓文，沈宏，冯禹，等：《油气管道完整性管理与安全管理体系整合研究》，《工业安全与环保》，2017年第2期，第59页。
⑤ 甄莹，贺娅娅，曹宇光，等：《国外油气管道废弃方法及启示》，《油气储运》，2017年第9期，第1047页。

设，其隐蔽性就要求管道企业对其检测需要相关技术支持。当前，对油气管道进行检测大多采用安全检查表法，只能发现外在隐患，对腐蚀、材料失效等内部隐患的排查尚无法实现。

5. 应急机制不畅，救援体系不完善

油气管道泄漏可以分为持续泄漏与突发泄漏两种类型。持续泄漏多由于管道老化或建设缺陷，属于油气管道存在的长期隐患问题。突发泄漏多是由于外力破坏，可能是受地震等地质灾害的影响，也可能是人为造成。在油气管道突发泄漏时，若不及时进行抢修，可能会出现重大泄露事故，造成严重危害。2013年，中石化一分公司的输气管道因管道腐蚀发生破裂，造成原油泄漏。原油泄漏后，因现场组织人员抢险时产生火花致使暗渠内油气爆炸，造成62人死亡、136人受伤，直接经济损失高达75172万元[①]。经事故调查组调查研究发现，此次的重大事故与现场应急处理措施不当、相关部门事故风险研判失误、应急响应不力等因素有关。此外，应急抢险中还普遍存在应急预案不完善、预案缺乏演练等问题，致使油气管道突发泄漏时应急机制不能及时响应，及时制止损失扩大。

通过对管道完整性管理在实践中适用所遭遇到的困境进行分析，可以发现，职责划分不清、监管主体地位不明、风险防控缺乏、应急机制不畅等原因是导致石油天然气管道监管受挫的主要原因，根源在于尚未对管道完整性管理核心理念准确把握。

四、价值遵循：石油天然气管道建设与运营的监管原则

要实现管道完整性管理有效运转，就必须准确把握管道完整性管理理念的基本内涵。管道完整性理念要求管道建设与运营要以本质安全为目的，以管道安全运行为核心，通过风险识别和评价等技术手段，对管道建设各阶段采取恰当风险防控措施，从而使管道安全运营[②]。总结其内涵，就必须将风险防控、协作监督和职能监督作为石油天然气管道建设与运营的监管原则，以监管预防为主，多元主体参与，高新技术加以支持。

（一）风险预防原则

缺乏风险预防原则引导社会性监管制度运转，极易造成监管部门反应迟缓或者反应过度。就石油天然气管道监管实践而言，风险预防原则缺位是近年来重大油气管道事故频发的一个重要原因。监管部门反应迟缓意味着监管不作为导致事故频发，而监管部门反应过度会导致监管不当，造成对合法权益的侵犯与克减。

---
① 张耀东：《青岛东黄输油管道泄露爆炸管道安全管理体系亟须构建》，《国际石油经济》，2014年。
② 崔涛，冯庆善，杨祖佩，等：《新建管道完整性管理理念探索》，《油气储运》，2008年第10期，第5页。

由此需要坚持风险预防原则，让社会性风险监管机构在识别风险后，提前采取预防措施防范风险。风险预防肇始于20世纪70年代，由德国在进行空气清洁治理时提出[1]，此后，其内容逐步得到环境法的认可和采纳，更多应用在一些环境保护的国际条约、协议和申明之中[2]。油气管道的施工建设具有一定的安全风险，管道完整性管理规范为减少油气管道泄露风险，要求将风险预防前置，在油气管道项目建设初期就进行防范[3]。"比事故更危险的是还未发现的隐患，比救灾更有用的是预防"[4]，风险预防原则要求监管主体要积极预防、降低损害。虽然风险的发生具有偶然性和复杂性，但石油天然气管道的风险并非全部都无法预防。对于管道日常损耗、管道更新换代等所带来的管道泄露风险，可以通过定时检测等手段加强排查整治到位。用有限预防无限是风险预防原则的另一适用要求[5]。对石油天然气管道进行监管，需要监管主体采取积极科学的预防措施，利用对数据的整合推导出合理结果，将前沿技术和知识转化到监管实践中。

（二）合作监管原则

所谓合作监管原则，是指各监管主体共享权力，共担责任，采取灵活的监管方式实施监管[6]。因石油天然气管道风险广泛存在于管道建设、运营的全流程之中，因此石油天然气风险监管也呈现出专业性高、复杂性强的监管特点。为实现有效监管，政府、部门、企业和公众应当形成监管合力，各自发挥监管作用。应当贯彻"政府主导、部门主管、企业负责、公众参与"的体系化监管模式，明确各监管主体的监管事项与范围。提升石油天然气管道监管能力是国家能源安全保障的关键一环，石油天然气管道泄露事件为何屡屡发生，监管合力未形成、主体协调不充分是经常提到的原因。当前石油天然气管道仅政府履行监管职责的就多达10余个部门，加上企业内部监管机制、公众共同参与，石油天然气管道监管协调难度极高。此外，石油天然气管道设计、建设、运营所需监管程度、能实施有效监管的主体也存在不同，因此，为监管不足和过度监管埋下隐患[7]。而确立

---

[1] 陈海嵩：《风险预防原则理论与实践反思——兼论风险预防原则的核心问题》，《北方法学》，2010年第3期，第11-18页。

[2] 张志勋，郑小波：《论风险预防原则在我国环境法中的适用及完善》，《江西社会科学》，2018年第10期，第176-180页。

[3] 吴恒威：《油气管道的安全管理与运行》，《化工管理》，2020年第28期，第55页。

[4] 何雪梅：《风险预防原则在美国的适用及对我国的启示》，《经济体制改革》，2004年第1期，第169-173页。

[5] 张瑞萍：《论风险预防原则在环境法中的适用》，《广西政法管理干部学院学报》，2017年第6期，第5页。

[6] 李洪雷：《迈向合作规制：英国法律服务规制体制改革及其启示》，《华东政法大学学报》，2014年第2期，第55-66页。

[7] 徐国冲，霍龙霞：《食品安全合作监管的生成逻辑——基于2000-2017年政策文本的实证分析》，《公共管理学报》，2020年第1期，第18页。

合作原则能补强预防监管能力[①]，具体表现在石油天然气管道监管领域体现为政府发挥主导作用，对监管作出整体规划；政府各部门对石油天然气管道各事项进行分类监督；管道企业发挥责任主体作用，对石油天然气管道设计、建设、运营全过程负责，充分体现主体地位；公众共同参与，形成外部监督。有学者总结，建立良好合作监管制度应当注重对监管范围的界定、利益主体的吸收以及监管机制的选择等问题[②]。石油天然气管道监管首先应当对政府、部门和企业职能定位进行明确划分，避免各监管主体职能重叠，造成监管混乱。其次，还应当构建公众参与平台，提供公众参与管理的机会与途径。最后，建立完善责任体系，明确监管责任的类型、监管责任的分配以及监管责任的具体承担。

（三）智能监测原则

智能监测即在石油天然气管道建设与运营的全过程使用大信息数据平台、人工智能、物联网、云计算等高科技技术，为管道监管提供智能分析和决策支持，提升管道监管的质量和安全管控能力[③]。2017年，全面建设智能管道新目标被提出，该目标的提出是为了在管道工程建设中探索管道工程与信息技术相结合的施工管理新路径[④]。智能化是世界科技发展的新趋势，当前多行业探寻智能化转型，智能制造、智慧交通、智慧农业、智能电网的成功实践证明[⑤]，智能化系统已成为当前行业发展的大趋势，油气行业作为国民经济发展的支柱产业也应当大力发展智能化，实现油气管道管理技术性变革。坚持智能监管原则，就要在信息自动化的基础上，引入高新技术，实现油气管道与技术深入融合。将管道信息数据化、风险预警及时化、操作方式自动化、关键节点可视化，提高监管主体的监管能力和监管水平，保证管道安全、国家能源安全。

五、路径选择：石油天然气管道建设与运营监管制度体系化构建

石油天然气管道建设运营监管是一个体系化监管体制及机制，在保障国家能源安全大背景下，要实现中国石油天然气管道安全监管，就要构建完整性管理标准指导下的"政府主导、部门监管、企业负责、公众参与"的体系化监管模式，

---

① 王浩：《行政法视野下合作监管研究——以石油天然气行业政府监管为例》，《行政法论丛》，2018年第1期，第192—204页。

② 朱宝丽：《合作监管的兴起与法律挑战》，《政法论丛》，2015年第4期，第137—144页。

③ 程万洲，王巨洪，王学力，等：《我国智慧管道建设现状及关键技术探讨》，《石油科技论坛》，2018年第3期，第34—40页。

④ 谷青悦，林智敏，张俊明，等：《智能管道建设中的监理管理方法研究与实践》，《石油工程建设》，2019年第4期，第83页。

⑤ 徐波，李博，宋小晖，等：《油气管道智能化运行解决方案的思考》，《油气储运》，2018年第7期，第722—723页。

从管制性监管、激励性监管、社会性监管三个方面进行规划建设，推动石油天然气管道得到有效保护，保障国家能源安全。

（一）完善管制性监管方式，形成常态化油气管道监管

石油天然气管道管制性监管，就是要形成企业履行主体责任、政府加强安全监管的系统化监管体系。管道完整性管理是实现管道本质安全最有效的手段。企业实施管道完整性管理规范就是要企业建立一个循环进行的管道监管过程，将管道检测、风险评价、风险预防形成常态化管理态势。

建立管制性监管制度，必须对企业义务进行规定。第一，企业应当强化风险评估。企业在管道建设过程中要对管道途经区域的地质状况、地理环境进行全方位的把握，对管道铺设地人口密集程度、商业化程度开展评估，并形成综合报告，交由管道所在地的县级人民政府主管部门备案。第二，企业应当定期对管道进行安全监测。安全监测应当成为企业管道监管的日常化、常态化工作，管道企业要使用先进技术手段，对管道进行外部监测和内部监测，对管道的受腐蚀程度、寿命周期进行评价分析，对受腐蚀程度较重、寿命周期较短的管道要及时更换，避免管道泄露风险。第三，加强应急体系建设。针对当前应急体系中管道存在的应急制度文件信息更新不及时、次生灾害警示缺乏、应急制度文件缺乏针对性、应急预案存在盲区等问题，管道企业应当加强应急体系建设，对事故响应体系、次生灾害预警制度、抢修施工组织等进行完善和加强[1]。建立应急管理队伍，定时做好应急培训，做好风险预防。第四，建立管道信息数据库。管道风险预测、智能监管离不开数据的采集和整理。要实现管道完整性管理，企业必须建立管道完整性管理数据库，对管道企业建设管道的设计、经过范围、施工数据、检测数据等进行采集和储存，建立完善的数据库，将不涉及企业商业秘密、国家秘密的数据与政府相关部门共享，并对所提交的数据的准确性、完整性、时效性负责。第五，对高后果区加强监管。对识别为高后果区的区域内管道要进行重点监督，提高日常巡护频率，加强巡护技术，并及时备案。第六，以人为本，加强员工培训和教育。企业管道完整性管理规范要求将企业监管落实到每一位职工手中，就要提高员工的完整性管理意识，加强管道监管技术培训、加强应急防控培训，让各项规定制度贯彻到基层一线操作人员，使其将管道完整性管理规范内化于心、外化于行。

建立管制性监管制度，政府管理职能职责要明确。首先，要明确政府监管责任。政府是协调管道矛盾的主体，在管道监管中，政府主要职责是进行宏观把

---

[1] 于达，熊毅，朱婷婷，等：《输油气管道智能化事故应急体系建设》，《油气储运》，2015年第10期，第1038-1040页。

控，进行行政监管，而非参与管道具体制度建设。政府内部监管责任要明晰。能源主管部门为管道监管的主导部门，在管道保护事务上，要坚持能源主管部门牵头，其他部门依法履行职责的监管体系。能源主管部门作为管道保护主管部门，应对本行政区域内管道的建设做总体布局。其他部门要在能源主管部门的牵头下，联合开展管道保护。安全主管部门进行安全隐患排查，公安机关要打击盗窃石油天然气、破坏管道设施等违法犯罪行为，各部门权限分明，协调统一于石油天然气管道监管工作中。其次，政府要将应急救援工作纳入政府总体应急工作中。要按照法律、法规的规定组织有关部门对本辖区内管道事故做好应急预案，规划、组织和指导管道行业生产安全事故应急救援队伍的建设，定时对企业应急救援队伍开展应急演练，加强应急宣传和教育。再次，制定统一的管道保护标准。当前中国除2015年出台的《油气输送管道安全性管理规范》属于国家标准，其余管道完整性管理规范仅是地方标准或企业标准，各省市、各企业标准不一，不利于统一管理。因此，有必要由政府根据当前国家油气管道管理现状确定国家标准或行业标准，并鼓励企业在该标准上制定更为严格的标准。最后，要协调好管道与城乡建设发展规划上的矛盾。自然资源部门审批管道企业管道建设方案时要充分考虑管道与地区的经营发展规范，避免油气管道发展规划与其他规划相冲突，保证油气管道建设与运营和城市规划建设相一致。未经自然资源部门审批通过的管道规划不应当进行建设，经审批通过的管道发展规划应当交由管道当地县级人民政府备案。

（二）构建激励性监管模式，激发监管活力

传统监管方式模式下，管道企业受到政府行政干预的诸多限制，监管僵化和腐败诱使石油天然气管道监管方式变革与创新，旨在降低监管成本、提高监管实效的激励性监管方式符合当前管道监管方面的需求[①]，成为油气管道监管体系化的关键一环。如果有一种制度，能使经济人在追求个人利益的同时恰好与集体实现价值最大化相统一，那这一制度就是激励相容制度[②]。构建管道监管体系化体制机制就必须要充分调动管道企业的主动性、积极性。在遇到管道冲突时，管道企业应当注重其主体角色和功能的发挥，借用市场化的调整手段和思维方式与相对人协商解决。如在临时用地补偿问题上，要将企业责任放在管道监管的核心位置，在临时用地补偿问题上反映出企业的主体地位。管道建设涉及临时用地的，企业作为责任承担主体应当根据土地权属，与有关土地行政主管部门或者农村集体经济组织、村民委员会签订临时使用土地合同，对临时使用土地的时间、范

---

① 宋慧宇：《食品安全激励性监管方式研究》，《长白学刊》，2013年第1期，第92—93页。
② 肖兴志，胡艳芳：《中国食品安全监管的激励机制分析》，《中南财经政法大学学报》，2010年第1期，第35—39页。

围、补偿费用等进行约定。充分保障企业与土地权利人意思自治能力，调动企业建设管道的积极性，激发企业主动寻找降低监管成本的方式。此外，为了防止企业参照标准适用有误，政府应当发挥监督、协调作用，将临时用地使用土地补偿费参照《土地管理法》有关规定进行规定，且对赔偿额度进行限制，为该类型土地被征收前三年平均年产值的2倍。明确管道企业赔偿方式和范围，可以使管道企业明确经营风险；允许管道企业自行协商，可以使企业与土地权利人更好表达自我意愿，乐于接受并较好遵守有关约定。

（三）形成社会性监管方式，实现多元主体联合监管

社会性监管就是要提高全民参与油气管道保护意识，充分发挥"公众参与"的管道完整性管理理念。要提高全民参与油气管道保护意识可以从三个方面进行建设。第一，建立信息公开制度。管道完整性管理是一种主动预防管理模式，与企业管理相融合是管道完整性管理理念的特点，但管道企业具有管理上的差异性，因此构建面向公众的管道信息公开平台具有重要意义。管道保护主管部门应当组织建立统一的管道信息系统，鼓励管道企业共享管道信息，将管道基础信息完整呈现于公众面前，便于公众查询。当然，也应当给管道企业信息查询提供平台，允许其他企业登录该信息披露平台查询管道基础信息，避免建设规划冲突，导致管道损害。第二，完善公众参与机制。有关部门应当设置群众举报专线，使公众可以通过专线对危害管道安全的行为进行举报。对发现管道存在安全隐患的，公众也可以通过该专线及时告知有关部门，使相关企业和安全管理部门能及时有效排查隐患、消除隐患，从而形成全民参与、社会齐抓的社会监管新格局。第三，加强信息员队伍建设。紧抓信息员队伍建设不放松，明确信息员队伍的建设标准、职责和管理等方面的要求。按照需要各部门设置1－2名信息报告员，对石油天然气管道安全隐患进行排查；形成工作联络网，强化信息员与部门协同配合能力。

六、结语

坚持管道完整性管理，对于实现管道本质安全具有重要意义。坚持管道完整性管理就是要坚持"政府主导、部门主管、企业负责、公众参与"的监管方针，就是要坚持"企业全面负责，政府强化监管"的监管理念，将管道完整性管理贯彻到管道设计、建设、运行的各环节，实现建设期监管、运营期监管的全覆盖，形成管制性监管制度、激励性监管制度、社会性监管制度三位一体的监管体系化体制机制建设，保障石油天然气管道运行安全，保障国家能源安全。

"碳达峰碳中和"愿景实现过程中法律保障的困境检视及出路选择

卫德佳[①]　罗兰平[②]

摘　要：碳达峰碳中和是应对全球气候变化的重要举措。碳达峰碳中和愿景目标的实现，必将进一步推进法律保障。碳达峰碳中和愿景实现过程中法律保障的完善既契合了时代发展的需要，又为碳达峰碳中和的实现提供了坚定的"硬"约束，具有制度进步的积极意涵。然而，现行有关推进碳达峰碳中和目标实现的法律保障颇有不足，具体可表现为国家层面的专门立法缺位、法律规定之间缺乏协调性、立法与政策脱节。文章在分析其困境的基础上，结合域外经验，提出相应的出路路径，具体包括国家层面进行专门立法、修改已有法律规定、立法与政策协同治理，从而为碳达峰碳中和目标的实现提供强有力的法治保障，助力目标实现进程的推进。

关键词：碳达峰碳中和；法律保障；气候变化

一、引言

气候变化是世界各国以及全人类共同遭遇的一大难题，其给人类带来的挑战是长远且现实紧迫的，应对气候变化已经成为世界各国的主要议题之一。为此，国际社会作了很多的努力，包括1992年的《联合国气候变化框架公约》以及1997年的《京都议定书》。此外，于2015年通过的《巴黎协定》，明确了碳排放的目标。此协定一经签订，各成员国纷纷积极响应，提出本国愿景目标。中国正式承诺双碳目标：到2030年实现碳达峰、2060年实现碳中和。碳达峰指的是二氧化碳的排放不再增长，到达峰值后开始递减。碳中和指的是净零排放，即指包括企业、社会、个人在内的人类社会经济活动所产生的温室气体排放，通过节能减排、森林碳汇等形式加以补集封存或利用，以达到大气中温室气体的排放净增长量为零的目标[③]。该愿景的提出指引了中国应对气候变化的道路，明确了未来

[①]　卫德佳：四川省法学会能源法学研究会会长，硕士生导师。
[②]　罗兰平：西南石油大学法学院2020级硕士研究生。
[③]　《热词解读碳达峰碳中和》，《浙江林业》，2021年第3期，第9页。

发展的基本战略，彰显了中国的大国责任和担当。"双碳目标"的实现必然关切到多领域多主体多行业的相关利益，法治手段必不可少，法律保障尤为重要，共同起着重要的保障作用。国际上包括英国、日本、智利等在内的二十多个国家和地区以立法和政策的形式明确了碳中和的目标，为碳中和的实现提供了法律保障。那么，针对实现"双碳目标"这一愿景，为什么要完善法律保障？我国的法律与政策现状如何？现行法律保障存在哪些问题以及该如何解决？这是本文要研究的中心问题。以"碳达峰碳中和"为检索词可检索到三千余篇期刊论文，且研究多集中在环境科学与资源利用、工业经济、金融等学科领域，法学领域的研究相对较少。因此，文章拟采用文献分析法、比较分析法，在阐释"双碳目标"实现过程中法律保障完善必要性的基础上，分析现行法律保障的症结并提出相应的完善路径，为"双碳目标"的实现提供坚实的法治保障，助力"双碳目标"的最终实现。

二、"碳达峰碳中和"远景实现过程中完善法律保障的必要性

（一）法律保障的完善是实现碳达峰碳中和目标的现实需要

实现"碳达峰碳中和"目标，我国面临着巨大的挑战。与已经实现碳达峰的发达国家相比，中国各方都存有压力。首先，就碳排放的总量来看，中国的总量大致为欧盟的三倍、美国的两倍，要实现碳中和的目标，则需要更大体量的碳排放减量。其次，就碳排放的发展趋势而言，业已达到碳达峰的国家到碳中和目标实现之间有少至四十年多达七十年的空窗期，而对中国来说，距离碳达峰目标只有不到十年的时间，到碳中和目标也仅余三十年，中国任务颇重。最后，从目前的发展形势来看，中国仍为发展中国家，国家发展的核心目标是努力实现经济的中高速增长，且目前人均 GDP 不及各发达国家，对此的承受能力不及部分发达国家。综上所述，中国要实现"碳达峰碳中和"的目标，任务是艰巨复杂的，这就需要政府统筹全局，协调各方力量，共同为实现这一目标助力。面对纷繁复杂的现实情景，顺利实现"双碳目标"离不开法律保障。因此，我们亟须改变仅依靠五年规划、约束性目标以及政策予以推动的现状，发挥"碳达峰碳中和"的引领作用，将其纳入经济社会发展以及生态文明建设的总体布局，并围绕"碳达峰碳中和"的目标，构建系统完善的法律保障体系。因而，推进法律保障路径是实现"双碳目标"的现实需要。

（二）法律保障的完善是顺应时代的必然要求

法律保障手段是大多数国家实现碳达峰碳中和目标的普遍手段。自 1997 年的《京东议定书》以来，国际上制定有关方面法律法规的国家和地区已达二十余个，如英国于 2019 年 6 月通过的《气候变化法案》的修订案，德国于 2019 年 11

月通过的《气候保护法》以及丹麦、瑞典等国家以国内立法的形式明确了气候中性的目标等，保障了碳达峰碳中和愿景目标的实现。再观中国，在气候变化应对措施上，其立法工作历经十年仍未形成专门的法律成果以及相应的国务院条例法规，相应的法律保障缺乏，因此不能较好地满足碳达峰碳中和目标的实现，落后于时代的步伐。

（三）法律保障的完善是社会主义现代化建设的应有之义

全面建设社会主义现代化国家就其领域而言是全方位的现代化[①]。因而，社会主义现代化建设必然要求经济、政治、文化、社会、生态等领域的共同发展，以此共同构筑社会主义现代化建设的坚实力量。"碳达峰碳中和"目标的实现既能推进人与自然的和谐共生，促进生态领域的现代化建设，又能推动经济高质量发展。"碳达峰碳中和"目标的实现离不开法律保障，放眼其实现进程，涉及多方主体的利益，利益的分配、纠纷的化解、权利的行使、义务的履行、责任的承担等离不开健全的法律制度、严格的执法、公正的司法和有效的社会监督[②]。法律的保障使"碳达峰碳中和"更具引领作用，构建系统完善的法律保障体系以有效推进社会主义现代化建设的总体性进程。

三、"碳达峰碳中和"实现过程中法律保障的现状及困境检视

（一）"碳达峰碳中和"法律保障现状梳理

现阶段，中国在国家和地方层面存有一定的碳达峰碳中和法治实践基础，一方面，于国家层面而言，国际上签署了诸如《京都议定书》《巴黎协定》等相关国际条约；国家出台相关法律法规，提供了法律保障的坚实基础，分别涉及了总体指导思想、环境保护、能源利用、气候变化、碳汇等不同层面，如包括《宪法》《环境保护法》《大气污染防治法》《节约能源法》《清洁生产促进法》《森林法》《海洋环境保护法》《气象法》等在内的多部法律，都体现了低碳减排的内容。除了法律上的支撑，政策还发挥了主导性作用，不仅有专门应对气候变化的政策，还制定了大量促进低碳发展的相关政策，为"双碳目标"的实现提供了充分支持。另一方面，地方层面也积极响应，如贵州省制定的《贵州省义务植树条例》、北京市制定的《北京市绿化条例》等，皆贯彻了实现碳中和的目标。经梳理发现，法律虽种类繁多，但我国对"双碳目标"实现的现行法律保障现状不容乐观，仍存在诸多问题，包括应对气候变化的国家专门立法缺位，已有法律规定

---

① 陈金龙，钟文苑：《全面建设社会主义现代化国家的内涵、方位与功能》，《思想理论教育》，2021年第1期，第4—8页。
② 柯锐：《专访全国政协常委吕忠梅：用法律保障实现碳达峰碳中和》，《新京报》，https://baijiahao.baidu.com/s?id=1693657014257455374&wfr=spider&for=pc，更新时间：2021年3月8日。

间缺乏协调性，立法与政策脱节。

(二)"碳达峰碳中和"实现过程中法律保障的困境检视

1. 国家层面的专门立法缺位

为应对气候变化，国家层面进行专门立法已成为国际通行的立法例。国家专门立法能够为应对气候变化提供法律支撑和法律依据，具有统领作用。然而，中国现阶段应对气候变化的主要依据乃属大量的国家政策，尚未实现从国家政策向专门立法的转变。即使是全国人大常委会发布的《全国人民代表大会常务委员会关于积极应对气候变化的决议》，虽初具法律雏形，但由于内容多为宣示性规范和倡导性表述，较为空泛，过于抽象而缺乏可操作性，不属于国家层面的法律[1]。把针对"碳达峰碳中和"的专门立法作为总法，具有引领、推动和保障的作用，该法的缺失也彰显了其他相关法律规定的分散，不利于该愿景目标的实现。

2. 已有法律规定之间缺乏可操作性与协调性

首先，国家横向层面的法律规定之间协调性不足。中国法律规范体系中并无专门直接规定"温室气体"以及"二氧化碳"等，而是将有关碳减排的内容规定在环境、能源以及资源相关的法律中，法律规定虽然繁多，但缺乏具体可实施且受法律保障的制度，直接针对气候变化及碳减排的相关内容较少，如《中华人民共和国环境保护法》中提及低碳的次数仅为一次，《中华人民共和国大气污染防治法》作了温室气体和大气污染物实施协同控制的规定，但温室气体的法律定位并非污染物，不能直接适用该法，《中华人民共和国清洁生产促进法》主要针对污染物的产生和排放等，可操作性大打折扣。针对碳减排已有涉及污染防治法、能源法、资源法、科技法等多个领域的法律规定，各个法律规定都有各自的立法目的，如《中华人民共和国环境保护法》的立法目的——保护和改善环境，防治污染和其他公害，保障公众健康，该立法目的为规制碳达峰碳中和奠定了基础；大气污染防治法中也只是间接体现协同控制温室气体的目的；自然资源的相关法律并未表明应对气候变化的目的，这就导致有关碳达峰碳中和的内容相对较碎片化，欠缺了对碳达峰碳中和愿景目标实现的统筹考虑，致使节能减排缺失对接规则和协调制度，最终，立法目的难以有效衔接，法律适用势必出现冲突。其次，地方横向纵向层面的法律法规以及规范性文件之间缺乏协调性。地方具有相应的立法权限，部分地方进行了积极的探索，但由于缺乏统一的、专门的国家性立法的统领，下位法缺乏上位法的依据，地方的探索难免会出现冲突，且地方难以在温室气体排放管理规则上作出具体规定。

---

[1] 王江：《论碳达峰碳中和行动的法制框架》，东方法学，2021年第5期，第122-134页。

3. 立法与政策脱节

法律与政策相互交融构成了"双碳"法制的基本构造。目前，中国初步建立了直接规制和间接调整相结合的碳排放制度体系，形成了各层级、多领域的政策框架，但"双碳"法制体系仍存在协同不足的问题[①]。在应对气候变化层面，碳减排立法跟不上政策制订与推进的步伐。推进双碳目标实现的法律政策主要涉及中央—地方、部门—产业的能源开发利用管理、能效推进、清洁生产、产业调整、碳排放权交易等多个领域，专门性与综合性政策并存，类别涉及国民经济和社会发展规划纲要、党内法规、全国人大决议、国务院以及国务院各部门出台的政策文件，诸如《中国21世纪议程》《中国应对气候变化国家方案》《关于应对气候变化工作情况的报告》《"十二五"控制温室气体排放工作方案》《"十三五"控制温室气体排放工作方案》以及《企业温室气体排放报告核查指南（试行）》等多种落实碳减排工作的具体性规定等。与充分的政策相比，法律的推进进程则显得更为缓慢，相关的立法规定并未体现在政策中，如"双碳目标"并未明确体现在《中华人民共和国森林法》《中华人民共和国草原法》等法律规定中。政策大量出台，同时加强地方政府的管理职责，但作为硬性约束，法律的缺失容易致使地方政府"乱作为""不作为"等，阻碍了"双碳目标"的推进进程。

四、域外可借鉴经验

运用法治手段推进碳达峰碳中和进程已在多国形成行动共识。为积极应对全球气候变化，各国积极响应，明确了本国的目标。现已实现碳达峰的国家有日本、英国、德国、巴西、加拿大、韩国等。中国可借鉴域外经验，构建一套符合中国国情的法律保障体系。

（一）德国

德国是欧洲国家中法律体系最为完善的代表性国家之一。德国是已经实现碳达峰的国家，其立法工作开始时间早，经验丰富，如《废弃物限制及废弃物处理法》《循环经济与废弃物管理法》《节省能源法案》等，构筑了系统完备的法律保障体系，其中2004年出台的《国家可持续发展战略报告》还对"燃料战略——替代燃料和创新驱动方式"作了专门规定。多年来，德国通过立法的措施不断加大应对碳达峰的力度，持续推进有效应对气候变化的进程，在全球气候行动中获誉了领导者的称号，实现了碳达峰的目标。德国针对碳中和目标所形成的法律体系具有系统性特点。为促进碳中和，德国首先通过一系列战略计划等明确了碳中

---

① 于文轩，胡泽弘：《"双碳目标"下的法律政策协同与法制因应——基于法政策学的视角》，《中国人口·资源与环境》，2022年第4期，第57—65页。

和目标,如制定发布《德国适应气候变化战略》,制定《气候保护规划2050》等,达成了共识。其次,在战略目标规划的引领下,又通过包括《联邦气候立法》《可再生能源法》《德国联邦气候保护法》等具体的法律法规以增强可操作性及约束力。综上,德国为实现碳中和所作的法律保障措施具有前瞻性、系统性。

(二)英国

为实现碳中和的目标,英国在其立法方面也有独特的特点。英国于2019年6月新修订了《气候变化法案》,这意味着英国是全球首个将净零碳排放目标立法化的国家。此外,英国还有许多其他开创性的举措,如英国是世界上首个征收气候税的国家,是首个以立法的形式约束碳预算的国家。英国大多采取激励性的气候政策,如设立碳基金、实施气候变化税制度及气候变化协议等,使各个制度有机结合,共同促进英国碳排放目标的实现。

(三)日本

为实现和促进低碳经济的发展,日本高度重视和利用立法优势,并结合国内外态势,修改完善已有能源环境立法,制定颁布新的法律法规,具有良好的导向和支撑作用。目前,日本已形成了包括1979年颁布的《节能法》、2002年颁布的《能源政策基本法》等在内的基本法,以2000年公布的《资源有效利用促进法》为主的综合法以及天然气立法、石油立法、煤炭立法等在内的专门法,门类齐全且具可操作性。因而,从日本的先行经验来看,不仅要有发挥统领作用的基本法,还要有切实可行的综合法和专门法,以此构建系统完整的法律体系,保障碳达峰碳中和目标的实现。

综上所述,中国可借鉴经验为:"碳达峰碳中和"目标的实现离不开法律的保障,法律应当体现系统化的特点,既要有明确规定碳减排目标的基本法,又要有具体实施制度的法律法规,循序渐进,有效促进双碳目标的实现。

五、"碳达峰碳中和"实现过程中法律保障的出路选择

"碳达峰碳中和"的实现目标既关乎着中国的国家利益,又切实地彰显着中国的国际形象。因而,在推进法治建设的进程中,应当恪守习近平的法治思想,统筹协调国内国外的法治,在遵循国际公约或协议原则、准则的基础上,审慎科学地推进国内立法。

(一)国家层面专门立法

专门立法具有针对性,"双碳目标"是一个战略性全局性的目标,应当适时制定气候变化应对法,为"双碳目标"的实现提供顶层法律与制度的设计与保障。现阶段,大部分学者对专门立法持积极态度,认为中国已充分具备制定气候变化应对法的条件。结合中国具体的立法经验以及现有国情需采取综合型的立法

模式，即气候变化应对法属于政策性法律。首先，应当合理定位该气候变化应对法，明确其地位。气候变化应对法是政策性法律，在生态环保、能源经济、循环发展等低碳相关领域中具有引领作用，在气候变化领域发挥导向功能，是一部基础性法律。其次，明确将"双碳目标"规定到法律中，明确立法目的，促进法律保障目标的实现。最后，就气候变化应对法的具体内容而言，主要应当包括立法目的、基本原则、主要框架（总则、机构设置、监督管理、法律责任及附则等）以及一些关键制度，确定应对气候变化的总体规定，对各领域低碳发展作出规定，确保"生态文明""气候正义"等理念贯彻到低碳发展的各个环节，解决立法碎片化问题，由此提供充分的法律保障，助力实现"双碳目标"。

（二）修改已有法律规定

如果只有框架性的专门立法，而没有相关的法律法规及其制度相推进，新法无疑会被束之高阁，无法发挥实质性的作用[①]。应对气候变化法是"统领"法，具体的实施仍依靠各单行法律法规，因此应采取逐步推进修改法律的措施。一方面，相关法律规定之间应当重视协调性。由于中国地区之间、行业之间的发展在实际中有着不同的特点，因而，在修改法律或制定法律过程中，应立足全局，统筹好中央与地方之间、地方与地方之间以及行业与行业之间的关系，根据不同区域、行业以及企业的实际发展情况，制定出协调的规定。从纵向上来看，应当形成以法律为核心，以行政法规、地方性法规为主体，以规章为补充的法律体系[②]；从横向上来看，则要明确依靠某一单一的法律部门来调整复杂多元的法律关系是行不通的，应当协同各个部门，协调规范，共同调整法律关系，比如调整私法与公法之间，环境法与能源法之间关系。另一方面，已有相关法律规定修改的具体落实。首先，在各个低碳相关法律领域里融入"双碳"的目标内容，确立碳减排的战略目标，增加实现碳达峰、碳中和的有关内容，以增加同一目的的形式增强不同部门、不同地区的法律法规之间的协调性。明确、细化各相关规定，增设相应的具体落实制度，将碳减排要求落实到具体行业，推动碳减排实现协同效应。以《中华人民共和国大气污染防治法》和《中华人民共和国可再生能源法》为例：现行的《中华人民共和国大气污染防治法》虽未涉及二氧化碳，但其同大气污染物在源头上是相同的，因而在修改法律时应兼顾碳排放控制；依据《中华人民共和国大气污染防治法》的规定，建立起与碳达峰碳中和目标实现有关的具体制度，如构建相关的碳排放总量与目标控制制度、碳排放交易制度、碳

---

① 梁平，潘帅：《"碳中和"愿景下应对气候变化法律体系的完善》，《重庆社会科学》，2022年第4期，第6—22页。

② 杨解君：《实现碳中和的多元化路径》，《南京工业大学学报（社会科学版）》，2021年第2期，第14—25+111页。

税制度等；尽管《中华人民共和国可再生能源法》主要是基于能源安全的立法目的，但在"双碳目标"的总形势下，碳减排的目标也应在法律修改中得以体现。"双碳目标"的实现是一个长期的过程，在实现"双碳目标"的后期，则需要更为严格的制度予以落实，如制定《碳中和问责法》，以保证碳中和目标的实现。

（三）立法跟上政策"步伐"

法律与政策的协同治理已成为现代法制的重要发展趋势。法律与政策的协同实施，是指相关法律和政策在体系上互相独立，在功能上互相补充配合的状态。在实现"双碳目标"的过程中，国家的"双碳"政策提供宏观指导，法律则提供具体的配套制度予以落实。通过法律与政策在理念和制度上的承继，国家的宏观政策目标和行动计划得以在不同层次的法律文件中层层落实，并以法律和政策采用的具体制度实现。因此，应当改变现状，统筹推进政策与立法，在坚持适度转化原则的基础上，适度推进双碳相关政策向法律的转化，构建政策同法律相协同的法律保障，促进"双碳目标"的实现。

六、结语

"碳达峰碳中和"是为应对全球气候变化而提出的目标，关乎着全球的生态环境情况，关乎着全人类的生存和发展，为此，法律保障必不可少，其能促进解决影响"双碳目标"实现的深层次矛盾和体制性障碍。然而，现行法律并不能满足"碳达峰碳中和"目标实现的需求，还存在国家层面的专门立法缺位、法律规定之间缺乏协调性、立法与政策脱节等问题。结合域外经验，应当在国家层面进行专门立法，修改已有法律规定，协同治理立法与政策，为"碳达峰碳中和"目标实现构建持久有效的法律支撑和保障，进一步推进生态文明的建设，提升全球文明治理能力，促进人与自然和谐共生。

参考文献：

[1] 景春梅，陈妍. "十四五"推动碳达峰碳中和要迈七道坎［N］. 中国能源报，2021-06-14（4）.

[2] 杨解君. 实现碳中和的多元化路径［J］. 南京工业大学学报（社会科学版），2021，20（2）：14-25，111.

[3] 刘卫东. "中国碳达峰研究"专栏序言［J］. 资源科学，2021，43（4）：637-638.

[4] 刘满平. 我国实现"碳中和"目标的挑战与政策建议［J］. 当代石油石化，2021，29（4）：1-9.

[5] 巢清尘. "碳达峰和碳中和"的科学内涵及我国的政策措施［J］. 环境与可持续发展，2021，46（2）：14-19.

[6] 李高. 凝聚全社会力量推进碳达峰目标实现［J］. 环境与可持续发展，2021，46（2）：6-10.

[7] 佚名. 热词解读碳达峰碳中和［J］. 浙江林业，2021（3）：9.

[8] 丁烈云. 尽快完善碳达峰、碳中和立法 推动我国绿色低碳健康发展［J］. 中国勘察设计，2021

(3): 18−19.

[9] 田慧芳. 国际碳中和的进展、趋势及启示 [J]. 中国发展观察, 2020 (23): 72−74.

[10] 田丹宇, 郑文茹. 国外应对气候变化的立法进展与启示 [J]. 气候变化研究进展, 2020, 16 (4): 526−534.

[11] 何建坤. 全球气候治理新形势及我国对策 [J]. 环境经济研究, 2019, 4 (3): 1−9.

[12] 肖文燕. 国外低碳经济的发展历程、策略选择及对中国的启示 [J]. 江西财经大学学报, 2011 (6): 108−114.

[13] 王新, 李晓萌. 国外低碳社会建设经验及其启示 [J]. 商业时代, 2010 (34): 97−99.

[14] 李韫玮, 贝淑华. 对我国碳汇林业发展之思考 [J]. 中国林业经济, 2020 (3): 42−45.

[15] 孙添. 完善我国林业碳汇交易法律制度 [D]. 厦门: 厦门大学, 2019.

[16] 付静娜. 我国碳税法律制度构建问题研究——以温室气体减排为视角 [D]. 新乡: 河南师范大学, 2014.

[17] 马玉荣, 陈波. 论中国碳基金发展现状及运行机制 [J]. 学术交流, 2011 (10): 131−135.

[18] 李猛. "双碳目标"背景下完善我国碳中和立法的理论基础与实现路径 [J]. 社会科学研究, 2021 (6): 90−101.

[19] 于文轩, 胡泽弘. "双碳目标"下的法律政策协同与法制因应——基于法政策学的视角 [J]. 中国人口·资源与环境, 2022, 32 (4): 57−65.

[20] 梁平, 潘帅. "碳中和"愿景下应对气候变化法律体系的完善 [J]. 重庆社会科学, 2022 (4): 6−22.

[21] 王江. 论碳达峰碳中和行动的法制框架 [J]. 东方法学, 2021 (5): 122−134.

[22] 秦天宝. 整体系统观下实现碳达峰碳中和目标的法治保障 [J]. 法律科学 (西北政法大学学报), 2022, 40 (2): 101−112.

[23] 张波. 碳中和法律制度研究 [D]. 石家庄: 河北地质大学, 2022.

[24] 田丹宇. 加快建立全国碳排放总量控制制度 [N]. 中国环境报, 2021−07−24.

[25] 国家林业和草原局. 碳达峰碳中和这场硬仗, 怎么打? [EB/OL]. (2021−06−19). https://www.thepaper.cn/newsDetail_forward_13099356.

[26] 庄贵阳. 实现碳达峰碳中和意义深远 [N]. 中国青年报, 2021−06−19.

[27] 朱英. 全国人大常委会组成人员建议: 为如期实现碳中和目标提供法律保障 [EB/OL]. (2021−06−19). http://www.gov.cn/xinwen/2021−04/29/content_5603672.htm.

[28] 柯锐. 专访全国政协常委吕忠梅: 用法律保障实现碳达峰碳中和 [N]. 新京报, 2021−03−08.

[29] 关于各发达国家碳中和、碳达峰的经验借鉴及对中国的启示 [EB/OL]. (2021−06−19). https://www.xianjichina.com/news/details_266634.html.

专题二十一：司法助力碳达峰、碳中和

碳达峰、碳中和中的恢复性司法研究

吴晓敏[①] 王雪[②]

摘 要:"碳达峰""碳中和"发展目标顺应中国可持续发展的内在要求,表明了中国实现绿色低碳发展的决心。而环境犯罪严重破坏了森林、草原等生态环境,成为实现碳达峰、碳中和目标的一大阻碍。为克服这一阻碍,在环境犯罪中适用恢复性司法,不仅可以惩罚破坏环境的犯罪分子,还可以维护生态平衡及环境安全,助推碳达峰、碳中和的实现。但是,在适用过程中,仍面临着法律供给不足、专业性不足、适用条件范围受限、缺乏有效监督、缺乏协调联动机制等困境。鉴于此,提出推进立法完善、提高专业性、拓宽适用范围、提高有效监督能力、建立健全协调联动机制等建议,以期在涉碳减排案件中更好适用恢复性司法,助推碳达峰、碳中和目标的实现。

关键词:碳达峰;碳中和;恢复性司法;环境犯罪

一、适用恢复性司法对实现碳达峰、碳中和的启示

2021年9月22日,中共中央、国务院下发《关于完整准确全面贯彻新发展理念 做好碳达峰碳中和工作的意见》(以下简称《意见》)。该《意见》指出我国双碳工作的主要目标:到2030年,森林覆盖率达到25%,森林蓄积量达到190亿立方米[③]。在提升碳汇能力上,一方面,稳定现有森林、草原、湿地、土壤、冻土、海洋、岩溶等固碳作用。另一方面,对损害的生态环境进行修复。在环境犯罪中,适用恢复性司法指被告人采用补植复绿、增殖放流、土地复垦、土壤修复等措施,恢复其损害的生态环境。从某种程度上,被告人的修复行为、宣传环保行为与从轻或者减轻甚至免除刑罚的情况呈正相关关系[④]。在这恢复过程中,恢复性司法和双碳工作有相同的目标——修复被损害的生态环境。由此可

[①] 吴晓敏:西南石油大学法学院副教授。
[②] 王雪:西南石油大学法学院2021级法律硕士。
[③] 《中共中央国务院关于完整准确全面贯彻新发展理念 做好碳达峰碳中和工作的意见》(中发〔2021〕36号),2021年9月22日发布。
[④] 蒋志如,李辉,唐红:《环境资源案件的恢复性司法探索——以平武法院审理滥伐林木案为例》,《四川警察学院学报》,2021年第3期,第81-89页。

知,在环境犯罪中适用恢复性司法与推进碳达峰、碳中和也呈正相关关系。

将碳达峰、碳中和融贯于环境保护法体系,有利于双碳工作法治体系化的形成。将环境犯罪恢复性司法理念融入刑事诉讼法,有利于实现惩罚被告人、修复受损生态、宣传环保理念等多重效益。通过在涉碳减排案件中适用恢复性司法,形成"损害—修复—降碳—增汇"的模式,以补植复绿等修复方式提高森林覆盖率,降低大气中二氧化碳等温室气体的总量和浓度,提高生态系统的碳汇能力[1],从而助力碳达峰、碳中和的实现。在推进碳排放权交易中,如果政府部门、司法机关、企事业单位、社会大众都能参与到森林的保护和恢复中来,就可以实现人类减少全球碳排放和促进生物多样性的共同目标。

二、碳达峰、碳中和实现过程中适用恢复性司法的可行性

(一)碳达峰、碳中和与环境犯罪保护法益相契合

恢复性司法顺应了碳达峰、碳中和的要求,其理念与生态环境犯罪保护法益相契合。针对环境犯罪所保护的法益内容,学界存在三种观点,即纯粹人类中心的法益论、纯粹生态学的法益论、生态学的人类中心的法益论[2]。第一种以人类为中心的观点认为,只有人类的生命、身体、健康才是环境犯罪的保护法益,环境只是为人类服务的,只有人类需要的环境才能受到刑法保护。在此观点下,行为人滥伐林木,不会对任何人的生命、身体、健康造成伤害,那滥伐行为就不构成犯罪。显然,这种观点不符合《中华人民共和国刑法》第三百四十五条对滥伐林木罪的规定[3]。第二种以生态学为中心的观点认为,生态环境本身就值得刑法保护,生态环境是独立于人的意志而存在的,不以人的意志为转移。这种观点看似先进,但与中国目前的经济发展还存在一定矛盾。原因在于,在经济落后的偏远山区,为了架桥修路,以提高落后地区人民的生活水平,不可避免需要砍伐森林,兴修水利,开展基建工程。纯粹的生态学观点会阻碍社会的发展,因此也不适用于中国。第三种折衷说生态学的人类中心观点认为,人类应当认可生态环境独立的地位,但是,只有作为人的生活基础的生态环境才值得刑法保护,才是环境犯罪所保护的法益。前两种纯粹观点都有其相当的弊端,而第三种折衷说是中国的主流观点。碳达峰、碳中和的目标是保护生态环境,与中国环境犯罪保护的法益(保护与人类相关联的生态环境)相契合。

---

[1] 王江:《论碳达峰碳中和行动的法制框架》,《东方法学》,2021年第5期,第122—134页。
[2] 张明楷:《污染环境罪的争议问题》,《法学评论》,2018年第2期,第1—19页。
[3] 根据《刑法》第三百四十五条的规定,违反森林法的规定,滥伐森林或者其他林木,数量较大的,处三年以下有期徒刑、拘役或者管制,并处或者单处罚金。

(二) 环境犯罪是实现碳达峰、碳中和的阻碍

近年来,在利益的驱动下,生态环境犯罪案件数量呈上升趋势,笔者从中国裁判文书网上以刑事一审为审判程序,以判决书为文书类型,以 2019 年 10 月 21 日—2021 年 10 月 21 日为裁判日期,搜索到环境污染罪判决书 2735 篇,滥伐林木罪判决书 7295 篇,盗伐林木罪判决书 2044 篇,水污染环境罪判决书 3 篇。其中,滥伐林木、盗伐林木等破坏森林资源犯罪占比较重,环境污染、水污染、大气污染、土地污染的案件比例也在上升。这些环境犯罪严重破坏了森林、草原、植被、土壤、河流、海洋等生态环境,影响到人民群众生活和生存的环境,也成为实现碳达峰、碳中和目标的一大阻碍。

(三) 恢复性司法助推实现碳达峰、碳中和

传统的报应性司法注重对被告人的惩罚,而忽视了被害人、社会的利益。因此,在环境犯罪中,被告人只需要承担刑罚处罚(自由刑、罚金刑)即可,不需要再履行其他责任,恢复受损环境的责任就成为国家责任。很显然,这不仅不利于惩罚犯罪,还会加重国家负担。恢复性司法中蕴含着恢复性正义——使受害人、犯罪人及社会恢复到原来的状态,追求的是被破坏的生态、社会关系得到全面恢复。因此,在环境犯罪中适用恢复性司法,有着报应性司法无可比拟的优点,不仅可以修复被告人和社会之间被破坏的关系,有效减少再犯,还可以将修复生态环境的责任赋予被告人,降低司法的成本。在环境犯罪中适用恢复性司法有双重目的:一是惩罚破坏环境的犯罪分子;二是维护生态平衡以及环境安全,是走可持续发展道路的必然要求。碳达峰、碳中和发展目标顺应中国可持续发展的内在要求,有利于构建绿色低碳可持续的循环经济,助推绿色生产方式和生活方式,实现社会高质量发展。正是因为恢复性司法落实了环境修复的相关责任,维护了生态平衡,还给了我们青山绿色,所以可助推碳达峰、碳中和的实现。

三、碳达峰、碳中和实现过程中适用恢复性司法的困境

(一) 法律供给不足,立法有待完善

1. 在碳达峰、碳中和中适用恢复性司法具有超前性

(1) 目前,中国的《中华人民共和国森林法》《中华人民共和国草原法》《中华人民共和国土地法》等自然资源保护法中不仅缺少直接作用于碳达峰、碳中和工作的具体规定,而且存在与双碳工作不相适应的内容。比如《湿地法(草案)》将湿地保护法的立法目的表述为"为了保护湿地,恢复和修复退化湿地,维护湿地生态功能及生物多样性,保障生态安全,促进生态文明建设,制定本法"[①]。

---

① 王江:《论碳达峰碳中和行动的法制框架》,《东方法学》,2021 年第 5 期,第 122—134 页。

由此可见，立法时尚未考虑湿地对提高碳汇能力的作用，对实现碳达峰、碳中和的立法重视不够。中国目前指导双碳工作多为相关政策文件，政策与立法的效力存在较大的位阶差异，双碳政策不属于法律制度，不能作为审理涉碳减排案件的司法依据，双碳工作的推进缺乏法律的直接支撑[1]。因此，相关法律法规需要及时补充更新，提高其服务双碳工作的针对性和有效性。

（2）针对环境犯罪，《中华人民共和国刑法》和《中华人民共和国刑事诉讼法》在适用恢复性司法方面都没有明确的法律规定，只有最高法院、最高检察院、国务院等部门在相关通知中明确了恢复性司法理念。比如，最高人民检察院在《关于充分发挥检察职能作用助力打好污染防治攻坚战的通知》中指出，检察院可以根据被告人修复生态环境的情况提出量刑意见。根据最高人民法院出台的相关司法解释，法官可以根据被告人修复受损环境的情况，作为酌定从轻处罚的量刑依据。但是，这些规定尚未上升到立法层面。

2. 碳排放权的法律性质尚未明确

中国尚未以法律法规确定碳排放权的法律属性，仅在2021年2月1日起施行的《碳排放权交易管理办法（试行）》的附则中规定了碳排放权的含义——指分配给重点排放单位的规定时期内的碳排放额度[2]。目前理论界存在三种观点：一是碳排放权物权（准物权）说，二是碳排放权新型财产权（规制性财产权、无形财产）说，三是碳排放权规制权（特许权）说[3]。这三个观点在借鉴国外相关学者的观点，融合我国实际情况后得出，都有一定的理论指导意义，但存在较大争议，并未有主流观点，中国现行法律也并未作出明确规定。在审理涉碳减排案件中，碳排放权的法律性质影响诉讼的请求权基础，也会影响法院判断法律关系和确定责任承担，因此，明确碳排放权的法律性质有急迫性。

3. 涉碳减排案件未明确恢复性司法的适用条件，对提升生态碳汇能力影响甚微

涉碳减排案件多为环境违法犯罪案件，如盗伐林木罪、滥伐林木罪、非法破坏草原植被罪等。在司法实践中，审理此类案件往往会提起刑事附带环境民事公益诉讼，碳达峰、碳中和属于新生事物，缺乏具体的法律规定。从中国现行的法律制度来看，传统的刑事附带环境民事公益诉讼案件范围不包含双碳工作，因此，涉碳减排案件很难用现行刑事附带环境民事公益诉讼制度来加以适用，更没有适用恢复性司法的法律依据。

（二）缺少第三方专家参与环境修复

---

[1] 刘晓芸：《新型城镇化低碳发展的法治化保障研究》，《环境保护》，2018年第14期，第55—58页。
[2] 生态环境部：《碳排放权交易管理办法（试行）》，2020年12月31日。
[3] 自杨临萍：《论司法助力碳达峰碳中和目标实现的方法和路径》，《法律适用》，2021年第9期，第3—9页。

1. 缺少专业的环境损害鉴定人

在双碳工作和恢复性司法中，要有效修复受损的生态环境，首先需要对被损害的生态进行系统、规范的评估鉴定。目前，在法院审理生态环境犯罪案件中，涉及损害程度、损害数额的重要证据往往存在瑕疵。如耿某某滥伐林木案（案号为2019冀刑初53号）中，由于农林畜牧局并无法定鉴定资格，被告人认为农林畜牧局出具的《伐卖林木材积鉴定书》并不具有法律效力①。缺乏权威的鉴定专家、鉴定机构，无法准确认定相关证据，无法准确评估环境受损程度，不仅会损害司法公信力，还会妨碍制定科学的环境修复方案②。

2. 缺少环境资源专家参与审判

碳达峰、碳中和的实现需要专业的人员，因为其中涉及碳资产管理、碳排放检测、统计核算、碳汇、碳交易等专业知识。在审判阶段，适用恢复性司法也面临着法官缺乏碳达峰、碳中和知识的困窘，这会阻碍公正审判，也会挫伤司法权威。目前，专家参与涉碳减排案件审判的主要形式是以人民陪审员、咨询专家、证人等身份出席，适用范围较小，不具有普遍性。中国环境资源审判庭存在分布不均的现象，北京、上海、重庆等大城市已经普遍成立专门的环境资源审判庭，但在一些偏远落后县城还未建立环境资源审判庭，涉碳减排案件审理的专业性有待提高。

3. 缺少专业的环境修复主体

修复受损的生态环境需要漫长的周期和专业的知识，科学合理的修复方案和专业高效的修复手段缺一不可。涉碳减排案件适用恢复性司法中，被告人往往缺乏修复生态的专业知识和经验，若仅仅依靠被告人及其亲属修复生态，不仅效率低下，而且修复效果也欠佳。实现碳达峰碳中和目标，时间紧迫，困难重重，需要更专业、更有经验的环境修复主体来具体执行。

（三）涉碳减排案件适用恢复性司法的条件和范围受限

涉碳减排案件适用恢复性司法缺乏统一的标准。笔者以四川省甘孜藏族自治州下辖的甘孜中院、新龙县法院、九龙县法院、炉霍县法院、色达县法院为例，通过检索相关案例、实地走访调查，得出如下结论。

1. 恢复性司法适用标准不统一

从笔者检索到的判例来看：四川省甘孜州雅江法院审理的让某盗伐林木一案（案件号为2019川3325刑初31号）的裁判结果是要求被告人让某赔偿因盗伐国有森林资源直接经济损失4088.98元；恢复雅江县木绒乡安贵村国有林区内的植

---

① 李国歆，邓建华：《困境与对策：恢复性司法于环境犯罪中的适用》，《河北环境工程学院学报》，2021年第2期，第55—61页。

② 刘权，秦鹏：《恢复性司法中环境修复的多方共治》，《环境生态学》，2020年第10期，第21—25页。

被，补种云杉苗木 280 株，补种当年成活率达到 85%，三年的存活率达到 80%，并承担三年的管护责任。而甘孜州新龙法院审理的志某盗伐林木一案的判决结果是赔偿国有森林资源直接经济损失 7945.00 元，要求其补种盗伐株数 10 倍的树木，承担管护责任 3 年，补种树木当年存活率达到 80%。同样是盗伐林木罪，四川省甘孜州适用恢复性司法的标准尚未统一，被告人让某被罚补种苗木 280 株，三年的存活率达到 80%，而被告人志某被罚补种盗伐株树 10 倍的树木，当年存活率达到 80%。

2. 适用恢复性司法的阶段不统一

笔者在四川省甘孜州调研发现，甘孜中院管辖的环境资源案件多在侦查起诉阶段适用恢复性司法，检察院在提起公诉时作为从轻量刑情节予以考虑；九龙县法院管辖的案件则多在审查起诉阶段适用恢复性司法，检察院要求并督促加害人履行补种义务；炉霍县法院管辖的案件则多适用于法院审理阶段，判决被告人刑罚执行完毕后履行补种义务。

3. 适用恢复性司法的执行机关不统一

甘孜中院恢复性司法的执行机关是当地林业机关；炉霍县的执行机关是法院执行局，县公安局森林警察大队协助执行；色达县的执行机关是人民法院和行政主管部门。

(四) 涉碳减排案件适用恢复性司法缺乏有效监督

1. 缺乏有效监督机制

中国目前尚未出台有关控制碳排放监督的法律，更没有成体系的监督机制。而健全的法治化监督体系是推动碳达峰、碳中和实现的有力保障。对恢复性司法适用效果也缺乏相应的监督，在实践中，存在拒不执行、执行不力等情况，这不仅不能实现恢复受损生态的目的，也不能起到惩罚犯罪的效果，司法公信力将大打折扣。双碳工作的推进，需要政府行政部门、司法部门、企事业单位、社会大众共同努力，缺乏法治化的监督机制，各主体分工与责任不明晰，职能定位不准确，容易出现推诿扯皮、无人负责的问题，这将大大降低适用恢复性司法修复生态助力双碳工作的效果。

2. 公众参与监督有待完善

相关部门对信息公开不及时，尤其对修复金的管理使用不够透明，公众参与监督信息不畅通。在恢复性司法的适用中，公众对环境的知情权、环境事务参与权、监督权尚未明确，这也会阻碍公众参与监督。并且，在碳排放监管中，恢复性司法适用的监管中，应该注重公民权利对公权力的制约作用[①]。

---

① 韩立新，逯达：《实现碳达峰、碳中和多维法治研究》，《广西社会科学》，2021 年第 9 期，第 1—12 页。

（五）涉碳减排案件适用恢复性司法缺乏协调联动机制

适用恢复性司法周期较长，责任主体较多，缺乏协调联动机制会导致适用混乱。比如，在侦查阶段，需要公安部门调查取证；在鉴定生态受损程度时，需要环保部门的技术指导；在后期执行时需要相关部门监管。若相关单位缺乏有效配合，不能沟通合作、相互监督，恢复性司法的作用则难以有效发挥。中国环境资源案件只能根据案件的性质分别适用刑事、民事、行政的诉讼程序规则，而涉碳减排案件往往涉及刑事、民事、行政责任，是"先刑后民"还是"先民后刑"……[①]没有一个确定的标准，案件审理司法协作不足，管辖权分散。这不利于建成高效专业的审判机制，也不利于提高案件审判质量。

四、完善环境犯罪适用恢复性司法，助力碳达峰、碳中和愿景的实现

（一）实现双碳目标，完善适用恢复性司法的立法

加快在碳达峰、碳中和中适用恢复性司法的立法工作。《中华人民共和国宪法》第二十六条明确了环境保护——国家保护和改善生活环境和生态环境，防治污染和其他公害。国家组织和鼓励植树造林，保护林木。因此，在相关环境单行法的制定和修改中，应该明确生态对提高碳汇能力的作用。首先，制定地方性法规，鼓励各省进行试点。制定过程中，以中央有关碳达峰、碳中和的政策作为指导，在探索中发现并解决问题，积累经验，总结创新具有普适性的指导办法。其次，将具有可执行性的内容上升为法律，弥补法律缺位。在刑事诉讼法中，明确适用恢复性司法的依据——法官可以根据被告人修复受损环境的情况，作为酌定从轻处罚的量刑依据。刑法也应该明确恢复性司法模式的法律属性，将其作为新型非刑罚处罚方式或量刑情节或一种刑事附带民事的赔偿责任。

（二）提高在涉碳减排案件中适用恢复性司法的专业性

最高人民法院副院长杨临萍提出："司法要服务生态文明建设，要充分发挥审判职能作用，构建富有中国特色的专门化审判体系，组建专门化审判机构，运用专门化司法措施，健全专门化审判规则。"[②] 首先，在损害鉴定方面，应该培养专业的鉴定人员，加强建设司法鉴定机构。可以根据当地社会经济发展水平，制定当地统一的损害结果鉴定标准。其次，在审判阶段，应该邀请碳达峰、碳中和方向的专业人士以中立的角色参与诉讼，或作为人民陪审员，或作为证人，或

---

① 张印东：《刑事附带环境民事公益诉讼的适用困境与完善》，《山东青年政治学院学报》，2021年第4期，第75—82页。

② 申云帆：《向世界发出生态文明好声音——2021年生态文明贵阳国际论坛专家精彩观点集萃》，《当代贵州》，2021年第30期，第17—18页。

作为咨询专家,为诉讼程序服务,提供相关专业知识,出具专家辅助意见[①]。最后,在执行阶段,若被告人自行修复生态,则应该为其提供专业的指导和帮助,确保其修复效果;若被告人缴纳赔偿金,则可以通过市场化运作方式寻找专业修复主体,一是以招标方式聘请专业第三方,二是建立第三方修复机构名录。

(三)拓宽恢复性司法的适用条件和范围

1. 明确适用条件,完善碳汇交易中恢复性司法的保障措施

拓宽刑事附带环境民事公益诉讼案件的适用范围,加大对盗伐林木、滥伐林木、非法采伐运输收购国家重点保护植物罪、非法破坏草原植被罪等破坏生态环境犯罪的打击力度。最高人民检察院张雪樵副检察长在接受《北京青年报》采访中提道:"刑事附带民事公益诉讼更多的是保障不特定多数人的利益,其内涵和外延相较于刑事附带民事诉讼均有所差别。此外,刑事附带民事公益诉讼不拘泥侵权行为造成的直接损失,还可提起生态修复费用赔偿、赔礼道歉等诉讼请求。"[②] 拓宽适用范围,可以更好地修复受损生态,可提升生态系统碳汇能力,推动形成"破坏—惩罚—修复—监督"的生态修复闭环,促进碳达峰、碳中和目标的实现。

2. 统一涉碳减排案件适用恢复性司法的标准

一是最高人民法院可以定期发布碳排放领域的指导性案例,作为全国同类案件的示范性判决。二是最高人民法院应加强有关碳排放法律法规的司法解释,明确适用恢复性司法的阶段(侦查阶段、审查起诉阶段、审判阶段),明确适用恢复性司法的执行机关,有利于准确地适用于实际案例,解决同案不同判的问题。

(四)提高涉碳减排案件适用恢复性司法有效监督的能力

1. 建立健全监督体系

政府行政部门可以成立环保督察组,明确规定督察范围、督察方式、问责方式,协助督察恢复性司法的执行和验收,保障适用恢复性司法修复环境的效果。加强对适用效果的有效监督,可以探索借鉴河南省高级人民法院提出的执行回访制度,密切监督生态恢复措施是否落实到位[③]。在法院审判后,还需要有专门的机构去修复现场回访监督,确保执行效果。

---

① 蒋志如,李辉,唐红:《环境资源案件的恢复性司法探索——以平武法院审理滥伐林木案为例》,《四川警察学院学报》,2021年第3期,第81-89页。

② 赵辉:《刑事附带民事公益诉讼实践探索与理性检视——以衢州市生态环境领域司法实践为样本》,上海市法学会:《〈上海法学研究〉集刊(2020年第14卷总第38卷)——中国法学会环境资源法学研究会文集》,上海市法学会,2020年,第10页。

③ 李霞:《生态恢复性司法的探索实践及完善措施——以河南省为例》,《湖北警官学院学报》,2020年第6期,第73-82页。

2. 建立修复金管理机制

设置专门的第三方管理机构,实现收取、管理、使用相分离。根据被告人的犯罪行为、生态受损情况来明确修复金收取标准、使用标准、监督标准。对于修复金的收支情况,应该定期公示,主动接受监督。

3. 保障公众的有效监督

环境犯罪往往会损害生态环境权益,相关公众作为生态受损的受害者,应该享有知情权和监督权。要完善信息公开制度,拓宽公众参与监督的渠道。为了实现碳达峰、碳中和目标,完善协商民主,通过听证会、座谈会等民主方式增加公民参与度,加大政府应对恢复性司法的适用情况与碳排放信息公开力度,保障公民环境知情权等。还可以通过举报电话、市长信箱等方式,确保公民参与监管。

(五)建立健全涉碳减排案件适用恢复性司法的协调联动机制

1. 构建协调联动机制

恢复性司法的落实需要司法机关、行政机关、环保组织、社会大众等多方主体共同参与,这就需要构建交流互动的平台,共同打造信息共享机制,充分发挥各个主体的优势,增进联系,促进有效配合。同时,还要构建统一的生态环境保护与减碳责任考核制度,明晰责任,防止推诿扯皮,推卸责任。

2. 提升涉碳减排案件的司法协作能力

司法要服务生态文明建设,要建立健全中国特色专门化审判体系。可以借鉴河南省中级人民法院、基层法院环境资源庭实行的刑事、民事、行政"三合一"审理模式[①]。还可以借鉴福建省推出的"五审合一"的综合化审判模式,把立案、民商事、刑事、行政和非诉执行融为一体。在审判环节,可以通过检察院、林业局等环保部门与被告人协商,由被告人通过补植复绿等方式修复被损害的生态环境;同时,还邀请当地村委会、居委会等基层自治组织负责人、当地居民参与庭审。审判程序也成为对国家碳达峰、碳中和政策的宣讲形式。

---

① 李霞:《生态恢复性司法的探索实践及完善措施——以河南省为例》,《湖北警官学院学报》,2020年第6期,第73—82页。

司法助力"双碳目标"实现

涂晏艇[1] 宋玉霞[2]

摘　要：实现碳达峰、碳中和，是以习近平总书记为核心的党中央经过深思熟虑所作出的重大战略决策，对中国发展格局具有深刻意义。然而，实现这一目标并非易事，不仅需要在立法层面加以完善，在执法方面进行协调，还需要在司法领域提供强有力的保障。目前，中国司法机关在处理涉碳纠纷案件中，由于立法的滞后性等原因，表现得力不从心。因此，文章通过分析实现碳达峰、碳中和目标的重大意义，阐述司法机关在处理涉碳纠纷中的困境，明确中国在司法层面应如何助力碳达峰、碳中和目标的实现。主要方法包括发挥环境资源审判职能作用，准确界定碳排放权法律性质，依法审理涉碳纠纷案件，推进环境司法改革创新，从而构建极具中国特色的环境资源审判体系，为"双碳目标"的实现提供有力的司法保障，建成美丽中国，形成新发展格局，为世界发展提供"中国智慧"。

关键词：碳达峰；碳中和；碳排放权；环境资源审判；司法

一、引言

实现碳达峰、碳中和是一场广泛而深刻的经济社会变革，是党中央经过深思熟虑作出的重大战略决策，事关中华民族永续发展和构建人类命运共同体[3]。2020年9月，习近平主席在第七十五届联合国大会一般性辩论中提出，中国将提高国家自主贡献力度，具体来说，"二氧化碳排放力争于2030年前达到峰值，努力争取2060年前实现碳中和"。之后，在12月的中央经济工作会议中，将"做好碳达峰、碳中和工作"作为八大重点任务之一。2021年4月，在领导人气候峰会上，习近平主席再次强调坚持以国际法为基础，以公平正义为要旨，以有效行动为导向，维护以联合国为核心的国际体系，遵循《联合国气候变化框架公约》及《巴黎协定》的目标和原则。如此短的时间内，习近平主席多次强调碳达

---

[1] 宋玉霞：西南石油大学法学院讲师。
[2] 涂晏艇：西南石油大学法学院法律硕士。
[3] 2021年3月15日，习近平主席主持召开中央财经委员会第九次会议，研究实现碳达峰碳中和的基本思路和主要举措，指出我们要充分认识碳达峰碳中和的重大意义。

峰、碳中和目标，集中彰显出中国应对气候变化的大国担当和为全球治理提供中国方案的决心。

习近平主席强调，要善于运用法治思维和法治方式解决经济社会发展面临的深层次问题。碳达峰、碳中和不是简单的技术和经济问题，更是影响深远的政治、社会问题。司法应该如何发挥审判职能作用，服务和保障碳达峰、碳中和目标如期实现，是摆在人民法院面前的重大问题。在司法领域，要求我们发挥环境资源审判职能作用，准确界定碳排放权法律性质，依法审理涉碳纠纷案件，及时推进环境司法改革创新，处理好实现碳达峰、碳中和目标过程中立法、执法、司法、守法各环节之间的关系。

二、深刻认识实现碳达峰、碳中和目标的重大意义

（一）实现碳达峰、碳中和目标是适应经济高质量发展的内在要求

碳达峰、碳中和是二氧化碳排放轨迹由快到慢不断攀升、到达年增长率为零的拐点后持续下降的过程，直到碳排放量与碳清除量相抵，实现碳中和。从碳达峰到碳中和的过程，就是经济增长与二氧化碳排放逐步脱钩的过程。

近年来，中国正在寻求更具有可持续性的经济发展方式，而碳达峰、碳中和目标实现正是要求我国建立绿色循环发展的经济体系、现代化能源生产体系和消费体系。通过技术创新、产业转型、绿色金融创新等方式，建设高质量经济体系，助推经济协调发展。在"十四五"规划下，更要贯彻新发展理念，以碳达峰、碳中和目标实现为重要抓手，处理好经济发展和节能减排的关系。在司法层面，要依法审慎审理因经济结构调整、能源政策变动及产能过剩所引发的企业改制、企业破产等案件，支持企业通过改制、重整实现转型发展。

（二）实现碳达峰、碳中和目标是推动生态文明建设发展的重要体现

党的十八大以来，生态文明建设被摆在全局突出位置，并开展了一系列稳根本、固长远工作。习近平总书记强调，"十四五"时期，我国生态文明建设进入了以降碳为重点战略方向、推动减污降碳协同增效、促进经济社会发展全面绿色转型的关键时期。由此，碳达峰、碳中和目标的实现是推动生态文明建设发展的重要体现。

实现碳达峰、碳中和，意味着持续改善生态环境质量，提升气候韧性，将全面推进环境治理水平现代化，真正实现人与自然和谐共生。做好碳达峰、碳中和工作需要补齐政策工具，提供手段措施，提升应对气候变化的认知水平和基础能力等，尤其要为推动减污降碳提供制度能力支撑和司法保障。因此，人民法院要妥善审理排污权、碳排放权交易、绿色金融等新类型案件，提升生态系统碳汇能力，推动绿色低碳技术实现重大突破，支持重点行业领域减污降碳行动，推动建

立清洁低碳、安全高效的能源体系，确保碳达峰、碳中和目标如期实现，努力建设人与自然和谐共生的美丽中国。

（三）实现碳达峰、碳中和目标是构建人类命运共同体的重要举措

气候变化是人类社会所共同面对的难题，《巴黎协定》代表了全球携手应对危机的多边协作模式和发展方向。中国虽近年来才十分强调气候变化应对工作，但我们仍不遗余力地推动全球治理，从习近平主席的多次讲话即可看出。中国在推动经济高质量发展中将调整经济结构、优化能源结构、改善生态环境等结合起来，成效显著。2005年至2020年，中国GDP增长约4.5倍，同期碳强度下降48.4%，大幅超额完成到2020年气候承诺[1]。

中国确立的碳达峰、碳中和的目标，既是中国不断提高国内法律体系生态化的必然结果，更是中国构建人类命运共同体、重塑全球气候治理秩序的客观要求和核心措施。中国碳达峰、碳中和目标远远超出了《巴黎协定》目标要求，这是中国保护全人类安全的担当之举，为全球各国积极应对气候变化、构建生态文明发挥重要示范作用。习近平法治思想所蕴含的系统性、协同性和控制性为构建实现碳达峰、碳中和的目标提供了方法论指引。因此，从司法层面来看，要深入贯彻落实国家应对气候变化重大战略决策，积极加强应对气候变化国际合作，推进国际规则标准制定，遵循《联合国气候变化框架公约》及《巴黎协定》的目标和原则，打造出具有我国特色和国际视野的碳达峰、碳中和司法保障体系，从而正确解决我国碳减排问题，为全球碳中和提供中国方案。

三、司法途径解决涉碳纠纷的困境

在2015年《中华人民共和国环境保护法》修订实施以前，中国环境司法救济只处于初级阶段。但随着气候变化、生态环境保护理念的进一步加强，司法机关在中国环境保护事业中的作用已经逐渐扩展与深化。然而，环境纠纷领域存在怪象，一方面，因环境污染、生态破坏导致的大量环境纠纷案件层出不穷；另一方面，真正通过司法途径解决的环境案件少而又少。据不完全统计，中国每年超过十万多件的环境纠纷中，只有不到百分之一的案件是通过法院解决的。

在碳达峰、碳中和目标下，碳排放权交易市场逐渐兴起，在这一制度下，碳减排信用成为一种可以交易的资源和生产要素，通过交易价格信号体现其价值。碳排放权是把碳排放的社会成本内部化，通过看不见的手引导市场主体自觉挖掘潜力节能减排，形成促进温室气体减排的一种长效机制。但中国碳排放权交易管理基础仍比较薄弱，全国碳排放权交易市场不可避免会遭遇诸多挑战，在此背景

---

[1] 参见生态环境部部长黄润秋在第五届气候行动部长级会议上的发言。

下环境司法理应发挥更大的作用。然而，法院在处理涉碳纠纷中面临许多困境，如准确界定碳排放权的法律性质，如何审理涉碳纠纷案件，其中案件类型、管辖权、案由等如何确定，这些问题都会影响法院对涉碳案件的审理。因此，在发挥环境资源审判职能作用的基础上，更应该着力解决法院在处理涉碳纠纷中面临的困境，最后提出推进环境司法改革创新之举。

四、发挥环境资源审判职能作用

2021年5月26日至27日，世界环境司法大会在云南昆明成功召开。习近平主席指出，中国不断深化环境资源审判职能改革创新，积累了众多宝贵经验。同时，最高人民法院秉持生态文明建设态度，在构建人类命运共同体理念指引下，持续深化环境司法领域国际合作交流，形成了《世界环境司法大会昆明宣言》，宣告加强全球环境危机的司法应对，倡导运用多样化司法措施，推动环境司法专业化发展[1]。实现碳达峰、碳中和目标，发挥环境资源审判职能作用，必须依法惩罚涉环境资源犯罪，监督、支持相关行政部门依法行政，妥当处理各类环境资源民事纠纷。

（一）环境资源刑事审判工作

坚持罪刑法定原则，加大对污染环境、破坏生态犯罪行为的打击力度，保护国家生态环境和自然资源安全。坚持罪责刑相统一的基本原则，注重刑事审判教育和预防相结合，教育和引导公民自觉保护生态环境，合理利用自然资源。将"造成生态环境严重损害"纳入污染环境罪定罪量刑的具体标准[2]，进一步明确环境污染刑事案件的定罪量刑标准，为提升依法惩治环境污染犯罪成效发挥重要作用。

对于碳达峰、碳中和目标实现过程中存在的犯罪行为，依法进行处理，确保生态环境得以改善。

（二）环境资源行政审判工作

坚持监督和支持并重。一方面，通过审理项目工程环境影响评价审批等相关行政案件，督促行政机关依法及时履行行政监管职责。另一方面，支持行政机关依法查处危害环境的违法行为，如建设项目未进行环境影响评价先批准、未批准先建设等违法行为，避免存在重大生态环境隐患的建设项目开工。此外，通过审理信息公开相关行政案件，保障人民群众的知情权和监督权，提高公众参与环境资源保护的积极性。对于实现碳达峰、碳中和目标过程中存在的行政行为依法进

---

[1] 参见2021年5月27日，最高人民法院发布的《世界环境司法大会昆明宣言》。
[2] 参见2016年12月，最高人民法院、最高人民检察院联合发布《关于办理环境污染刑事案件适用法律若干问题的解释》。

行监督和支持。

(三) 环境资源民事审判工作

秉持生态环境和自然资源保护裁判理念,坚持损害担责、全面赔偿原则,依法审理涉环境污染和生态保护纠纷案件。明确人民法院对于环境资源案件的归责原则、举证证明责任分配、责任承担以及专业技术问题的判断方法等方面的裁判意见,发挥评价指引作用,依法化解碳排放权交易过程中产生的民事纠纷。

五、准确界定碳排放权的法律性质

"碳排放权"涉及不同法学理论、实践,属于前沿性的问题。准确定义碳排放权的概念,界定碳排放权的法律性质,能够有效化解碳排放权交易纠纷,发挥司法的能动作用,并最终推动"双碳目标"的实现。

(一) 中国立法对碳排放权的界定

中国现行法律并没有对碳排放权的专门规定,只是在《碳排放权交易管理办法(试行)》中有所体现,即分配给重点排放单位的规定时期内的碳排放额度[①]。但是这一定义仅仅从事实上对碳排放权给予了描述,仍没确定碳排放权的法律属性这一问题。各国立法对碳排放权法律属性的规定不尽相同。比较法上有的国家规定碳排放权不构成财产权,如美国;有的国家直接规定了碳排放权属于动产,如澳大利亚、新西兰;还有一些国家没有明确规定,但在判例中确定了碳排放配额动产属性,如英国[②]。

相较于原有立法,《碳排放权交易管理办法(试行)》对中国碳排放权交易市场运行的核心框架已然成形。在其他领域,对于碳排放权的界定同样十分谨慎,会计领域采取了单独处理的方式,回避了因碳排放权权属不明对相关制度的影响。从财政部 2016 年发布的《碳排放权交易试点有关会计处理暂行规定(征求意见稿)》,到 2019 年 12 月颁布的正式规定,这期间,将会计科目中的"1105 碳排放权"修改为"1489 碳排放权资产"。上述修改表明,在会计领域,要满足会计处理方便,才将"碳排放权"加上"资产",但实质上并没有回答"碳排放权"的法律性质。

(二) 中国学术界对碳排放权的争议

对碳排放权性质的研究,学术界大多从经济学和法学两个方面出发,但目前仍未形成较为统一的观点。在法学领域,传统理论下对碳排放权的界定主要以物权说为基础。随着中国深入参与国际碳减排实践,学者逐渐认识到了碳排放权作

[①] 《碳排放权交易管理办法(试行)》(生态环境部第 19 号令)第四十二条规定:"(三) 碳排放权是指分配给重点排放单位的规定时期内的碳排放额度。" 2020 年 12 月 31 颁发。

[②] 杨临萍:《论司法助力碳达峰碳中和目标实现的方法和路径》,《法律适用》,2021 年第 9 期。

为环境权与人权的属性。支持碳排放物权说的学者认为，碳排放权物权化是合理配置与利用大气环境资源，以应对气候变化的必然要求。部分学者基于物权说还提出了碳排放权兼具发展权的属性：一方面，自然权利状态下的碳排放权能够满足发展权的需要；另一方面，在配额分配、交易等环节均体现了发展权的要求[①]。

基于对物权说道德性缺陷等问题的批判与实践中政府管控的需要，部分学者指出应当将碳排放权视为一种行政规制权。曹明德等从政府绩效的角度分析行政规制权的合理性，认为这种定位相对于物权说更符合政府规制的目的与效率。王慧在行政规制权的基础上，对碳排放权做了更具体的界定，她认为碳排放权应是行政特许权。田丹宇基于政策目的分析指出，行政规制权是中国碳排放权应然属性[②]。

综上所述，中国学术界虽然对于碳排放权性质的界定尚未有较为统一的观点，但其争论主要还是围绕财产权与行政规制权。支持财产权的学者认为，碳排放权是排放主体参与碳交易的一项权利，是准物权或无形财产权等其他权利；而支持行政规制权的学者则认为，碳排放权是政府行政规制下的特别许可，对于拥有配额的主体而言，只属于一项财产性利益，并非权利，并不能以此对抗政府的调控。

我们认为，中国碳排放权交易的立法目的是积极应对气候变化，维护碳排放权交易市场稳定，完善碳市场产权保护制度。在这种立法目的下，将碳排放权定义为行政规制权更为合理。

首先，从应对气候变化目的分析。应对气候变化，以高效益的方式实现碳达峰、碳中和目标是中国建立碳排放权交易市场的首要目的。一方面，虽然最开始提出碳排放权交易是基于自由市场环境主义的支持者的假设，他们认为市场的自我运行可以以最低成本达到最大的减排效益；但是不然，实践中不断地证实了该市场离不开有效的政府干预。例如，从价格角度来考察，欧美碳市场曾经由于配额过多导致碳价格极低甚至归零。另一方面，从现实考虑，碳排放量几乎不需要成本，这就无法反映企业的排放成本，更不可能促进相应的对碳减排技术的投资，更无法有效应对气候变化。实践表明，政府必须对碳排放权交易具有较强的管理职权，如采取停止履约期、调整与删除配额等手段，对碳排放权交易进行适时调控。相反，如果将碳排放权财产化，将可能导致政府对碳排放权交易调控的不及时，也正是如此，美国的区域碳排放权交易计划和联邦碳排放权交易计划均

---

① 周珂：《适度能动司法 推进双碳达标——基于实然与应然研究》，《政法论丛》，2021年第4期。
② 周珂：《适度能动司法 推进双碳达标——基于实然与应然研究》，《政法论丛》，2021年第4期。

明确规定碳排放权不是财产权。

其次,从维护碳排放权交易市场稳定目的分析。从市场本身运行来看,碳交易市场相较于其他已经发展成熟的市场,存在新兴市场兼具能源市场、环境市场甚至部分金融市场的特性。碳排放权交易市场领域具有专业性强、技术性强、风险高的特性,极容易发生滥用市场力量、操纵价格、虚假交易等破坏市场秩序的行为。实践中,欧盟的碳市场也多次出现大量市场风险,主要包括欺诈、利用碳交易洗钱、内部交易等问题,严重损害碳交易市场的环境价值与效率价值。这就要求政府在其中扮演好监管者、服务者和支持者的角色,通过各种手段调节价格,既不能让价格过高,以过度增加企业成本,破坏基本经济秩序,又不能使价格过低而失去了交易的意义。

最后,从完善碳市场产权保护制度目的分析。有学者认为相比较于财产权说,行政规制权赋予了政府较大的管理和分配权力,政府很有可能为了自身的目的通过行政手段调整配额,从而降低碳交易市场与碳金融市场参与者对于市场的稳定预期,故不利于相关主体的权利维护。对此,笔者认为,碳排放权交易之所以特殊,就在于其承载着极为重要的环境利益,无论采取何种学说,均不应当排斥政府的调控。并且,行政规制权学说强调的是,尽管碳排放权人可以进行权利交易,但是政府对此享有最终的管理和分配权力。此外,行政规制权理论同样包含对行政权力的约束,政府对于碳排放权的不适当或者不法干预,公民可以通过行政复议、行政诉讼、申请国家赔偿等方式进行权利救济。

综上所述,将碳排放权归属于行政规制权更加符合中国目前的现实。这有利于规范碳交易行为,调控碳交易市场,有效化解碳交易纠纷,从而更好地实现碳达峰、碳中和目标。

六、依法审理涉碳纠纷案件

(一)区分案件类型

在案件类型方面,涉碳法律纠纷则可以按照刑事、民事、行政三种类型分别研究。

首先,在涉碳刑事案件中。坚持罪刑法定、罪责刑相统一原则,注重刑事审判教育和预防相结合,积极引导碳排放权交易合法,进一步明确环境污染刑事案件的定罪量刑标准,对于碳达峰、碳中和目标实现过程中存在的犯罪行为,依法进行处理,确保生态环境得以改善。

其次,在涉碳民事案件中。在不同种类的碳交易纠纷中,需要识别交易主体、交易机构在交易过程中发挥的作用、产生的影响,据此确定权责大小。而法院在审理时,应遵循一般合同案件的审理原则,即在不损害碳交易制度根本目的前提下，尽量促成合法交易的达成。此外，涉碳交易的公益诉讼也可能被提起，如以要求企业公开碳排放或碳交易信息为由的公益诉讼、以企业不规范进行碳交易或碳排放为由提起的环境民事公益诉讼、当企业未履行清缴义务时政府提起的生态环境损害赔偿诉讼等。

最后，在涉碳行政案件中。碳配额分配纠纷集中体现了碳排放权"公私混合"双重属性所带来的矛盾，因而较为特殊。碳排放配额的发放行政专业性较强，且涉及国家、社会共同利益，当纠纷发生时，需将行政复议作为行政诉讼前置，且相关利益第三人也可以提起此类诉讼。

（二）明确案由

从实践来看，涉碳纠纷主要存在于民事领域的碳排放权交易中。根据现行《民事案件案由规定》的规定[①]，"合同纠纷"案由项下已经增加了"100. 碳排放权交易纠纷"与"101. 碳汇交易纠纷"。目前，碳金融纠纷尚未形成独立的案由，可能是由于目前中国碳交易市场还主要停留在初级阶段，碳金融的发展还有待观察。若未来碳金融形成一定规模，且其性质具有特殊性，则可考虑增设新的案由。针对未来可能出现的非碳交易的涉碳案件，尤其是涉碳公益诉讼，在"减污降碳协同增效"的政策背景下，可以考虑增设"气候变化应对诉讼"案由，以期将碳排放类案件纳入管辖范围，真正实现"协同增效"。

（三）确定管辖权

在司法实务中，法院对于涉碳交易案件的管辖权确定也是亟须解决的问题。若尝试将碳交易类案件以"金融属性强弱"为标准进行划分，针对基于金融属性较强的法律关系而产生的纠纷，则可由更具专业性的金融庭或金融法院管辖。对于其他涉碳交易纠纷，应由环境资源审判庭管辖，而非传统民庭。在地域管辖方面，考虑到全国碳交易市场正处于起步阶段，各方面制度和规则不太完备，因此，应当首先确保法院对碳交易法律制度、市场规则的理解和适用统一，从而保障碳交易市场稳定运作、确保交易安全。在此基础上可规定：凡依托上海的"全国碳排放权交易市场"交易而发生的民事纠纷均由属地法院管辖；依托地方市场的，则根据一般案件管辖规则确定。在级别管辖方面，对于涉及地方的此类案件由基层法院审理，涉及"全国碳排放权"的相关案件相应由中级法院审理。

---

① 《民事案件案由规定》法〔2020〕347号，2021年1月1日颁布。

七、推进环境司法改革创新

（一）提升审判能力

1. 开展专业化培训

加大对审判人员的培训力度，健全人才培养制度，制定人才储备计划。通过案例研究、实地考察、跨国司法实习等培训方式，培养专业化法官的同时，提升法官的综合素质。加强对环境法、经济、社会、环境科学领域知识能力的培养，积累审判经验，充分发挥环境资源审判职能作用。

2. 加强涉碳案件司法协作

加强各地法院及法院内部之间就涉碳案件在立案、审判、执行等方面的工作协调对接。首先，最高人民法院可以出台具体的司法解释，总结和完善涉碳纠纷的特殊诉讼规则，以指导全国法院加大对涉碳纠纷中热点、难点问题的研究和解决。其次，上级法院对下级法院受理的碳排放权交易相关纠纷要及时监督，认真总结实践经验，注意发现、收集、整理典型案例，做好案例培育和规则提炼。最后，下级法院受理具有广泛影响力、社会关注度高、法律适用难度大的群体性、新类型及公益诉讼案件后，应逐级报至最高人民法院，确保法律适用统一。

（二）提高信息化司法服务能力

坚持科技便民、司法为民的理念，努力建成国家司法审判信息资源库、全国法院环境资源审判信息化平台、数据共享交换平台。借助一站式诉讼服务中心、中国移动微法院等平台，实现环境资源等案件诉讼事项的在线跨区域办理，真正贴近群众、便利群众，切实保护公众利益。此外，要加强气候变化应对案件司法统计工作，在推进智慧法院信息数据资源共享的基础上注重环境资源案件大数据分析应用，为评估审判运行态势，提炼生成案例规则提供技术支撑和保障。

（三）加强国际交流合作

司法助力实现碳达峰、碳中和目标是习近平生态文明思想和习近平法治思想的重要体现。通过构建国际司法交流平台，完善国际环境法治规则，丰富国际交流等方式，统筹推进国内法治和涉外法治，积极参与全球环境治理，加强环境司法国际交流合作，提升中国环境司法在建立完善可持续发展规则体系中的话语权和国际影响力，推动形成公平有效、合作共赢的世界环境资源审理的司法方案。

八、结论

实现碳达峰、碳中和，是党中央在气候变化等新形势下作出的重大战略决策，对中国发展方式的转变、生态文明建设具有深刻意义，事关人类命运共同体的建设。然而，实现这一目标并非易事，需要中国司法提供强有力的保障。首先，应当充分发挥环境资源审判职能作用，依法惩罚涉环境资源犯罪，监督、支持相关行政部门依法行政，妥当处理各类环境资源民事纠纷。其次，应当准确界定碳排放权法律性质，学界争议主要围绕财产权和行政规制权，笔者通过分析，认可碳排放权属于行政规制权的法律性质。再次，法院应当依法审理涉碳纠纷案件，主要从案件类型、案由、管辖权这三方面进行了讨论。最后，法院应当提升审判能力，提高信息化服务水平，加强国际交流合作，从而推进环境司法改革创新，构建极具中国特色的环境资源审判体系，为"双碳目标"的实现提供有力的司法保障。但是，在实现碳达峰、碳中和目标过程中可能还会产生许多新型纠纷，对此涉及的起诉主体、起诉对象、诉讼依据等问题，本文还尚未讨论，这些问题的解决，除了要进一步完善立法，还离不开国家司法审判职能发挥能动作用。

预防性环境公益诉讼实施困境与出路

陈 恋[①]　罗沁雯[②]

摘　要：中国目前制定了基础性的预防性环境公益诉讼制度，并以此为依据裁判案件，取得了一定的社会效果与法律效果。构建预防性环境公益诉讼制度能够弥补事后救济体系的不足，提前预防环境风险。但从制度设计与实践运行来看，存在如宣言式法律规定难以指导实践、"重大风险"标准缺失、事后救济措施难以弥补环境损害、检察建议效果不佳等问题。针对上述问题，从阐释预防性公益诉讼的理论基础与制度内涵出发，可以从以下几个方面进行完善：构建"重大风险"的具体认定路径，明确预防性执行措施以及明确行政机关在公益诉讼中的职责。

关键词：预防性环境公益诉讼；重大风险；事后救济体系；检察主体

从1972年联合国召开人类环境会议起，各国为应对环境变化进行多方探讨与研究。据统计，2020年碳排放达峰国家已有53个[③]，这些国家多数支持碳中和。如英国在2019年生效的《气候变化法》中正式提出将在2050年实现碳中和目标，是全球首个通过立法确定碳中和目标的经济体；美国总统拜登在2021年4月22日全球气候峰会上首次宣布将在2050年实现碳中和；欧盟也在2019年3月—11月的会议中确认到2050年实现温室气体净零排放的目标，并争取尽快实现[④]。2020年9月22日，习近平主席在第七十五届联合国大会上郑重作出承诺，中国力争在2030年前碳排放量达峰值，努力争取在2060年前实现碳中和[⑤]。为如期实现"双碳目标"，承担环境保护的大国责任，我们需要完善服务"双碳目标"的司法保障机制，充分利用现有的环境保护法体系，为碳达峰碳中和的行动

[①]　陈恋：西南石油大学法学院讲师。
[②]　罗沁雯：西南石油大学法学院2021级法律硕士。
[③]　韩立群：《碳中和的历史源起、各方立场及发展前景》，《国际研究参考》，2021年第7期，第29—36页。
[④]　韩立群：《碳中和的历史源起、各方立场及发展前景》，《国际研究参考》，2021年第7期，第29—36页。
[⑤]　习近平：《习近平在第七十五届联合国大会一般性辩论上的讲话》，http://www.xinhuanet.com/2020-09/22/c_1126527652.htm，2020年9月22日。

提供法制保障的框架基础[1]。目前我国环境公益诉讼制度已经较为完善，但是现有的环境保护司法保障机制注重事后救济，而环境一旦破坏就可能无法复原，现有的事后救济机制无法达到环境保护的应然目的。环境公益诉讼的核心价值应当体现在其预防性司法救济功能的发挥，而不在于其对损害结果的填补[2]。因此，实务界与理论界展开了预防性环境公益诉讼的思考。目前，中国已经制定了基础的预防性环境公益诉讼制度，并以此为依据裁判案件，取得了一定的社会效果与法律效果。但是，从整个制度运行来看，存在理论欠缺与规范粗糙的问题。本文将从预防性环境公益诉讼视角，阐释预防性公益诉讼的理论基础与制度内涵，检讨中国预防性环境公益诉讼制度的缺失，提出构建中国预防性环境公益诉讼制度的实现路径。

一、问题引出

2012年《中华人民共和国民事诉讼法》（以下简称《民事诉讼法》）第五十五条[3]明确提出针对污染环境等损害社会公共利益的行为，"法律规定的机关和有关组织可以向人民法院提起诉讼"，首次明确了环境公益诉讼制度。2015年1月，《最高人民法院关于审理环境民事公益诉讼案件适用法律若干问题的解释》（以下简称《环境民事公益诉讼解释》）第一条[4]对具有损害社会公共利益重大风险的污染环境、破坏生态的行为，提起预防性环境公益诉讼。近年来，预防性环境公益诉讼案件虽然不多，但是有经典案例反映出预防性环境公益诉讼制度存在弊端。

案例一："云南安宁炼油案"。中石油云南石化有限公司负责建设和运行已取得环境影响评价批复的云南1000万吨/年炼油项目。2015年4月，被告发布将项目产量增至1300万吨/年，并新增适用迟延焦化技术等调整的环境影响公告。8月28日因被告"建设内容发生重大变动，未重新报批环境影响评价文件，擅自开工建设"，原环境保护部作出责令被告停建变动工程的行政处罚决定。但被

---

[1] 王江：《论碳达峰碳中和行动的法制框架》，《东方法学》，2021年第5期，第122—134页。
[2] 唐瑭：《风险社会下环境公益诉讼的价值阐释及实现路径——基于预防性司法救济的视角》，《上海交通大学学报（哲学社会科学版）》，2019年第3期，第29—37页。
[3] 《中华人民共和国民事诉讼法》第五十五条：对污染环境、侵害众多消费者合法权益等损害社会公共利益的行为，法律规定的机关和有关组织可以向人民法院提起诉讼。人民检察院在履行职责中发现破坏生态环境和资源保护、食品药品安全领域侵害众多消费者合法权益等损害社会公共利益的行为，在没有前款规定的机关和组织或者前款规定的机关和组织不提起诉讼的情况下，可以向人民法院提起诉讼。前款规定的机关或者组织提起诉讼的，人民检察院可以支持起诉。
[4] 《最高人民法院关于审理环境民事公益诉讼案件适用法律若干问题的解释》第一条："法律规定的机关和有关组织依据民事诉讼法第五十五条、环境保护法第五十八条等法律的规定，对已经损害社会公共利益或者具有损害社会公共利益重大风险的污染环境、破坏生态的行为提起诉讼，符合民事诉讼法第一百一十九条第二项、第三项、第四项规定的，人民法院应予受理。"

告拒不履行，自然之友以"被告行为具有损害社会公共利益重大风险"（具体诉因：污水排放对损害螳螂川水质有重大风险、未批先建给大气污染造成现实危险、适用迟延焦化技术有重大风险）为由于10月27日向昆明市中级人民法院提起预防性环境民事公益诉讼。2016年4月25日，原环境保护部对该新增项目作出"原则上同意"的环评批复。一审法院认为环评报告经环保主管机关批复同意，故原告提交的若干证据不能证明重大环境风险的存在，裁定不予受理后，原告上述至云南省高院，二审法院维持一审裁定[①]。

案例二："云南绿孔雀案"。2017年7月12日北京市朝阳区自然之友环境研究所于云南省昆明市中级人民法院起诉中国电建集团昆明勘测设计研究院有限公司、中国水电顾问集团新平开发有限公司。因戛洒江一级水电站项目绿孔雀栖息地、陈氏苏铁生长有重大风险，对淹没区绿孔雀和陈氏苏铁等珍稀物种，及与其赖以生存的大面积原始季雨林、热带雨林片段共同构成的完整生态系统也造成重大风险，一审判决认定该项目淹没区对绿孔雀栖息地、陈氏苏铁生长有重大风险，但未认定对淹没区整个完整生态系统造成重大风险。原告自然之友不服，上诉至云南省高院。二审法院认定该项目对淹没区整个生态系统生物多样性和生物安全存在重大风险。而该项目是否永久停建将在被告新平公司完成环境影响评价之后由相关法律部门视具体情况决定。二审法院最后的判决结果也是驳回上诉，维持原判[②]。

从上述案例来看，中国公民环保意识觉醒，预防性环境公益诉讼已经在司法实践中推行，逐渐形成了预防性环境保护公益诉讼框架。但不可否认，现有的预防性公益诉讼制度存在诸如立案标准不统一、重大风险认定程序缺乏等问题，亟须理论界对此进行研究以及出台相应司法解释指导实务。

二、预防性环境公益诉讼制度建构的必要性

环境问题随着社会发展而变得日益复杂，因为环境损害具有不可逆性、潜伏期长、救济难度大等特征，我们需要充分发挥环境公益诉讼制度的预防功能，利用预防性环境公益诉讼制度为环境保护提供司法保障。司法实践中，"无损害则无救济"的基本逻辑强调结果主义和司法克制主义，不能够很好地实现环境公益诉讼机制预防功能，所以预防性环境公益诉讼制度的构建就十分必要。

[①] 参见北京市朝阳区自然之友环境研究所环境污染责任纠纷上诉案件，云南省高级人民法院（2017）云民终417号民事裁定书。

[②] 参见北京市朝阳区自然之友环境研究所环境污染责任纠纷上诉案件，云南省高级人民法院（2020）云民终824号民事判决书。

(一) 弥补事后救济体系的不足

环境法的基本理念里,环境公益诉讼不仅包含救济性环境公益诉讼,还有预防性环境公益诉讼。预防性环境公益诉讼是特殊的环境公益诉讼,诉讼对象是潜在的环境风险[①]。在这几年的实践中,环境公益诉讼制度在不断地发展,但也在实践中反映出当前的环境公益诉讼存在着事后救济效率低和防止效果不佳的问题,给环境造成了不可逆转的损害。司法在环境风险规制中缺乏能动性,而且目前的司法实践中仍然保持着"有损害才有救济"的逻辑惯性,并未切实实践风险预防原则[②]。环境司法的改革需要由事后救济向风险预防方向转变,预防性环境公益诉讼制度亟待完善。

制度之治是推进国家治理体系治理能力现代化的核心要义,依法而治是法治国家的基本前提。发展预防性公益诉讼制度是社会治理现代化的应有之义。2018年宪法修正案将生态文明与绿色发展理念写入宪法,碳达峰和碳中和是绿色发展理念在实践中的最新结果,以促进人与自然和谐共生为目标,这与预防性环境公益诉讼所追求的环境保护的目标相一致。预防性公益诉讼是生态文明建设的重要司法保障,也是促进实现"双碳目标"的有效手段。

(二) 环境风险的预防

德国社会学家乌尔里希·贝克认为现代社会是一个风险社会,具有复杂性和多样性的特征[③],而环境风险在风险社会中占据着重要地位。环境损害最重要的一个特征是不可逆性,环境修复的代价高、操作难且恢复期较长。环境公益诉讼以维护全人类共享且无法分割至个体所有的环境生态利益为逻辑起点和最终目标[④],而环境公益诉讼应当具有的重要功能就是预防生态损害。1992年,联合国环境与发展大会上通过《里约环境与发展宣言》,确立了风险预防原则,该原则被各国环境立法广泛采纳[⑤],预防性环境公益诉讼制度便能很好地体现风险预防原则。2014年新修订的《中华人民共和国环境保护法》(以下简称《环境保护

[①] 华蕴志:《论预防性环境公益诉讼的功能界分——以多中心环境治理模式为分析工具》,引自上海市法学会:《〈上海法学研究〉集刊(2020年第14卷总第38卷)——中国法学会环境资源法学研究会文集》,上海市法学会,2020年,第13页。

[②] 刘梦瑶:《预防性环境公益诉讼的理路与进路——以环境风险的规范阐释为中心》,《南京工业大学学报(社会科学版)》,2021年第2期,第37-48+111页。

[③] 华蕴志:《论预防性环境公益诉讼的功能界分——以多中心环境治理模式为分析工具》,引自上海市法学会:《〈上海法学研究〉集刊(2020年第14卷总第38卷)——中国法学会环境资源法学研究会文集》,上海市法学会,2020年第13页。

[④] 刘清生:《论环境公益诉讼的非传统性》,《法律科学(西北政法大学学报)》,2019年第1期,第123-132页。

[⑤] 华蕴志:《论预防性环境公益诉讼的功能界分——以多中心环境治理模式为分析工具》,引自上海市法学会:《〈上海法学研究〉集刊(2020年第14卷总第38卷)——中国法学会环境资源法学研究会文集》,上海市法学会,2020年,第13页。

法》）第五条规定："环境保护坚持保护优先、预防为主、综合治理、公众参与、损害担责的原则。"[1] 明确了在环境保护中，要以预防为先作为环境治理的基本原则，在实践中更要贯彻基本的法律原则。

党的十九大报告提出要坚决打好防范化解重大风险的攻坚战，对环境风险的治理和应对需要制度的引领。伴随着经济的高速发展，危害生态环境的问题频频发生，以《中华人民共和国民法典》为依据，对个体遭受的环境损害进行救济已经无法应对普遍的环境危害行为。环境问题得到了社会公众的高度关注，但是公众所期待的环境保护并非实际造成环境损害后的救济弥补，更加关注的是在环境危害行为尚未造成严重的环境损害之前如何进行积极的预防。现实生活中对环境风险预防的需求日益增长，环境治理体系应该对此需求作出全方位的回应。中国司法实践中，往往以损害的实际发生或者危害行为结束作为介入依据，这就导致环境公益诉讼的预防功能难以发挥，生态环境事前预防损害的需求难以满足，对生态环境的保护难以达到预期效果。而在环境公益诉讼制度中，预防功能与救济功能有先后之分，应当尽力追求在生态损害发生之前加以预防，而不应在生态损害实际发生后再来采取救济措施。需要以风险预防作为法律改革的基本原则，引导着环境规制从危险规制向风险规制转变[2]。

三、预防性环境公益诉讼推进难题

（一）宣言式法律规定难以指导实践

表1 预防性环境公益诉讼相关法律规定

法律规范	具体表述
《中华人民共和国民事诉讼法》第五十五条	对污染环境、侵害众多消费者合法权益等损害社会公共利益的行为，法律规定的机关和有关组织可以向人民法院提起诉讼。人民检察院在履行职责中发现破坏生态环境和资源保护、食品药品安全领域侵害众多消费者合法权益等损害社会公共利益的行为，在没有前款规定的机关和组织或者前款规定的机关和组织不提起诉讼的情况下，可以向人民法院提起诉讼。前款规定的机关或者组织提起诉讼的，人民检察院可以支持起诉
《中华人民共和国环境保护法》第五条	环境保护坚持保护优先、预防为主、综合治理、公众参与、损害担责的原则

---

[1] 《中华人民共和国环境保护法》第五条：环境保护坚持保护优先、预防为主、综合治理、公众参与、损害担责的原则。

[2] 杜辉：《挫折与修正：风险预防之下环境规制改革的进路选择》，《现代法学》，2015年第1期，第90-101页。

续表1

法律规范	具体表述
《最高人民法院关于审理环境民事公益诉讼案件适用法律若干问题的解释》第一条	法律规定的机关和有关组织依据民事诉讼法第五十五条、环境保护法第五十八条等法律的规定，对已经损害社会公共利益或者具有损害社会公共利益重大风险的污染环境、破坏生态的行为提起诉讼，符合民事诉讼法第一百一十九条第二项、第三项、第四项规定的，人民法院应予受理
《最高人民法院关于审理环境民事公益诉讼案件适用法律若干问题的解释》第十八条	对污染环境、破坏生态，已经损害社会公共利益或者具有损害社会公共利益重大风险的行为，原告可以请求被告承担停止侵害、排除妨碍、消除危险、修复生态环境、赔偿损失、赔礼道歉等民事责任
《最高人民法院、最高人民检察院关于检察公益诉讼案件适用法律若干问题的解释》第十四条	人民检察院提起民事公益诉讼应当提交下列材料：（一）民事公益诉讼起诉书，并按照被告人数提出副本；（二）被告的行为已经损害社会公共利益的初步证明材料；（三）已经履行公告程序、征询英雄烈士等的近亲属意见的证明材料
《最高人民法院、最高人民检察院关于检察公益诉讼案件适用法律若干问题的解释》第二十一条	人民检察院在履行职责中发现生态环境和资源保护、食品药品安全、国有财产保护、国有土地使用权出让等领域负有监督管理职责的行政机关违法行使职权或者不作为，致使国家利益或者社会公共利益受到侵害的，应当向行政机关提出检察建议，督促其依法履行职责。行政机关应当在收到检察建议书之日起两个月内依法履行职责，并书面回复人民检察院。出现国家利益或者社会公共利益损害继续扩大等紧急情形的，行政机关应当在十五日内书面回复。行政机关不依法履行职责的，人民检察院依法向人民法院提起诉讼
《中华人民共和国大气污染防治法》第二条	防治大气污染，应当以改善大气环境质量为目标，坚持源头治理、规划先行，转变经济发展方式，优化产业结构和布局，调整能源结构。防治大气污染，应当加强对燃煤、工业、机动车船、扬尘、农业等大气污染的综合防治，推行区域大气污染联合防治，对颗粒物、二氧化硫、氮氧化物、挥发性有机物、氨等大气污染物和温室气体实施协同控制
《中华人民共和国土壤污染防治法》第三条	土壤污染防治应当坚持预防为主、保护优先、分类管理、风险管控、污染担责、公众参与的原则

现有的法律规范对于环境保护提出了风险预防管理以及原则性确立了预防性环境公益诉讼制度，但也存在如下问题。一是，现有的法律规定缺少明确的应对环境风险的法律规范，在整个环境法体系里，风险预防理念尚未完全确立，预防性环境公益诉讼形式上满足了制度空白，但是没有完整的配套法律规范基础。二是，环境保护法确定了风险预防原则，但是配套制度的设计不完善，很难发挥其对实践的指引作用[1]。三是，没有统一的标准，只有原则性的规定，没有对重大风险等法律概念的准确描述，预防环境损害的责任承担方式不完善，如中华环保联合会诉德州振华有限公司一案，法官对于这些请求往往以"不属于环境民事公

---

[1] 华蕴志：《论预防性环境公益诉讼的功能界分——以多中心环境治理模式为分析工具》，引自上海市法学会：《〈上海法学研究〉集刊（2020年第14卷总第38卷）——中国法学会环境资源法学研究会文集》，上海市法学会，2020年，第13页。

益诉讼司法解释规定的承担责任的方式中的任何一种"或"不属于受理民事公益诉讼的范围"为由驳回[1]，这只会让地方法院适用法律时感到困难与无奈。

（二）"重大风险"标准缺失

为发挥司法能动主义，识别环境风险是基本前提，对"重大风险"的认定是法院受理案件以及确定法律责任的基础。根据德国学者提出的风险"三分理论"，可以将风险分为危险、风险以及剩余风险[2]。在环境保护中，已经产生的现实损害结果为"损害"；具有高度发生损害结果盖然性的为"危险"。危险具有随时转化为现实损害结果的可能；而尚未出现损害结果但随时有发生损害结果可能性的为风险[3]，而剩余风险超出人的理性认知，不在我们的预防范围内，因此本文也不讨论剩余风险。预防性环境司法所规制的对象就是具有高度盖然性的环境风险，具体到司法实践当中就是行为人所实施的对生态环境具有重大风险的污染或者破坏的行为。《环境民事公益诉讼解释》第1条虽然表明可以对环境造成重大风险的行为提起诉讼，但是对该条文中的"重大风险"的内涵以及认定标准未作出具体规定，这就直接导致在对适用该条规则时将产生很多出入及矛盾。在司法实践中，对重大风险的认定既是预防性公益诉讼产生的直接原因也是影响司法审判的重要因素，重大风险认定的标准不明确是造成预防性公益诉讼在司法实践中适用困难的重要原因。

现代社会中风险具有复杂性、多变性，而环境风险更是具有不确定性、潜伏性、长期性和复杂性的特点，这导致环境造成的现实损害难以估量，而大自然中水、空气、雾、霾等环境介质流动性较大，对造成的环境危害难以确定。这些因素是造成重大风险认定的现实困难。在现实操作中，缺少相关的司法鉴定机构能够对可能造成的环境风险危害进行准确细致的评估，一份对环境风险定性定量的评估报告是了解可能造成的危害后果的有效依托。风险评估在司法审判中更是关键的材料，它关乎审判机关是否能认定行为与造成的环境风险具有因果关系以及确定恢复方式和赔偿数额等。

（三）事后救济措施难以弥补环境损害

《环境民事公益诉讼解释》第十八条对预防性责任承担方式予以了明确规定，即对污染环境和破坏生态的行为，原告可要求被告承担停止侵害、排除妨碍、消除危险、恢复原状、赔偿损失、赔礼道歉等民事责任。从法条的规定来看，恢复

---

[1] 参见中华环保联合会诉德州晶华集团振华有限公司环境污染责任纠纷案，德州市中级人民法院（2015）德环公民初字第1号民事判决书。

[2] 齐晨晨：《环境公益诉讼风险预防的应然目标及实现路径》，《沈阳工业大学学报（社会科学版）》，2022年第2期，第184-192页。

[3] 张宝：《从危害防止到风险预防：环境治理的风险转身与制度调适》，《法学论坛》，2020年第1期，第22-30页。

原状和赔偿损失两种责任承担方式都是在损害已经实际产生之后的救济方式，而停止侵害、排除妨害和消除危险责任承担方式有预防损害发生或者扩大的功能。司法实践中秉持事后救济主义，在责任的承担方式上就多采用恢复原状和赔偿损失，以这种责任承担方式很难发挥预防环境损害的功能，这种以事后救济性的责任承担方式也很难将环境恢复原状，而且成本太高，对环境的损害较大，这也不是预防性公益诉讼所追求的"防患于未然"的目标。

（四）检察建议效果不佳

2017年《中华人民共和国行政诉讼法》第二十五条规定："人民检察院在履行职责中发现生态环境和资源保护、食品药品安全、国有财产保护、国有土地使用权出让等领域负有监督管理职责的行政机关违法行使职权或者不作为，致使国家利益或者社会公共利益受到侵害的，应当向行政机关提出检察建议，督促其依法履行职责。行政机关不依法履行职责的，人民检察院依法向人民法院提起诉讼。"检察机关在正式向法院提起行政公益诉讼之前而向行政机关提出检察建议，督促有关行政机关依法履行职责，这是行政公益诉讼制度的诉前程序。但是检察机关所作出的检察建议并没有强制性，其实质是提醒行政机关对行政作为或者不作为的决定重新进行审慎考量[①]。一个完整的法律监督规范应当包括适用条件、行为模式和法律后果三部分，否则会影响法律规定的有效执行[②]。检察机关提出检察建议在提醒行政机关履职的过程中仅仅是一种程序性权力而没有约束力，行政机关是否听取检察建议没有制度约束。这导致检察建议适用的效果并不好，行政机关作为环境公益诉讼提起主体之一的职能定位并没有发挥效果。

四、预防性环境公益诉讼制度展开

《中华人民共和国环境保护法》第五条规定了"保护优先、预防为主"的原则。环境公益诉讼制度应当体现风险预防的价值追求，建立起相应的预防性司法救济。对预防性环境公益诉讼制度的完善，我们可以从重大风险认定、预防性措施和行政机关的职责三部分来展开讨论。

（一）构建"重大风险"的具体认定路径

如上所述，重大风险的认定已经成为预防性环境公益诉讼司法实践中的难点与重点。"重大风险"在法条中显现得太过于抽象，没有具体的规范，且环境风险又具有复杂性、多变性的特点，对环境风险的认定需要相关领域的专业技术支

---

① 吴凯杰：《论预防性检察环境公益诉讼的性质定位》，《中国地质大学学报（社会科学版）》，2021年第1期，第30—44页。

② 郑永生，周红亚，魏韧思：《改革背景下检察监督体系的完善与思考》，《上海政法学院学报（法治论丛）》，2017年第6期，第131页。

持，因此，对重大风险的认定已经十分迫切。只有明确"重大风险"的具体内涵才能在环境保护中贯彻风险预防原则，保证预防环境损害的案件能正常进入司法程序，做到完善预防性环境公益诉讼制度。

第一，科学认定预防性公益诉讼中重大风险的标准。对重大风险的认定应当首先确定重大风险的基础对象，及预防性环境公益诉讼中的社会公共利益所涉及范围。最高院认为，"污染环境、破坏生态的行为既可能造成环境公益损害，也可能造成私人人身、财产权益损害，还可能同时造成上述两种损害，但环境民事公益诉讼的目的仅在于预防及修复公益的损害"[①]。在环境民事公益诉讼中，救济的对象是环境本身以及环境本身所带来的生态利益，那么对"重大风险"的认定应该从环境本身考虑[②]，确定"重大风险"的基础对象之后，应该对"重大风险"的环境损害后果的严重程度以及环境后果发生的可能性进行考量，何种程度才会被纳入司法保障的范围。重大风险的严重程度认定不应该只是客观事实问题，还应该是价值倾向的选择。风险预防是一个寻求安全的活动，在追求安全的过程中，必然会限制着个人或者企业的行为，这会影响经营成本甚至是产业发展和社会经济效益[③]。考虑到社会经济发展水平，依据中国比例原则，充分考虑平衡发展、安全、繁荣等不同的价值，妥善地确定好重大风险标准。预防性公益诉讼规制的对象应该是可能造成严重或者不可逆转的社会公共利益损害的环境污染、生态破坏行为。在对可能性的认定上，应该是损害发生具有高度盖然性[④]。因为环境中的重大风险需要很高的专业技能，在确定重大风险的认定标准时，应由环境法学者、环境科学工作者等相关领域的专家共同完成，以确保重大风险认定标准的科学性、专业性和可操作性。

第二，确定预防性环境公益诉讼中重大风险的认定主体。"重大风险"的认定应该是一个司法判断事项，则应该确定法院为预防性环境公益诉讼重大风险认定的唯一主体，因为审判权是由法院独立行使。对重大风险的认定会受到许多不确定因素的影响，在将法院作为"重大风险"的决定性认定的基础上，可以借助外部力量来辅助司法认定。借助外部力量的专业技能，弥补法院作出司法认定时环境专业相关能力受限的短板，其中行政机关及行业专家组将作为重要的辅助性认定主体，利用环保部门在环保知识及专业技能上的优势，可以在损害风险的评

---

① 奚晓明：《〈中华人民共和国环境保护法〉条文理解与适用》，北京：人民法院出版社，2014年版，第304页。
② 张洋，毋爱斌：《论预防性环境民事公益诉讼中"重大风险"的司法认定》，《中国环境管理》，2020年第2期，第138-144页。
③ 廖丽环：《预防性环境民事公益诉讼的规范构造——以〈关于审理环境民事公益诉讼案件适用法律若干问题的解释〉第一条为中心》，《北京科技大学学报（社会科学版）》，2021年第1期，第66-73页。
④ 张洋，毋爱斌：《论预防性环境民事公益诉讼中"重大风险"的司法认定》，《中国环境管理》，2020年第2期，第138-144页。

估当中，提供专业的技术支持，对可能造成的风险进行客观的评估及判断。行政机关在环境执法的过程中作出的具体行政行为也可以成为法院认定"重大风险"的参考依据。行业专家组可以利用自身的工作经验、专业知识等优势对法院的"重大风险"的认定提出专业性的意见，也可以应法院邀请对"重大风险"的构成进行论证，为法院的重大风险的认定提供帮助。再借助外部力量的帮助时，也应该对此辅助性工作进行规范，在确保专业性的同时，能够保障重大风险认定的公正性。

（二）明确预防性执行措施

预防性环境公益诉讼是为防止行政行为或者事实行为可能给环境造成不可逆转、难以修复、无法弥补的环境损害，必须采取相应的预防性执行措施有效地实现环境公益诉讼制度的预防功能。预防性措施的采取是在损害不确定发生的条件下采取的，所以，采取相关的预防性措施之前必须进行成本效益分析，考虑到保护环境的迫切性、必要性与维护行政行为公信力以及行政管理秩序之间的关系，符合行政比例原则。在损害发生具有高度盖然性的时候，人民法院应该裁定停止执行该行政行为[①]。在预防性措施采取之后，经风险环境评估环境损害的风险降低，应当允许被告行政机关申请，法院裁定恢复或者部分恢复行政行为的实施。2020年《最高人民法院关于审理环境侵权责任纠纷案件适用法律若干问题的解释》中第十三条规定了停止侵害、排除妨害、消除危险这类具有预防损害发生功能的责任承担方式。观察各国关于环境保护中的预防性司法救济，德国以申请诉前行为保全和发布临时禁止令为主要承担方式，美国以禁止令为主要救济手段，日本以终止请求为预防性司法救济方式[②]。中国应当在立足于国情的情况下，尊重司法规律，可以有选择地借鉴上述先进立法经验，以实现预防性环境公益诉讼制度中的预防功能为目标。

（三）明确行政机关在公益诉讼的职责

在环境保护方面，行政机关以其专业性和灵活性能够高效地发挥环境保护作用，执法权与司法权相比，有主动性的重要优势，为满足预防性环境公益诉讼制度中预防风险的需求，行政机关更加需要积极主动地监管环境风险。预防性环境公益诉讼所要预防的是风险行为，即尚未发生或者正在发生的行为，而行政机关在预防阶段的作用就尤为重要，行政机关可以在审批、评估和检查环节积极介入，防治损害的发生。行政机关本身便具有维护社会公共利益的职责，负有环保职责的行政机关是环境风险规制的主要责任部门，明确行政部分在预防性环境公

[①] 吴良志：《论预防性环境行政公益诉讼的制度确立与规则建构》，《江汉学术》，2021年第1期，第15—23页。

[②] 唐瑭：《风险社会下环境公益诉讼的价值阐释及实现路径——基于预防性司法救济的视角》，《上海交通大学学报（哲学社会科学版）》，2019年第3期，第29—37页。

益诉讼制度中的责任，能够有效地提高行政部门在环境保护中的作用。若行政机关所作出的行政行为确有造成环境损害风险的高度盖然性，那么就很有必要及时提起预防性行政公益诉讼。检察机关是国家的法律监督机关，有权对行政机关的行政行为进行监督，但是不能超过法律规定的监督权范围，检察机关过度介入可能会扰乱行政机关的执法监管行为。确立的以检察机关为原告的行政公益诉讼有利于预防性环境行政公益诉讼的开展，有利于行政机关在环境风险预防中积极作为，依法办事[①]。

五、结语

现代环境问题日益严重，社会群众对环境问题的关注度日益增高，对环境损害的风险预防需求增大。预防性环境公益诉讼制度的发展是中国应对环境变化的现实需要，是顺应中国时代发展的必要举措。环境损害影响范围广，救济恢复的难度大，中国需建立起完善的环境公益诉讼制度以应对环境风险。预防性环境民事公益诉讼的"制度悬置"现象较为显著，存在的问题也亟待解决。为充分发挥环境公益诉讼的预防功能，我们需要不断完善预防性环境公益诉讼程序以及配套制度，实现预防环境损害的环境保护目标。

---

① 吴凯杰：《论预防性检察环境公益诉讼的性质定位》，《中国地质大学学报（社会科学版）》，2021年第1期，第30—44页。

非法采矿罪新类型案件法律适用问题分析

郝廷婷[①]　陈　楠[②]　邓婷婷[③]

摘　要：非法采矿罪是常态化扫黑除恶自然资源行业领域的重点罪名之一，也是生态环境与资源领域较为常见的犯罪类型。随着经济社会的迅速发展、工业化和城镇化的深入推进，城市砂石资源价值突显，属于非法采矿犯罪中的非法采挖砂石行为日益猖獗，涌现出许多新的法律问题，实践中如何进行相关法律认定，这无论是对国家矿产资源监管制度的完善还是对生态环境保护都具有重要意义。文章梳理了采砂类非法采矿罪案件处理过程中常见的法律问题，从采砂类非法采矿罪的认定、非法采矿造成的生态环境损害认定、关于非法采矿犯罪刑事附带民事公益诉讼的考虑因素这三个方面着手，以期通过对非法采矿相关问题的探索研究，为此类案件纠纷的处理提供有益的参考。

关键词：非法采矿；损害认定；惩罚性赔偿；公益诉讼

2021年是常态化开展扫黑除恶的开局之年，自然资源是整治的重点行业领域之一，其中非法采矿罪是依法有力打击"沙霸""矿霸"等行业领域涉黑涉恶违法犯罪的重点罪名之一。随着经济社会的迅速发展、工业化和城镇化的深入推进，城市砂石资源价值突显，采砂类非法采矿这类犯罪行为日益猖獗，涌现出许多新类型犯罪，在实践中如何进行相关法律认定，明确定罪量刑的法律依据和证明标准，对构建常态化扫黑除恶机制、维护国家矿产资源监管制度、保护生态环境都具有重要价值。

一、采砂类非法采矿罪的认定问题

根据《中华人民共和国民法典》第二百四十七条关于矿藏、水流、海域的国家所有权的规定，矿藏、水流、海域属于国家所有。有利用价值的砂石作为一种非金属矿，其所有权归国家所有。中国目前对矿产资源采取所有权与采矿权适当

[①] 郝廷婷：成都市中级人民法院环境资源审判庭庭长，四级高级法官，法学在读博士。
[②] 陈楠：成都市中级人民法院四级高级法官，法律硕士。
[③] 邓婷婷：成都市中级人民法院书记员，法学学士。

分离的原则,即国家在不改变对矿产资源的所有权性质的前提下,将矿产资源的开采权依法授予特定的组织或者个人,并有权对任何组织或者个人的采矿活动实施监督管理[①]。这一原则实际上奠定了采砂许可制度的基础。

目前中国暂未出台相关法律对采矿许可制度进行明确规定,但从1998年国土资源部发布的《关于开山凿石、采挖砂、石、土等矿产资源适用法律问题的复函》、2001年国务院发布《长江河道采砂管理条例》等相关文件可以看出,中国目前对于砂石这类矿产资源的监督管理是主要通过采砂许可制度来实现的。但随着矿产品市场价格的不断上升,受利益驱动,非法采挖矿产资源的现象屡禁不止,不仅对矿产资源和周边的生态环境造成了严重的破坏,而且严重影响了国家对矿产资源的监督管理制度。这表明中国有关这类案件的法律配套措施还不完善,亟待对相关问题进行探究。

(一)采砂类非法采矿行为在实践中的认定

非法采矿罪,是指违反《矿产资源法》的规定,未取得采矿许可证擅自采矿,擅自进入国家规划矿区、对国民经济具有重要价值的矿区和他人矿区范围采矿,或者擅自开采国家规定实行保护性开采的特定矿种,情节严重的行为,包括:无许可证的,许可证被注销、吊销、撤销,超越许可证规定的矿区范围或者开采范围,超出许可证规定的矿种(共生、伴生矿种除外)等情形。其侵犯的客体是国家对矿产资源和矿业生产的管理制度以及国家对矿产资源的所有权。由此可见,非法采矿罪侵犯的是双重客体。

关于砂石是否属于矿产资源的问题。根据《中华人民共和国矿产资源实施细则》规定,矿产资源是由地质作用形成的,具有利用价值的,呈固态、液态、气态的自然资源,建筑砂石属于非金属矿。除此之外,国土资源部也明确了砂、石、黏土及构成山体的各类岩石属于矿产资源。在具体的实践中,应当委托具有相应资质的地质矿产勘查部门进行专业的地层结构分析,并出具砂石资源评估报告,据此在具体的案件中对案涉砂石进行认定。

关于采砂应当依据许可制度办理许可证,否则将可能构成非法采矿罪的问题。根据《矿产资源法》和《矿产资源法实施细则》的规定,中国对矿产资源的开采实行许可制度。针对建筑砂石,国土资源部明确规定,凡以营利为目的开采砂、石、土矿产资源的,应当办理采砂许可证。在建筑工地采砂触犯非法采矿罪的司法实践中,会产生工程合同与许可制度相混淆的情形。比如,某建设工程公司与开发商签订了土石方工程合同,入场进行工地挖掘。该行为系民事行为,而办理采矿许可证属于行政行为。因此,并不能因为签订了施工合同就当取得了采

[①] 张军:《刑法[分则]及配套规定新释新解(第9版)》,人民法院出版社,2016年版,第1709页。

矿许可证，两者不能混为一谈。对于工地中采挖出的砂石，该建设工程公司又与国土部门委托负责接管砂石资源的接管、加工、出售等经营管理工作的一家公司签订了砂石接管协议，该协议同样也不能替代采矿许可证，由此来证明行为人采砂并进行营利的行为是合法的。

（二）行政违法与刑事违法的界限

行政违法是行政犯的前提，所谓行政违法，就是通说认为的，与行政法相关联的违法行为。当行政法调整不了时，刑法予以接力调整的违法行为被称为行政犯，这一点符合刑法谦抑性的特点。一般行政犯都以"违反××法的规定"作为开头，也很好识别。例如本文所研究的非法采矿罪，刑法第三百四十三条规定"违反矿产资源法的规定……"这就是一个标准的行政犯。那么需要明确的是，当行政违法的违法行为达到何种程度时，行政处罚已无法调整，这时应当对其进行刑事评价。

非法采矿罪在客观方面表现为，违反《矿产资源法》的规定，未取得采矿许可证擅自采矿，擅自进入国家规划矿区、对国民经济具有重要价值的矿区和他人矿区范围采矿，或者擅自开采国家规定实行保护性开采的特定矿种，情节严重的行为。其中，违反矿产资源法的规定是构成非法采矿罪的前提条件，非法采矿是构成本罪的具体行为方式，情节严重则是构成本罪的结果性要件[①]。

参照2016年11月28日最高人民法院、最高人民检察院发布的《关于办理非法采矿、破坏性采矿刑事案件适用法律若干问题的解释》第三条的规定，实施非法采矿行为，具有下列情形之一的，应当认定为《中华人民共和国刑法》第三百四十三条第一款规定的"情节严重"：（1）开采的矿产品价值或者造成矿产资源破坏的价值在10万元至30万元以上的；（2）在国家规划矿区、对国民经济具有重要价值的矿区采矿，开出国家规定实行保护型开采的特定矿种，或者在禁采区、禁采期内采矿，开采的矿产品价值或者造成矿产资源破坏的价值在5万元至15万元以上的；（3）2年内曾因非法采矿受过2次以上行政处罚，又实施非法采矿行为的；（4）造成生态环境严重损害的；（5）其他情节严重的情形。由此可知，关于非法采矿行政违法与刑事违法之间的界限主要在于是否构成刑法第三百四十三条规定的情节严重，一旦行为构成两高解释的情节严重情形，行为人的非法采矿行为即从行政违法升级评价为刑事违法。

（三）民事违约行为与刑事违法行为的界限

关于此类案件中涉及的砂石接管协议的性质认定问题如何定性，是实践中争议较大的一个问题。其一，若将其认定为民事合同，根据民法典的相关规定，首

[①] 张军：《刑法〔分则〕及配套规定新释新解（第9版）》，人民法院出版社，2016年版，第1710页。

先，应当明确签订协议的双方是否属于平等民事主体。其次，就算是平等的民事主体，也不能简单地将采挖砂石超出约定的范围或未按照约定的事项而实施的一系列采挖、运输、出卖行为认定为普通的民事违约，这是因为行为对象并非普通动产，而是所有权归于国家的特殊矿产资源。其二，若非平等主体签订的协议，那么该协议是否可认定为行政协议。2019年12月，最高人民法院发布《关于审理行政协议案件若干问题的规定》，该规定第一条明确界定了行政协议的概念，即"行政机关为了实现行政管理或者公共服务目标，与公民、法人或者其他组织协商订立的具有行政法上权利义务内容的协议，属于行政诉讼法第十二条第一款第十一项规定的行政协议"，明确了行政协议与民事合同之间的区别。该规定明确，行政协议的范围包括行政诉讼法规定的政府特许经营协议、土地房屋征收补偿协议，还包括矿业权出让协议等国有自然资源使用权出让协议，政府投资的保障性住房的租赁、买卖等协议，符合《关于审理行政协议案件若干问题的规定》第一条规定的政府与社会资本合作协议等。

例如，在某非法采矿罪一案中，某城市建设投资公司（以下简称投资公司）与非法采矿行为人挂靠的某建设工程有限公司（以下简称工程公司）签订了一份砂石接管协议，协议中明确宗地红线范围内地下砂石由投资公司接管，宗地砂石除运往投资公司堆场外，一律不得运出宗地红线，同时，工程公司向投资公司书面承诺，严格按照协议要求及某区土石方管理政策履行相关义务（此前，根据某区某委办发〔20××〕××号和某府办发〔20××〕××号文件规定，某区范围内的砂石资源，包括建设项目宗地红线范围内开采的地下砂石资源实行统一管理，由投资公司负责砂石资源的接管、加工、出售等经营管理工作）。在此情况下，行为人挂靠的公司与行政机关委托的企业签订的协议，不能简单认定为行政协议，因为签订行政协议的一方必须为行政机关或者经法律法规授权委托的企事业单位，案例中授权的并非法律法规，而是政府性文件授权，因此不能将协议认定为行政协议。但又不能将其认定为普通的民事合同，毕竟签订协议的双方主体并非完全平等。因此，笔者倾向于将其定性为带有行政协议性质的协议。

（四）此罪彼罪的问题

在此罪与彼罪的问题上，比较容易混淆的罪名是非法采矿罪与盗窃罪。根据《中华人民共和国刑法》第三百四十三条关于非法采矿罪的规定，非法采矿罪，是指违反矿产资源法的规定，未取得采矿许可证擅自采矿，擅自进入国家规划矿区、对国民经济具有重要价值的矿区和他人矿区范围采矿，或者擅自开采国家规定实行保护性开采的特定矿种，情节严重的行为。本罪的客体是国家对矿产资源的所有权和国家的矿产资源保护制度。根据2016年12月1日高级人民法院、高级人民检察院《关于办理非法采矿、破坏性采矿刑事案件适用法律若干问题的解释》第二条的规定,具有下列情形之一的,属于"未取得采矿许可证":(1)无许可证的;(2)许可证被注销、吊销、撤销的;(3)超越许可证规定的矿区范围或者开采范围的;(4)超出许可证规定的矿种的(共生、伴生矿种除外);(5)其他未取得许可证的情形。

根据《中华人民共和国刑法》第二百六十四条的规定,盗窃罪,是指以非法占有为目的,秘密窃取公私财物,数额较大的,或者多次盗窃、入户盗窃、携带凶器盗窃、扒窃公私财物的行为。本罪的客体是公私财产所有权。犯罪对象可以是任何一种公私财物,但是刑法另有规定的,应依规定处理。关于盗窃罪对象的外延范围,学界多存争议[1]。

行为人未办理许可证擅自开采属国家所有的地表以下的砂石,侵犯了国家矿产资源所有权及国家对矿产资源的管理制度,破坏了环境资源。若认定为盗窃罪,难以全面评价非法采矿行为侵犯的法益,非法采矿对象较一般盗窃对象具有特殊性。中国刑法未将侵犯矿藏、森林、土地等国家原生态自然资源所有权的行为规定为侵犯财产型犯罪,而是将其规定在破坏环境资源保护罪下设罪名中,由此可见,矿藏、森林、土地、水流等不应成为盗窃罪的犯罪对象,针对这些特殊对象,国家既制定了矿产资源管理制度,就应当按照"特别法优于一般法"的法条适用原则,对行为人的非法采砂行为适用非法采矿罪的相关规定定罪量刑。

二、非法采矿造成生态环境损害认定问题

(一)关于非法采矿对生态环境造成的损害不能简单地适用填平规则的问题

非法采矿对生态环境造成的损害赔偿不能与违法行为人的罚没进行简单填平,这是基于《中华人民共和国民法典》的出台,对环境公益诉讼中原告求偿范围的扩大。《中华人民共和国民法典》第一千二百三十五条关于公益诉讼的赔偿范围的规定,违反国家规定造成生态环境损害的,国家规定的机关或者法律规定的组织,有权请求侵权人赔偿下列损失和费用:(1)生态环境受到损害至修复完成期间服务功能丧失导致的损失;(2)生态环境功能永久性损害造成的损失;(3)生态环境损害调查、鉴定评估等费用;(4)清除污染、修复生态环境费用;(5)防止损害的发生和扩大所支出的合理费用。在《中华人民共和国民法典》出台之前,生态环境损害赔偿具体范围的相关规定仅散见于《环境公益诉讼司法解释》《生态环境损害赔偿司法解释》等司法解释及相关政策性文件中。

依据《环境公益诉讼司法解释》第十九条第二款,环境公益诉讼原告只能主张其本身"为停止侵害、排除妨碍、消除危险采取合理预防、处置措施而发生的

---

[1] 高铭暄,马克昌:《刑法学(第九版)》,北京大学出版社,2019年版,第498页。

费用",但是对于清除污染、修复生态环境费用、防止损害的发生和扩大所指出的合理费用没有明确规定,若提起公益诉讼的原告主张上述费用则缺乏明确的法律依据。随着《中华人民共和国民法典》的出台,这一系列的生态环境损害赔偿都有了明确的范围和依据,这为该类诉讼提供了明确的实体法依据和清晰的司法实践指导。

从非法采矿罪的违法行为所侵犯的法益来看,其侵犯的权益包括生态环境本身所受到的损害,而不是单纯的矿产资源的价值损害。不能把《中华人民共和国刑法》当中侵犯国家矿产权得到的惩罚与侵犯国家环境生态保护相混淆。如果生态环境没有受到损害,那这类案件就不会被提起公益诉讼,这样一来也不需要对生态环境类案件与公益诉讼案件进行衔接,但如果不只矿产资源受到了损害,其行为对生态环境也造成了损害,其造成损害的程度应当进行专业的评估鉴定,从而对其行为本身侵犯的不同法益进行单独评价。因此,在这类案件中刑事、民事应当各有评价,单独计算损害赔偿,而不能简单地适用填平规则。

(二)关于矿产资源价值损害评估鉴定不能等同于生态环境损害评估鉴定的问题

这个观点的阐述与前述观点在基理上是一致的,即对于一个违法行为在侵犯了刑法上的权益的同时,也构成了民法上的侵权。这就应当对侵犯的刑事范畴的法益与侵犯的民事范畴的权益进行区分的、各自的评价。结合非法采矿的行为,其侵犯的权益包括生态环境本身所受到的损害,而不是单纯的矿产资源的价值损害。基于此,对矿产资源受到的价值的评估意见不能简单地等同于整个生态环境损害评估意见。

非法采矿行为对环境到底造成了多少损害,造成了何种程度的损害,这需要聘请相应的专家进行鉴定评估。实践中,在发生生态环境损害后,法律规定的行政处罚大多数是对肇事者处以一定数额的罚款,罚款金额的最高额很多情况下也远低于实际造成的经济损失,并不能与复杂多变的生态环境损害修复费用相比较。生态环境损害程度、修复难度的鉴定评估,直接关乎生态环境损害赔偿的额度与力度,而在这背后,评估专家及时、客观、公正的环境鉴定评估也显得至关重要,这个问题就关系到最终的究责数额。刑法罚没针对的仅仅是违法行为对矿产资源造成的损失,不能等同于对整个生态环境造成的破坏。如何对生态环境遭受的损害进行专业鉴定是审理这类案件的症结和难点所在。

(三)关于惩罚性赔偿能否适用生态环境损害赔偿诉讼的问题

《中华人民共和国民法典》第一千二百三十二条规定:"侵权人违反法律规定故意污染环境、破坏生态造成严重后果的,被侵权人有权请求相应的惩罚性赔偿。"该条款系基于《中华人民共和国民法典》绿色原则新增的条款,目的是对污染环境、破坏生态的民事违法行为实施更大力度的惩戒，打击破坏生态环境的行为，引导公民树立保护生态环境意识。该规定突破了中国长期以来在环境侵权领域固守的填平原则。环境侵权诉讼可按照提起主体的不同分为私益诉讼与公益诉讼。《中华人民共和国民法典》第一千二百三十二条规定在适用条件中，并未明确指出此规定仅适用于私益诉讼。在实践中，惩罚性赔偿能否适用于生态环境损害赔偿公益诉讼，尚存在争议，通常认为，惩罚性赔偿适用私益诉讼，但不适用公益诉讼。惩罚性赔偿是侵权行为内的多倍性赔偿，不是对刑事和民事范围内分别造成损失的赔偿。针对这一问题，目前学界的主要观点是惩罚性赔偿不能适用生态环境损害赔偿公益诉讼。正如学者王利明教授所提出的关于惩罚性赔偿的规则"主要适用于私益遭受侵害的情形"[①]。但在司法实践中，存在着不同情形。

例如，《宁夏回族自治区生态环境损害赔偿起诉规则（试行）》第九条第二款规定："对于损害巨大、社会影响极坏以及公众关注度高的生态环境损害案件，起诉责任人可以提出惩罚性赔偿请求。"该规定实际上是将"起诉责任人"纳入到了环境侵权惩罚性赔偿权利主体范围内，而关于法律规定的机关和社会组织是否可以作为环境侵权惩罚性赔偿主体，对此，还没有相关的司法解释加以明确。由此可见，生态环境损害赔偿案件能否适用惩罚性赔偿成为实践中亟待明晰的问题，因此，有必要出台相应的司法解释或实施细则对惩罚性赔偿进行规定，为司法实践提供指导并统一裁判尺度。

三、非法采矿犯罪刑事附带民事公益诉讼的考虑因素

（一）非法采矿行为责任承担

非法采矿不仅侵犯国家对矿产资源的监管秩序，还侵犯公众的生态环境权益。侵权行为在刑事法律规范及民事法律规范领域造成了不同的危害后果，应分别予以评价，不能把刑法当中侵犯国家矿产保护秩序以及国家矿产所有权所承担的刑事责任与侵犯公众环境生态公益所应承担的民事侵权损害赔偿责任混淆。

（二）非法采矿行为损害事实的认定

非法采矿行为造成的生态环境损害事实认定不应局限于被盗挖砂石的资源的损害事实。矿产资源埋藏于地下，其原始的特殊的地质结构与周边环境形成特殊的生态环境结构，非法采矿除造成矿产资源的损失外，对生态环境的破坏还体现在生态环境受到损害至修复完成期间服务功能丧失导致的损失；生态环境功能永久性损害造成的损失，造成上述损失将产生相应费用包括，盗挖造成的污染、修复生态环境费用；生态环境损害调查、鉴定评估等费用；防止损害的发生和扩大

---

① 王利民：《环境民事公益诉讼中不能主张惩罚性赔偿》，《广东社会科学》，2021年第1期。

所支出的合理费用。

(三) 非法采矿行为造成生态环境损害的鉴定

关于鉴定内容。刑事侦查阶段基于对认定犯罪标准的需求，仅对盗挖的矿产资源价值进行了鉴定。附带民事公益诉讼除对属于生态环境损害的一部分矿产资源价值进行鉴定，还需对生态环境的破坏体现在生态环境受到损害至修复完成期间服务功能丧失导致的损失，生态环境功能永久性损害造成的损失，盗挖造成的污染、修复生态环境费用进行评估鉴定。这就需要刑附民公益诉讼人在委托专业机构鉴定时，脱离刑事部分仅鉴定矿产资源损失的局限性，从非法采矿行为对生态环境整体破坏的角度出发，采取相应专业的评估鉴定方法，综合评估生态环境损害情况。关于鉴定时间，刑事部分是否构成刑事犯罪应取决于犯罪行为时对应的矿产资源价值，鉴定矿产资源价值时间为实施非法采矿行为的时间点或时间段矿产资源的市场价值。附带民事部分，基于砂石价格不同时间段由于市场供求关系会出现较大幅度的波动，附带民事公益诉讼请求的目的是修复被犯罪行为破坏的生态环境。以委托鉴定时为时间点鉴定砂石市场价值，更能有助于公益诉讼请求目的的达到。

(四) 关于扣押在案的矿产资源判决时如何处理

首先应明确扣押在案的矿产和违法所得的区分。违法所得的矿产应是犯罪分子处分犯罪所得财产的收益，即盗挖矿产进行销售后所获得的收益。扣押在案的矿产应认定为被犯罪分子占有的非法财产。刑事诉讼法就刑事案件中扣押的与犯罪有关的财产规定，有被害人的责令退赔被害人。对于犯罪涉及扣押在案的矿产资源这类特殊性财产是否适用退赔的规定，扣押在案的矿产，已从埋藏在地下的状态经过犯罪分子的盗挖行为，转变为现实的具有直接交换价值的财产。该部分财产的权属分成两种情况，一种是已有具体单位取得采矿许可从而从国家对矿产的所有权中让度了矿产的所有权；一种是没有具体单位取得采矿许可，矿产所有权仍归属国家。《最高人民法院关于适用刑事诉讼法的解释》第四百四十五条第一款："查封、扣押、冻结的财物及其孳息，经审查，确属违法所得或者依法应当追缴的其他涉案财物的，应当判决返还被害人，或者没收上缴国库，但法律另有规定的除外。"第四款："对侵犯国有财产的案件，被害单位已经终止且没有权利义务继受人，或者损失已经被核销的，查封、扣押、冻结的财物及其孳息应当上缴国库。"根据以上规定我们认为，扣押的矿产资源如果判决退赔，是属于上述第一种情况，即该矿产资源所有权已确定在具体的单位的情况下，适用退赔被害人才有具体的对象，简单说，即退赔的前提是有被害人存在的情况下。结合上述第四百四十五条第二款用体系解释的方法也可得出，国有财产适用退赔被害人的前提是有具体的代表国家对该国有财产行使权利的单位。对于上述第二种情况，国家虽然作为矿产资源的所有者，但在该部分被扣押的矿产资源被盗挖前没有具体化确定到能代表国家的相应机构的情况下，国家是否能作为退赔的被害人值得商榷。如果国家不能作为受害人，则该部分被扣押的矿产资源在不能确定受害人的情况下，作为与犯罪有关的财产当然不能不予以处理，作为对犯罪人的惩罚，根据上述解释第一款的规定，应处以没收上缴国库。为此，在刑附民公益诉讼中刑事部分已对扣押在案的矿产作出没收上缴国库处理后，刑事被告人暨附带民事公益诉讼被告仍应对恢复被破坏的生态环境所需砂石进行赔偿。

四、结语

随着经济社会的迅速发展、工业化和城镇化的深入推进，非法采矿这类犯罪行为日益猖獗，涌现出许多新的矛盾。在此现实情境下，目前中国亟须出台相应的法律配套措施对此类非法开采砂石等矿产资源的现象加以规制。

基层人民法院精准服务民营经济绿色发展的路径研究

——以企业环保合规与环境风险防控为视角

徐晓双[①] 卫翔宇[②] 高丹丽[③]

摘 要：崇州法院积极探索环境资源案件源头预防、源头治理和源头化解新路径，全国首创并持续深化"1＋1＋4R"生态修复机制，助力崇州加快建设绿色发展先行区。针对民营企业面临环保督察的压力以及企业领导层对环保风险认识不足的现状，崇州法院建立全省首家环境法治研究实践基地，引入专家机制，充分发挥生态专家专业领域优势，由其提供决策参考和技术支持，提升环境审判科学性，助力企业源头预防违规发生。根据"提出问题—分析问题—解决问题"的基本框架，深层次分析企业环保风险控制的需求，通过联合搭建"三个一"的专业模式，联建一支专业队伍，建立一个研究实践基地，构建一个服务民营企业环境风险管控的长效机制，调查企业谈环保色变的表象，探究企业环保管理的风险漏洞，为企业做环境风险管理的系统排查，出具环境风险评估报告，为企业量身定制环境合规方案，引导民营企业健康绿色发展。

关键词：企业环境风险防控；绿色发展；生态修复

一、基层人民法院服务民营企业环境风险防控的背景

（一）党中央高度重视工业园区民营企业污染防治工作

环境社会治理是指由政府和市场、组织和个人、债权国家和国际社会等多元主体按照合理的规则，从不同侧面，以不同的方式，立体化参与环境保护，实现与环境有关的公共利益最大化的社会管理过程和管理活动[④]。习近平总书记在《推动我国生态文明建设迈上新台阶》中指出，要把生态环境风险纳入常态化管理，系统构建全过程、多层级生态环境风险防范体系，有效防范生态环境风险。

---

① 徐晓双：四川省崇州市人民法院环境资源审判庭庭长。
② 卫翔宇：四川省崇州市人民法院街子法庭员额法官。
③ 高丹丽：四川省崇州市人民法院环境资源审判庭法官助理。
④ 尤明青：《中国转型时期的环境侵权救济问题的研究》，第一章导论，北京大学出版社，2018年版。

《中共中央国务院关于全面加强生态环境保护　坚决打好污染防治攻坚战的意见》提出，完善生态环境保护法律法规体系，健全生态环境保护行政执法和刑事司法衔接机制，依法严惩重罚生态环境违法犯罪行为。对国家级新区、工业园区、高新区等进行集中整治，限期进行达标改造。习近平总书记在民营企业座谈会上指出，在经济高速增长时期，一部分民营企业在环保、安全等方面存在不规范、不稳健甚至不合规合法的问题，在加强监管执法的背景下必然会面临很大压力。因此，需要完善政策执行方式，在安监、环保等领域微观执法过程中避免简单化，坚持实事求是，一切从实际出发，执行政策不能搞"一刀切"。

（二）民营企业环境风险防控形势

党的十九大提出，坚决打好防范化解重大风险、精准脱贫、污染防治的攻坚战。污染防治的攻坚战成为党委政府高度重视的重点工作之一。抓好民营企业的环境污染风险防范，成为当前支持民营经济发展、防范环境风险的关键。全国各地发生的民营企业生产经营中引发环境污染案，反映部分民营企业生态环境风险防范意识薄弱，防范措施欠缺的现状。民营企业环境责任风险与环境安全风险的交织，给生态环境执法带来新的挑战。根据工业园区民营企业环境风险防控的实际，急需在环境科学技术、环境管理和环境法制专业人员的指导下，加强以下三个工作。一是拓宽第三方机构服务企业的渠道，为企业治理污染提供技术指导和信息服务，提高专业化服务水平。二是成立环保监管专门机构，配齐配强专业队伍，采取专业培训、人员调配、业务部门指导等办法，加强园区环保管理工作队伍专业化建设。三是提升环保执法工作针对性、实效性，建立常态化、全覆盖企业环境风险巡查监管工作制度和环保应急处置机制。

（三）崇州消费电子产业园区（原名为崇州工业园区）民营企业环境风险难题

崇州经济开发区于2005年成立，2010年升级为省级经济开发区，2021年更名为崇州消费电子产业园区，建成区面积约16.8平方公里，主要发展家具家居、装饰装修包装材料和制鞋等产业，先后获批"中国板式家具产业基地""四川省家居产业知名品牌示范区"。经济开发区现有单体企业355家，投产企业513家（含出租厂房生产企业）；规模以上企业133家，现有从业人员约10万人。近年来，园区管委会认真履行生态环保属地管理责任，企业环保工作很有成效。但是，仍然存在企业环境风险监管专业素养不够、技术水平不高、专业队伍不强的问题，园区污水处理厂已处于满负荷运转临界状态，园区周边居民对企业喷漆作业产生的油漆污染以及空气污染的环保信访投诉件比较多。2018年，园区内企业投资人曾因违法排污犯污染环境罪被判处刑罚。

二、"三个一"专业模式建构与实践探索

为深入落实习近平总书记在民营企业座谈会的内容,2019年,崇州法院推动省环境资源法学研究会、环保部门、法检机关专业优势和技术力量,联建一支专业队伍,在崇州消费电子产业园区建立一个研究实践基地,构建一个服务民营企业环境风险管控的长效机制。通过建立"三个一"的专业模式,审视民营企业环保合规现状,协助民营企业做好环境风险防范,有效缓解释放民营企业生产经营过程中面临的生态环境行政执法的巨大压力。

(一)联建一支专业队伍

民营企业环境风险管理和防控,不仅涉及企业内部的环保和安全风险管理,也涉及外部的大气、水、土壤的污染防治,不仅需要生态环境保护科学层面的支撑,也需要环境法治的有力保障。为此,崇州法院积极联系省环境资源法研究会强强联合,整合省生态环境科学研究院、省环境科学学会的科技人员,省生态环境厅、市生态环境局的生态环境行政管理和行政执法人员,省环境保护政策法制研究会的专业人员,环资审判的法官,从事环资检察的检察官,负责环境犯罪侦查的警官,省律协、市律协环资法专委会的律师,川内高校环境资源法研究学者等,建立了一支有20余人的专业队伍,为民营企业环境风险管理和防控提供技术、管理和法治保障。

(二)建立一个研究实践基地

绿色发展、生态优先,进一步回应优化营商环境的要求,帮助民营企业加强环境风险管控,助推民营企业绿色发展。崇州法院主动争取与省环境资源法学研究会的合作,全省首家环境法治研究实践基地落户崇州消费电子产业园区,法院、省环资学会、园区管委会签订三方战略合作框架协议。企业处在经济发展与环境保护的第一线,从源头抓起是推动经济实现绿色转型发展的关键。环境法治研究实践基地的设立,既是基层人民法院走进基层、深入企业、扎根实践的一项极具典型性、示范性的有益活动,也是全民参与、多元治理环境的环境资源审判工作诉源治理的有益尝试。环境法治研究实践基地可以为企业防范化解环境风险提供智力支持,帮助企业、生产经营单位明晰法律政策要求,切实采取有效应对措施,避免生产经营的环境法律风险,为园区企业环境风险管控提供法律保障,有效助推企业绿色发展,实现经济发展和环境保护的协调。

(三)构建一个服务民营企业环境风险管控的长效机制

环境法治研究实践基地设立后,为深入开展企业环保合规与绿色发展的调查研究、学术探讨、咨询论证、法律咨询等工作,企业应当提供真实的数据,管委会应当加大信息收集共享力度,崇州市人民法院、四川省环资学会应当及时为企

业提供专业指导和咨询意见。经三方协商，建立起包含运行机制、值班制度和三方权利义务的服务民营企业环境风险管控的长效机制。

第一，运行机制，包含工作小组、联席会议。由三方共同构建工作小组，指派专人进行联系和工作交流。根据工作需要不定期召集联席会，每半年至少召开一次三方负责人参加的碰头会议，针对各自在工作中遇到的民营企业环境风险防控方面的新情况及时进行信息交流和沟通研讨。每年召开一次年度总结大会，汇总三方年度工作情况，制定下一年度工作计划和方案。

第二，值班制度，包含固定的工作场所、值班人员和定期值班、工作内容。由崇州市工业园区管委会提供固定场所，专人固定周五进行值班，值班人员主要工作内容如下。一是接待来访企业，对企业反映的环境风险防控诉求进行信息收集，为企业提供相关政策或有关业务方面咨询。二是及时将企业反映的情况进行总结和分类，若需要管委会和法院提供咨询意见或者提供智库支持的，及时提出需求信息。三是定期向管委会和法院共享总结内容和工作台账。四是根据企业反馈的问题和信息制订有针对性的工作计划安排，为管委会、法院工作提供建设性意见和参考。

第三，三方权利义务，三方指派专人定期开展入户调查和辅导，最终形成调研报告。管委会对民营企业环境风险防控诉求进行信息收集、共享信息、提出需求；法院及时梳理总结企业环境违法犯罪的经典案例，推送给园区的民营企业，并大力推动环境法治宣传进园区相关工作；根据民营企业的实际需求进行环境法治相关培训。

三、调研民营企业环境风险

（一）系统分析民营企业环境风险的共性问题

环境法治研究实践基地设立后，三方组建调研团队精心设计调查问卷，从企业厂址位置、综合管理、危险化学品管理、重大污染源管理、生产设备检修管理、安全生产管理、事故应急救援组织准备、事故应急物资管理等八个方面，全面摸底调研民营企业环境风险管理与防控。三方联合组建调研专业队伍，实地走访家具及配套类、制鞋类、机械、电子及建材类、印刷和其他共5大类46家企业，电话采访34家，共计80家工业企业，收集到企业运行阶段环境风险、企业环境管理体系、企业应对环境行政执法等三个方面环境风险防治的相关问题，见表1。

表1 调研企业统计表

序号	类别	数量	占比
1	家具及配套类	21家	26.25%
2	制鞋类	5家	6.25%
3	机械、电子及建材类	20家	25.00%
4	包装、印刷类及涂料类	15家	18.75%
5	其他类	19家	23.75%
6	合计	80家	100.00%

调查发现三类问题。一是企业运行阶段环境风险问题。（1）油漆使用问题。《成都大气污染防治工作计划（2019）》要求大力推广使用低（无）VOCs含量的涂料、有机溶剂、胶黏剂、油墨等原辅材料，积极推动使用低毒、低挥发性溶剂，配套改进生产工艺。在此背景下企业被要求削减油性漆的用量，导致大量家具类企业含油性漆的相关工艺无法获批。实际生产过程中由于水性漆和油性漆的性质不同，部分工艺水性漆达不到产品要求，一方面附着率差，容易脱皮掉漆，另一方面水性漆的哑光亮度达不到客户和市场要求。（2）危险废物处理问题。企业生产过程中产生的危险废物因其特殊性，需要委托有资质的单位进行处理。目前市面上有资质的危险废物处理企业，其处理规模已基本处于饱和。因此，如果企业危废产生量较小，就会出现只签署处理协议但实际不处理企业危险废物的情况。另一方面，由于企业无法找到能处理危废的单位，致使危废存积，出现企业超期存放危废的情况。（3）企业环评合规问题。目前较多企业开展环境影响评价的时间较早，但在实际生产经营过程中，厂区设备会随着订单的数量出现增减、更新的情况，不可避免地造成与环评建设内容不符的情况。《中华人民共和国环境影响评价法》第二十四条规定了需要重新报批建设项目的几类"重大变动"情形，但针对上述情况是否应当重新报批还是只需登记备案，企业对此非常困惑。（4）环保设备问题。目前环保设施设备市场混乱，环保设备生产商良莠不齐。同时，由于国标具有滞后性，其要求跟不上排放标准和产业结构的更新速度，导致环保设备质量不可控。企业对环保设备的选择以及后期维护比较困难。有的企业投入大量资金安装污染治理设施运行不久，新的环保政策要求企业更换新的污染治理设施。比如有机废气治理方面从活性炭治理到等离子处理，再到UV光解处理，再到催化燃烧处理方式，更新速度很快，有时即使投资加了相应的环保设备但是排放浓度仍然不达标，给企业造成了很大的负担。建议给企业增加、完善环保设备方面的国家认证质量标准，使企业能够更有信心安装。

二是企业环境管理体系问题。（1）缺乏专职环保管理人员。目前很多企业在管理体系中没有设置专门的环保专员，一般都是行政人员兼任环保专员。环保法律法规专业性强，相关专业人才匮乏，导致企业对环保政策法规的理解适用、环保治理措施跟进以及环保申报等工作开展进度非常缓慢。（2）缺乏相关环保专项培训。企业一般注重生产，针对现存的环保问题及其相应的解决方法，新形势下的环保走向等内容没有相应的了解渠道，缺乏相关的环保培训。目前生态环境部门组织的部分环保培训缺乏针对某一行业、某一特定企业的具体问题，或者欠缺对某一特定的环保政策内容进行深入指导和解读，导致企业虽然参加了一些政府组织的培训仍然觉得收获不大。（3）企业环保信息来源渠道不畅。企业自身发展过程中，想要了解更多针对企业在环保投入方面的减负政策，包括政策、补贴、资讯等。但由于企业这方面相关的信息渠道不畅通，所以信息筛选难度较大。（4）简化企业与生态环境部门的网络连接。生态环境部门目前设有多个登陆端口，填报内容大同小异，建议企业简化或者合并相关的程序。

三是企业应对环境行政执法问题。（1）企业环保意识淡薄。由于部分企业的环境法律风险防控意识不强，一旦其发生环境违法违规行为，就将遭受严厉的处罚。（2）环保标准、安全标准的冲突。环保、安全两部门管理要求有时候会有冲突。例如环保要求安装排放达标中央集尘器，车间必须采取密闭措施减少无组织排放。但是，安全部门认为密闭空间存在安全风险，容易达到爆炸极限而引发爆炸，需要对车间采取加强通风等措施。环保标准和安全生产标准的冲突，使得企业无所适从。（3）污染叠加无法界定主体责任。敏感点位（居民等）的投诉有可能是多家企业污染排放的叠加导致，执法部门不加区分，直接要求污染区域的企业全部关停整改，对合规企业造成不必要的损失。

（二）为立法执法部门提供建议

通过实地走访调研，笔者把企业面临的环境法律风险问题进行汇总分析，一方面形成巡园摸底的真实情况总结，为完善和推动政策、立法提供基础。另一方面会同地方生态环境部门，为指导企业环境法律风险防控提供具体的操作方案。通过开展产业、学术、法治共同体建设，推动环境法治，深化诉源治理，优化营商环境，促进绿色发展。

从以上调研情况看，产生环境风险及问题的原因主要有两方面：一是法律要求提高，环境监管趋严；二是企业管理不规范，达不到有关要求。据不完全统计，国务院、地方人大出台的生态环境保护行政法规、地方性法规达200余部。仅2017年就发布了160项国家环保标准、2项污染防治可行技术指南和6项技术政策。企业肩负的生态环境责任越来越大，自主治理事项剧增的同时环境治理难度也越来越大，随即面临的风险也不断增加。

目前民营企业主要存在企业面临的法律困惑、环境风险防范的压力以及应对措施的需求。大部分企业对环境治理的资金、技术投入有限,环保专业人员缺乏,民营企业开展环保工作存在一定困难。由于企业不重视环境主体责任,很多企业的环保工作重点不是积极预防污染,而是消极应付政府部门的环保检查和考核过关。

将民营企业环境风险防控面临的一些实际困难和问题归纳总结后形成社情民意、专题报告、司法建议甚至形成立法执法建议,提交给有关领导和部门。坚持问题导向,逐步形成问题发现、分析溯源、反馈评估、分析处理的闭环管理模式(如图1所示),在提升民营企业环境合法合规意识和能力水平的同时,也为环境执法、环境司法提供思路。

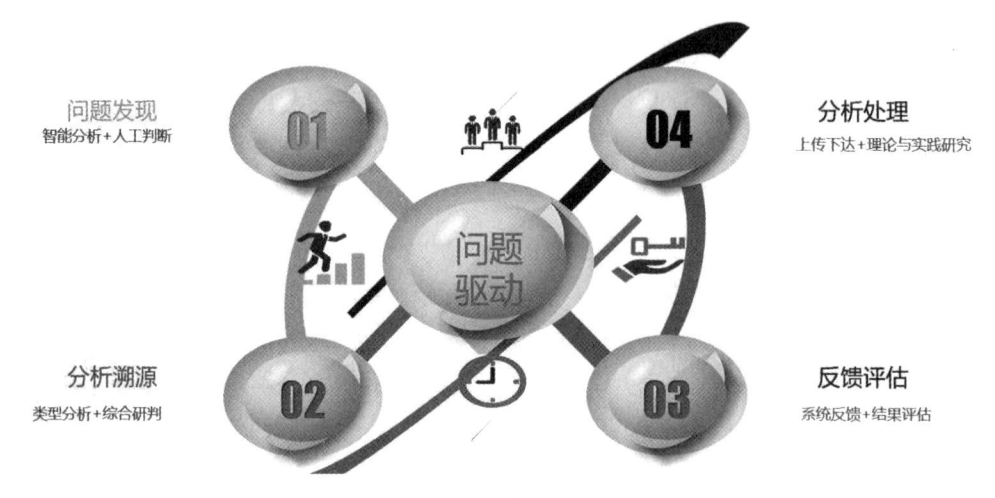

图1 工作模型

（三）为企业环境风险管理提供解决方案

《关于全面加强生态环境保护 依法推动打好污染防治攻坚战的决议》强调,要依法推动企业主动承担全面履行保护环境、防治污染的主体责任。通过调研发现,企业环境法律风险的重要来源,正是缺乏对生态环境法律法规、制度的学习和了解。为协助民营企业摸清环境风险,助力民营企业绿色转型发展,在调研过程中逐步引入标准化、智能化、人性化的生态环境风险识别及环境管理综合治理系统,为民营企业提供系统、实用、简便的环境风险治理操作指南。

为民营企业制定有针对性的方案,按照行业和企业现状所处层级来提供个性化的辅导。根据不同技术层次企业的实际需要,分类指导、提供污染防治技术服务,搭建生态环境治理技术服务平台。比如:对成都市××洁具有限公司从原材料、生产工艺、成品等各个生产环节以及从废水、废气、噪声、固体废物等治理现状进行了完善的环境风险排查,并结合企业现有的环境管理体系,有针对性地提供了专业的整改意见,以完善其环境风险防控,促进企业有序生产,逐步完成绿色转型发展。××家具股份有限公司的生产线水平处于国内领先位置，其部分生产工艺（如喷漆）均采用国际先进生产线，环保治理方面也采用先进的VOCs蓄热催化燃烧治理工艺，是园区内的模范家具生产企业。由于其在环保方面已处于国内最先进水平，因此政府对其软实力方面提供有力的支持。比如提供全方位的实时环境资讯推送服务，了解最新的国内外环保咨询；对企业品牌、产品、文化等进行专栏展示、宣传、推广交流；搭建更通畅的沟通渠道，提供绿色金融信息等；提供产业链上下游整合；提供参与专业环保培训、讲座、论坛、博览会等活动。

四、开展民营企业环境风险防控培训

加强企业守法宣传培训和技术指导，帮助民营企业将环境风险纳入常态化管理，支持民营企业环境管理制度体系建设，为企业系统构建全过程、多层级环境风险防范体系。为民营企业开展环境守法培训，宣传生态环境执法规章制度，引导民营企业防范法律风险，解读行业守法规范，介绍先进管理经验等。采取集中培训和走访调研培训两种方式为园区民营企业开展环境风险防控专业培训。

（一）集中培训

组织崇州经开区园区内120多家企业的法定代表人或环保负责人参加企业环境风险防控集中培训学习，邀请环境保护相关专业人士进行培训。其中环资庭法官重点介绍人民法院拓展司法保护与生态保护的线上辐射力，健全司法衔接机制、生态修复机制的有益探索；环资法学会教授以环境立法、执法、司法为切入点，介绍《中华人民共和国土壤污染防治法》立法历程、《排污许可证管理办法》主要内容、环境责任强制保险基本要求以及环保督查、环保垂改最新动态，并结合相关实际案例，回顾中国环境法治的主要事件，阐述企业环境风险防范；生态环境厅高级工程师就"加强排污许可管理，推动四川环境质量持续改善"作专题宣讲，详细讲解排污许可证的作用、排污许可的法律责任以及排污许可的主要工作任务；生态环境科学院总工办主任就环境信用对企业的影响和应对向参会企业作了详细说明，从环境信用评价的由来及环境信用结果的运用等方面阐释企业环境信用评价的重要性。企业加强环境信用建设的重要途径是切实履行企业环境责任，完善组织保障，加大环保投入，同时应当不断完善企业激励和约束机制。

（二）走访调研培训

在前期集中深入80家企业的走访调研与后期常规随访和受邀参观调研接受企业咨询中，根据企业行业性质、规模差异，从不同产业、不同排放物的法律规定和突发应急事件处理等方面，有针对性地开展环境风险防控的专业知识培训。

1. 大气、水、固体废物污染控制和行政管制

崇州工业园区主要以家具家居、装饰装修包装材料和制鞋为三大产业支柱，三大产业涉及环境污染防治的主要有污水防治、大气污染防治以及固体废物污染防治。梳理并向企业释明企业处理污水、排气、固体废物等要遵循相关的法律规定。

一是企业排放废气相关法律风险。工业园区的企业以家具家居居多，势必产生污染大气的扬尘和挥发性有机物（VOCs）的治理问题。现行的《中华人民共和国大气污染防治法》对工业污染防治做了相关规定，包括企业原材料和产品所含 VOCs 的含量及其排放作出了明确的规定，还规定了清洁生产工艺和工业生产、垃圾填埋或者其他活动产生的可燃性气体的回收利用。此外，根据新修订的《中华人民共和国大气污染防治法》，企业的法律责任除了常规的责令改正或者限制生产、停产整治和罚款外，还有按日计罚的处罚。

二是企业污水排放相关法律风险。《中华人民共和国水污染防治法》规定了企业违反污染排放标准、污水处理设施安置等情形下的法律责任，主要有罚款，责令停产整治，责令停产关闭，对直接负责的主管人员和其他直接责任人员的拘留以及受到罚款处罚，被责令改正的企业继续违法排放水污染物或者拒绝、阻挠复查的按日连续处罚。

三是企业固体废物处理相关法律风险。在固体废物处理方面，《中华人民共和国固体废物污染环境防治法》对处理固体废物做了一般性的规定，包括工业固体废物污染环境的防治、工艺和设备的规定和企业的申报登记责任。同时，还规定了产生危险废物的单位的责任，包括企业的申报、处置、贮存、转移、运输以及制定应急预案的责任。第六十八至八十五条规定了企业的法律责任，其中第六十九条规定了建设项目需要配套建设的固体废物污染环境防治设施的责任。

2. 环境污染刑事责任预防

最高人民法院、最高人民检察院《关于办理环境污染刑事案件适用法律若干问题的解释》对污染环境的行为进行了详细列举，污染环境的行为达到司法解释规定的程度即可能构成污染环境罪等相关刑事责任。工业园区民营企业环境刑事责任风险预防培训内容包括：《司法解释》第一条关于"严重污染环境"的认定，第三条关于"后果特别严重"的认定，关于废物的处理的刑事责任的规定，除了上述两项以外，还有第四条关于刑法第三百三十八和三百三十九规定的从重处罚情形，第六条、第七条规定的其他按照污染环境罪定罪的情形，第十六条规定无危险废物经营许可证，以营利为目的，从危险废物中提取物质作为原材料或者燃料，并具有超标排放污染物、非法倾倒污染物或者其他违法造成环境污染的情形的行为，应当认定为"非法处置危险废物"罪。

3. 家具、装饰装修材料、制鞋行业污染防控技术规范

崇州工业园区三大主要产业分别为家具制造行业、装饰装修材料行业、制鞋行业，涉及具体行业污染物排放标准与技术规范培训内容如下。

（1）家具制造行业主要污染为挥发性有机物（VOCs）的排放，主要依据《四川省家具制造行业挥发性有机物控制技术指南》。

（2）装饰装修材料行业污染物室内装饰装修材料有害物质限量的标准主要有：《室内装饰装修材料人造板及其制品中甲醛释放限量》（GB 18580—2001）；《室内装饰装修材料溶剂型木器涂料中有害物质限量》（GB 6566—2001）；《室内装饰装修材料水性木器涂料中有害物质限量》（GB 24410—2009）；《室内装饰装修材料胶粘剂中有害物质限量》（GB 6566—2001）；《室内装饰装修材料内墙涂料中有害物质限量》（GB 6566—2001）；《室内装饰装修材料木家具中有害物质限量》（GB 6566—2001）；《室内装饰装修材料壁纸中有害物质限量》（GB 6566—2001）；《室内装饰装修材料聚氯乙烯卷材地板中有害物质限量》（GB 6566—2001）；《室内装饰装修材料地毯、地毯衬垫及地毯胶粘剂有害物质释放限量》（GB 6566—2001）；《建筑材料放射性核素限量》（GB 6566—2001）；《混凝土外加剂中释放氨的限量》（GB 6566—2001）。

（3）制鞋行业污染物排放标准主要依据《合成革与人造革工业污染物排放标准》（GB 21902—2008）。

4. 民营企业突发环境事件应对

培训内容包括突发环境事件应急处置、环境风险评估和应急资源调查、突发环境事件应急预案的编制、环境应急预案的演练与实施四部分内容。

（1）突发环境事件应急处置。

第一，突发环境事件报告及法律责任。

遇到突发环境事件时，民营企业应当按照《中华人民共和国环境保护法》《中华人民共和国突发事件应对法》《突发环境事件应急管理办法》的规定，做好突发环境事件的风险控制、应急准备、应急处置和事后恢复等工作。在发生或可能发生突发环境事件时，企业事业单位应当立即采取措施处理，及时通报可能受到危害的单位和居民，并向环境主管部门和有关部门报告。单位或者个人违反规定，导致突发事件发生或者危害扩大，给他人人身、财产造成损害的，应当依法承担民事责任；构成犯罪的，依法追究刑事责任。较大、重大和特别重大突发环境事件发生后，环境保护主管部门享有依法对造成污染物排放的设施、设备实施查封、扣押权。

第二，突发环境事件分级。

《国家突发环境事件应急预案》规定，突发环境事件分为特别重大、重大、

较大和一般四级；应急响应设定为Ⅰ级、Ⅱ级、Ⅲ级和Ⅳ级四个等级。

第三，预警分级与相应分级。

《突发事件应对法》规定，国家建立健全突发事件预警制度。可以预警的自然灾害、事故灾难和公共卫生事件的预警级别，按照突发事件发生的紧急程度、发展态势和可能造成的危害程度分为一级、二级、三级和四级，初判发生特别重大、重大突发环境事件，分别启动Ⅰ级、Ⅱ级应急响应，初判发生较大突发环境事件，启动Ⅲ级应急响应，初判发生一般突发环境事件，启动Ⅳ级应急响应。

（2）环境风险评估和应急资源调查。

《中华人民共和国环境保护法》规定，企业事业单位应当按照国家有关规定制定突发环境事件应急预案，报环境保护主管部门和有关部门备案。

《企业事业单位突发环境事件应急预案备案管理办法（试行）》规定，企业制定环境应急预案包括：开展环境风险评估和应急资源调查，编制环境应急预案、评审、备案，并要求定期组织演练。在进行了风险识别之后，应当进行应急资源调查，包括但不限于：调查企业第一时间可调用的环境应急队伍、装备、物资、场所等应急资源状况和可请求援助或协议援助的应急资源状况。

（3）突发环境事件应急预案的编制。

应急预案的编制是各类突发事故的应急基础，是开展应急救援的底线。编制一本完整的应急预案，有利于对突发事件作出及时的响应和处置，最大限度地减少突发事件造成的损失。

（4）环境应急预案的演练与实施。

《突发环境事件应急管理办法》规定，企事业单位应当定期开展应急演练，撰写演练评估报告，分析存在问题，并根据演练情况及时修改完善应急预案，采取便于公众知晓和查询的方式公开本单位的突发环境事件应急预案演练情况。

《国家突发环境事件应急预案》规定，企业事业单位造成或者可能造成突发环境事件时，应当立即启动突发环境事件应急预案，采取切断或者控制污染源以及其他防止危害扩大的必要措施，及时通报可能受到危害的单位和居民，并向事发地县级以上环境保护主管部门报告，接受调查处理。

五、结语

环境社会治理需要秉承法治理念，加强法治保障，运用法治思维和法治方式化解与环境有关的各种社会矛盾。建设生态文明，必须建立系统完整的生态文明制度体系，用制度保护生态环境[①]。法院是司法制度的核心，是法律制度的重要组成部分。法院的首要功能在于解决纠纷。除解决纠纷之外，法院还具有社会控制、规则确立，权力制约等方面的功能[②]。而企业、律师以及专家都是环境纠纷、环境社会治理中重要的社会行动者。崇州法院抓牢两端，积极参与，在服务民营企业经济绿色发展、优化营商环境的建设中，探索建立"三个一"的专业模式，打造"1+1+4R"生态保护机制。通过牵线专家和企业的方式，摸底调研本地区民营企业环境风险共性问题，精准服务民营企业环保合规和环境风险防控。前端加强企业守法宣传培训和技术指导，帮助民营企业将环境风险纳入常态化管理，支持民营企业环境管理制度体系建设，为企业系统构建全过程、多层级环境风险防范体系。中端搭建生态环境治理技术服务平台，根据不同技术层次企业的实际需要，分类指导，提供污染防治技术服务，引导民营企业防范法律风险，解读行业守法规范，引进先进企业管理经验。后端创新探索生态修复新路径，强化生态教育支撑。在鸡冠山森林公园、黑石河公园打造生态修复教育基地，建立成都地区首个水生态修复教育基地，全国首次形成高山、平坝不同海拔、满足不同修复要求的多元化、菜单式修复体系，同步打造"司法实践学校""法律教育讲堂"和"学法普法窗口"，形成"原态修复、代偿修复、替代修复、异地修复"的生态修复"4R"机制，确保惩罚犯罪与生态修复双重效果，保障人民群众生态权益。

[①]《中共中央关于全面深化改革若干重大问题的决定》（2013年11月12日中国共产党第十八届中央委员会第三次会议通过），人民出版社2013年版。

[②] 卢荣荣：《法院的多重面孔：中国法院功能研究》，西南政法大学博士论文2012年。

专题三：能源低碳制度建设

完善立法推动中国碳达峰、碳中和目标

张 虹[①] 邹 童[②]

摘 要：全球气候变暖问题是现代环境危机的突出问题。习近平主席在联合国大会上庄严承诺"2030年前实现碳达峰，2060年前实现碳中和"。法治引领改革，中国应当尽快有效运用法治手段，弥补现有的立法缺憾，完善有关碳达峰碳中和法律法规政策体系，推进《应对气候变化法》，充分发挥地方立法积极性，加强地方立法探索，确保如期实现碳达峰碳中和，走出一条人类命运共同体绿色发展的"中国之路"。

关键词：碳达峰；碳中和；地方立法；应对气候变化法

一、问题的提出

全球气候变暖问题是现代环境危机的突出问题，2030年前实现碳达峰，2060年前实现碳中和，是习近平主席代表中国在联合国大会上作出的庄严承诺。碳达峰碳中和的"双碳目标"，为推进《中华人民共和国应对气候变化法》洞开了良好契机，应当抓住在"双碳目标"下，推进《中华人民共和国应对气候变化法》进程，系统性、整体性解决气候变暖的威胁。

习近平主席代表中国在联合国大会上作出的庄严承诺，在控碳、减碳，乃至应对全球气候变化中，深刻体现出中国的大国风范。法治引领改革，走人类命运共同体的绿色可持续之路。

二、中国碳排放的挑战与现状

为了应对气候变化，世界各国尤其是发达国家列出了减排、碳中和承诺目标（见表1），也加剧了对中国的挑战。

[①] 张虹：四川省社会科学院法学研究所副研究员。
[②] 邹童：四川省社会科学院法律硕士研究生。

表1 各个国家和地区碳减排、碳中和承诺目标

	2030年	2040年	2050年	2060年
中国	60%~65%			碳中和
丹麦	70%		碳中和	
欧盟	55%		碳中和	
墨西哥	50%		碳中和	
英国	40%		碳中和	
韩国	37%		碳中和	
奥地利	36%		碳中和	
加拿大	30%		碳中和	
澳大利亚	26%~28%		碳中和	
日本	26%		碳中和	
印度	33%~35%		碳中和	

中国极度依赖化石能源发展经济，尤其是煤炭，无论是从产业发展结构上还是从居民生活能源使用上来说，中国都是名副其实的煤炭大国。虽然近些年来以电、气、油为供热能源的试点在逐年增加，但中国北方地区冬季供暖主要能源依旧是煤炭。作为发展中国家，中国碳排放总量大，目前碳排放总量已经超过美国。相比于产业结构发展完善的欧美发达国家来说，中国更加依赖于以化石（石油、煤炭、天然气）为基础的传统能源，经济发展方式较为粗放；从产业分布上来看，中国碳排放主要来源于第二产业，在第二产业的碳排放总量中，绝大多数的碳排放又来自工业。

以化石为基础的传统能源属不可再生能源，如果继续维持这样消耗式的经济发展方式，不仅中国立下的碳达峰和碳中和目标不能按期实现，而且中国未来极有可能面临严重的能源危机。中国目前在某些产业，比如钢铁产业，正面临着供给相对过剩的问题，而在高科技产业，比如芯片领域，又十分紧缺，供需失衡，体现出一种奇怪的双重矛盾。想按期实现碳达峰和碳中和目标，必须将目光集中于工业的碳排放问题，调整不健康的产业结构，转变资源消耗型的经济发展方式，抑制钢铁产业、水泥产业、煤化工产业等高能耗高排放产业的过度发展。中国目前面临的经济转型趋势，毋庸置疑，难度极大且牵涉复杂。

不可忽视的是，目前中国社会公众整体低碳生活观念也较为欠缺。中国现有对碳达峰和碳中和的理念宣传和政策宣讲不到位，就社会一般人而言，获得碳达峰和碳中和理念与相关国家政策的渠道较为单一，就是电视新闻、广播传媒，但随着人们越来越多地使用手机和平板的在线点播功能，越来越少地看电视，获得

碳达峰和碳中和理念与相关国家政策这几条单一的渠道发挥的作用也越来越少。其次，虽然中国的经济在近年来飞速发展，物质条件极大丰富，但人们的消费观念还较为滞后，人们热衷于私家车出行、使用大量的一次性商品等高碳生活方式，社会公众尚未形成普遍的绿色低碳观念。

如表1所示，控碳、减碳是世界的发展潮流和趋势，是为了保护人类共同家园的长久之策，也是中国势在必行的发展方向。但从实践中我们不难看出，要想加大减排力度，扩大减排范围，按期实现碳达峰和碳中和，必然会遭遇阵痛和阻力。

三、中国碳达峰碳中和的法律体系现状及存在的问题

（一）现有相关法律条文零散不成体系

中国的碳达峰碳中和的相关法律体系结构中，《中华人民共和国宪法》《中华人民共和国环境保护法》为中国实现碳达峰碳中和的路径提供了宏观的指导方向和理念，推动环境保护，加强生态文明建设。目前，中国关于碳达峰和碳中和最直接、最主要的法律就是《中华人民共和国大气污染防治法》，主要内容为燃煤和其他能源污染、工业污染、机动车船等污染、扬尘污染、农业和其他污染的防治等。

此外，还有《中华人民共和国森林法》中关于森林保护和造林绿化方面的规定，《中华人民共和国草原法》中关于规划、建设、利用草原方面的法律规定，其他与经济生产相关的法律如《中华人民共和国节约能源法》《中华人民共和国环境影响评价法》《中华人民共和国清洁生产促进法》《中华人民共和国循环经济促进法》等。不难看出，涉及减碳、控碳的法律法规内容零散分布在各个法的某一或者某部分条文当中，法与法之间也缺乏相应的协调，无法形成完整的体系，对于实现碳达峰和碳中和的作用有限，具有天然的局限性。

（二）具有针对性的专门立法缺失

针对控制、减少二氧化碳的排放问题，总体来说，中国目前还没有一部比较有针对性、可操作的专门立法。目前中国关于碳达峰和碳中和最直接、最主要的法律之一就是《中华人民共和国大气污染防治法》，该法从名称上就可以看出，较为侧重于大气污染的监控和防治。笔者在分析研究该法时，也在思考一个问题：二氧化碳究竟是不是大气污染物？如果二氧化碳不是大气污染物，《中华人民共和国大气污染防治法》显然对控碳、减碳的问题缺乏针对性。

目前在中国还没有公认确切的定论，学者也保留不同的意见，中国现阶段也未将二氧化碳规定为法定的大气污染物。从客观上分析，二氧化碳属于大气中本身含有的气体，在大气中占了很大的比例，如果缺乏二氧化碳也不行，绿色植物

进行光合作用，二氧化碳不可或缺，在某些领域，它是无害甚至是有益的，从理论上推断，二氧化碳不应该属于大气污染物。但是，当二氧化碳的浓度超过了一定的值，最直接的结果就是全球变暖，臭氧层被破坏，极端天气出现，冰川融化，生物多样性减少，自然灾害频发等，造成的后果甚至比大气受到污染更加严重，同样需要得到立法层面上的重视。

此外，中国已经制定了《中华人民共和国节约能源法》，对能源的节约和可持续性开发利用进行规范，在节约能源的同时，也就减少了碳排放。但实现碳达峰和碳中和是一场系统的社会性变革，讨论碳中和和碳达峰问题，离不开其他两个问题——能源问题和气候变化问题，节约能源、开发清洁能源是具体措施，保护全球生态环境、应对气候变化是最终目的，也是我们期待看到的结果。

在以上分析的基础上，以《中华人民共和国大气污染防治法》和《中华人民共和国节约能源法》为相关典型，中国目前相关的生态环境法律体系控碳、减碳的针对性不强，可操作度弱，对碳达峰和碳中和的支持力度显然不够。虽然中国提出了实现碳达峰和碳中和的目标，但明显缺乏应对气候变化的专门性规范，体现出单行法的立法缺憾和立法空白，直接导致目前缺少针对实现碳达峰碳中和目标的强力措施，由此容易引发很多现实问题，对按期实现碳达峰碳中和目标产生了很多负面的作用。笔者认为，在此基础上，更加有必要制定一部具有综合性的应对气候变化法，解决具有针对性的专门立法缺失的问题。

碳达峰和碳中和是近年来的国家热点，甚至可以说是国家重点，缺乏上位法提供法律依据，会带来很多积弊。笔者希望借助于构建制定《应对气候变化法》弥补中国上位法的缺憾和空白，解决种种实现碳达峰和碳中和相关的阻力和问题。可操作、高质量的顶层立法设计，能为处于下位的法律法规、国家政策提供可靠的法律支撑。国家政策需要法律为其提供基础性的指导原则作为框架，而地方性法规、规章等法律位阶低，还可能存在立法水平低、内容重复多、条文越权等种种问题，它们也始终无法替代单行法。以专门的单行法为领头，可以对中国控碳、减碳的法律体系进行指导性的规范和内部的统筹，将有利于实现碳达峰和碳中和。

（三）相关地方立法的上位法支持不足

针对控碳、减碳，中国也有一些地方立法的相关实践。在地方立法层面，青海省有《应对气候变化办法》、南昌市有《南昌市低碳发展促进条例》、石家庄有《石家庄市低碳发展促进条例》，这些都是地方立法对实现碳达峰和碳中和的积极探索，但现阶段都缺乏上位法为其提供原则性的指导，容易出现很多问题。一方面，缺乏上位法的指导，地方立法的积极性不高，受立法技术和水平的限制，立法也会缩手缩脚。节能减碳是中国长久的国策之一，但地方专门针对控碳、减碳的立法，也只是上述提到的几部地方立法，再者寥寥无几，地方立法可以发挥地方特色，针对地方控碳、减碳存在的问题对症下药，但中国目前地方立法发挥的作用却极其有限，这很不合理。另一方面，在中国提出碳达峰和碳中和的目标后，地方性立法也将随着中国控碳、减碳的国策逐步探索发展，但缺乏上位法的规制，地方立法容易错位越位，缺乏原则引导，立法重点容易偏离，这样必将产生种种实际操作的问题，值得引起重视和防范。

四、完善中国碳达峰碳中和的法律体系的必要性

（一）基于中国外交话语权和国家利益

实现碳达峰和碳中和目标，实际上具有一定的特殊性。中国分别签署了《联合国气候变化框架公约》《联合国气候变化框架公约的京都议定书》《巴黎协定》三个国际性协定，与世界各国共同应对气候变化。2030年前达到峰值和2060年前实现碳中和，也是中国的庄严承诺。实现碳达峰和碳中和是为改变人类共同生存的环境，是国际社会的一个热点话题，与国际气候政治环境相接轨，与中国的外交实际上是息息相关的。如何向国际社会表明中国实现碳达峰和碳中和的决心？除国家政策、经济手段外，完善中国碳达峰碳中和的法律体系就是最有力的证明，可以弥补中国现有的立法缺憾，尽早实现碳达峰和碳中和，科学应对气候变化，保护中国的能源安全，促进中国绿色经济发展转型的同时，也切实维护了自身的国家利益，有利于扩大中国在国际社会中的气候话语权，实现国际接轨，加强国际交流与合作。

（二）切实改善中国碳排放现状

中国的碳排放总量大，作为发展中国家，其限制因素多，牵涉复杂。由于缺乏立法规制，除上文笔者谈到的问题外，实际操作中，某些地方政府为了短期的地方政绩，盲目、无规划地以税收优惠和土地资源招商引资，吸引投资的企业，很大一部分就是高排放的工业，有的地方工业还会出现集聚效应，导致出现一定地域内的工业布局多且重复的现象，除了提高了短期中期的潜在产能过剩的风险以外，造成了大量的空气污染和碳排放。中国对于控制、减少碳排放的法律法规还比较缺乏，法律体系尚未建立，对于碳排放的监督、控制、追责、问责制度也尚未建立，因此不能科学分配各部门的法定职责和权限范围，不光如此，减排责任不能逐步分解、层层落实到各个相关部门，导致关于碳排放的监督问题，各部门相互推诿，最后不了了之。

怎样能有效切实地改变中国的碳排放现状？碳达峰和碳中和目标艰巨，仅靠个人的自觉和企业自主承担社会责任、国家政策的柔性驱动是很难实现的，立法是最能提升社会认知，也是最有执行力度的形式。中国目前也需要通过立法进一

步引导和带领社会公众形成社会整体层面的绿色环保风气和思想，选择绿色低碳的生活方式。再者，专门的单行法能够倒逼中国的产业结构优化升级，推动发展绿色低碳经济，加快调整国内产业结构和能源结构，迎来新能源技术的发展。中国的新生事物碳排放权交易市场处在初步发展阶段，专门的《应对气候变化法》中涉及碳排放的相关条文能为碳排放权交易市场提供可靠的法律支持。

五、完善中国碳达峰碳中和的法律体系的路径

（一）制定《应对气候变化法》

1. 制定《应对气候变化法》的立法基础

中国已经实际具备了制定《应对气候变化法》的各项基本条件。

一是充分的国外经验。碳达峰和碳中和是世界不可逆转的发展趋势，也是造福于全人类子孙后代之举。为减少二氧化碳排放立法也并不是中国的开创之举，很多发达国家已有将碳中和纳入法律的实践经验。欧洲制定了《欧洲气候法》，英国制定了《气候变化法案》，德国制定了《联邦气候保护法》[1]，等等，这些发达国家和地区都选择通过立法应对碳排放导致的气候变化，再根据实际发展情况对立法内容进行调整和修正。

二是下位法的立法经验。虽然中国目前没有制定减碳、控碳的专门法，但是已有下位法的相关实践，这些都为制定中国的《应对气候变化法》提供了很好的借鉴经验。《碳排放权交易管理暂行条例》正在国务院进行审议，青海省出台了《应对气候变化办法》，南昌市有《南昌市低碳发展促进条例》，石家庄市有《石家庄市低碳发展促进条例》，等等。

三是国内学者的学术论证和理论研究。很多学者已经就如何按期实现碳达峰和碳中和目标、制定《应对气候变化法》提出了自己的学术观点和意见，以国内学者的学术论证和理论研究作为支撑，对制定《应对气候变化法》具有比较深刻的参考意义。

2. 制定《应对气候变化法》的主要建议

第一，在立法路径的选择上，有的学者赞同就碳达峰和碳中和问题单独立法[2]，有的学者建议制定综合性更强的《应对气候变化法》。选择制定《应对气候变化法》，而不是就碳达峰和碳中和单独立法，是有一定考量的。其一，制定碳达峰和碳中和单独立法，覆盖面太窄，使用范围不大，也不够科学。其二，就碳达峰和碳中和问题单独立法，目的性和功利性太强，而且实现碳达峰和碳中和

---

[1] 田丹宇：《欧洲应对气候变化立法进展及启示》，《中国环境报》，2021年7月13日。
[2] 孙佑海：《实现"碳达峰碳中和"应当采用何种立法思路》，《中华环境》，2021年第9期。

只是一个过渡的阶段,从长远出发,碳达峰和碳中和的最终目的还是应对全球气候变化,减少人类活动对全球气候的影响。制定《应对气候变化法》更加全面和综合,能够囊括更多领域,适用于更多的法律关系。

第二,要科学定位立法目的和立法框架。在立法目的中,应当宣扬低碳的生活方式,促进低碳理念深入人心,并将"中国二氧化碳排放力争于 2030 年前达到峰值,努力争取 2060 年前实现碳中和"写入总则[①]。初步探索构建立法框架,建议《应对气候变化法》设立总则、应对气候管理、减缓气候变化、适应气候变化、加强国际交流与合作、激励措施、法律责任、附则八个相关章节。

第三,立法原则上注重切实加强国际交流与合作。相较于中国的一般单行法,不同的是,应对气候变化是全人类共同的问题,更具有"国际"的性质,国家交流与合作显得尤为重要。只有切实加强国际交流与合作,中国才有可能按期完成碳达峰和碳中和目标。立法注重切实加强国际交流与合作,也有利于维护自身的国家发展利益,增强中国在国际社会中的气候话语权。

第四,立法内容应适当和能源法相互补充,统筹协调形成立法合力。讨论应对气候变化就离不开讨论能源问题,二者密不可分。中国的煤炭资源丰富,也是主要依靠煤炭支持发展的大国,短期内想要大幅度削减煤炭利用并不现实,同时要注重中国的能源安全,以保证社会公众正常生活和经济持续平稳健康发展为前提,这注定将是一个非常漫长的过程。立法应当鼓励加强技术升级与创新,提高煤炭的燃烧利用效率,减少产生的能量浪费,在有限的煤炭资源基础上,获得更多的能源单位,在此基础上,鼓励替代传统化石能源的清洁新能源的开发,促进绿色能源发展。

(二)充分发挥地方立法积极性,加强地方立法探索

地方立法相较于中央层面的立法来说,在发挥地方特色和尊重地方差异方面具有天然的优越性。在中国碳达峰碳中和是新领域,关于这方面的地方立法较少,地方立法的积极性也不高,一定程度上浪费了地方立法的优势。对此,更要充分提高地方立法积极性,加强地方立法探索。首先,通过地方立法再次明确政府的责任主体地位,做好地方控碳、减碳工作的协调统筹,切实明确各部门的管理监督责任,建立失职追责机制。其次,在合法的权力范围内,根据当地实际,明确减碳的具体计划,积极探索减碳具体的措施,设立低碳减排基金,通过相应的财政扶持、优惠政策鼓励高科技绿色能源技术发展等,进一步细化规定,将实现碳达峰碳中和的具体计划和步骤一步步落实,与上位法统筹结合,形成严密的碳达峰碳中和法律体系。

---

① 常纪文,田丹宇:《应对气候变化法的立法探究》,《中国环境管理》,2021 年第 3 期。

六、结语

2021年是中国"十四五"规划的开局之年,也是开始走上碳达峰和碳中和绿色发展的关键之年,众盼中国加快制定系统性、全面性、综合性的《应对气候变化法》,并配套启动《环境保护法》等相关法律法规的修改,在此基础上,充分发挥地方立法积极性,鼓励加强地方立法,尽快全面完善碳达峰碳中和的法律体系,为中国控碳、减碳提供从上到下完整的法律依据,利用法律武器科学应对气候变化,也为中国的经济发展方式转变、产业结构调整,发展绿色低碳经济提供可靠的法律支撑,成就碳达峰碳中和目标。

参考文献:

[1] 田丹宇. 适应气候变化的法律制度研究 [J]. 中国经贸导刊(中),2019(12):47-50.

[2] 高桂林,陈炜贤. 碳达峰法制化的路径 [J]. 广西社会科学,2021(9):13-19.

[3] 王江. 论碳达峰碳中和行动的法制框架 [J]. 东方法学,2021(5):122-134.

[4] 葛舒阳. 我国应对气候变化能源法律制度完善研究 [J]. 哈尔滨学院学报,2020,41(11):73-76.

[5] 孙佑海. 实现"碳达峰碳中和"应当采用何种立法思路 [J]. 中华环境,2021(9):66-69.

[6] 韩立新,逯达. 实现碳达峰、碳中和多维法治研究 [J]. 广西社会科学,2021(9):1-12.

"双碳目标"下碳足迹标签化的制度价值

周 强[①] 崔金星[②]

摘 要：碳足迹是基于生命周期理论，通过监测碳消耗产生过程中导致全球变暖的温室气体的主要元素二氧化碳的排放量，来评估人类活动对环境的影响。碳足迹标签化就是选择科学的核算标准和确定的评价机制对碳排放量标签化。文章通过对域外各发达国家开展的碳足迹标签化行动中所采取的碳足迹标签化制度的实施进展情况的梳理和对比研究，尤其是对碳足迹标签化过程中的法治规范研究，论证了碳足迹标签化制度有降低温室气体排放、促进碳标签规范与普及、提升中国产业在全球价值链的分工、提升政府减排监督效力、规范企业碳排放核算、增加碳交易市场规模等的价值。

关键词：碳足迹；碳足迹标签；双碳

生态文明及绿色发展理念入宪充分凸显了在新的历史发展时期生态环境保护的重要性。环境保护、资源节约以及生态文明建设不仅是国家的职责，也应当是民事活动的目标追求[③]。开展碳足迹标签化法制规范研究不仅是法制化国家和政府对环境权的积极回应，也是习近平生态文明思想转化为法治力量的要求，以更科学的法治方法来规范和促进碳减排，有助于推进中国大踏步迈向建设美丽中国的新征程[④]。这是碳足迹标签化的制度价值目的，也是碳减排意义之所在。中国将力争2030年前实现碳达峰、2060年前实现碳中和[⑤]。这是以习近平同志为核心的党中央立足国内、放眼世界，以高度负责任的态度和关怀全人类的胸怀，高举中国特色社会主义生态文明建设的伟大旗帜而向全世界发出的庄严承诺[⑥]。

[①] 周强：西南石油大学法学院硕士研究生。
[②] 崔金星：西南石油大学硕士研究生导师。
[③] 张震，张义云：《〈民法总则〉中"绿色原则"的宪法依据及其展开》，《法治现代化研究》，2019年第4期，第99—110页。
[④] 牛秉儒：《习近平生态文明思想的法治化进程与思考》，《中国经贸导刊》，2020年第11期，第105—106页。
[⑤] 习近平：《坚定信心，共克时艰，共建更加美好的世界——在第七十六届联合国大会一般性辩论上的讲话》，《中国青年报》，2021年9月22日。
[⑥] 陆波，方世南：《中国共产党百年生态文明建设的发展历程和宝贵经验》，《学习论坛》，第5期，第5—14页。

一、碳足迹和碳足迹标签化的内涵

（一）碳足迹的定义

"碳足迹"这个概念起源于"生态足迹"。生态足迹又叫"生态占用"，1992年由加拿大大不列颠哥伦比亚大学里斯教授（William E. Rees）提出，并经威克纳格（Wackernagel）进一步丰富和完善。拿产品来说，就是一个产品从生产、流通到终端使用直到成为废弃物四个阶段的每一个阶段的温室气体排放量。

目前用得更为广泛的碳足迹定义是以英国碳信托公司（Carbon Trust）所提出，这个定义较为全面、较为准确，它是一家政府资助的非营利机构。在定义中对碳足迹的描述不仅包括 CO_2，还包括其他 5 种产生温室效应的气体〔甲烷（CH_4）、一氧化二氮（N_2O）、氢氟碳化合物（HFC）、全氟化合物（PFC）和 AM 化硫（SF_6）的系列气体〕，这些温室气体的排放都通过 CO_2 当量来进行计算。整个产品的碳足迹通过全球变暖潜值（GWP，Global Warming Potential），即单位质量的某种温室气体排放在给定时期内（如 100 年），对全球变暖的影响与 CO_2 的相对比值来量化。

碳足迹的核算方法主要以生命周期方法（LCA，Life Cycle Assessment）为评价工具。目前国际上相关标准有如下几种。

表 1 生命周期评价相关国际标准
（International standards on Life Cycle Assessment）

标准（Standards）	标准名称（Standard names）	发布单位（Publishers）
ISO14040：2006	国际标准：环境管理－生命周期评价－原则和框架	国际标准化组织
ISO14044：2006	国际标准：环境管理－生命周期评价－要求和指导	国际标准化组织
Global Guidance Principles for LCA Database：2011	全球生命周期数据库指导原则－第二部分：单元过程数据开发	联合国环境规划署
Research Guidelines for LCI	生命周期清单指导研究	美国能源部－美国森林和纸协会
U.S. LCI	美国生命周期清单指导	国家可再生能源实验室

转引自白伟荣，王震，吕佳：《碳足迹核算的国际标准概述与解析》，《生态学报》，2014 年第 24 期，第 7486－7493 页。

国际标准 ISO14040：2006 和 ISO14044：2006 提供了生命周期评价基本框架和原则及技术要求，以此为标准而诞生出来的相关碳足迹核算标准也出现一定区别。

专题三：能源低碳制度建设

表 2　碳足迹核算相关国际标准

(International standards on carbon footprint accounting)

标准层面 Standard level	标准 Standards	标准名称 Standard names	发布单位 Publishers
产品 Product	PAS2050：2008	产品与服务生命周期温室气体评估规范	英国标准协会
	GHG protocol（2011）	产品生命周期计算与报告标准	世界资源研究所与世界可持续发展工商理事会
—	ISO14067（2012）	产品碳足迹	国际标准化组织
企业或组织 Corporate	ISO14064-1：2006	温室气体-第一部分：组织排放与削减定量、监督及报告规范	国际标准化组织
	GHG protocol（2004）	企业核算与报告准则	世界资源研究所与世界可持续发展工商理事会
国家 National	IPCC 2006	国家温室气体清单指南	政府间气候变化专门委员会

转引自白伟荣，王震，吕佳：《碳足迹核算的国际标准概述与解析》，《生态学报》，2014年第24期，第7486-7493页。

通过对碳足迹的几种定义方式来看，碳足迹的核算标准不同，对温室气体排放的测算结果也会出现区别，但无论怎样，碳足迹是近20年来定量测量可持续发展领域最重要的进展[1]。

（二）碳足迹标签化的定义

有学者认为碳标签（Carbon Label）是为了缓解气候变化，减少温室气体（Greenhouse Gas，GHG）排放，推广低碳排放技术，把商品在生产、提供和消耗整个生命周期过程中所排放的温室气体排放量（碳足迹）在产品标签上用量化的指数标示出来，以标签的形式告知消费者产品的碳信息[2]。但是基于碳足迹分析几种标准和碳足迹标签化核算的不同，碳足迹标签化后在标签的信息分类上也有大致如下种类：低碳认证、碳中和标签、零碳标签、碳排放标签等。

虽然产品碳足迹核算的计算方法有若干种，用其中一种作为标准设定认证体系而制作的碳足迹标签便可以将产品或服务的生命周期中造成的温室气体排放量标识出来，对实现企业的碳减排将发挥重要的作用。但是碳足迹的核算应该用哪些办法以及标签应该怎么显示碳足迹信息，全球都还在做有意义的探索，世界上目前已经发布的温室气体管理有三大应用较为广泛的标准：英国标准协会发布并修订的商品

---

[1] 徐中民，程国栋，张志强：《生态足迹方法的理论解析》，《中国人口·资源与环境》，2006年第6期，第69-78页。

[2] 胡莹菲，王润，余运俊：《中国建立碳标签体系的经验借鉴与展望》，《经济与管理研究》，2010年第3期，第16-19页。

和服务在生命周期内的温室气体排放评价规范（Publicly Available Specification2050[①][②]，简称PAS2050）；世界资源研究所与世界可持续发展工商理事会联合发布的温室气体核算体系（Greenhouse Gas Protocol[③]，简称 GHG Protocol），以及国际标准化组织制定的温室气体－碳足迹－产品类别规划与指南（ISO14067 Carbon Footprint of Products[④]，简称ISO14067）。PAS2050：2008是第一个产品碳足迹核算标准，已经在世界范围内被很多公司所应用，这款标准在2011年进行了更新，更新后的版本对产品碳足迹核算提供了更加详细的要求和指导。GHG Protocol在2011年正式发布，该标准提供的碳足迹核算相关要求和指导最为详细。ISO14067（2012）国际标准草案版于2012年10月4日公布在其官网上，该标准被认为是更具普遍性的标准，提供了最基本的要求和指导[⑤]。三大标准均基于生命周期评估指南ISO14040和ISO14044修订，致力于对碳足迹量化工作提出具体要求和指导[⑥]。

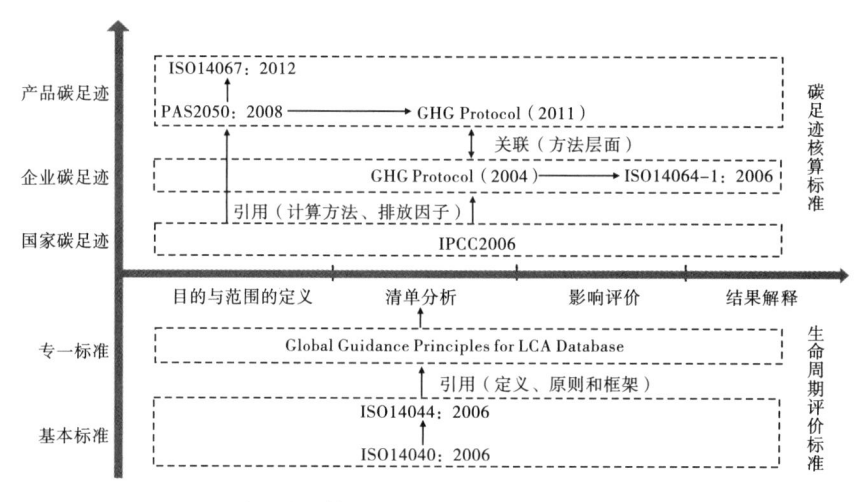

图1 碳足迹核算标准与生命周期评价标准间的关系

转引自白伟荣，王震，吕佳：《碳足迹核算的国际标准概述与解析》，《生态学报》，2014年第24期，第7486－7493页。

---

① British Standard Institution（BSI）．Publicly available specification 2050：specification for the assessment of the life cycle greenhouse gasemissions of goods and services［S］．London：BSI，2008．

② British Standard Institution（BSI）．Publicly available specification 2050：specification for the assessment of the life cycle greenhouse gasemissions of goods and services［S］．London：BSI，2011．

③ World Resources Institute and World Business Council for Sustainable Development（WRI/WBCSD）．Greenhouse gas protocol：product life cycle accounting and reporting standard［S］．Washington DC：WRI/WBCSD，2011．

④ International Organization for Standardization（ISO）．ISO 14067：greenhouse gases－carbon footprint of products－requirements and guidelines for quantification and communication（technical specifications）［S］．Geneva：ISO，2013．

⑤ 白伟荣，王震，吕佳：《碳足迹核算的国际标准概述与解析》，《生态学报》，2014年第24期，第7486－7493页。

⑥ International Organization for Standardization（ISO）．ISO 14067：greenhouse gases－carbon footprint of products－requirements and guidelines for quantification and communication（technical specifications）［S］．Geneva：ISO，2013．

虽然以上碳足迹核算标准不同，比如在温室气体内容的选择上，系统边界的设定，数据和采集取舍等，但是碳足迹的标识通常由四部分组成：一是生产以及使用每单位的商品所排出的温室气体总量，二是温室气体减排承诺，三是商品的同类产品或者可替代产品的碳排放信息，四是商品使用指南[①]。

二、碳足迹标签化在我国的发展现状

2013年3月19日，国家发展和改革委员会发布公告称，为落实《国民经济和社会发展第十二个五年规划纲要》要求，提高全社会应对气候变化意识，引导低碳生产和消费，规范和管理低碳产品认证活动，特制定《低碳产品认证管理暂行办法》，这是中国第一个国家层面的低碳认证指导政策。截至2019年，已经有在国家市场监督管理总局指导下联合开展工作的国家低碳认证技术委员会、中国电子节能技术协会（CEESTA）、中国质量认证中心（CQC）通过并发布的大概六项团体标准，分别是《中国电器电子产品碳标签评价通则》《电器电子产品碳足迹评价第1部分LED道路照明产品》《电器电子产品碳足迹评价第2部分电视机》《电器电子产品碳足迹评价第3部分微型计算机》《电器电子产品碳足迹评价第4部分移动通信手持机》《碳标签标识》。其他细分产业评价标准正逐步立项，通过评价的产品，将获得由中国电子节能技术协会与中国质量认证中心共同颁发的产品碳标签评价证书（中文版和英文版）。

碳足迹作为衡量GHG的重要工具，已经引起越来越多的行业内部专家对本行业的重视，借鉴各方对碳足迹核算的评价标准采用，根据中国自身的产业发展实际进行了卓有建树的碳足迹标签化研究。比如，为推动纺织产品低碳消费和发展纺织低碳经济，就有国内专家学者写出《基于PAS 2395的纺织产品碳足迹核算与评价》[②]，不仅仅在纺织业，快递行业、交通出行、生鲜冷链物流、原纸产品、有机米、宣传印刷品等行业相继有学者和工程师提出各自行业碳足迹计算方法和标签化管理意见。现阶段，中国控制温室气体排放的政策措施主要针对各个高能耗排放部门等生产领域，很少有作用于企业产品等微观层次的政策措施，虽然短期来说，通过指令控制对高能耗部门进行约束能切实在短期内降低温室气体排放量，但是其对经济的负面影响也是显而易见的，如最近的电力荒等。而中国的温室气体排放量大不仅仅是几个高能耗排放部门造成的，有研究表明，生存型消费碳排放比例逐步下降，发展型和享受型消费碳排放比例则逐渐升高，中等收

---

① 冯相昭，赖晓涛，田春秀：《关注低碳标准发展新动向——英国PAS2050碳足迹标准》，《环境保护》，2010年第3期，第74-76页。
② 王晓蓬，王君涛，李一：《基于PAS 2395的纺织产品碳足迹核算与评价》，《现代纺织技术》，2018年第3期，第44-46页。

入水平居民是未来城镇居民碳排放产生的主体[①]。碳足迹标签可以从原料、生产、配送等产业链一直衍生到产品层次,从而实现从更宽领域和更微观的层面控制碳排放,对社会形成多层次全面化的减碳约束。而碳标签的普及推广除了政策的出台、技术的发展、设备的更新,更需要出台碳足迹标签化的法制规章给予规范和保障,具体而言是为碳标签提供具体的核算标准、实施方案、组织保障、认证许可等。

降低碳排放强度是全球变暖背景下中国政府生态文明建设面临的重要问题和必然选择[②]。良好的生态文明是建设社会主义现代化强国的重要标识[③]。一方面,中央和地方政府在习近平生态文明思想的指导下,认真贯彻落实新发展理念,积极用政府有形的手引导向低碳社会迈进,向更高质量的经济发展迈进,在新的一百年波澜壮阔的征程上紧跟国家战略大局的需要,在环境治理中发挥基础性引领作用;另一方面,从经济发展安全的角度,碳足迹标签化制度可以建立中国自主的企业产品"标签壁垒",西方发达国家普遍较早建立了成熟的碳足迹标签化制度,形成了一定的贸易壁垒。中国应该尽快进行碳足迹标签立法,使企业尽早认识到碳足迹标签化的重要性,在未来参与国际贸易中不会因为"标签壁垒"而受制于人。比如成都建立了出口产品低碳标准与认证联盟,基于国内外产品碳足迹评价标准,为成都产品、企业及其供应链的碳足迹评价提供符合国际规范的工具及技术支持、评价及审核服务,以提升企业和产品在全球低碳经济下的竞争力。

三、碳足迹标签化的域外发展进程

目前国际上通行的几种碳足迹计算方法已经得到域外发达国家的支持和应用。

碳足迹评估量化产品生命周期直接和间接排放的温室气体,已得到广泛认可及应用[④]。英国碳信托公司致力于产品碳足迹的计算和咨询,截至 2017 年已帮助企业计算了 75 种产品的碳足迹,并且启动了其示范项目减碳标识。减碳标识展示了产品的碳含量且给出同一类产品的平均碳排放水平,以便于消费者更好地进行比较。通过减碳标识示范项目,六家著名英国企业,雀巢、乐购等已为其产

---

① 刘晔,刘丹,张林秀:《基于收入和消费差异的中国城镇居民碳足迹研究》,《生态科学》2016 年第 1 期,第 194—199 页。
② 刘凯,吴怡,陶雅萌,等:《中国省域生态文明建设对碳排放强度的影响》,《中国人口·资源与环境》,2019 年第 7 期,第 50—56 页。
③ 刘经,李玉佳:《准确把握习近平生态文明思想时代内涵的四个维度》,《理论探讨》,2021 年第 5 期,第 47—52 页。
④ CURRAN M A. Life cycle assessment: a review of the methodology and its application to sustainability [J]. Current opinion in chemicalengineering, 2013, 2 (3): 273 – 277.

品赋予减碳标识。最先推出碳标识产品的法国企业是连锁超市 C&Sino 和 E. Leclerc。

为了配合低碳经济战略，英国政府还推出了一系列具有开创性的政策法规和配套措施，2008 年颁布实施的"气候变化法案"使英国成为世界上第一个为温室气体减排目标立法的国家，并成立了相应的能源和气候变化部。英国已初步形成了以市场为基础，以政府为主导，以全体企业、公共部门和居民为主体的互动体系，并通过一系列的公共政策创新和技术措施扩大就业，补偿转型替代的损失。在某种程度上，英国已突破了发展低碳经济的最初瓶颈，走出了一条崭新的可持续发展之路。

美国华盛顿的 Carbon Fund 非营利碳中和提供机构与国际标准 ISO 的碳管理中心、温室气体议定及英国碳信托在 2017 年一起开发了无碳认证标识。加利福尼亚的气候保护机构和斯坦福大学一起创建了气候关注标识。学者们也运用生命周期方法通过标识提供产品的等级分类（金银铜）显示产品对环境不同程度的影响，以更简明地向消费者传达产品的环境影响信息。国家与消费者对产品碳足迹信息的需求越来越迫切，目前世界上已有 12 个国家和地区立法，要求企业实行碳标签制度，全球有 1000 多家著名企业将"低碳"作为其供应链的必需，沃尔玛、IBM、宜家等均已要求其供应商提供碳标签[1][2][3][4]。

日本对于碳足迹标签更是青睐有加，2008 年 7 月 29 日，日本内阁通过了一份"低碳社会行动计划"决议，提出为了明确产品或服务在整个生命周期中的碳排放，要建立碳足迹标签制度，同时建议日本要积极地与国际标准化组织等机构合作，共同促进碳足迹标签制度的国际标准化[5]。另外，日本还通过启动消费端的低碳变革，推动整个低碳社会氛围的形成，从而扫清碳税制度实施的障碍，以促进东京等区域性碳交易市场的发展[6]。

韩国和日本差不多同时期开始推行碳足迹标签制度的研究，主要由韩国环境部领导，韩国环境产业与技术机构及韩国环境保护协会开展具体实施的碳足迹标签认证体系，在随后的 2010 年 4 月，韩国正式颁布《低碳绿色增长法案》，该法

---

[1] Muthu S S, Li Y, Hu J Y, et al. Carbon footprint of shopping (grocery) bags in China, Hong Kong and India. Atmospheric Environment, 2011, 45 (2): 469-475.
[2] Yuttitham M, Gheewala S H, Chidthaisong A. Carbon footprint of sugar produced from sugarcane in eastern Thailand. Journal of Cleaner Production, 2011, 19 (17-18): 2119-2127.
[3] Fang K, Uhan N, Zhao F, et al. A new approach to scheduling in manufacturing for power consumption and carbon footprint reduction. Journal of Manufacturing Systems, 2011, 30 (4): 234-240.
[4] Larsen H N, Hertwich E G. Analyzing the carbon footprint from public services provided by counties. Journal of Cleaner Production, 2011, 19 (17-18): 1975-1981.
[5] 日本内閣府：《低炭素社会づくり行動計画》，http://www.kantei.go.jp/jp/singi/teitanso.
[6] 鲁旭：《对碳足迹标签的再认识》，《开放导报》，2014 年第 4 期，第 101-103 页。

案为推动碳足迹标签制度的实施提供了法律支持。

图 2　韩国产品所展示的碳足迹标签

转引自韩国环境产业与技术机构网站，http://www.epd.or.kr。

四、碳足迹标签化制度价值

（一）建立碳足迹的量化指示标准

以法律为准绳，碳足迹标签化的制度价值之一就是提供参考标准。非可量化，无以管理[1]。碳足迹标签应当以一种标准的含有碳足迹数据并且可以明示的方式显现。一旦标准形成规范，法律主体就有遵守之义务，所以通过碳足迹标签化制度树立标签标准，发挥法律的规制和指引作用，以实现长效调节企业的碳排放行为。

通过碳足迹标签化形成标准从而助力减排，就要在充分发挥环保事权优化的基础上进行，将碳足迹标签化的建立作为碳排放的基础体系建设。以环境标准和污染物排放标准为例，中央负责制定国家环境标准和国家污染物排放标准，地方负责实施相关的标准，在实施过程中地方政府可以针对本行政区域制定严于中央标准的地方标准，但是地方标准不得弱于中央标准[2]。碳足迹标签化立法应遵循这样一种方式，中央制定标准，地方在中央标准之下因地制宜地制定地方标准且要高于中央标准。要建立这样一种标准，就需要建立起符合中国国情的碳足迹评判体系和系统边界。如果不建立起可以量化的模型并有一定标准的碳足迹核证方法，光从碳排放总量设定和分配主题来看，由地方省市自主决定碳排放交易总量控制目标和配额分配的分散决策，可能有碍于碳排放企业间的公平竞争，并且不利于各省设置的总量目标的一致性，而采用集中决策模式（由中央政策直接确定全国以及各省市配额总量控制目标）因存在信息不对称难题而导致决策者难以顾及地方的差异性，从而引发"水床效应"或者"搭便车"问题[3]。

我们在标签的标准方面，可以借鉴日本。日本在制定指导性文件的时候，就

---

[1] 崔金星：《碳监测的概念演变及其法律价值》，《企业经济》，2012 年第 8 期，第 15—18 页。
[2] 王慧：《环保事权央地分权的法治优化》，《中国政法大学学报》，2021 年第 5 期。
[3] 曹明德：《中国碳排放交易面临的法律问题和立法建议》，《法商研究》，2021 年第 5 期。

规定了不同类别产品碳足迹的计算原则[①]。我们在推动产品碳足迹标签的标准进程中，要使得标签的数据具有可信度和客观，就需要保证碳足迹标签化制度的权威性和公正性，引导大量企业参与，选择合适的碳足迹评价方式，搜集大量的产品碳排放数据，在此过程中也可以鼓励企业通过节能改造、优化管理等方式逐步减少碳排放，推动生产绿色化，积极主动参与低碳产品认证。

我们要加强对低碳产业实践经验的调研和国际上相关法律法规运作的研究[②]。在碳足迹标签化规范的硬约束之下，企业主动降低自身生产环节碳排放，在内部控制产品生产和流通过程的碳排放，计算分析合理的碳排放数据，通过技术的革新和改进，提供更多满足碳足迹标签标准的产品。企业以自身行为积极拥抱碳达峰碳中和的国家战略实现，积极为改善环境树立榜样，提升企业形象，让碳足迹标签也成为企业自身的品牌价值一部分。

此外，碳足迹标签化所带来的标准，除了引导企业自身主动减排，也能引导产业链的协同减排。从企业发展合作角度，越来越多的产业链合作方、投资者、政府等利益相关方要求企业披露其经营行为对环境所造成的影响，企业也越来越重视碳足迹，通过对碳足迹标签化制度的认真履行，积极承担社会责任，将碳中和、碳抵消目标融入自身业务运营之中。可以通过产品碳足迹标签选择合作伙伴，通过筛选符合企业自身碳排放要求来选择自己的合作伙伴，这样就形成一种产业协同效应，防止"劣币驱逐良币"，同时减少企业成本，逐步淘汰传统的高GHG生产方式。一旦法律上确定了标准，法律关系主体就应该在规范指引下把产品的碳足迹做成标签，达到企业碳减排的目的，这也是碳足迹标签在碳足迹标签化制度之下的价值目的。

（二）优化完善碳减排核算量化与评价机制与体系

减碳的监督依赖于法律制度的保障，也为了突出碳足迹标签落实和监督者的法律责任，碳足迹标签的制度化就显得尤为重要，使得监督部门有法可依，摆脱政策文件的多变和执法的随意性，使得碳减排监督在标签制度化的支撑下可以长期和稳定。

欧美和日本大多采取齐头并进的方式规范和监督企业的碳排放，一个是建立统一的碳排放市场，一个是从消费端启动低碳变革，培养社会低碳消费行为的养成。同时在企业内部，建立内部碳排放管理制度和排放监测计划制度、上报给监管机构，并设置专门岗位负责。

---

① 张海玲，张宏：《日韩两国建立碳足迹标签制度的共同经验及启示》，《东北亚论坛》，2012年第2期，第28—34页。

② 张亿瑞，何普：《我国低碳产业发展在政策法律机制方面的不足与完善》，《湖北文理学院学报》，2014年第1期，第39—42页。

碳足迹标签化制度的作用不言自明：一是促成标准统一，有利于碳足迹标签更为精准的显示碳排放信息；二是企业可以依据碳足迹标签化制度全流程全链条对自身碳排放进行管理和跟踪对比。通过产品碳足迹标签化制度形成长效监督机制，让企业接受法律约束，强化监督机关的监督。德国的碳减排监督部门为了监督产业的减排情况，持续开展碳排放数据跟踪和相应的评估系统。对于监督碳减排工作来说，碳足迹标签化制度应该成为企业强制性的碳排放数据披露和计算标准公布的依据，大力提升减排监督质量。

以法律为准绳，以事实为依据，产品碳足迹标签作为记载企业碳排放信息的载体，有助于司法领域处理涉及碳排放类的案件时可以通过对比能量化的数据形成有公信力的裁决，有助于促进环境领域的司法公平正义。第一是通过依照碳足迹标签化标准建立丰富完备的数据库，与人工智能及大数据应用结合起来。第二是通过建立和第三方碳监测主体合作或者政府碳监测部门专管。形成一个市场与监管部门、第三方认证监测机构动态可跟踪、可量化、可对比的数据，形成一个协同减排监督机制。第三是提升监督透明力度。没有科学的评判标准和数据依据，监督就难以说科学。碳足迹标签化制度的建立能够建立有公信力的参考标准，监督部门就会有信心通过公开透明的方式发布监督信息，接受社会监督而形成合力监督，又能依托流域司法的统筹协调，形成区域性的环境司法执行力的协同效应，解决因地制宜带来的数据分割、管理分割。

同时，在《环境法》《大气污染防治法》等上位法的框架里，通过对碳足迹标签化立法，实现具体的法律强制性约束，使得社会监督、行政监督、司法监督和司法执行有更具体更有针对性的法律规范支持，告别行政措施的"力有不逮"和"一刀切""抓大放小"的弊端，通过法律手段形成一个全方位的约束机制。

从社会消费角度来讲，碳足迹标签化制度使得产品的碳足迹标签规范具有公信力，碳足迹信息显示在商品上也可以让消费者清楚地知晓自己所购买的产品的碳排放情况，有助于消费者自主地选择低碳绿色的商品。同时，一旦形成产品的碳足迹标签标准，消费者还可以借此进行监督，使企业不敢在碳足迹标签化上弄虚作假。此外，碳足迹标签化得到社会认可后，企业可以把一部分减排成本合理地内生消化。

从宣传引导来说，碳足迹标签化制度，可以起到很好的宣传引导作用，让社会重视碳排放，让民众关心国家生态环境问题，切实感受碳排放和大众生活的息息相关，鼓励消费者通过植树造林或其他减排活动对自己的碳足迹进行"买单"。中国人均碳排放和废弃物产生的碳排放都比较高，因此，提倡低碳消费观念是极其必要的。

从社会经济管理部门来说，可以依托碳足迹标签化制度来建立负面清单制度，使市场主体主动承担减碳义务，在日常生活中重点查看碳足迹标签是否不实或者不规范，从产品上约束企业的碳排放问题。

（三）增加潜在消费者，扩大碳交易市场规模

2021年7月15日，全国统一的碳排放权交易市场正式启动，这意味着中国全国性的碳排放权交易拉开了序幕，中国将成为全球最大的碳市场。虽然这是迈向"双碳目标"成功的一大步，但是仍然有很多具体的问题亟待解决。比如，参与碳排放权交易的企业如何参与和退出市场。碳足迹标签可以作为一种碳排放权主体参与碳排放权市场的门槛，参照上市公司上市的财务硬性指标，让企业的碳足迹标签作为一种市场化的碳排放核证要素，使其成为出入碳排放权交易市场的核心"财务"指标。同时，对参与和退出碳排放权市场进行备案注册制和事后审查机制，提高碳排放权交易市场活力。既然有了碳足迹标签标准的制度，那么企业的碳足迹标签自然也应该是脱离了行政配额的计划而被允许参与碳排放权交易。

除了碳排放配额和经核证的减排量权利属性，目前关于碳排放权的学术争议比较多，大致有曹明德教授的行政规制权、英美法系的"新财产权"、碳排放权与人权等。同时，中国碳市场基础数据不完整，各地区的总量设定和配额分配标准不一，并没有一个科学有效的核定减排标准以及依据。

碳足迹标签的立法，也是对碳足迹的核算的规范探索，可以提升交易主体对碳排放产品的标准化制定和交易的便利性，通过碳足迹的标签规范，使之成为碳排放核证的一个参考要素。同时，使碳足迹标签成为企业征信、银行信贷的参考指标，不断通过法律体系和政策之间的融贯性和协同性，进一步稳固碳足迹标签的制度化，反过来助推法律规范的目的价值，使得法律立法者的减排目的得以实现。因此，碳足迹标签的规范理应成为碳排放交易市场的公平有效的基础性规范之一。

另外，现有的碳排放权市场的主体，覆盖太窄，基本是在行业自上而下的筛选下，框选了碳排放头部企业参与指令性减碳和碳排放权交易，导致参与主体的认定不够科学，市场各参与主体也没有平等对待，不利于碳排放权交易市场的稳定，也有碍碳市场的交易活跃度。如果政府和企业没有全面推行科学的碳足迹核算评估体系以及标签化制度，就无法形成大口径范围的数据搜集和监测，致使政府难以作出科学决策。因此，以碳足迹标签制度的建立为抓手，促进碳排放权市场交易主体的多样性，激活做大碳排放权交易市场，以碳足迹标签制度为参照，使得碳排放权交易市场主体在制度框架内有出有进，形成良性循环，从而为"双碳目标"服务，使碳排放权交易市场发挥在减排目标中的基础性市场工具作用。

综上，碳足迹标签制度是生态文明建设的一部分，以法律制度方式实施，能

够起到保护先行。建立碳足迹标签化法律规范,既是上层建筑对社会发展客观的正确反映,又是依法治国理念规范化的需要[①]。碳足迹标签制度的价值是能够促进"双碳目标"实现的有效手段之一,推动法律主体进一步扩大自身的减碳贡献,践行绿色集约、创新、协同、共享的新发展理念。

---

① 高桂林,陈炜贤:《碳达峰法制化的路径》,《广西社会科学》,2021年第9期,第13—19页。

对《碳排放权交易管理办法》中的监督权探讨
——以公民参与视角

吴晓敏[①] 贾 朔[②]

摘 要：《碳排放权交易管理办法》出台后，为中国的碳排放权交易提供了制度层面的指引，明确了政府生态环境部门的监督权，规定了第三方核查机构的核查权利，但在实质层面上缺乏对公民监督权的内容，这有悖于社会共治共享局面。为了实现碳达峰和碳中和的目标，增加碳排放权交易的信息公开透明，应当合理规定公民参与监督方式，从而推进中国绿色金融转型。

关键词：碳排放权；监督权；公民参与

一、引言

2020年9月，习近平主席首次在第七十五届联合国大会一般性辩论上提出，中国要在2030年实现碳达峰，2060年实现碳中和目标[③]。随后中国政府在多个重大工作会议和对外问答过程中都提到了碳达峰碳中和目标。为了如期实现碳达峰碳中和目标，解决现有矛盾，生态环境部于2020年12月25日审议通过了《碳排放权交易管理办法（试行）》（以下简称《办法》），《办法》自2021年2月1日起施行。《办法》的出台，对于指导中国碳排放权交易市场运转具有重大作用，也是中国根据自身国情所制定的贴合实际的部门法规。但在推进碳达峰碳中和的过程中，这部法规也呈现出一些问题，如存在对于公民监督管理权规定不明晰，权利救济途径模糊等问题，只有对其进行完善，才能更好地实现中国对国际社会和国内社会所作出的承诺，如期实现碳达峰碳中和理想愿景。

二、对公民参与碳排放权监管的可行性讨论

世界各国、各地区对于本国、本地区的法律设计，不约而同地规定了公民的

[①] 吴晓敏：西南石油大学法学院副教授。
[②] 贾朔：西南石油大学法学院2021级法律硕士研究生。
[③] 《习近平在第七十五届联合国大会一般性辩论上的讲话（全文）》，http://www.xinhuanet.com/politics/leaders/2020-09/22/c_1126527652.htm，2021年10月24日访问。

监督权。在中国的法律架构中，公民监督权也在《中华人民共和国宪法》的第二条、第三条、第二十七条等多处有所体现。因此，公民参与碳排放监督，能够更好地保障公民的监督权，推进碳排放合规化、完善化。

（一）国外碳排放权监管体系设计

1. 公民参与视野下的英国碳排放权监管体系

英国在 1998 年已经开始施行碳排放权交易制度（UK Emissions Trading Scheme），自 2008 年 11 月 26 日《气候变化法》（Climate Change Act 2008）实施以来，英国的碳排放权交易制度即开始和欧盟的碳排放权交易制度进行了融合[1]。在英国的碳排放权监管体系中，除了气候变化委员会（Committee on Climate Change）、能源与气候变化部（Department of Energy & Climate Change）等政府机构能够进行监管外，公众监管的作用也不可忽视[2]。英国政府在 1992 年颁布了《环境信息条例》，1999 年颁布了《自由信息法》，为公众获取环境信息提供了法律层面上的保障，公民可以直接行使法律赋予他们的权利来行使监督权。例如，《环境信息条例》规定："除某些例外，任何寻求环境信息的个人都有从任何公共机构获得环境信息的权利；所有拥有环境信息的公共机构都有义务，只要有请求，这些机构必须尽可能地在 2 个月内对任何个人提供环境信息，任何拒绝都必须以书面的形式予以回答，并伴以拒绝的原因进行说明。"同时，英国政府面向社会公众、公司公开的信息范围大、信息透明，也促进了公众参与监管的积极性与主动性。例如英国在 2000 年就建立了碳信息披露项目（CDP），这一项目明确要求企业公开公司策略、管理方案、碳排放数据、风险与机遇分析及其他碳排放相关策略等信息，2013 年通过的公司法也要求每一个上市公司在年度报告中强制披露其温室气体。[3] 这些信息公开的规定不仅引导着公司对于碳排放计划作出正确决策，更重要的是信息公开加强公众监督，反作用给公司施加了控制碳排放的压力以实现碳减排。

2. 公民参与视野下的美国碳排放权监管体系

在美国的碳排放权监管体系中，美国作为一个联邦制国家，联邦政府只在全国层面出台总体性的统一立法环境，而具体的实施细则由各州自行规定[4]。各州成员彼此合意下，分别提出了西部气候倡议（WCI）、区域性温室气体倡议（Regional Greenhouse Gas Initiative, RGGI）等区域性的碳排放权交易监管以及

---

[1] 闪涛：《碳排放权交易的监管主体之比较研究及对我国的启示》，《湖北警官学院学报》，2020 年第 2 期，第 83—93 页。

[2] 徐菲：《英国环境信息公开制度研究》，青岛：山东科技大学，2012 年。

[3] 高三元：《碳信息披露价值相关性差异研究——基于金砖国家 CDP 企业和标普 500 强的分析》，南京财经大学，2017 年。

[4] 靳雪珂：《碳排放权交易的比较法研究》，广东财经大学，2017 年。

美国芝加哥气候交易所（Chicago Climate Exchange，CCX）。美国在法律上规定了公民的环境保护诉讼权利，于1970年出台了《清洁空气法》（Clean Air Act），该法第一千三百六十三条规定"任何公民均得自行起诉"，从而在法律上赋予了公民通过诉讼方式惩治污染空气的行为。除此之外，发生于2007年4月的"马萨诸塞州诉环境保护总署（Massachusetts v. EPA）"一案，即是以该法为基础所进行的公民为维护个人利益而对污染环境的行为所提起的诉讼参与[1]。同时，美国公众环保运动也迫使国家重视环境问题，提高了环境问题的政治地位，逐渐完善了美国的环境法律体系[2]。

（二）我国现有碳排放权交易监管体系

自2012年国家发展改革委办公厅开展碳排放权交易试点工作以来，北京市、天津市、上海市、重庆市、湖北省、广东省及深圳市七个试点省（市）持续探索碳排放权交易管理工作，并于2013年6月开始先后出台了碳排放权交易地方法规、政府规章、规范性文件等，随后开始了碳排放权交易[3]。2016年，《全国碳排放权交易管理条例》送审稿出台，2020年10月28日，《碳排放权交易管理办法（试行）》（征求意见稿）[下称《办法》（征求意见稿）]出台，2021年2月1日起开始施行。对征求意见稿与正式稿进行对比可以发现，正式稿虽然细化了各级生态环境部门的职责，但同时删除了征求意见稿中所列出的10条主管部门应主动公开的信息。另一个值得注意的点是，正式稿也删除了罚则中的责任追究部分，而将其简化为"违反本办法规定，涉嫌构成犯罪的，有关生态环境主管部门应当依法移送司法机关"。《办法》规定，碳排放权交易由生态环境部组建全国碳排放权注册登记机构和全国碳排放权交易机构进行管理，同时规定了省级生态环境主管部门和设区的市级生态环境主管部门的监管责任（如图1所示）。但就总体来看，《办法》对政府机构的监管规则规定比较充分，但对于公众参与监管、信息公开以及侵权救济途径并未作出详细的规定，这就可能导致碳排放权交易监管人员利用职务便利与温室气体排放单位之间暗地形成不正当交易行为，全国碳排放权注册登记机构和全国碳排放权交易机构工作人员违反规定，为重点温室气体排放单位"开后门"，造成碳泄漏的局面[4]。

---

[1] 周珂：《适度能动司法推进双碳达标——基于实然与应然研究》，《政法论丛》，2021年第4期，第13—22页。
[2] 高国荣：《美国现代环保运动的兴起及其影响》，《南京大学学报（哲学·人文科学·社会科学版）》，2006年第4期，第47—56页。
[3] 《国内碳排放权交易发展现状及展望（上篇）》，https://huanbao.bjx.com.cn/news/20211020/1182535.shtml，2021年10月24日访问。
[4] 史学瀛，杨博文：《控排企业碳交易未达履约目标的罚则设定》，《中国人口·资源与环境》，2018年第4期，第34—41页。

```
                    ┌──────────────┐
                    │  生态环境部   │
                    └──────┬───────┘
              ┌────────────┴────────────┐
     ┌────────┴────────┐      ┌─────────┴────────┐
     │ 全国碳排放权    │      │ 全国碳排放权     │
     │ 注册登记机构    │      │ 交易机构         │
     └────────┬────────┘      └──────────────────┘
              │
     ┌────────┴────────┐
     │ 省级生态环境    │
     │ 主管部门        │
     └────────┬────────┘
              │
     ┌────────┴────────┐
     │ 设区的高级生态  │
     │ 环境主管部门    │
     └─────────────────┘
```

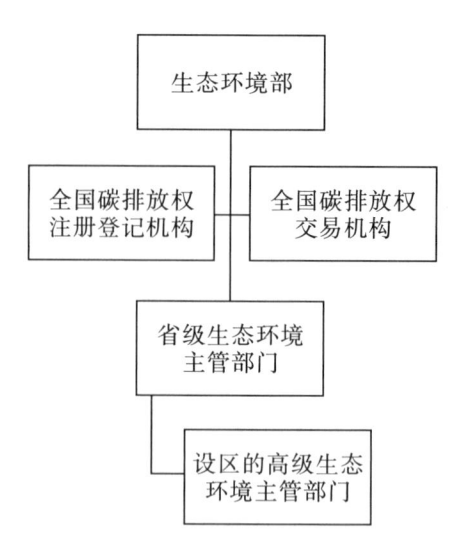

图 1　全国碳排放权交易监管体系图

（三）我国建立公民参与碳排放权监管的可行性

中国的国情与英、美两国存在巨大差异，如果将英、美两国的碳排放权监管体系直接生搬硬套到中国现有监管体系中，难免会出现水土不服的局面。最具科学性、正确性的做法是应当具体分析中国现实国情，对国外的碳排放权监管体系进行借鉴。

中国一直以来重视公众参与监督，以实现社会共治，经由人民选举而产生的人大代表即享有对行政机关、审判机关和检察机关的询问权和质询权以及对本级人大或常委会的建议权和批评权。对于政府机构及其工作人员的违法违规行为，《中华人民共和国宪法》也规定了控告、检举、举报等监督制度。《中华人民共和国环境保护法》（下称《环境保护法》）第五条明确写明"公众参与"，第六条规定了一切单位和个人对于环境保护义务，第五十三条、第五十六条等多条也写明向公民说明情况，征求公民意见。在现实层面，根据中国环保民间组织于 2006 年发布的《中国环保民间组织发展报告蓝皮书》，中国现有各类民间环保组织 2768 家，其中全职人员 6.9 万人，兼职人员 15.5 万人，41％的民间环保组织非常愿意与政府开展合作[①]。笔者认为，中国在法律层面上、现实层面上均已经具备了建立公民参与碳排放权监管的基本条件。

三、《办法》中公民监督权的现有缺陷

监督权是宪法所确立的公民的基本权利之一，在宪法多个层面都有所体现。

---

① 《中国环保民间组织发展报告蓝皮书》，http://cn.chinagate.cn/reports/2007-06/18/content_8406921.htm，2021 年 10 月 24 日访问。

《办法》也规定了公民的监督权以及信息公开的内容，但在实际操作上存在很大的问题，即存在规定不明、监督途径模糊、信息公开范围小等问题，这就造成了法律上的真空，不利于碳排放权交易良性管理。

（一）碳排放权交易中公民监督权规定不清晰，参与途径模糊

《办法》第三十五条、第三十六条均规定了公民对于重点排放单位和其他交易主体违反规定的行为具有监督、举报的权利，但第三十五条和第三十六条均只简单表述为"鼓励……进行监督""有权……举报"，并未实际规定具体的监督途径，这在实践中存在很大弊端。就监督权而言，公民的监督权事实上不仅是国家赋予公民的一项权利，还是中国法律体系下公民参与国家治理的一项义务。在这种观点下，公民能够通过监督国家机关及其工作人员的各项行为是否符合法律规定，是否在法律程序上存在问题，这也是对自身合法权益的维护。在政府机关及其工作人员履行职责、管理碳排放权交易过程中，公民有权利对其进行监督，也有利于实现"科学立法、严格执法、公正司法、全民守法"。党的十九大报告指出，要提高保障和改善民生水平，加强和创新社会治理，打造共建共治共享的社会治理格局。《办法》对于公民监督管理权规定十分简略，这无疑违背了社会共建共治共享的理念。

（二）现有信息披露范围小

《办法》第十八条、二十五条、三十二条、三十三条均规定了碳排放权的信息披露制度，即应当及时公布有关信息。《办法》（征求意见稿）第三十五条主管部门信息公开中部分列出了十项应当公开信息，包括：（一）纳入全国碳排放权交易市场的温室气体种类、行业、重点排放单位范围；（二）年度重点排放单位名单；（三）排放配额分配方法；（四）排放配额登记、交易和结算规则，包括交易产品以及机构和个人作为交易主体的规定等；（五）排放核算、报告和核查技术规范；（六）排放配额清缴履约规则；（七）使用国家核证自愿减排量的抵消规定；（八）年度重点排放单位的排放配额清缴情况；（九）全国碳排放权交易监督管理相关信息；（十）按规定需要公开的碳排放权交易相关其他信息。但在《办法》中予以删除，上述条款中还限制了国家秘密和商业秘密的公开。信息是否公开、公开范围大小不仅严重影响公民的监督参与性，碳排放权交易市场主体对于信息公开则更加依赖[1]。公开信息能够在一定程度上指导市场交易主体的正常的市场交易，同时弥补市场监管不足，鼓励公众广泛参与，从而推进碳中和碳达峰

---

[1] 谭柏平，邢铈健：《碳市场建设信息披露制度的法律规制》，《广西社会科学》，2021年第9期，第124-133页。

目标的实现。公众参与环境法的基本原则之一，也是环境公共信托理论的体现[1]。在《环境保护法》中，第五章专门规定了信息公开和公众参与，不仅规定了公民、法人和其他组织享有的获取环境信息、参与和监督环境保护权利，还规定了政府机关应当给予的便利与具体的可向人民法院提起诉讼的类型。但在信息公开不透明、信息公开范围小的情况下，作为碳排放权交易体系之外的公民、法人和其他组织对于碳排放权交易现状并不能建立起充分的监督，更不需说对违规违法行为的举报和起诉。

（三）碳排放违约下的公民监督权存在漏洞，仅规定事后监督

根据《办法》规定，公民对于碳排放违约、失约企业，仅能在其违约、失约后向政府生态环境保护部门进行举报，以此促成监督权的实现，若温室气体排放单位未出现失约、违约情况，则没有任何办法进行预防式监督。《办法》第八条规定"年度温室气体排放量达到2.6万吨二氧化碳当量"的均列入温室气体重点排放单位。2.6万吨二氧化碳当量相当于能耗1万吨标煤，根据国家计委能源所公布的《能源基础数据汇编》，每燃烧1吨标煤同时还会产生二氧化硫约24公斤，氮氧化物约7公斤。按照目前《办法》规定的2.6万吨二氧化碳当量计算，一旦相关生产企业实施了超出碳配额的排放，则会对大气、水、土地造成巨大的损害，而此时如果有公民向生态环境部门举报，生态环境部门也只能根据《办法》处以"一万元以上三万元以下的罚款"，但罚款相较于温室气体排放单位虚报、瞒报或者拒绝履行温室气体排放报告义务所产生的违法收益以及对大气、水、土地所造成的损害杯水车薪。在中国愈发重视生态环境保护预防的局面下，中国民间环境保护组织对生态环境损害预防发挥了一定的作用，如2002年，中国环保民间组织"绿网"成功阻止了北京顺义湿地开发高尔夫球场的商业计划，使得北京平原地区唯一的一处湿地得到保护。因此，赋予公民事前监督的权利，有利于实现双碳目标。

四、对公民参与碳排放监督权的完善构想

笔者在本文第二部分已经简单介绍了英国、美国的公民参与监管碳排放全交易体系设计，可以说，英美两国的公民参与监管对于整个国家碳排放权交易体系的正常运转起到了很大的促进作用，实现了政府监管—公众参与—企业买单的良性循环局面。因此，笔者认为中国有必要吸取国外经验，建立完善的碳排放权公众监管体系，使之更好地实现中国的双碳战略目标。

---

[1] 张颖：《美国环境公共信托理论及环境公益保护机制对我国的启示》，《政治与法律》，2011年第6期，第112—120页。

(一) 完善公民参与碳排放权交易监管规定，明确参与路径

从中国现有的碳排放权交易监管体制来看，《办法》规定了碳排放额的初次分配主要是以政府生态环境部门统领，由温室气体排放单位自行申报碳排放额，通过第三方核查机构对企业、公司的实际碳排放量进行核查，从而完成碳排放额的初次分配，而公民在这一过程中几乎没有参与。有学者提出："环境保护需要多元参与，而参与的前提是环境信息公开，由此才能更有效地促进政府加强环境执法，提高环境管理效率，同时也提高公众对于环境问题的认识，赋予公众识别环境风险、参与环境的工具。"[1] 近年来，很多公众积极参与社会监督，各地检察院先后建立起公益诉讼志愿观察员队伍，以期调动青年志愿者参与公益保护事业的热情。2021年2月，浙江省检察院和团省委联合制定《关于加强志愿服务与检察公益诉讼协作的意见》，积极推进公益诉讼志愿观察员制度。2020年7月至2021年6月，浙江省检察机关积极履行公益诉讼检察职能，共立案办理公益诉讼案件6658件，启动诉前程序6400件，向法院提起诉讼331件[2]。浙江省检察院公益诉讼志愿观察员制度将具有不同专业知识能力的志愿者进行分类，在涉及专门问题时，则邀请具备专门知识问题的志愿者共同调查问题，提升环境保护的公众参与度，也明确了公众参与环境损害保护的合法途径。

笔者认为，碳排放权交易监管制度中可以设立"碳排放交易监督公众志愿队伍"，筛选具备了解碳排放相关法律法规政策和标准、碳排放数据统计、核查企业碳排放情况等相关行业技能的人员在全国参与组建志愿队伍对全国碳排放权注册登记机构所登记的分布于不同区域的生产企业进行监督，对生产企业年度节能减排情况进行评分，并向社会定期公布队伍监督履职情况。其所公布的监督信息同时可帮助政府生态环境部门监管机构对生产企业的信誉进行参考，从而与第三方核查机构所提供的核查报告结合，评估分配下一年度碳排放免费额度，从而弥补《办法》中所涉及的外部监督不足的现状，鼓励公众参与监督，提高社会共治活性。同时，政府应当引导和支持公民参与治理，出台具体的法律法规及相关政策文件，于法律政策层面解决公民参与碳排放权交易监管的制度保障，以期"自上而下"地推动公民"自下而上"地推动全国碳排放权交易的制度完善。事实上，2020年11月11日，武汉60家企业就已经自愿组建了武汉碳减排协会，这是国内首家正式注册成立的碳减排联盟组织，这无疑会为全国各地建立碳减排组织积累经验，树立典型。

---

[1] 马军：《让环境数据和公众参与发挥力量》，《可持续发展经济导刊》，2021年第Z2期，第31—32页。
[2] 《浙江：打造"朋友圈"凝聚公益保护合力》，https://www.spp.gov.cn/spp/zdgz/202108/t20210824_527436.shtml，2021年10月24日访问。

（二）扩大信息披露范围

2021年9月22日，中共中央、国务院下发《关于完整准确全面贯彻新发展理念 做好碳达峰碳中和工作的意见》（中发〔2021〕36号），对做好碳达峰碳中和工作提出意见，其中第十二条明确"健全企业、金融机构等碳排放报告和信息披露制度"。公众参与监督是环境治理的重要方式之一，而信息公开是公众参与的前提基础，信息公开在碳排放市场中占有重要地位。一方面，信息公开能够帮助企业建立自身碳排放预期计划，控制企业排放温室气体总量，能够充分发挥碳排放权交易市场在资源配置中的决定性作用。另一方面，碳市场主体依法公开碳信息也有利于保障公民的知情权，从而客观上推动市场建设进步。根据公共信托理论，政府管理环境资源，实际上是依托于公民对政府的委托，当政府不履行管理义务时，公民有权利提出诉讼，强制政府履行义务[①]。例如，2021年7月1日内蒙古自治区生态环境通报的"高新材料公司虚报碳排放报告案"，最初由公民信访举报，最后经查证才牵扯出了高新材料公司的违法行为[②]。这一案件即公民行使监督管理权，督促政府机构履行管理义务的例子。《办法》与《办法》（征求意见稿）相比删除了规定的具体应公布十项信息，缩小了信息公开的范围，仅对信息公开作出原则性规定。从文件层面上看，现行《办法》对信息披露的范围大幅缩减，信息披露义务主体仅限于政府部门和碳排放权交易机构，掌握碳排放核查权的第三方碳排放核查机构以及温室气体排放单位却没有规定任何信息公开义务，恰恰体现了中国碳排放权交易监管起步晚，相关法规缺失，现有法律不能解决真现实矛盾焦点等难题。而从试点城市试点期的作为来看，受信息披露的义务主体影响，公权力对于碳排放的监管在一定程度上流于形式。

笔者认为，应当扩大信息披露范围，从信息披露义务主体层面、信息披露类型、信息披露方式上进行完善：一是扩大信息披露义务主体，从现有规定的政府部门和碳排放权交易机构扩大至第三方碳排放核查机构以及温室气体排放单位；二是扩大信息披露类型，在现有规定重点排放单位名录、重点排放单位合并、分立变更登记、自愿注销的碳排放配额、碳排放权交易、结算等方面的基础上，增加碳排放额分配归属、第三方碳排放权交易机构核查信息、生产企业温室气体排放年度报告等信息公开类型，逐步实现"全透明，步步可查证"的信息披露制度；三是完善信息披露方式，在现有由全国碳排放权交易机构公告的方式的基础上，建立互联网碳排放权交易信息公示平台，设立新的专门机构，保证交易后信息公示平台实时更新，并对信息真实性承担法律责任。2021年7月20日，上海环境能源交易

[①] 向华：《公共信托原则下的我国环境权制度研究》，《商业时代》，2012年第16期，第105－106页。
[②] 《内蒙古鄂尔多斯高新材料有限公司虚报碳排放报告案》，https://www.cenews.com.cn/subject/2020/nmg/0706_4606/202107/t20210706_977904.html，2021年10月24日访问。

所即规定了《关于全国碳排放权交易信息发布的公告》，但仍然存在上述问题。

（三）完善碳排放违约下的公民监督机制

《办法》规定，公民在发现重点排放单位有违反规定的行为后有权向生态环境保护部门进行举报。但这一规定并不能完全解决碳排放违约监管问题，公民事后对于重点排放单位违约、失约行为进行监督，事前无处可寻，这对于中国双碳战略实现存在巨大阻碍。

因此，笔者认为应当建立事前—事中—事后监督机制，保障公民监督权，鼓励公民参与碳排放监督，促进碳排放市场良性发展：一是建立起政府生态环境部门受理举报快速反应机制，一旦公民对可能存在碳违约、失约但暂未造成实质损害的现象进行举报后，政府生态环境部门应当立即成立快速反应小组，组织相关人员对涉事企业进行调查取证，同时邀请社会中具有专门知识的志愿公民、相关公益组织参与调查，必要时还可以请求公安机关协助调查取证。二是完善调查取证过程中的信息公开制度，在调查取证过程中以阶段进行划分，由政府生态环境部门牵头发布调查阶段性报告，加强政府生态环境部门和新闻媒体的联系，做到调查过程全透明、信息全公开的调查流程。三是对最终调查出具调查报告书，在政府网站上进行公示，涉及违约、失约情况的，将违约、失约处罚进行公示，未涉及的也应当说明。建立温室气体排放单位违法失约前的公众参与制度下的事前—事中—事后监督机制，发挥社会主观能动性，构成政府监管为主，公众参与协助监督的良性循环，建立起碳排放权交易人人有责、人人主动履行义务的局面。

五、结语

《关于完整准确全面贯彻新发展理念　做好碳达峰碳中和工作的意见》在总体要求中写道，实现碳达峰、碳中和目标，要坚持"全国统筹、节约优先、双轮驱动、内外畅通、防范风险"原则[①]。目前，碳排放权交易市场的法治建设依然存在多模糊地带，这对中国所提出的"30·60"计划造成了一定的阻碍。在目前国内司法规则不能解决现实问题的背景下，我们应当从国外的碳市场交易规则中学习经验，但不能简单地照搬国外碳市场制度规则，而是要立足于中国经济发展增速快的实际国情，加强顶层设计，发挥公众参与的市场监管手段，从而更好地服务中国的双碳目标建设，向绿色金融体系转型。

---

① 《中共中央国务院关于完整准确全面贯彻新发展理念　做好碳达峰碳中和工作的意见》（中发〔2021〕36号），2021年9月22日发布。

双碳立法挑战和路径研究

宋玉霞[①]　廖智雅[②]

摘　要：中国向国际社会承诺力争2030年前实现碳达峰，2060年前实现碳中和。实现碳达峰、碳中和的本质是实现资源和能源转型，其目的是减少温室气体的排放、缓解全球气候变化。国家针对"双碳目标"已经出台了一系列法律文件，但是尚未将碳达峰的立法工作落实到位。文章通过研究目前国家针对气候变化立法所面临的挑战，仅仅依靠目前所有的政策文件，很难解决实现"双碳目标"的过程中面临的诸多问题。针对挑战，借鉴国外的先进"双碳"立法经验，研究更符合中国目前气候变化情况的立法路径。同时，依法治国理念规范化，进一步实现生态文明建设现代化和法制化，以及全面履行国际义务与世界各国加强合作等，能促使碳达峰的推进具有可执行力。

关键词：碳达峰碳中和；气候变化；立法研究

一、引言

随着全球经济发展，我们可以观察到各种能源和资源被消耗利用，所排放的有毒有害物质使人类的生存环境逐渐受到考验。因此，如何正确地应对并且解决环境问题成为全人类共同面对的问题。当前全球各个国家飞速发展，二氧化碳排放量迅猛增加，全球变暖加剧，对生命系统造成威胁。在这一棘手背景下，世界各国协商一致通过全球协约的形式来限制温室气体的排放，由此中国提出了碳达峰和碳中和目标。

2020年9月，习近平主席在第七十五届联合国大会一般性辩论上首次提出，中国力争在2030年前实现碳达峰，努力争取在2060年前实现碳中和的目标。碳达峰与碳中和是中国政府向联合国承诺的温室气体二氧化碳排放量的目标，时间分为两个阶段，即2030年前实现碳达峰，2060年前实现碳中和[③]。"双碳"是中

[①]　宋玉霞：西南石油大学法学院讲师。
[②]　廖智雅：西南石油大学法学院2021级法律硕士。
[③]　《习近平在第七十五届联合国大会一般性辩论上的讲话（全文）》，http://www.xinhuanet.com/politics/leaders/2020-09/22/c_1126527652.htm，2021年10月25日访问。

国就应对气候变化问题对国际社会作出的庄重承诺,既对中国气候变化治理体系和治理能力的现代化提出了新的挑战,更为中国创新发展气候变化治理体系提供了重大发展机遇。如何制定中国的气候变化应对法,以及制定怎样的气候变化应对法是亟待回答的重大法治问题[①]。

一、双碳立法的重要性

（一）高质量发展的内在要求

中国明确了想要实现"双碳目标"的愿景,这为未来中国经济社会全面绿色发展转型指明了方向,同时也是中国高质量发展的内在要求,也为应对国际气候变化共同行动贡献了关键力量。

近年来,中国一直在探求可持续性、具有包容性的经济增长方式,碳达峰碳中和目标愿景不仅要求中国建立健全绿色低碳循环发展的经济体系,更是要建立清洁、低碳、高效、安全的现代化能源生产和消费体系。总体而言,中国在经济基础、思想认识和技术保障等方面,客观上已经具备了实现2030年前碳排放达峰这一任务的条件[②]。截至2019年年底,中国碳强度较2005年下降48.1%,非化石能源占能源消费比重达15.3%,提前完成中国政府在哥本哈根气候变化大会上作出的承诺（自主减排）。"十四五"是全面建设社会主义现代化国家新征程的起点,要立足新发展阶段,贯彻新发展理念,构建新发展格局。"十四五"期间,中国将加快发展方式绿色转型,单位国内生产总值能耗和二氧化碳排放分别降低13.5%、18%,只有尽快保证质量实现碳达峰,才能为未来实现碳中和目标打下坚实基础。

（二）符合国家安全和可持续发展战略

"双碳目标"的实现符合国家核心利益,对国家安全有利。碳减排可以减少发展过程中对石油等能源的依赖,使发展过程中能够不受限使用某些能源或者资源。目前石油资源及其生产、海上运输对于中国来说是影响极大且不可控的因素,随时可能因为某些事件导致中断,影响能源的供应,进而危害国家安全和发展。如果中国能源结构能够优化,不再大幅度依赖石油等能源,那么相关海域以及掌控全球石油市场的主体对中国的国家安全的影响就会极大减小,让中国更有自主权和选择权。另外,碳达峰、碳中和的实现也将加速中国经济向高质量发展,推动生态文明建设,最终实现可持续发展目标。中国新能源领域的产业及技术发展方面处于全球领先地位,中国及全球实施碳减排措施将极大利好中国的新

[①] 王江:《论碳达峰碳中和行动的法制框架》,《东方法学》2021年第5期,第122—134页。
[②] 《实现碳达峰碳中和意义深远》,http://m.cyol.com/gb/articles/2021-03/29/content_5jV8xiwRN.html?ivk_sa=1024320u,2021年10月27日访问。

能源产业、经济发展,也有助于中国在其他领域的弯道超车等。

(三)改善单边主义的有效方法

当前世界的发展更能验证习近平主席说的那句"百年未有之大变局",世界格局也在不断变化。对中国来说,通过发展气候变化合作领域与欧洲及世界各国进行交流,建立沟通机制,是解决当前某些国家奉行的"单边主义""逆全球化"有效途径之一,也是打破目前美国及相关方制造的"合围"紧张局势的有效方式之一,毕竟从经济、技术等方面寻求突破的空间和可能性不大。

而且,碳交易市场已经成为国际上主流的碳减排工具,也是国际碳排放权互相交流的路径,中国碳交易市场也将在碳排放权方面成为国家对外沟通的桥梁。中国碳中和也可避免受碳关税等单边主义手段的影响。

二、双碳立法中所面临的挑战

(一)立法进程相比气候变化较慢

目前中国针对"双碳目标"的立法处于持续推广的阶段,立法虽然取得了一定成绩,在实践中也产生了一定效果,但是距离实现碳达峰、碳中和的要求,还有很大的差距[①]。如果在实施过程中,其他未预见因素使气候变化加剧,国家的相关立法不能良好地配合并且改善气候变化带来的问题,将会阻碍中国生态文明建设、绿色低碳发展。

(二)配套法律政策不够完善

良法是善治的前提,光依靠国家推出有关"双碳"的法律文件来实现这个目标是不现实的,还要保证其与相关配套法律政策相协调,执行好现行与减碳相关的各项法律法规,并在碳排放、碳交易领域形成较为完备的法律规范体系。在依法治国理念的指引下,近年来中国的立法工作有了进步和发展,社会发展的重点领域产生了大量的立法。中国立法机关和政府多年来高度重视环境领域的立法,为了建设和发展生态文明,制定了一系列重要的与减碳、碳汇、气候变化应对相关的法律法规。但是,各种法律文件的推出也会造成一个不可避免的问题,部分条文还存在矛盾冲突,甚至未形成有效合理的法律系统。目前中国还未实现"双碳目标",立法方面还需进一步统筹完善相关的法律政策来帮助实现目标。

(三)立法针对性弱

与其他领域相比,中国在气候变化领域的法律体系及法律的有效应用严重滞后,缺乏该领域的综合性立法——相关法律、法规几乎均不是从应对气候变化的视角制定的,相互之间也不完全协调,法律的实施也与实现"双碳目标"的要求

---

① 孙佑海:《实现"碳达峰碳中和"应当采用何种立法思路》,《中华环境》,2021年第9期,第66-69页。

相去甚远。针对气候变化立法的对象、实施主体、实施程序等问题还未完全清晰,实现"双碳目标",还需要在立法过程中明确其法律文件所针对具体对象和内容。因而,既有的法律体系为"双碳目标"的实现提供强有力的法律支持,但目前来看显然还需要进一步完善。

(四)尚无统领碳中和碳达峰的上位法

在依法治国理念的指引下,近年来中国的立法工作有了长足的进步和发展,社会发展的重点领域产生了大量的立法[①]。虽然中国出台了《中华人民共和国清洁生产促进法》《中华人民共和国安全生产法》《中华人民共和国节约能源法》《中华人民共和国可再生能源法》等法律,但都不是针对低碳生产与发展的立法。为了实现低碳生产与发展,需加强相关立法。目前中国在应对气候变化领域尚无一部统领全局的上位法。国家权力机关应加强碳排放领域的立法工作,构建完备的实现碳达峰、碳中和的法律体系。

(五)立法与人民联系不够紧密

民主原则——中国重要的立法原则之一,立法应当体现广大人民的意志和要求,确认和保障人民的利益。目前立法正处于推广加速期,"双碳"立法更新换代效率高,法律政策变化幅度大。短时间内推出的各种法律政策,大都针对气候变化的问题出台,不能及时了解到群众需求,立法的公开度和透明度不够,与人民群众的联系较少。

(六)社会群众的态度

"双碳目标"的实现需要公众个人树立绿色低碳环保观念以及参与低碳实践需要政府、公益组织以及公众个人共同努力。但是,公民个人对于绿色低碳环保的认识还存在欠缺,往往存在对气候变化未来风险认识不足、"个人力量弱小做不了什么"的消极态度、"搭便车"和"从众"心理、自由消费观等。如果群众不能够意识到"双碳目标"到底是什么以及它的重要性,那么将很难按期保证质量的实现。

(七)国际合作有待加深

2020年9月,中国政府在联合国大会上作出了关于碳达峰与碳中和的承诺,这彰显出中国在应对全球气候变化中的负责任态度。同时,说明有关"双碳"的具有法律效力的框架性协议将在中国实施。针对"双碳"这一目标,中国处于推广加深阶段,正是需要加强与国际交流合作的时期,借鉴学习他国先进的减碳立法经验,然后根据自身国情和气候变化状况来灵活立法,进一步加快实现双碳目标。

---

① 高桂林,陈炜贤:《碳达峰法制化的路径》,《广西社会科学》,2021年第9期,第13—19页。

三、国外碳达峰、碳中立法经验借鉴

(一) 制定宏观层面的法律政策

2020年3月,欧盟委员会发布的《欧洲气候法》,是以立法的方式来确保到2050年欧洲能够实现气候中性的愿望。该法律的发布确立了目标,并且推动其能源转型,为欧洲将要在未来发布的其他法律政策框定了范围,指明了方向,以帮助各国实现2050年碳中和的目标。该目标被国家赋予法律约束力,所有欧盟机构和成员国将集体承诺在欧盟和国家层面采取必要措施来实现此目标。立法这一过程是实现双碳的基石。欧盟在全球可持续发展潮流中一直是引领者,当前欧盟已将碳中和目标正式写入法律,成功使该目标法制化。

为化解气候变化领域立法的问题,中国可以制定针对气候变化的相关法律法规,明确中央与地方不同的责任,共同应对气候变化所造成的问题,同时应当全面完善国家应对气候变化治理体系和提高对应的治理能力,为如期实现双碳目标提供制度和政策性保障。

(二) 针对性立法

碳中和、碳资产领域的业务既涉及一般法律问题,又涉及该特别领域的法律问题,需要针对具体问题具体分析立法对其进行规制。德国政府于2019年9月20日通过《气候行动计划2030》,该项计划针对每个产业部门的具体行动措施都进行了明确规定。德国2014版《可再生能源法》是通过观察2012版的《可再生能源法》所产生的问题和不足重新制定的,以对症下药解决问题,完善法律政策的内容。目前的国际社会中,已经有很多国家和地区采用针对性立法的方式应对碳中和的目标,如英国、日本、欧盟、韩国、美国通过了应对气候变化、建设碳交易机会的专项法律,但其实施力度和效果仍有待进一步观察。因此,针对性立法的趋势是必然的,但其具体策略以及实施的效果仍然处于不断探索的阶段。

(三) 系统性持续性立法

德国十分重视减碳和气候变化应对。《德国联邦气候保护法》于2019年12月18日生效[①]。德国的碳中和法律体系很突出的一个特点是:系统性。21世纪初,德国政府便出台了一系列国家长期减排战略、规划和行动计划,如2008年《德国适应气候变化战略》、2011年《适应行动计划》及《气候保护规划2050》等[②]。在此基础之上,德国政府又通过了一系列法律法规,如《联邦气候立法》《可再生能源法》及《国家氢能战略》等,其中2019年11月15日通过的《气候

[①] 孙佑海:《实现"碳达峰碳中和"应当采用何种立法思路》,《中华环境》,2021年第9期,第66—69页。
[②] 《德国推进碳中和的路径及对中国的启示》,《可持续发展经济导刊》,https://baijiahao.baidu.com/s?id=1700138387335261598&wfr=spider&for=pc,2021年10月27日访问。

保护法》，是首次以法律形式确定德国中长期温室气体减排目标，包括到2030年时应实现温室气体排放总量较1990年至少减少55%。此外，为了进一步落实具体行动计划以实现控制碳排放量的目标，德国这一系列的立法，都在完善国家关于气候变化的法律系统，在法律实施的过程中时刻观察立法所带来的影响，及时发现问题、解决问题，形成良性循环的法律系统。

法国政府为了碳中和目标做持续性努力。2015年8月，法国政府通过《绿色增长能源转型法》，构建了法国国内绿色增长与能源转型的时间表。2018年至2019年间，法国政府对该战略进行了修订，调整了2050年温室气体排放减量目标，并将其改为碳中和目标。2020年4月21日法国政府最终以法令形式正式通过《国家低碳战略》。法国从确立该目标开始，一直持续地检查自身立法是否跟上了气候变化的进程，并作出持续性努力。

因此，为更好实现"双碳目标"，国家要制定完备的法律系统，并且持续解决立法中所暴露出的问题等，正因中国处于探索阶段，所以才更要及时发现问题，解决问题，持续观察气候的变化情况。

四、"双碳"立法路径

（一）加快立法进程

国家在立法的过程中，需要时刻关注气候变化并跟上其变化的步伐，立法以及对相关法律法规中涉及气候变化的规定起到统领作用，需要与气候变化相适应，灵活调整法律文件及其相关对应实施程序，能够更好地实现"双碳目标"。国家也需要关注阶段性目标完成的情况，时刻调整，总结上一阶段具体工作完成的效果和内容，以便下一阶段对应立法活动来进行。

（二）配套制度的建立完善

碳中和碳达峰是复杂的系统工程，在具体执行层面应建立配套法律制度。在现有环境、节能减排、循环经济等行业领域的制度基础上，针对碳减排的特殊性，制定配套的制度，比如报告制度、监测制度、问责制度、核查制度、碳排放权交易制度等。这一系列制度的建立和完善，对碳中和碳达峰的实现都是"一加一大于二"的效果。在配套制度完善方面，既要注重完善碳排放方面的法律法规，主要是需要从严制定碳排放主体的违法责任以及监管部门的监管责任，最大限度地减少碳排放，针对监管制度进行修正完善；又要着力完善碳交易方面的法律规范，尽早出台诸如涉及温室气体自愿减排交易等行政法规和部门规章等，尽快制定完备的法律系统。

（三）针对具体问题立法

碳中和、碳资产领域的业务既涉及一般法律问题，又涉及该领域个性化的法律问题，需要有针对性的立法对其进行规制。碳达峰立法要着重针对以下内容。一是明确对象范围。应当将能源替代、节约资源、循环经济等内容作为立法的调整对象。二是明确实施主体。碳达峰是中国政府向国际社会应对气候变化作出的承诺，要履行该承诺，需要全民共同努力。立法要规定企业在节能减排方面的责任和义务的同时，还应当明确政府责任，如具体的管理责任以及自身对资源消耗的效率化运用，同时还应当明确公民个人在节约使用资源方面的具体义务。三是明确实施标准。明确"双碳目标"后，还应当制定分阶段需要完成的任务，并且细化各项任务的实施标准，这样会使实施更加平稳有序。四是明确实施程序。碳达峰碳中和的推进实施不仅需要对实体问题进行良好规范，同时还应当重视具体实施的过程。具体而言，要规定各地方在推进碳达峰过程中的规范制定程序、目标调整程序、执法监管程序等，使碳达峰立法向程序化法制化的方向上前进，从而可以尽最大限度避免在碳达峰实施过程中可能会发生的权力滥用行为。五是灵活调整程序。碳达峰是应对全球气候变化的一个重要手段，因此在最终目标确定之后，需要对每一阶段碳达峰的实施目标进行评估后再进行下一阶段碳达峰的推进。从这一点来看，碳达峰的总目标是固定的，但是每一阶段的分目标会受当前气候变化和上一阶段任务完成情况的影响，因此立法需要做到灵活调整，也就是说地方政府有权根据本地碳达峰实际推进情况，动态调整碳达峰的阶段性目标，但也必须按照法定程序来调整，避免权力滥用现象。

（四）制定上位法

为了实现碳中和目标，应当制定具有统领性和更高效的法律来全面规范应对气候变化工作，确保碳中和、碳资产有法可依。目前中国需要制定一部能够统领全局的上位法，使"双碳"更具法律约束力。

（五）遵循民主原则立法

从基本原则来看，应确立气候变化风险的预防原则、减缓与适应并重原则、公众参与原则和国际合作原则等，以准确反映、精准体现和及时回应应对气候变化的科学认识、客观现实和国际法要求[1]。"双碳"立法无论在何时都应当遵循民主原则，应当体现广大人民群众的意志和要求，确认和保障人民的利益；在"双碳立法中"，还应当通过具体法律规定，保障人民有各种途径能够参与立法，表达人民对"双碳"的想法和意见；在立法过程和立法程序中，应具有高度的开放性和法律透明度，"双碳目标"的实现是与人民息息相关的，所以立法过程中必须要坚持群众路线。

---

[1] 王江：《论碳达峰碳中和行动的法制框架》，《东方法学》，2021年第5期，第122—134页。

（六）加强"双碳"宣传教育，全民行动

生态环境具有公共属性，环境改善、绿色发展需要全社会共同参与。只有全社会以高度的社会责任感认识碳达峰、碳中和这场广泛而深刻的经济社会系统性变革，才能真正推动这项工作在法治轨道上运行并取得实效[1]。

很多人可能觉得实现"双碳"只是国家的事，跟我们普通公民没有关系。实际上，气候变化影响的是每一个人，需要公民积极参与到节能减排的行动中来。因此需要自上而下地开展"双碳"相关的主题宣传教育，通过各种渠道向群众输出环保低碳排放的观念，提升群众对"双碳"的认识以及重视程度，使全民都能够积极参与，为"双碳目标"的实现积攒群众基础。"碳达峰"和"碳中和"目标的实现任重而道远，政府应加强行政指导，引导公众个人树立绿色低碳环保观念，大力宣传绿色低碳的益处以及全球气候变暖带来的危害。

（七）加强与其他国家合作

国家对内是一个联合体，对外则是国际社会的一员。在国际社会中，每个国家都平等地享有主权权利，并承担各自在国际社会中的义务[2]。目前已经有一百二十多个国家提出碳中和目标，中国作为全球最大的碳排放国和煤炭消耗国，其加入必将为全球应对气候变化的国际行动提供强大的助推力。国家需要推进和引领应对气候变化的国际合作，加强在碳达峰碳中和方面的沟通与合作；鼓励和支持地方政府、企业、非政府组织等积极开展碳达峰碳中和领域的国际合作等。欧盟在环保和低碳方面标准较为完善，在《可持续金融分类方案》中制定了详细的碳减排指标等，中国可以借鉴其优秀经验，推进自身目标的实现。因此，为实现"双碳目标"，借鉴国际先进经验和加强中外交流合作具有重要意义。

五、结语：双碳目标未来立法发展的展望

国家想要良好应对气候变化重大风险，立法这一步是不能缺位的，亟须就位。以法律体系的不断完善和法律制度的靶向变革补足中国气候变化治理体系的法制短板，是中国特色社会主义法治体系的时代使命。"双碳目标"的设定，不仅是国家践行可持续发展战略的具体措施，更是建设人类命运共同体的迫切需要。"双碳"不仅不会妨碍中国经济社会发展，而且还会成为新的发展动力，有利于未来经济能源转型。中国未来需要严格管控碳排放总量，推动实现能源转型，尽早实现碳达峰、碳中和目标。

中国双碳目标的设定，不仅是践行可持续发展战略的具体措施，更是建设人

---

[1]《为实现"双碳目标"提供有力法治保障》，https://baijiahao.baidu.com/s?id=1712102406431779559&wfr=spider&for=pc，2021年10月27日访问。

[2] 覃福晓：《立法过程中的利益表达与整合机制研究》，北京：中国民主法制出版社，2011年版，第125页。

类命运共同体的迫切需要。全球有包括德国、挪威、俄罗斯等在内的19个欧洲国家在1990年之前已经实现了碳达峰，美国也于2007年实现碳达峰，这些国家将按计划逐步实现碳中和。在立法层面，通过建立和完善碳达峰、碳中和法律体系及其法治主体多元化来促进经济社会发展，摆脱对高耗能、高碳排放的依赖，从而实现绿色低碳发展。碳达峰目标的实现，既需要出台一系列的政策来推进，又需要通过出台法律制度确保相关政策实施，尤其在立法、司法、行政管理、执法监督以及国际立法的国内转换等方面都通过法律制度加以规范，可以加快推进碳达峰法制化的实现[①]。

---

① 高桂林、陈炜贤：《碳达峰法制化的路径》，《广西社会科学》，2021年第9期，第13—19页。

国家氢能立法研究

王 浩[①] 邹文君[②] 杨 智[③]

摘 要：氢能立法是为从法律层面进一步解决氢能发展障碍，协调氢能与其他能源、环境、安全与国家政策之间的关系，实现"四个革命、一个合作"能源安全与"碳中和""碳达峰"新战略而进行规范立法。然而，氢能的研发利用在中国目前以国家指导意见及地方试行规定等相关政策依据为主，现有的氢能法律规范存在体系不健全、内容单一、严重滞后等问题，严重阻碍了氢能发展。根本原因在于顶层设计的缺乏，即缺乏立法保障。因此，加快氢能发展应使其发展于法有据，在安全、可持续发展、风险预防原则指导下，建立健全氢能立法体系、完善氢能配套制度、设定氢能立法步骤程序对氢能的全面发展具有重要现实意义。

关键词：氢能；立法研究；法律路径

能源作为国民经济命脉，对国家政治、经济、社会、安全起着举足轻重的作用。2014年6月，习近平总书记在中央财经领导小组第六次会议上明确提出了"四个革命、一个合作"的重大能源战略思想；2020年9月，国家主席习近平在第七十五届联合国大会一般性辩论上的讲话提出中国将提高国家自主贡献力度，"二氧化碳排放力争于2030年前达到峰值，努力争取2060年前实现碳中和"[④]。在国际新形势下，能源安全尤为重要，能源安全包括能源稳定性、安全性、合理性、可持续性。氢能作为高效二次能源，完全符合能源安全新战略需求，同时具备"清洁低碳、安全高效"的根本特征。2019年全国两会上，氢能首次被写入政府工作报告，这对推动能源转型、保障能源安全、促进能源高质量发展、应对

[①] 王浩：西南石油大学法学院副教授，西南石油大学法学院院长助理，西南石油大学法治与社会治理研究院副院长，中国社会科学院法学博士后，主要研究领域为行政法、能源法、人工智能法。
[②] 邹文君：西南石油大学2020级法律硕士，主要研究领域为行政法、能源法。
[③] 杨智：西南石油大学2018级法律硕士，主要研究领域为行政法、能源法、人工智能法。
[④] 史谐汇：《坚决贯彻落实中央经济工作会议提出的"做好碳达峰、碳中和工作"》，《上海节能》，2020年第12期。

气候变化目标实现具有重要意义[①]。

一、氢能立法必要性分析

21世纪以来，国内氢能的开发利用从法律规范到政策蓝图制定不断调整，中国氢能源研发利用积累了丰富的实践经验，但是在制度建设和规范体系方面与能源其他领域、域外法律制度相比较，国内氢能立法严重滞后，进行氢能规范立法具有重要意义。

一是促进构建氢能规范体系，推进氢能规范化、法治化。《可再生能源法》、能源法修改意见中对氢能规定内容较少且属于原则性规定，对氢能研发利用指导性不强。及时制定氢能专门规范有助于进一步充实能源规范构建体系，尤其是体制机制的完备，明确氢能在能源体系中的定位与研发方向，为氢能法治化、规范化提供制度保障。2016年11月29日发布的《"十三五"国家战略性新兴产业发展规划》提出：推动车载储氢系统以及氢制备、储运和加注技术发展，推进加氢站建设。2019年5月，工业和信息化部颁布《2019年新能源汽车标准化工作要点》，明确将发展氢燃料电池作为重点工作，对燃料电池汽车及加氢站技术领域标准提出了要求。2021年3月11日，国家发改委、司法部印发《关于加快建立绿色生产和消费法规政策体系的意见》，再次提出了要大力扶持氢能发展，该文件在9大方面提出了27项重点任务，其中对于促进能源清洁发展方面，要求加大对分布式能源、智能电网、储能技术、多能互补的政策支持力度，研究制定氢能、海洋能等新能源发展的标准规范和支持政策。

二是促进氢能高质量发展，推进能源治理体系和治理能力现代化。氢能作为21世纪最具发展潜力的清洁能源，是未来能源技术革命和产业发展重要方向。2015年6月清华大学出版社出版了《国家能源治理——从能源革命到能源治理能力现代化》，该书以国家能源治理为出发点，结合国际、国内有关能源革命、能源治理的相关内容，详细阐述了在国家能源治理过程中的重要内容，将能源问题放到国家治理的高度进行论述，揭示出能源治理关系着国家安全、社会稳定、产业发展等重要内容，并结合国际国内形势，最后提出构建具有中国特色的能源治理蓝图和行动方案。结合国家能源治理体系，从法律规范层面完善氢能研发、利用、运输、储存体系，健全环境、污染防治等配套体制机制，有助于推进能源治理体系建设和治理能力现代化。

三是有助于推动能源结构调整，保障国家能源安全。面对能源安全保障的新形势，氢能源法律制度的研究是对习近平总书记提出的"四个革命、一个合作"

---

① 蒋利军：《氢能的开发与应用》，《民主与科学》，2017年第5期。

能源安全新战略全面贯彻落实,以及完成2030年"碳达峰"与2060年"碳中和"伟大战略目标的推动,其有助于统筹协调氢能与其他能源协同发展,打破行业壁垒,避免资源低效配置,形成一体化氢能产业链布局,带动氢能相关行业健康有序发展,进一步优化国家能源结构,保障国家安全[1]。

二、中国氢能规范现状及问题

中国是从21世纪初开始研发利用氢能,国家对氢能法律、政策支持,前期氢能开发利用实践,专家学者对氢能规范研讨以及域外氢能立法规范发布适用都对中国氢能立法研究起到了指导意义[2]。氢能大规模研发利用,必须通过立法解决氢能研发利用依据、相关配套机制、法律与政策协调等问题[3]。具体而言,中国氢能源法律规范制度情况如下。

(一)氢能政策及法律规范适用现状

中国是全球第一大氢能产国,现有工业制氢产能2500万吨/年。《中国氢能源及燃料电池产业白皮书》提出,中国2050年氢气需求接近6000万吨,加氢站将达到1万座以上,燃料电池汽车产量达到520万辆。种种迹象表明,氢能产业已被国家列入能源支柱性产业之一[4]。

第一,政策性文件。2016年,中国陆续推出了一系列支持氢能产业发展的政策文件,《中国氢能产业基础设施发展蓝皮书(2016)》首次提出了中国氢能产业发展路线图。2019年10月,国家发改委发布《产业结构调整指导目录(2019年本)》,将氢能列入第一类鼓励类。2019年全国两会上,氢能首次写入政府工作报告,提出"推动充电、加氢等设施建设";9月,中共中央、国务院印发了《交通强国建设纲要》,明确提出"加强充电、加氢、加气和公交站点等设施建设"。

第二,规划纲要。2020年3月,国家发改委、司法部印发《关于加快建立绿色生产和消费法规政策体系的意见》,在附件的重点任务清单上,"研究制定氢能、海洋能等新能源发展的标准规范和支持政策"在列,时间显示为2021年完成,要在2年内对氢能立法。2019年10月,国际能源署(IEA)与中国石油经济技术研究院日前在北京联合发布《氢的未来——抓住今天的机遇》报告,报告指出氢能正迎来重要的发展机遇期,并提出了促进氢能规模化发展的重要途径。

---

[1] 林卫斌,朱彤:《实现碳达峰与碳中和要注重三个"统筹"》,《价格理论与实践》,2020年第1期。
[2] 毛宗强:《世界各国加快氢能源市场化步伐——记第18届世界氢能大会(WHEC 2010)》,《中外能源》,2010年第7期。
[3] 汪广溪:《氢能利用的发展现状及趋势》,《低碳世界》,2017年第29期。
[4] 汪广溪:《氢能利用的发展现状及趋势》,《低碳世界》,2017年第29期。

2020年，全国人大代表、辽宁省电力有限公司董事长石玉东在全国两会上提出了关于"加强氢能立法顶层设计，促进清洁能源高效利用"建议，建议完善氢能立法顶层设计，及早有序推出国家层面相关法律法规，明确氢能在能源体系中的定位，并对氢能源进一步的发展蓝图做了相应规划①。

第三，法律规范。2020年，《中华人民共和国能源法（征求意见稿）》中有关"氢"部分为"第十一章 附则"中的"第一百一十五条"，本法中下列用语的含义：（一）能源，是指产生热能、机械能、电能、核能和化学能等能量的资源，主要包括煤炭、石油、天然气（含页岩气、煤层气、生物天然气等）、核能、氢能、风能、太阳能、水能、生物质能、地热能、海洋能、电力和热力以及其他直接或者通过加工、转换而取得有用能的各种资源。在该征求意见稿中，新能源氢作为附则条款中能源列举项，该意见稿属于能源法最新基本规范，但规范层面对氢能重视力度与其作为时代新能源的重要性严重不匹配②。

（二）氢能法律制度存在的问题

通过对上述氢能法律、政策制定现状梳理发现，国家对氢能研发利用主要是以政策依据为主，包括国家产业规划政策和地方试行规定，国内氢能规范存在法律体系不健全、内容不完善、氢能法律规范严重滞后、立法技术不成熟等问题③。氢能研究利用必须从法律层面做到有法可依，才符合国家能源治理体系和治理能力现代化要求。目前，中国氢能法律制度主要存在如下问题。

第一，氢能法律规范体系不健全。

国内氢能发展尚无健全的法律规范体系，对氢能的规制主要集中在国家政策、指导意见等相关标准上，缺乏国家强制力。目前氢能规范以分散形式存在于其他能源法律规范，缺乏基本法、单行法、配套法律规范④。

首先，缺乏氢能基本法。现有法律体系中对氢能规范较少，通过以上对现行法律规范梳理发现，对氢能的规制只能通过扩大解释、类推解释等方法对氢能进行适用。2009修正版《中华人民共和国可再生能源法》中未涉及对氢能规制的相关内容。可再生能源法第二条中，"本法所称可再生能源，是指风能、太阳能、水能、生物质能、地热能、海洋能等非化石能源"，未将氢能列为可再生能源范畴。《中华人民共和国能源法（征求意见稿）》只在附则条款中将氢能列为能源范畴。两部能源相关法律规范均未对氢能进行具体规制，氢能发展仅仅依靠缺乏规范性、稳定性、权威性的国家政策或指导意见，不利于长远发展。

---

① 黄河：《加大支持力度助力新能源成为最安全能源》，《中国电业》，2020年第6期，第12—13页.
② 胡德胜：《论能源法的概念和调整范围》，《河北法学》，2018年第6期。
③ 《国家发改委公布2020年光伏发电上网电价政策》，《氯碱工业》，2020年第4期。
④ 杨解君，谭宗泽：《新能源与可再生能源的立法需求分析》，《南京社会科学》，2009年第3期。

其次，缺乏氢能单行法。结合域外氢能法律规范制定历程，单行法制定实属必然。全球能源安全保障战略，域外氢能路线图，法案的提出、修改及后期氢能商业化使用，都亟须氢能专门法进行进一步规制。氢能立法就能源法、可再生能源法而言，其为特别法，需要专门进行立法规制[1]。专门法的缺失是新能源立法体系一大通病，国内同样未针对风能、太阳能、水能、生物质能、地热能、海洋能等非化石能源进行具体类型立法，立法细分不足使得内部法律制度结构严重失衡。同时，氢能发展涉及研发生产、运输、储存、应用等各个环节，各环节均有其独特作业风险，只有通过制定单行法，才能对氢能研发利用做到具体、专业规制。

最后，缺乏配套法律。2020年2月4日，韩国政府正式颁布《促进氢经济和氢安全管理法》，其是促进氢能经济和氢能安全的管理法案，由宏观总则具体到企业运营、适用，违反法案处罚等相关内容，目的在于促进基于安全的氢能经济建设。目前国内尚无氢能基本法、单行法，就更不用谈及氢能相关配套法了[2]，包括缺少环评、污染防治等法律规范对氢能研究利用进行规制。环境保护方面，国家制定了环境影响评价制度，并专门通过《环境影响评价法》进行细化落实，但该部法律缺乏对氢能开发环境影响评价制度的规定，目前中国也无其他专门法律规范对氢能进行环评规定。例如，氢能具有潜在的环境风险，加氢站中氢气达到一定浓度极易爆炸；金属材质运输管道在含氢介质中长期使用时，容易造成机械性退化，发生脆断。目前制氢主要包括化石燃料制氢及水解制氢，其中化石燃料制氢将是中国获取氢能中长期开发的技术手段之一，但其伴随有二氧化碳温室气体产生，故其需要关于氢能大气污染防治相关法律规范。

第二，现有氢能规范内容不完善。

首先，现有氢能规范内容少，多为政策性规定。通过梳理中国氢能法律规范现状，氢能研发利用可以参照援引适用相关能源规划、产业指导、技术支持、市场运营、监管措施等内容。但由于可再生能源法、能源法（征求意见稿）涉及能源种类多，体系庞杂，不同能源涉及的内容、重点研发方向均不相同，在氢能适用上，只能在大范围内参照适用，无针对性。同时氢能其他文件多为政策性文件或指导意见，相比国外氢能规范法案较少，一定程度上氢能规范处于真空状态。其次，氢能规范与其他法律规范不协调。氢能作为新能源，氢能规范与能源等普通法或其他法律规范衔接不畅[3]。氢能主要通过可再生能源法、能源法（征求意见稿）进行中转衔接。例如，氢能投入市场配额需要先归入能源法或可再生能源

---

[1] 肖国兴：《〈能源法〉与中国能源法律制度结构》，《中州学刊》，2010年第6期。
[2] 杨解军：《变革中的中国能源法制》，中国出版集团，2013年版。
[3] 杨解军：《变革中的中国能源法制》，中国出版集团，2013年版。

法，再衔接民商法、合同法。规范间的衔接不畅不利于从整体上把握国家能源安全、生产规划等相关问题。最后，现有氢能法律规范实际指导性不强。现有氢能规范多为原则性规范或规范定义，抽象，缺乏针对性、可操作性，一定程度上既制约了氢能研发利用，也不利于氢能规范的形成。

第三，现有氢能规范严重滞后。

中国现有氢能规范滞后。域外氢能大国除了国家政策、地方规章予以扶持外，还在适时调整法案、颁行法律。如2020年2月4日，韩国政府正式颁布《促进氢经济和氢安全管理法》。通过对中国现有能源法相关法律梳理发现，现有法律规范对氢能规制严重滞后，氢能规范与实际创新、改革严重不相契合[1]。具体表现为：氢能在现有法律框架内规定模糊，没有明确发展定位、方向。例如，《可再生能源法》2009年修改后发布至今已有十年。在这十年间，可再生能源具体类型得到丰富，但未明确将氢能列为可再生能源。尽管中国能源法尚未正式颁布生效，但从前期征求意见稿中可以明确得知能源法中几乎没有关于氢能的法条，只在附则条款能源列举项中有"氢能"二字，在确保氢能研发地位、规范氢能开发管理、氢能制度保障等方面严重滞后。现有的氢能法律规范缺乏对氢能法律地位、规划方向、研发重点、体制机制进行规范，实际运用只能通过一般性条款进行解释类推适用，与现阶段氢能研发利用实际存在较大时间差，严重影响了中国氢能创新、改革。

第四，氢能规范立法技术不成熟。

立法技术是立法活动中对相关规范进行制定、修改、废止活动中所遵循的方法、技巧。专门法的缺失是新能源立法体系一大通病，国内同样未针对其他新能源进行具体类型立法，一定程度上与中国能源立法技术有关。氢能立法要想制定出高质量的法律规范必须要有成熟的立法技术。中国对氢能研发利用起步较晚，对氢能规范立法研究更晚，对氢能立法研究还仅仅停留在表面，对氢能立法技术的运用和提升未给予足够的重视。同时，不注重对域外优秀立法经验吸收借鉴，也是导致中国氢能立法技术不成熟的重要原因[2]。

三、氢能立法基本规则

法律原则决定了法律规范的基本性质、内容和价值取向。法律原则是法律规范精神最集中的体现。氢能法律原则的设立应该以可再生能源法、能源法（征求意见稿）基本原则为基础，保障能源安全，优化能源结构，提高能源效率，以促

---

[1] 辛超：《论中国能源法的立法和完善》，山东大学，2012年。
[2] 林绿，吴亚楠，董战峰：《德国和美国能源转型政策创新及对我国的启示》，《环境保护》，2017年第19期。

进能源高质量发展[①]。对氢能法律制度研究要遵循安全原则、可持续发展原则、风险预测原则。

第一，安全原则。安全原则是能源使用第一原则，韩国《促进氢经济和氢安全管理法》中第六章用了大篇幅规制氢能安全。国家统筹部署能源安全，将能源安全战略纳入国家安全战略，优化能源布局，加强能源安全储备和调峰设施建设，增强能源供给保障和应急调节能力，完善能源安全和应急制度，全面提升能源安全保障能力[②]。同时建立健全能源安全储备制度，有效管控能源战略资源开发，完善能源运输战略通道建设和安全保护措施，完善能源预测预警与应急处置机制，增强能源保障和应急处置能力，保障能源安全。另外，从事能源开发利用应当遵守法律、行政法规有关安全生产、环境保护规定，坚持安全第一、预防为主和综合治理的方针，强化落实安全生产主体责任，建立健全安全生产规章制度，加强安全生产监督管理，落实属地监管和部门监管责任，保障安全生产投入，预防和减少生产安全事故，控制和防治污染，减少温室气体排放，保护生态环境。

第二，可持续发展原则。氢能立法应当遵循安全、绿色、集约、高效理念，坚持可持续发展原则。可持续发展原则基于要统筹协调目前氢能开发利用技术环境风险与氢能长期发展而设立，处理好代际利益。虽然氢元素广泛存在，但氢能的研制方式决定了对其他能源的依赖。氢能研发需要消耗化石燃料，产生二氧化碳等环境风险[③]。但从长远角度来看，氢能作为重要清洁能源，对环境保护是利大于弊，是生态文明建设的必由之路。这便要求从现实要求与长远发展角度出发，两者兼顾，平衡好代际效益[④]。

第三，风险预防原则。尽管风险预防原则最先运用于环境法领域，但近年来，中国对风险防控的重视程度不断提升，许多领域包括能源领域都确立了"预防为主"的方针。在依法治国前提下，常态化风险预防必须在法治轨道上进行。"预防为主"方针在法律规范层面的表述，需要转化为某种具有一般性指引意义的风险预防思维。有关氢能风险预防的法律机制亟须基于风险预防原则进行整合与完善，形成凝聚法理共识、便于积累制度经验的规范指引。能源风险预防的法律制度要结合氢能研发利用风险实际，进一步发挥风险预防原则作用，建立常态化氢能风险预防措施和动态调整机制。

[①] 肖国兴：《〈能源法〉与中国能源法律制度结构》，《中州学刊》，2010年第6期。
[②] 毛宗强：《无限的氢能——未来的能源》，《自然杂志》，2006年第1期，第14–18页。
[③] 刘贵洲，窦立荣，黄永章，等：《氢能利用的瓶颈分析与前景展望》，《天然气与石油》，2021年第9期，第1–9页。
[④] 李严波：《欧盟可再生能源战略与政策研究》，中国税务出版社，2012年版。

四、中国氢能立法路径选择

近年来,中国氢能技术日新月异,但氢能法律规范未能及时修改,完善中国氢能开发利用首先要加快氢能立法进程[①]。科学、合理、完善的氢能法律能更好地指导氢能的研发利用,不仅有利于保障国家能源安全,优化能源结构,提高能源效率,促进能源高质量发展,而且可以带动其他可再生能源的立法工作,完善中国能源法律体系构建[②]。

第一,建立健全氢能立法规范体系。

首先,尽快制定氢能基本法。尽管国内氢能研发至今接近20年历程,但法律体系上多为扩大、类推适用相关能源法律,可再生能源法以框架性、指导性条款为主,对氢能指导性不强;同时能源法(征求意见稿)中关于氢能开发利用条款只有附则,只是对氢能作了能源性质定位,内容单一,与氢能的进一步利用不相匹配。制定氢能基本法能从法律制度上为氢能的研发利用提供坚强保障,从整体为氢能的研发、利用、运输、储存、使用提供法律依据。

其次,制定氢能专门法。专门性立法因其专业性和针对性优势,能够为氢能的开发利用提供具体指导,更具操作性。因此,建议在能源法及可再生能源法、氢能基本法等上位法的指引下,国内氢能立法可以参考借鉴起步早、具代表性的欧美日韩国家或组织的法律制度,尽快制定氢能专门法,提高氢能法律规范的指导性、可操作性。

最后,完善氢能配套法律。中国氢能研发利用除了需要制定氢能基本法、专门法,还需要进一步完善氢能配套法律规范。在氢能基本法律规范框架内,逐步完善地方行政法规、部门规章及相关审批、监督法规,保障氢能法律规范有效施行[③]。(1)建立健全氢能环境影响评价规范。《中华人民共和国环境保护法》第十九条规定:"编制有关开发利用规划,建设对环境有影响的项目,应当依法进行环境影响评价。"所有对环境有影响的项目都应将其纳入环评,做好环评工作[④]。氢能开发利用过程中环境风险特殊,可以参考域外优秀经验,如加强对加氢站的环评、运输管道的环评、释放二氧化碳的环评[⑤]。(2)建立氢能安全规范。首先,总体上统筹协调能源安全,将能源安全战略纳入国家安全战略,加强能源安全储备和调峰设施建设,增强能源供给保障和应急调节能力。其次,研发

---

① 李昌麒,张怡主:《能源变革与法律制度创新研究》,厦门大学出版社,2012年版。
② 朱蓉:《论我国能源法律体系的构建》,北京:中国地质大学,2009年版。
③ 于文轩:《中国能源法制导论》,北京:中国政法大学出版社,2016年版。
④ 汪劲:《环境法学》,北京大学出版社,2006年版。
⑤ 于文轩:《美国能源安全立法及其对我国的借鉴意义》,《中国政法大学学报》,2011年第6期。

利用要严格遵守法律、法规有关安全生产规定，建立健全安全生产规章制度，加强安全生产监督管理，落实属地监管和部门监管责任，保障安全生产，预防和减少生产安全事故。

第二，完善氢能相关配套制度。

首先，建立健全氢能准入制度。氢能作为新能源，既要大力鼓励支持研发利用，也要严控准入制度，包括企业、市场准入、研发利用等各个阶段。目前制氢技术在环境污染与安全保障上需要严格规制，包括研制、运输、储存、利用各个阶段，以保障国家氢能健康有序发展[1]。其次，建立健全氢能监督机制。氢能作为能源行业新兴领域，要充分结合能源领域与氢能新型领域监管内容，加强对氢能监管效能。（1）构建监管责任体系[2]。氢能因其研发、运输、储存、使用都与传统能源存在较大区别，监管难度也随之增大，有必要吸纳政府监管、协会监管、专门技术人员监管、社会监管等多方力量，形成科学化、民主化、专业化、多元化监管团体。（2）完善监管方式。除了传统行政干预监管外，监管机构可以基于多元主体合作监管，选取不同的监管方式，包括事前、事中、事后全程监督，单一监督方式与多项监督方式并用，以提高各监管主体监管效能。（3）完善监管程序。加强氢能法律规制既要加强实体法保障，也要注重程序合法，包括保障相关主体地位平等、公平参与等程序化权力。（4）明确氢能费用制度。在经费上必须明确氢能前期研发费用及投入市场使用费用，确保用于实现氢能经济的燃料电池及天然气价格稳定，投入使用后，企业、市民能消费负担[3]。

第三，明确氢能立法步骤与程序。

域外氢能大国关于氢能立法的编制程序非常严谨，许多国家从编制实施至评估终止的全过程都以法案作为编制区域规划的依据，并在实施过程中制定具体的法律和政策作为保障，构建一个规范、符合程序正义的流程。氢能立法要明确编制与实施的流程，包括立项、调研、论证、公众参与、审批、公布、备案等流程[4]。为制定合法、合国情的氢能规范程序，编制的程序如下。首先，氢能立法的提出。关于"由谁提出"的问题，全国人民代表大会有制定权，公众有氢能立法的申请权、建议权；关于"如何提出"，国家有权提出制定氢能立法的规划，公众可以向权力机关提出意见、建议，有关专家可以通过研究报告、咨询报告的方式在征求意见期内发表自己的观点；关于"提出后如何处理"，无论是国家机关、公民还是专家学者，提出相关立法建议后，相关责任部门予以收集并答复。

---

[1] 《中国氢能产业基础设施发展蓝皮书》，中国标准出版社，中国标准化研究院，2016年版。
[2] 王田田：《我国氢能开发与利用法律制度研究》，山东师范大学，2019年版。
[3] 《"氢"风渐起：瓶颈之下如何迎接机遇》，《发明与创新（大科技）》，2020年第9期，第33—35页。
[4] 朱蓉：《论我国能源法律体系的构建》，中国地质大学，2009年版。

其次，氢能立法的编制[①]。氢能立法编制程序按照提出氢能立法申请，提出氢能立法编制技术要求，编制初步方案，召开研讨会（听证会），修改完善，专家论证完整阶段进行，严格按照立法编制程序。再次，公布氢能立法征求意见稿。及时公布氢能立法规范，明确征求意见时限，广泛征求各方意见，确保立法公正，对不足之处尽快修缮。最后，正式颁行生效。氢能法律规范中涉及其他相关部门法的，正式生效前预留一定期限，协调与其他相关法律冲突，确保规范间有效衔接。

五、结语

全球能源危机和环境污染问题日渐严重，氢能作为可再生能源、清洁能源的优势明显。氢能利用途径广，是解决温室气体排放、实现脱碳重要途径，应该将其摆在突出位置予以重点研发。加强氢能立法顶层设计是进一步加强氢能开发利用关键，国内氢能立法创建任重道远，需要政府、企业、行业协会、专家学者多方努力，争取早日制定氢能法律规范，以完善能源规范体系，保障国家能源安全。

---

① 《中华人民共和国立法法（2015修正）》［20150315］。

刍议"双碳目标"的法律保障路径

张 虹[①] 赵 芳[②]

摘 要：近年来，气候变化所带来的持续性影响已逐渐成为全球关注的焦点，二氧化碳排放量成为涉及气候变化的一项重要指标。面对气候变化的危机，中国主动挑起身为大国的责任与担当，为响应新时代绿色低碳的全球号召，当然也为在新一轮的科技革命和产业变革中抢抓历史机遇，习近平主席于2020年9月郑重向世界宣布了"碳达峰、碳中和"的重大战略目标。实现"双碳目标"是一场宏壮而深入的经济和社会的系统性改革，这必然对中国的能源法、环境法等法律体系提出了新的要求，任务艰巨，需鼎力前行。梳理中国相关法律，陆续颁布了涉及生态保护法体系、污染防治法体系和能源法体系的法律法规，但在"双碳目标"的法律保障方面，尚存在气候变化领域缺乏专项法律支撑，相关法律缺乏实现"双碳"的立法目的且没有相互呼应协调等缺失和不足。建议制定气候变化领域法律，加入内含"双碳"的立法目的，以达成各个法律之间的相互协调，先行规划，完善"双碳目标"的法律保障路径。

关键词：二氧化碳法律框架；碳达峰；碳中和；气候变化

一、背景与问题：中国的"双碳目标"

2020年9月22日，国家主席习近平在第七十五届联合国大会一般性辩论上宣布，中国将提高应对气候变化国家自主贡献力度，二氧化碳排放力争于2030年前达到峰值，努力争取2060年前实现碳中和。"十三五"时期，中国开展的气候变化应对工作取得了有效成果，温室气体排放得到了相应的控制，重点领域的节能工作顺利进展，绿色建筑、新能源汽车占比越来越高，植树造林显见成效，老百姓在生活和工作的方方面面也都自觉优先考虑绿色低碳的形式。"十四五"时期，中国生态文明建设进入重要关口期，全社会的生产及生活方式即将发生巨大变化。减碳无可置疑是重点战略方向，同时要协同推动污染减排，增进经济社

[①] 张虹：四川省社会科学院法学研究所副研究员。
[②] 赵芳：四川省社会科学院法律硕士研究生。

会发展的绿色整体转型，实现生态环境质量由量变到质变的改善。

国际环境日渐复杂、能源变革的趋势之下，也是中国的重要战略机遇期。中国积极主动地提出了应对气候问题且符合自身发展利益的"双碳目标"重大战略，不仅是为了最大限度地推动广泛而深刻的经济社会系统性变革，而且是为了极快地实现中国绿色低碳发展方式的转型，构筑中国绿色低碳经济体系。同时，也对国内低碳行动与全球气候治理的良性互动发挥了不可替代的作用[①]。为实现中国的"双碳目标"，探讨法律保障的路径是本文所指。

二、法律梳理：中国应对气候变化的相关法律及政策

二氧化碳排放量的增加是引发气候变化的主要因素，而气候变化应对问题是生态文明建设的重点关注问题，既会影响生活环境的优良水平，也会关联生态环境的好坏质量。因此，中国高度重视应对气候变化法治方面的建设，在不同社会经济背景下已陆续发布了多部法律法规，出台了多项政策规定。在宪法修正案中增添了有关生态环境的指引性理念词汇，同时伴随着一些与包含应对气候变化密切相关的制度设计的关联法律和政策产生，如专利法、气象法、《国家发展改革委、科技部关于构建市场导向的绿色技术创新体系的指导意见》和《节能低碳技术推广管理暂行办法》等。这些政策法律的出台都是中国应对气候变化的有益探索，也对气候问题的缓解产生了一定的积极作用。

（一）宏观法律规定

《中华人民共和国宪法》虽然未对"双碳目标"进行直接明确的文字规定，但其第一章总纲中的第九条关于自然资源的规定、第二十六条关于生活和生态环境的规定以及第八十九条第六项关于国务院行使领导和管理生态文明建设的职权的规定，已经能够体现出中国宪法对生态文明建设和生态环境保护极度重视的态度。宪法总纲的规定其实更具有整体导向性，对环境法、能源法等体系起一个统领作用，是形成"双碳目标"法律保障框架的间接依据。2018年通过的宪法修正案，在序言中增添了"生态文明""新发展理念"和"美丽的社会主义现代化强国"三个新理念，不仅丰富了与生态环境密切相关的宪法内容，而且为建立"双碳目标"的法律架构提供了宏观雄伟的概念指导、路径引导的整体方向，并确定了总体目标指示[②]。

[①] 《碳达峰、碳中和的经济学解读》，《光明日报》，2021年6月11日。
[②] 何勤华、李琴：《生态文明的本土建构与域外借鉴——以我国生态文明入宪和法国〈环境宪章〉为视角》，《人民检察》，2021年第4期，第50—54页。

(二) 具体相关政策及法律规定

1. 相关政策及规范性文件

为及时应对不断变化的气候问题，中国在不同时期分别发布了多项相关政策及规范性文件，梳理如下，见表1。

表1 应对气候问题中国制定的相关政策及规范性文件汇总表

时间	文件名称	发布意义
2007年	我国政府制定并发布了《中国应对气候变化国家方案》	明确了至2010年应对气候变化的指导思想、原则、目标、重点领域及其具体政策措施。但由于该方案仅制定了到2010年中国应对气候变化的计划，且方案的执行能力有限及经济局势变化颇多，其全面实现仍面临挑战
2009年	《全国人民代表大会常务委员会关于积极应对气候变化的决议》	提出了必须采取切实措施积极应对气候变化，加强对气候变化的法治建设，表明了中国积极应对气候变化的决心和态度
2011年	我国国务院新闻办公室出台了《中国应对气候变化的政策和行动（2011）》（白皮书）	将"减缓气候变化"置于第一节内容，并提出了优化产业结构、节约能源、发展低碳能源、控制非能源活动温室气体排放、增加碳汇、地方积极推进低碳发展的应对气候变化的有效措施
2016年	国务院印发《"十三五"控制温室气体排放工作方案》	以"低碳"为核心思想，制定了低碳引领能源革命、打造低碳产业体系、推动城镇化低碳发展、加快区域低碳发展、建设和运行全国碳排放权交易市场、加强低碳科技创新等具体实施要求
2020年	生态环境部部务会议审议通过《碳排放权交易管理办法（试行）》	大幅削减温室气体排放计划的关键组成部分，也是中国提出"双碳目标"后的第一部应对气候变化的立法

2. 法律法规

中国应对气候变化的法律法规主要涉及三大类体系，即生态保护法体系、污染防治法体系和能源法体系。三大类体系分别从不同的方面，对气候变化进行了法律规定，其侧重点各不相同，梳理如下，见表2：

表2 中国应对气候变化制定的法律法规汇总表

类别	法律名称	出台意义
生态保护法体系	《中华人民共和国环境保护法》	对保护和改善环境，防治污染和其他公害，促进清洁生产和资源循环利用做了详细的措施规定
	《中华人民共和国环境影响评价法》	从规划和建设项目两个方面的环境影响评价入手进行相关的法律规定及制定相应的法律责任，对建构"双碳"行动的法制保障框架具有前瞻性意义
	《中华人民共和国森林法》	旨在提高生态系统吸收并储存二氧化碳的能力，减少和降低大气中二氧化碳的总量和浓度
	《中华人民共和国草原法》	目的是更好地规划、建设、合理利用和保护草原，改善生态环境，维护生物多样性，发展现代畜牧业，促进经济和社会的可持续发展
污染防治法体系	《中华人民共和国大气污染防治法》	增加"大气污染物和温室气体实施协同控制"条款，这是控制温室气体减排首次被纳入法治轨道，也是与"双碳"关系最紧密的法律
	《中华人民共和国水污染防治法》	制定了水污染防治的标准和规划、监督管理、各个领域的防治措施及法律责任等
	《中华人民共和国循环经济促进法》	旨在倡导中国各领域主体在生产、流通和消费等过程中进行减量化、再利用、资源化的操纵程序
	《中华人民共和国清洁生产促进法》	对清洁生产的推行和实施提出了相关的法律规定，且有助于提高资源利用效率，减少和避免污染物的产生
能源法体系	《中华人民共和国节约能源法》	对倡导全社会节约能源，提高能源利用效率具有正向的作用
	《中华人民共和国可再生能源法》	提出了应当促进可再生能源的开发利用，增加能源供应，改善能源结构，保障能源安全，保护环境的总体要求。倡导减少对传统化石能源的依赖、开发利用可再生能源的理念

三、"双碳目标"对中国政策法律提出的挑战

（一）气候变化领域缺乏专项法律支撑

减碳和降碳是"双碳"的实质目的，"双碳"行动的法制保障路径又属于应对气候变化的法律制度体系。通过梳理中国应对气候变化的相关法律政策不难发现，目前中国尚未形成较为完善的"双碳"政策法律保障体系，鲜有明确的法律规则和具体的长远制度安排，亦没有一部具有法律针对性、内容完整性和制度精准性的以气候变化应对法为核心的国家专门立法问世。

由此可引发深思，如果不将"双碳"的立法工作尽快提上议事日程，就很难解决"双碳"推进过程中面临的诸多问题。制定应对气候变化的专项法律，才能为"双碳目标"的实现提供强有力的法律支撑和稳定而全面的法律依据，这也是刻不容缓、迫在眉睫的一项紧要任务。

（二）相关法律缺乏实现"双碳"的立法目的且没有相互呼应协调

立法目的是形成法律体系的关键要素，没有立法目的的支撑，法律规则的存

在就毫无价值。为实现"双碳目标",减碳降碳及控制温室气体是必不可少的立法目的。

由于法律普遍存在滞后的特征,现行相关法律体系仍然缺少"双碳目标"的法律回应。一方面,中国应对气候变化的法律政策体系制度并不完善,缺乏"双碳"的立法目的法条,各个部门之间的政策未能达到整体有效的协调。另一方面,现行的环境保护法、自然资源法、能源法、污染防治法等多个领域虽然或多或少提及了减碳降碳和控制温室气体的相关内容,但由于其各自的立法目的侧重点和立法时间并不完全相同,且缺乏对碳达峰时间和碳中和愿景统筹而长远的考虑,导致相关法律的立法目的无法相互呼应且有效衔接。这些缺失必然会阻碍其在促进"双碳"中功能的发挥和妥当的适用[1]。因此,应对气候变化立法工作的担子很重,且道路遥远,推进"双碳"的应对气候变化工作已是当务之急。

四、为实现"双碳目标"完善法律保障路径

(一)制定气候变化领域的专项法律

放眼全球各国范围,不难发现,实现"双碳目标"是一项紧迫而艰难的任务,制定气候变化领域的国家专项法律不仅是实现"双碳目标"的法制要求,亦是必然选择。此刻,气候变化立法还在努力推动之中,我们更加需要进一步凝结共鸣,将加速立法历程视为在未来推进"双碳"核心工作的重要使命,从而使得应对气候变化的专项法律作为将来低碳、零碳基本社会关系的法律规则工具和有效的法律依据。如今,中国已经具备了制定气候变化应对法的充分条件,应尽快着手开展应对气候变化、促进绿色低碳发展等专项法律法规的编制,使该法尽快出台,从而确保"双碳目标"的如期实现[2]。

然而,从何入手制定气候变化领域的国家专项法律及制定什么样的气候变化领域的国家专项法律是亟待回答的重大法治问题。笔者认为,应将立法目的、基本原则、主要框架和关键制度加入气候变化领域国家专项法律的重点内容,并赋予具体而详细的条文规定。从立法目的来看,不应仅着眼于缓解和适应气候变化,而更应聚焦于促进"双碳目标"的实现目的和路径。因此,中国气候变化领域的国家专项法律的立法目的应当包含"减碳降碳和控制温室气体"与"缓解和适应气候变化"两个层次的内涵,以此为导向构建"减碳降碳和控制温室气体"与"缓解和适应气候变化"的法制框架,并将其融于"实现经济、社会和生态环境可持续发展,推进生态文明建设"的终极目标。从基本原则来看,应建立关于

---

[1] 吕忠梅:《用法律保障实现碳达峰碳中和》,《新京报》,2021年3月8日,第5版。
[2] 高桂林,陈炜贤:《碳达峰法制化的路径》,《广西社会科学》,2021年第9期,第13—19页。

预防气候变化风险的原则、公众参与原则和国际合作原则等，以此对气候变化的科学认知、客观情况和国际法方面的要求做到无误地反映、确切地体现和及时地响应。从主要框架来看，大体应由总则、监督管理、法律责任及附则等一般性质的规定组成基本逻辑框架，还应当加入减碳降碳和控制温室气体、气候变化应对的政府责任、气候变化的缓减和适应、气候稳定的促进、气候变化应对的国际合作等关键制度安排[①]，推进《应对气候变化法》出台。

（二）加入内含"双碳"的立法目的，达成各个法律之间的相互协调

在把握发展新阶段，贯彻发展新理念，构建发展新格局的同时，更要把"双碳"纳入生态文明建设总体布局和高质量发展的题中应有之意，并完善关联立法以形成系统性合力。

第一，将"双碳"这个特殊的立法意图融贯于应对气候变化的相关政策法律体系中，主要包括两方面的改革：（1）对总则部分的立法目的条款进行修改，将实现"双碳"作为立法目的之一纳入其中，以此与总则内的其他条款形成逻辑衔接。（2）在总则的引领下，分则中随之增加相应的气候变化应对专门法条，并对分则中已蕴含应对气候变化有关条款或者潜藏内容进行重新整合，与总则中的规定形成配套对接，形成具有"双碳"立法目的的应对气候变化的专门规则体系。

第二，以保障能源安全和提高能源效率为基础的中国能源法制度体系仍未建设完毕，应以"双碳"为核心目标，注入能源法的立法目的，在能源法领域内推动创新型法制变革，加强能源法制建设，完善能源立法体系，推进能源法治化进程，使能源法对气候变化应对的法制建设具有完整性和系统性，以助于促进能源法尽快问世[②]。

第三，关于政策法律体系的协调构建方面，其一是建立以法律为核心，以行政法规、地方性法规为主体，以规章制度为补充的纵向法律体系，构建涉及政府、市场、企业和公众全方位的法律制度；其二是构建多个法律部门进行协同规范多元化、复杂化的法律关系，实现诸如公法与私法、环境法与能源法等领域的共同调整[③]。

第四，关于具体实施行动方面，应统一步骤措施，根据实际情况并在各个法律体系的指引下协调开展工作。（1）司法机关应当积极主动地提出实现"双碳目标"、积极应对气候变化的有益建议，协助立法机关完善有关法律草案，增加法

[①] 王江：《论碳达峰碳中和行动的法制框架》，《东方法学》，2021年第5期，第122-134页。
[②] 杨春桃：《我国能源立法体系的不足与完善——以"结构—功能"分析方法为视角》，《广西社会科学》，2021年第4期，第95-103页。
[③] 杨解君：《实现碳中和的多元化路径》，《南京工业大学学报（社会科学版）》，2021年第2期，第14-25+111页。

律的可操作性[①]。(2) 应当在法律上赋予行政机关相应的应对气候变化的权利，有权利必然有对应责任。"双碳"阶段性目标的实现可以让政府作为责任主体参与其中，通过法律的强制力来促进政府的执行力。(3) 广大人民群众和工厂企业等法人应当在法律的指引和政策的倡导下进行工作和生活，优先选择绿色低碳的方式，为应对气候变化，减少二氧化碳排放贡献绵薄之力。

五、结语

应对气候变化重大风险，是中国特色社会主义法治体系的时代使命之一，法律体系绝对不可能缺席，且亟须就位。加强立法和制度保障的推进，通过法律变革弥补中国气候变化治理体系的法制短板，推动中国应对气候变化相关法律的发展和完善，才能为"双碳"的尽快实现提供法律依据并形成有力保障。首先，应确立气候变化治理的目标定位，加快制定全面应对气候变化的国家专门法律。其次，应当将"双碳目标"添加进各个法律体系中，以明确"双碳"的立法目的；同时加强能源法制建设，推动能源法尽快问世，补救我国气候变化治理法律体系的关键缺失。最后，要制定具体的实施步骤和程序，统一实施措施，司法机关、立法机关、人民群众等各个主体协调发力，并根据实际情况及在各个法律体系的指引下协调开展工作，开启低碳生活模式，进而为发展满足"双碳"行动提供坚实的法律基础，形成完整有效的法律保障体系。

参考文献：

[1] 孙佑海. 为实现"双碳目标"提供有力司法保障 [N]. 人民法院报，2021-06-11 (002).
[2] 王江. 论碳达峰碳中和行动的法制框架 [J]. 东方法学，2021 (5)：122-134.
[3] 吕潇俭，李明. 青海稳步实现碳达峰、碳中和的战略路径研究 [N]. 青海日报，2021-05-25 (008).
[4] 张东旺，史鉴，杨海瑞，等. 碳定价背景下生物质发电前景分析 [J]. 洁净煤术，2022 (3)：23-31.
[5] 葛杨. 国际碳税实践对我国"碳达峰"的启示 [J]. 当代金融家，2021 (03)：20-23.
[6] 金昱. 国际大城市交通碳排放特征及减碳策略比较研究 [J]. 国际城市规划，2022 (3)：23-31.
[7] 熊健，卢柯，姜紫莹，等. "碳达峰、碳中和"目标下国土空间规划编制研究与思考 [J]. 城市规划学刊，2021 (4)：74-80.
[8] 蔡浩，李海静，刘静. 从国际比较看碳达峰对中国经济的启示 [J]. 新金融，2021 (5)：23-29.
[9] 杨艳，谷树忠，李维明，等. 从战略到行动：德国经济绿色低碳转型历程及启示 [J]. 发展研究，2021，38 (4)：58-63.
[10] 周元春. 以"双碳"战略为突破口推动大都市区融合发展 [N]. 深圳特区报，2021-09-29

---

① 孙佑海：《为实现"双碳目标"提供有力司法保障》，《人民法院报》，2021年6月11日，第2版。

（A04）.

[11] 高桂林，陈炜贤. 碳达峰法制化的路径 [J]. 广西社会科学，2021（9）：13-19.

[12] 孙明华，王继勇，董雷，等. 双碳之下话转型 [J]. 国企管理，2021（8）：28-54.

[13] 何勤华，李琴. 生态文明的本土建构与域外借鉴——以我国生态文明入宪和法国《环境宪章》为视角 [J]. 人民检察，2021（4）：50-54.

"双碳目标"背景下四川省构建用能权交易制度路径研究

熊 佳[①] 崔金星[②]

摘 要：实现"双碳目标"，争取碳排放在2030年前达到峰值，2060年实现碳中和，在"双碳目标"背景下加快完善用能权交易制度就显得十分重要。鉴于四川省作为全国推行用能权有偿使用和交易试点省份之一，文章首先阐述了四川省用能权交易发展现状，指出其在建设用能权交易试点中取得的成效和目前存在用能权交易制度内容不完善、监督管理制度不健全、部分领域存在规则空白、用能权交易制度的权威性不足以及鼓励性不强等问题，基于上述问题提出构建"双碳目标"下用能权交易制度的可行路径，尽快立法，完善相关制度并正确处理好用能权和碳排放权之间的关系，同时政府相关部门也要积极出台鼓励用能权交易的政策，从而更好地推进四川省用能权交易制度的建设，为实现"双碳目标"添砖加瓦。

关键词：用能权交易制度；用能权；双碳目标

一、用能权的内涵

（一）用能权的定义

实现"双碳目标"能有效应对全球气候变化，减少温室气体的排放。为了顺利实现这一目标，关键就是要节能减排。结合能源消费强度和能源消费总量"双控"目标，中国在2015年首创了用能权交易机制，致力于推进中国生态文明建设，走绿色发展的道路。

但国家目前出台的政策或是法律法规，并没有对用能权的定义进行明确的阐释。有学者认为，用能权是在能源消费总量控制的背景下，用能单位经政府分配或二级市场交易取得的以用能权指标的使用为核心内容的权利。用能权指标则是指经政府用能权交易主管部门审核分配的消耗能源的额度。用能权的主体是取得

[①] 熊佳：西南石油大学法学院研究生。
[②] 崔金星：西南石油大学法学院副教授、法学博士、硕士生导师。

了用能权指标的用能单位，客体是用能权指标，权利的内容则是对用能权指标的占有、使用、收益、处分[1]。

(二) 用能权交易的内涵

用能权交易就是地方政府根据当地的经济社会发展水平、产业结构布局、节能潜力和资源禀赋等因素，确定能源消费总量控制目标，根据这个目标确定用能权指标总量，并根据地方制定的规则和分配方法，将用能权指标公平合理地分配给纳入用能权交易体系的用能单位，用能单位依法在二级市场自由地进行指标交易[2]。其中用能权交易的一级市场主要指政府依法对用能权指标进行分配，二级市场则是指用能单位之间出售、购买用能权指标的市场[3]。

二、四川省用能权交易制度的发展现状

(一) 出台相关政策和交易制度

2016 年，国家发展和改革委员会实施《用能权有偿使用和交易制度试点方案》，在浙江、四川、福建、河南这四个省份设立了用能权有偿使用和交易试点。四川省作为最先参与试点的省份之一，逐渐构建起了用能权交易体系的基本框架。

2018 年，四川省首先颁布了《四川省用能权有偿使用和交易试点实施方案》，要求建立初始用能权分配制度，审核和核查制度、交易制度等重点任务，并完善政策措施，加强宣传引导。2018 年 11 月 26 日发布《四川省用能权有偿使用和交易管理暂行办法》（以下简称《暂行办法》），随后还颁布了一系列配套文件，首先是四川省用能权交易主管部门，即省发改委发布的《四川省用能权有偿使用和交易第三方审核指南（试行）》《四川省用能权有偿使用和交易审核机构管理办法（试行）》（都为征求意见稿）。

此外，发布最多的是作为用能权交易机构的四川联合环境交易制定的一系列规则，例如《四川联合环境交易所用能权交易规则（试行）》《四川联合环境交易所用能权交易信息披露细则（暂行）》《四川联合环境交易所用能权交易违规违约处理及纠纷调解实施细则（暂行）》《四川联合环境交易所用能权交易结算细则（暂行）》等，对用能单位参与用能权交易市场做了较为全面的规定，但是由于制定主体为四川联合环境交易所，其约束力不强并缺乏权威性，发布的规则很难达

---

[1] 刘明明：《论构建中国用能权交易体系的制度衔接之维》，《中国人口·资源与环境》，2017 年第 10 期，第 217—224 页。

[2] 国家发展和改革委员会，https://www.ndrc.gov.cn/xxgk/zcfb/tz/201609/t20160921_963200.html?code=&state=123.

[3] 王文熹，傅丽：《我国用能权交易市场法律制度之完善》，《理论月刊》，2020 年第 11 期，第 150—160 页。

到理想的效果，并且制定的主要是场内规则，也就是对进入交易平台之后的行为做了规定，对于用能权交易平台之外的领域目前四川省出台的政策和制度尚不完备。

（二）用能权交易实施进展

从四川省发展和改革委员会发布的与用能权相关的新闻来看，四川省在试点过程中，先将水泥、钢铁、造纸这3个行业中的部分重点用能单位列为第一批纳入用能权交易的企业。其中水泥行业有70个重点用能单位，钢铁行业包括20个重点用能单位，造纸行业有20个重点用能单位，水泥行业所占比例较大。

2019年9月，四川用能权交易市场正式启动，以四川省联合环境交易所作为用能权交易平台。到2020年3月9日，为了扩大用能权交易范围，更加激活用能权交易市场，四川省公布了第二批纳入重点用能单位名单。在这次公布的名单中增加了白酒、建筑陶瓷、化工（仅合成氨）三个新增行业，总计76家。其中建筑陶瓷行业中有35家重点用能单位，在新增行业中重点用能单位的占比是最大的，同时在首批纳入用能权交易的钢铁、水泥、造纸三个行业中，又补充了14家重点用能单位。

根据四川联合环境交易所中的用能权交易平台给出的数据，截至2021年9月29日，用能权累计成交量为3000，相较于其他三个试点省份，四川省用能权交易市场活跃度较低。

（三）实施的效果

尽管出台了相应政策和制度，建立了用能权交易的平台，但从目前用能权交易的实施效果来看，并未达到预期的效果。

从四川省用能权累计成交量来看，目前的用能权交易市场并不活跃，需要购买或出售用能权指标的重点用能单位并不多。第一，可能存在政府初始分配用能权指标时分配数额过多，用能权指标丧失了稀缺性，导致在履约期限届满时，重点用能单位有足够的用能权指标进行履约，就没有在用能权交易平台上购买指标的必要。与之相对应的则是其他履约单位都拥有充足的用能权指标，也就没有购买指标的需求。第二，重点用能单位通过技术改造，减少能源消耗或是提高能源的利用率，然后出现出售用能权指标的用能单位多，买指标的少。对于这种情况就需要通过市场调节机制和政府的宏观调控来进行解决，要在今后的试点过程中进一步探索。

三、四川省用能权交易制度取得的成效和存在的问题

（一）取得的成效

综合对比其他三个用能权有偿使用和交易试点之后，总结四川省在推进用能权交易中的优点。

1. 制度先行

四川省相较其他三个试点省份，发布的配套性文件数量较多。从目前发布的文件来看，主要是四川省联合环境交易所制定的一些涉及用能权交易规则、交易信息披露、风险控制、交易结算、监察稽核、违规违约处理及纠纷调解等内容，从宏观到微观、总体到细节方面都进行了相应的规定。特别是监察稽核体系的建立，在四川环交所设立纪检监察部，主要负责的工作就是四川环交所内部管理和用能权交易活动的监察稽核，对四川环交所内部控制制度的合法性、执行情况等进行内部监督，确保用能权交易的顺利开展，为用能权交易营造了公正、安全、健康的环境[①]。

2. 公众参与用能权交易制度的制定

首先，体现在用能权指标的初始分配阶段，用能权交易主管部门除了从产业结构、用能单位历年来的能源消耗水平等多维度进行考量，还广泛征求有关各方意见。其次，在核定重点用能单位上一年度能源消费量时，主管部门在重点用能单位填报能源消费数据之后，会将其数据交由第三方核查机构核查。最后，在此基础上征求相关方意见。

2019年，四川省制定了用能权交易中有关第三方的审核和第三方审核机构管理办法，以及部分行业生产企业的综合能源消费量核算方法和报告指南，并且向有关部门单位、社会公众公开征求意见。

除此之外，主管部门建立了与用能权交易有关的意见、信息收集渠道，及时收集相关意见，并及时反馈、处理用能权交易过程中出现的问题。可见，社会公众的参与贯彻用能权交易规则制定和实施的全过程，在一定程度上可以提高社会公众参与用能权交易的积极性，使用能权交易具有一定民主性。

3. 引入补充交易产品

用能权交易的核心交易产品肯定是用能权指标，但是为了鼓励非用能单位参与用能权交易市场，更好地推进生态文明建设，四川省规定没有纳入用能权交易体系的非重点用能单位通过企业技术升级、提高能源利用率等手段获得的节能

---

① 《四川省发展和改革委员会关于印发〈四川省用能权有偿使用和交易管理暂行办法〉的通知》，《四川省人民政府公报》，2019年第1期，第19-23页。

量，经过第三方审核机构审核和用能权交易主管部门核定备案后，额外获得的节能量可以在用能权交易平台上出售，作为用能权交易的补充交易产品。重点用能单位可以购买经核证的节能量，在履行清缴义务时，用于抵消本单位用能权指标[①]。

四川省还在逐步探索把可再生能源绿色电力证书作为补充交易产品。补充交易产品进入用能权市场，也是对用能权交易的探索和创新，但要充分考虑到非重点用能单位节能量的核定和如何与用能权指标进行换算和抵消的问题。

（二）存在的问题

1. 用能权交易制度内容有待完善

第一，重点用能单位的能源消费量核算与报告规则未完善。展开用能权交易的先决条件和前提，也就是关于重点用能单位的能源消费量核算和报告、能源消费量审核和用能权指标的分配。对重点用能单位的能源消费总量的计算和审查，是政府主管部门分配用能权指标初始配额的条件之一。目前四川省发布了关于钢铁、水泥、造纸企业的能源消费量核算方法和报告指南，针对的也是第一批纳入用能权交易的重点用能单位。对于第二批新增的行业及具体单位的能源消费量核算方法和报告还有待完善。

第二，用能权指标初始分配问题还有待具体规范。用能权交易一级市场主要是政府在合理地确定了用能权指标总量的基础上，采用规定的分配方法将用能权指标公平公正地分配给重点用能单位。在内容上主要涉及指标总量控制制度和初始分配制度两个方面[②]。完善用能权交易一级市场是用能权二级市场顺利的基础和关键。

四川省用能权指标最终的分配权在政府主管部门手中，这样可能会打击用能单位、社会组织的积极性，从而影响用能权交易的绩效。此外，针对初始分配的用能权指标数额，也应当根据总体规则再结合不同用能单位的实际情况进行合理的分配，防止数额分配过多或过少。用能权指标数额分配过多，不仅让用能权指标丧失稀缺性，还可能会导致重点用能单位对提高能源利用率、升级技术等方面的懈怠。而初始分配的指标过少，也可能导致企业负担加重，在企业还没有通过转换能源消费结构、技术升级等手段提高自身能源利用率之前，造成企业的生产经营无法正常运作，这都不利于用能权交易的发展[③]。

---

① 《四川省发展和改革委员会关于印发〈四川省用能权有偿使用和交易管理暂行办法〉的通知》，《四川省人民政府公报》，2019年第1期，第19—23页。
② 王文熹，傅丽：《我国用能权交易市场法律制度之完善》，《理论月刊》，2020年第11期，第150—160页。
③ 孙启聪：《用能权交易在中国的制度实现》，华东政法大学，2019年。

2. 用能权交易监督管理制度不健全

尽管用能权交易要发挥市场在资源配置中的决定性作用，但市场调控并不是万能的，政府的宏观调控也十分有必要。通过政府对市场的监管来维持正常的市场交易秩序，加强对用能权交易二级市场的监督和管理。

首先是存在能源消费量的数据核查问题，要保障数据的真实准确。目前四川省采取的办法是先让重点用能单位自行填报，再由第三方审核机构对报告进行审核，最终由政府结合前面二者的数据，确定最终的能源消费量，这也是其他试点普遍采用的数据审查模式。履约单位为了达到经济利益最大化，很有可能虚报能源数据或造假，而第三方审核机构也无法保证完全的公正客观及其专业性。这就要求对履约单位和第三方审核机构进行更规范的管理，约束它们在交易市场的行为。

最主要还有履约监督问题，针对重点用能单位能否按时按量缴纳用能权指标进行监督。目前四川省贯彻"守信激励、失信惩戒"机制，对重点用能单位的违规违约行为进行处罚、曝光并将相关行为进行信用记录。但是处罚措施存在不具体和处罚较轻的问题。而在用能权交易市场信用机制的建设方面，没有配套文件进行明确具体的规定，只是在总体上进行了说明。

3. 部分领域存在规则空白

例如本应该由省主管部门制定的用能权交易主体管理办法、补充交易产品具体交易规则和办法等，目前尚未颁布，意味着这些领域目前并未有规则对其进行规范，可能会影响用能权交易的市场秩序。

4. 用能权交易制度权威性、稳定性不足

《暂行办法》明确规定该办法自印发之日起施行，有效期2年。之后颁布的配套性文件，例如《四川联合环境交易所用能权交易信息披露细则（暂行）》《四川联合环境交易所用能权交易违规违约处理及纠纷调解实施细则（暂行）》《四川联合环境交易所用能权交易规则（试行）》等，都处在试行、暂行阶段。在新的管理暂行办法出台前，市场参与主体难以对新旧管理规定内容的变化获得相对稳定的预期，易造成用能权交易规范的权威性和稳定性不足，不利于用能权交易市场的构建、推行和发展[1]。

5. 用能权交易制度的鼓励性不强

四川省纳入重点用能单位的行业主要涉及六个，行业种类较少，重点用能单位的数量不到两百家，但四川省行业种类，企业、单位数量是较为庞大的，就目前来说，进入四川省用能权交易市场的重点用能单位数量不多，还未普及全省。

---

[1] 王文熹，傅丽：《我国用能权交易市场法律制度之完善》，《理论月刊》，2020年第11期，第150-160页。

加之现在用能权交易制度和市场建设还未完善，在存在较大市场风险和制度不完善的情况下，四川省对于发展用能权市场的鼓励性政策也不多且不具体，还是以规范市场交易行为为主，涉及的多是惩罚措施。但政府应当注重设计激励机制的必要性，使奖励与处罚并重。

四、构建"双碳目标"下用能权交易制度的可行路径

（一）加强顶层设计，及时立法跟进

四川省有关用能权交易的政策、制度都处在试行、暂行阶段，但随着用能权交易市场的进一步发展，就要求有更加具体、规范化表达、可操作性强的法律法规出现，使其更具权威性和明确性，为用能权的发展提供保障。同时，应当尽快出台全国统一的《用能权有偿使用和交易制度实施办法》，通过国家层面的顶层设计，打破用能权制度设计上的地方壁垒，促进全国统一的用能权交易市场之形成[①]。让市场参与主体获得相对稳定的预期，便于用能单位对今后节能减排技术的提升转型和未来工作计划作出合理的安排，在提高用能单位参与用能权交易市场的积极性的同时，也会让市场更具活力，对于在用能权交易过程中出现的违法违规行为也可以给予更为严厉的处罚。

（二）完善相关制度

1. 完善用能权指标初始分配制度

完善用能权指标初始分配制度，一方面要求政府主管部门确保用能单位获得用能权指标机会公平，另一方面要注意分配结果的公平。

四川省用能权初始分配决定权在省级主管部门手中，这就要求政府尽快出台相关的规章制度明确指标分配方法的同时，让用能单位、社会组织和其他利益相关者可以成为用能权指标初始分配的参与者，对用能权指标的初始分配进行民主协商，保证分配的机会和结果公平。鼓励多元主体参与用能权初始分配并进一步对分配的原则、规则以及程序进行具体明确的规定，为用能权市场建设打好基础。

2. 健全市场监管制度

完善交易市场主体的监管制度。中国用能权交易市场目前正处于初期发展阶段，容易面临市场失灵的风险，政府作为监管主体必须对交易市场进行严格的全方位的监管。监管的对象包括用能权交易市场参与人、结算银行、第三方审核机构以及用能权交易平台和工作人员。政府要出台相应的规章制度处罚用能权交易市场中的违法违规行为，并针对不同的主体制定相应的规章制度，规范其行为，

---

① 韩英夫，黄锡生：《论用能权的法理属性及其立法探索》，《理论与改革》，2017年第4期，第159—169页。

维护用能权交易市场的秩序。可以再考虑成立一个专门的、具有权威性的审核和核查机构，对上述三个主体的结果进行二次审核，确保数据的真实、准确。

重点突出对用能单位的履约监管。推动用能权交易市场的良性健康发展，最主要的任务就是确保履约单位按时完全履约，这就需要合理地设定重点用能单位的履约责任并给出违反履约责任应受到的惩罚。从四川省发布的文件来看，对未按时履约单位的处罚主要是曝光和纳入社会信用体系失信单位名单，对违规违约市场参与人的处罚也较轻，这样可能造成违约成本小于守约成本。对于社会信用体系的建设，四川省应贯彻"守信激励、失信惩戒"机制，参考借鉴《福建省用能权交易市场信用评价实施细则（试行）》中给出的用能权交易市场信用等级评价并对其实行动态管理，即履约单位可以对失信行为进行整改修复，并且明确守信奖励的内容，对于按时履约、信用良好的用能单位，可以通过节能补贴、税收优惠等激励方式对其进行鼓励[1]。这就要求规则制度的建立者对奖励和惩罚一并重视，而不能只是注重惩罚，忽略了激励机制的作用。

（三）合理衔接用能权交易和碳排放权交易

用能权交易制度的目标是节能降耗，在这个过程中会使温室气体排放减少，也就是在实现碳排放权交易制度的目标基础上，二者在目标上具有协同性。此外，这两项制度在管理对象上有重复交叉现象，都旨在对用能单位的能耗行为进行管理，因此一个用能单位的用能行为会同时被这两个制度制约，在增加企业负担的同时会造成行政上管理的不便。所以，有学者通过分析两者的相似性，提出可以使用用能权指标抵消碳排放配额，允许同一用能单位在一定条件下使用富余用能权指标抵消超额碳排放量[2]。

目前四川省碳排放权交易市场的发展呈向好趋势，尽快将用能权与碳排放权合理衔接，完善相关配套规则，也可从侧面推动用能权交易市场的建设。

（四）政策鼓励

现在四川省纳入重点用能单位的数量不到两百家，并且就用能权交易市场的情况来看，用能权交易结果并不理想。首先，应当尽快扩展纳入用能权交易的行业，增加用能单位数量，但这并不是盲目地将四川省所有的用能单位都纳入进来，要给出合理的纳入标准，也要避免给中小型企业带来更多的负担，阻碍其正常的生产经营活动。其次，要想积极推动四川省用能权交易的建设，政府就必须要出台一些鼓励性的政策。比如加大对与重点用能单位有关的财政、税收等激励

---

[1] 《福建省关于印发〈福建省用能权交易市场信用评价实施细则（试行）〉的通知》，xy. fujian. gov. cn/67/9776. html。

[2] 康家梁，杭莎妮：《用能权制度与碳减排制度协同——以浙江省为例》，《河北环境工程学院学报》，2020年第6期，第78—82页。

政策力度，为用能权交易市场注入活力；将违约违规所得的罚款专款专用，用于本地区的节能减排工作。对在用能权交易工作中作出贡献和成就的市场参与主体，省人民政府用能权交易主管部门可以给予表彰和奖励，提高用能单位和其他社会组织、机构的市场参与积极性，让更多的用能单位自愿加入其中，为用能权交易市场增添活力。最后，对于积极履约的单位也可以建立相应的鼓励机制，让其按时按量履约。

五、结语

通过分析四川省用能权交易市场发展现状和相关制度规则，可以看出四川省目前的用能权交易制度建设在用能权指标初始分配、市场监管、交易市场建设等方面都还有待进一步完善。用能权交易市场活跃度不够，需要政府出台一些鼓励性政策，激发重点用能单位积极参与到用能权交易中，为推进生态文明建设、走绿色发展道路作出自己的贡献。同时，完善用能权交易，使重点用能单位技术升级，优化能源结构，实现节能减排，也会促进"双碳目标"的实现。

参考文献：

[1] 刘明明. 论构建中国用能权交易体系的制度衔接之维［J］. 中国人口·资源与环境，2017，27（10）：217-224.

[2] 王文熹，傅丽. 我国用能权交易市场法律制度之完善［J］. 理论月刊，2020（11）：150-160.

[3] 四川省发展和改革委员会关于印发《四川省用能权有偿使用和交易管理暂行办法》的通知［J］. 四川省人民政府公报，2019（1）：19-23.

[4] 韩英夫，黄锡生. 论用能权的法理属性及其立法探索［J］. 理论与改革，2017（4）：159-169.

[5] 康家梁，杭莎妮. 用能权制度与碳减排制度协同——以浙江省为例［J］. 河北环境工程学院学报，2020，30（6）：78-82.

[6] 孙启聪. 用能权交易在中国的制度实现［D］. 上海：华东政法大学，2019.

[7] 马景富. 用能权交易中用能单位的履约行为奖惩机制研究［J］. 节能，2017，36（11）：7-10+2.

[8] 李遐桢，王虹玉. 论用能权的法律属性［J］. 广西社会科学，2018（3）：89-93.

[9] 赵倩. 我国用能权法律制度研究［D］. 北京：北京理工大学，2017.

[10] 史作廷. 做好重点用能单位节能降碳工作［J］. 红旗文稿，2021（10）：27-29.

[11] 国家发展和改革委员会关于开展用能权有偿使用和交易试点工作的函（发改环资〔2016〕1659号）［EB/OL］.（2016-09-21）. https://www.ndrc.gov.cn/xxgk/zcfb/tz/201609/t20160921_963200.html?code=&state=123.

[12] 福建省关于印发《福建省用能权交易市场信用评价实施细则（试行）》的通知［EB/OL］.（2018-9-15）. xy.fujian.gov.cn/67/9776.html.

成渝地区应对气候变化的协同治理研究

——以环境协同立法为视角

彭力家[①]

摘　要：近年来，随着全球经济的持续发展，气候环境问题亦愈发突出。按照《成渝地区双城经济圈建设规划纲要》的要求，成渝经济圈除了在区域经济一体化方面须有所作为，还必须在应对气候变化、土壤污染等环境协同治理层面进一步深化。对于气候环境的治理，成渝地区应当坚持立法先行，但当下成渝地区在环境协同立法方面仍存有不少问题，如区域法规规章冲突、区域协同立法机制不清、区域执法依据不一等问题均亟待解决。中国当下关于环境协同立法的理论仍有所稀缺，相关著述较为匮乏，还未构建出较为系统化的理论体系，也未形成稳固有效的环境协同立法机制。文章以环境协同立法为视角，通过检视当下成渝地区在环境协同立法实践中的困境，借鉴提炼国内环境协同立法的精良地方经验，再以问题为导向，提出摆脱成渝地区环境协同立法困境的可行性路径，以期能够发挥出立法引领作用，实现气候变化联防联控，构建成渝地区良好生态环境。

关键词：成渝地区；气候变化；环境协同立法

一、引言

近年来，随着全球经济的持续发展，气候环境问题亦愈发突出。按照《成渝地区双城经济圈建设规划纲要》的要求，成渝经济圈除了在区域经济一体化方面须有所作为，还必须在应对气候变化、土壤污染等环境协同治理层面进一步深化。对于气候环境的治理，成渝地区应当坚持立法先行，但当下成渝地区在环境协同立法方面仍存有不少问题，如区域法规规章冲突、区域协同立法机制不清、区域执法依据不一等问题均亟待解决。中国当下关于环境协同立法的理论仍有所稀缺，相关著述较为匮乏，还未构建出较为系统化的理论体系，也未形成稳固有效的环境协同立法机制。对成渝地区环境协同立法情况的探究和研析，能够促进

---

① 彭力家：邛崃市人民法院，平乐天台山旅游环保法庭法官助理。

成渝地区的环境协同立法实践工作，提升成渝地区环境协同立法的科学性和前瞻性，加快成渝地区的环境法治进程。本文以环境协同立法为视角，通过检视当下成渝地区环境协同立法实践中的困境，借鉴提炼国内环境协同立法的精良地方经验，再以问题为导向，提出摆脱成渝地区环境协同立法困境的可行性路径，以期能够发挥出立法引领作用，实现气候变化联防联控，构建成渝地区良好生态环境。

二、现状检视：成渝地区环境协同立法之困境

截至目前，川渝两地在环境协同立法的立法成果方面尚未能有所建树，成渝地区环境协同立法陷入困境，并非源于单一因素，而是由多类因素复合影响所造成的。

（一）区域内立法主体众多且立法分散

根据《中华人民共和国立法法》的规定，省、设区的市级人大及其常委会享有地方性法规的立法权，其对应的市级政府享有地方政府规章的立法权。按照成渝经济圈的行政规划，区域内现有立法主体有34个之多，其中两地的省级立法主体为4个，市级立法主体为30个，如成都、遂宁、内江等地区的市人大和市政府等。由于各地方立法主体之间缺乏隶属关系，且彼此之间相对独立，是以从各立法主体之间的立法成果而言，显得尤为分散。例如，在大气污染防治方面，重庆市于2017年发布《重庆市大气污染防治条例》，广安市于2019年发布《广安市大气污染防治考核暂行办法》，成都市于2021年发布《成都市大气污染防治条例》。上述的地方立法成果除了在公布时间上各不一致外，其内容、条款以及总体框架也均不相同，这些特征均显露出成渝地区在环境协同立法的统一性、整体性上较为欠缺。此外，由于部分地方立法主体获得立法权的时间是在2015年《中华人民共和国立法法》新修以后，其环境立法的实践还颇为欠缺，环境立法经验也显著不足，在成渝经济圈内甚至还有部分地区至今尚未制定过地方性法规。

（二）区域内地方环境立法冲突

由于区域内的不同立法主体在立法角度、立法水平、立法资料等各个层面不尽相同，各主体之间的环境立法在管辖权范围、具体法律概念、法律责任等方面也时常发生冲突和矛盾[1]。尤其是在对于同一违法事项的处罚上，存在着处罚标准上的冲突，造成成渝地区对一种环境违法行为存在多种处罚方式的"同事不同罚"现象。举例而言，在辐射污染防治方面，对于射线装置在报废时未去功能化

---

[1] 刘旺洪：《区域立法与区域治理法治化》，北京：法律出版社，2016年版。

这一违法事项的处理，《重庆市辐射污染防治办法》在第三十六条规定的处罚方式是由主管部门责令改正并直接在 1 万至 3 万的幅度范围内处以罚款，而《四川省辐射污染防治条例》在第五十四条规定的处罚方式是以责令改正为主，只有在拒不改正的情况下才能处以罚款，且罚款幅度是 1 万至 5 万。再比如，在环境保护方面，对于建设项目环境影响报告表未经批准便擅自开工这一违法事项的处理，《重庆市环境保护条例》在第一百零八条规定应当对建设单位主要负责人在 1 万至 10 万的幅度内处以罚款，但在对应的《四川省环境保护条例》第八十一条中，并未规定可对单位主要负责人进行罚款的处罚。根据上述例子不难发现，对于同一违法事项的处理，即使是在四川省和重庆市这两个省级层面的相关规定都大相径庭，则其下的各个市或区在具体适用中，差异性便更是不言而喻。

（三）环境协同立法信息沟通不畅

当下，成渝地区在面对气候变化、大气污染等环境治理的难题时，解决方式大多为通过具体职能部门或者基层政府联合拟定行政规范文件，用行政规范文件的形式来加以应对规制。而鲜有基层政府将此类环境问题的信息汇总并层层上报后，以立法提案的形式提交至省级立法部门。上下级部门之间的环境立法信息沟通不畅，致使成渝地区在环境协同立法层面至今未有立法成果。此外，在川渝两地之间至今也未建立起省级层面的环境立法协作平台，对于省级地方性法规的制定，一般由两地的法制部门负责，但二者与会进行研讨交流的频率仍相对较少，未能有效在环境层面形成立法信息互换、立法信息碰撞的协同立法效果。在省级以下的市级层面，由于缺乏环境协同立法的制度指引，更是未能在各市之间建立起稳定的沟通交流模式，致使各地的环境立法信息无法得到及时、充分的互换，呈现出一定的闭塞性[1]。

（四）环境协同立法机制尚未进行体系化构建

2020 年 7 月，川渝两地签署了《关于协同助力成渝地区双城经济圈建设的合作协议》，该协议对成渝经济圈协同立法的立法项目、立法计划、立法重点领域进行了明确。但总体而言，协议所约定的事项内容更具有框架性和方向性的特点，而未能在环境协同立法层面就具体流程、具体环节作出细致化规定，以致此协议在面对实践中复杂多元的环境协同立法问题时，过于笼统而显得粗糙，难以有效地予以应对和解决。此外，协议并未就如何建立长久性环境协同立法机制作出明确性指向，以致当下的环境协同立法机制构建十分缓慢，川渝两地的沟通交流仍是以临时性为主，具有不固定性和局限性，与系统性、长久性、稳定性的环境协同立法机制要求还具有较大差距。

---

[1] 张丽艳：《区域司法协同机理研究》，北京：法律出版社，2016 年版。

三、他山之石：环境协同立法的地方经验借鉴

成渝经济圈的规划建设时间较短，从 2020 年 1 月至今尚不足两年时间，在环境协同立法上陷入困境也在所难免。而京津冀经济区已在环境协同立法这条道路上探索了 6 年有余，长三角经济区从 2014 年开始探索至今积累了 7 年的地方经验，故这些环境协同立法的地方智慧均可以作为成渝经济圈的他山之石，予以吸收借鉴。

（一）京津冀、长三角地区环境协同立法的地方智慧

1. 协同制度先行，筑牢协同立法根基

无论是京津冀还是长三角区域，在具体进行环境协同立法工作之前，均通过拟定协作机制协议或出台协作机制细则的方式来建立环境协同立法机制，明确环境协同立法的制度基础（详见表1）。

表 1　京津冀、长三角地区协同立法机制构建情况

区域	出台文件	出台时间	文件主要内容
长三角地区	《关于深化长三角地区人大协作机制的协议》	2018 年	包括协同重点、起草、讨论、立法、监督等各类立法事项的协同模式
	《关于深化长三角地区人大常委会立法协同的协议》	2018 年	包括信息交流、重点项目、立法评估、协同模式等各类协同立法事项
京津冀地区	《关于加强京津冀人大立法协同的意见》	2015 年	加强立法信息交流、立法理论共研、立法成果分享等立法协同事项
	《京津冀人大立法协同办法》	2017 年	确定重点立法领域、立法计划交流机制、立法共商程序等主要内容
	《京津冀人大法制机构联系办法》	2017 年	制度化三地法制机构立法协同工作模式，建立法制部门联会制度、立法信息交流制度等。
	《京津冀人大立法协同细则》	2018 年	进一步细化协同细节，对协同内容、程序、方式、保障等各方面作出更明晰规定

从表1可以看出，京津冀地区的环境协同立法制度并非一蹴而就，而是通过不断地实践和摸索，经过几年时间的经验积累，最终形成了比较细化且便于操作的细则规定。而长三角地区在 2018 年建立环境立法协作机制时，也参考了京津冀地区的制度经验，并从起草、讨论、立法、监督等各项环节予以流程化、细节化打磨，最终该立法协作机制的文件出台后，受到了全国人大常委会当年的肯定[①]。

2. 打造协同平台，推动环境协同立法工作常态化

京津冀、长三角两个地区打造协同平台，常态化开展协同立法工作的主要情

---

① 崔英楠，王辉：《论京津冀协同立法的实现路径》，《辽宁大学学报（哲学社会科学版）》，2018年第4期。

况详见表2。

表2 京津冀、长三角地区协同立法平台概况

区域	长三角地区			京津冀地区
协同平台	三省一市人大常委会主任座谈会	三省一市人大常委会秘书长座谈会	三省一市人大常委会法制工作机构联席会议	京津冀协同立法工作联席会
举办时间	原则上每年一次	每年人代会前后召开	每年召开,也可临时召开	每年一次
召集组织	由三省一市轮流负责	由当年度对应主任座谈会的承办者负责	由三省一市轮流承办	由常务会领导,各方轮流组织召开
平台主要成效	通过《关于深化长三角地区人大协作机制的协议》;部署每年重点立法协作计划;强化联防联控	研讨人大年度重点协作工作方案;研讨年度协作立法安排计划	在大气污染联防联控方面推动区域立法工作开展进程;通过《关于深化长三角地区人大常委会立法协同的协议》	自2015年至今共计召开八次,通过了包括《京津冀人大立法协同细则》在内的八部重要文件,推进了包括联防联控机动车排放污染在内的各项环境保护政策

从表2的协同平台构建情况可以看出,两个地区都是以常态化联席会议的形式来进行的平台打造。从会议的种类和会议的频率而言,长三角地区的开展情况较京津冀地区更多一些。而在制度化固定会议成果方面,京津冀地区则做得更好一些,现已出台了八部制度性文件规定。从召集和组织程序而言,两个区域都采用轮流"坐庄"的模式,增加区域内各个地方的参与感,使各个地方能更具主人翁意识。从实效而言,两区域内的环境协同立法工作,都通过各自的平台达到了有效且稳定运转的效果。

3. 紧抓环境重点领域,实行立法协同方式多元化

京津冀、长三角地区在协同立法方式、环境重点领域方面,既有共性之处,亦有其个性之处,详见表3。

表3 京津冀、长三角地区协同立法方式及重点环境领域

区域	重点领域	协同立法成果	协同立法主体	协同立法方式
长三角地区	大气保护	《大气污染防治条例》	上海作总牵头,浙江、安徽、江苏分别协助	首先集体确定统一适用各方的共同条款,其后各方再因地制宜添加个性条款,由各地自行颁布

续表3

区域	重点领域	协同立法成果	协同立法主体	协同立法方式
京津冀地区	大气保护、水资源保护	《大气污染条例》《水污染防治条例》	北京、河北、天津	各方互询意见后，分别通过本地人大常委会后颁布
	机械污染治理	《机动车和非道路移动机械污染防治条例》	北京、河北、天津	共同起草、共同征集意见、分别过本地人大常委会、同步实施
	环境保护	《环境保护条例》	河北、天津	征求交换立法意见
	大气保护	《农作物秸秆利用和露天焚烧的决定》	河北、天津	天津立法时借鉴河北过往成果

从表3能够看出，长三角与京津冀地区均将大气污染治理领域作为重点聚焦的领域，但由于京津冀地区的大气污染问题更为突出一些，故京津冀地区出台的关于大气保护方面的法规则更显丰富一些[①]。从立法主体的参与方式而言，则主要分为三类：一种是一方牵头，其余方配合；二种是各方互相协同，不分主次；三种是一方立法在先，由后方协同借鉴先方立法内容。从协同立法方式而言，则较为多元，既有"各方互询意见后，分别通过本地人大常委会后颁布"的方式，又有"共同起草、共同征集意见、同步实施"的模式，还有"一方借鉴另一方部分条文"的形式，可见两个区域在分别进行环境协同立法时，根据具体的环境立法需求实际，所采取的协作模式也较为灵活。

（二）京津冀、长三角地区环境协同立法的经验归纳

就京津冀、长三角地区环境协同立法的成果而言，无疑是硕果累累的。他山之石，可以攻玉，归纳两个经济区环境协同立法的有益经验，主要有四点可供成渝地区借鉴。

一是环境协同立法的实质为工作协同。无论是哪种协同方式或协作模式，两个地区环境协同立法的落脚点，最后都是在立法的工作协同上。

二是建立了"共同参与，分别审议"的立法模式。两个区域在审议地方性环境法规时，并未一味追求审议上的协同，而是严格按照法定程序由各自地方人大分别审议，通过后再同步或先后颁布。

三是环境协同立法的主要类型是地方性法规。地方性法规的效力较地方性规章更强，适用范围也较后者更广，两个区域在环境协同立法时，所确立协同立法的主要文本便是地方性法规。

---

① 王娟，何昱：《京津冀区域环境协同治理立法机制探析》，《河北法学》，2017年第7期。

四是构建了常态化环境协同立法机制。两个地区从环境协同立法的制度上、环境协同立法的平台上以及环境协同立法信息的交换上，都进行了专项构建，从而形成了常态化环境协同立法机制。

四、路径探索：成渝地区环境协同立法之进路

（一）明确环境协同立法的基本原则

立法原则是立法的核心基础，在成渝地区开展环境协同立法时，更应当树立环境协同立法的基本原则，以此为准绳，才能保证环境协同立法活动的开展不偏不倚[①]。否则，没有立法原则的支撑，立法的活动便如没有骨骼的皮肉，难以行稳致远。为此，可以围绕下列三项基本原则来协同环境立法。

1. 区域法制统一原则

区域法制统一原则的内涵，包括两层含义：一是区域的协同立法不能与宪法、法律等上级法律法规相互抵触；二是区域内的法律制度应当相互统一，不得各行其道，相互冲突或重复立法[②]。坚持区域法制统一原则，必须以区域环境整体利益为出发点，摒弃地方保护主义，服从区域环境治理大局。

2. 区域利益补偿原则

区域利益补偿原则的内涵，是指在区域协同立法活动中，因服从区域整体利益而放弃地方利益的地方主体，可以通过区域利益共享等其他方式获得利益补偿。在当下对地方政绩的考核仍以地方GDP为主的模式下，若在环境协同立法活动中一味让某些地区"付出"而不"收获"，难免会挫伤该地区环境协同立法的积极性。故必须在环境协同立法时坚持利益补偿原则，充分激发地方环境协同立法活力。利益补偿原则的本质实为利益共享，这也与区域经济一体化发展的理念宗旨相契合。

3. 区域地方特色原则

区域地方特色原则的实质，是指在坚持区域环境协同立法的基础上，根据地方实际特点情况，由地方自行建立特色型环境立法条款。区域内环境立法协同的实质并非完全的协同，地方特色是实际存在且无可否认的社会自然情况，不能一味强调共性而忽视个性，应让各个地方在协同的基础上坚持地方特色的原则，促使达到"部分协同、部分特色"的环境协同立法优良效果[③]。

（二）聚焦重点环境领域的立法项目规划

协同立法的环境领域不应该是全包全揽的各个环境领域，从长三角、京津冀

[①] 公丕祥：《法治中国进程中的区域法治发展》，《法学》，2015年第1期。
[②] 陈俊：《区域一体化进程中的地方立法协调机制研究》，法律出版社，2013年版。
[③] 王波：《精准立法：新时期提高地方立法质量的基本路径》，《地方立法研究》，2016年第1期。

区域的环境协同立法实际现状来看,应当有所侧重,将立法规划优先聚焦于最为重点的几个环境领域,再以点带面,推动其他环境领域的协同立法工作有序进行[①]。为此,成渝地区应当结合区域实际情况,聚焦重点环境领域开展立法项目规划。笔者认为,重点环境领域的选择可以从三个角度着手。

一是可以从区域环境立法需求来确定协同立法的重点环境领域。区域环境立法需求的来源一般为区域的共性环境问题,故区域环境共性问题之所在便是立法重点领域之所在。如京津冀地区的机动车污染较为严重,所以该区域应运而生了限制机动车排放污染的治理协同条例。

二是可以提高政治站位,从中央的区域战略谋划中去确定协同立法重点领域。国家对成渝经济圈的战略定位,是要打造出一个集经济中心、创新中心、高品质宜居区为一体的重要增长极,也就意味着成渝地区可以把宜居环境的打造作为环境协同立法的重点聚焦方向。

三是可以从地缘环境来确定协同立法的重点领域。成渝地区的山水资源较为丰富,其中众多河流湖泊都是横跨几个地方行政边界,对于这些自然环境资源的保护,单凭地方的个别立法是难以奏效的,因此可将此类水资源保护作为环境协同立法的重点领域,根据地缘环境情况来规划重点立法项目。

(三)打造常态化环境立法信息交流平台

信息时代的社会发展节奏较快,信息吞吐量庞大,为确保环境立法的决策能够获得更多依据支撑,切合区域一体化发展实际,必须打造常态化环境立法信息交流平台[②]。常态化环境立法信息交流平台的打造,必须注意四个关键重点。

第一,就层级而言,环境立法信息交流平台的设置,必须在省级到省级、市级与市级之间形成多个层次,不能单独局限或停留于某一层级的信息构建。为此,可以依托各个层级的联席会议,实施常态化开展,如开设法制机构联席会、人大常委会主任联席会等。

第二,就环境立法信息的交流范围而言,交流的信息除基本的年度立法计划、立法草案、立法情况,还应包括环境立法的各类动态信息、环境立法的最新进展等,并且立法动态信息应当具有及时性,便于收悉方及时做好协同工作,深化环境立法互动。

第三,就平台构建方式而言,除了传统的地方联席会议模式,还可探索以互联网平台为支撑搭建的环境立法信息网络交流平台。相对于传统的现实会议集结模式,网络信息交换能够更具效率性、便捷性,尤其是在全球新冠疫情可能无法

---

① 焦洪昌,席志文:《京津冀人大协同立法的路径》,《法学》,2016年第3期。
② 涂青林:《论地方立法的地方特色原则——以立法法修改后的广东立法为例》,《地方立法研究》,2017年第6期。

短时间彻底消除的时代背景之下,其探索价值更是显露无遗。当然,在探索构建的同时,也必须将网络安全置于首要位置。

第四,就环境立法的交流成果而言,在信息互换交流过程中,根据实践或理论成果所达成的一致性意见,必须注意其成果的转化,尽早地制定为环境方面的制度性规范,从而为环境协同立法的深化开展提供更多制度性支持和指引。

(四)设立环境协同立法专项法制机构

环境协同立法工作并非一项简单的事务性工作,若直接将该系统工作交由各地的法制机构来承办,日常性协同立法工作也均由其直接执行,恐将造成地方法制机构在原职能工作量之外不堪重负。但环境协同立法工作,必须由相关法制部门予以专项推动,方能确保落地落实,因此,设立环境协同立法专项法制机构是不可或缺的。

首先,该机构的工作职能可主要围绕拟订次年环境协同立法计划,执行本年度环境协同立法项目,组织专家论证评估环境协同立法项目实施成效,收集并讨论区域内冲突性环境法规条款的处理意见以及地区联合调研、联合行动等内容来开展。

其次,对于在环境协同立法过程中发现的理论难点或实践难点问题,若已探索形成成熟经验,应及时逐级上报全国人大常委会,争取上升为国家层面的支持;若本区域无法进行内部解决,也应及时逐级请示汇报全国人大常委会,寻求指导和帮助。

最后,若区域内环境协同立法专项法制机构的运转有效有力,则可进一步探索建立跨区域的环境协同立法专项法制机构,进一步加深环境协同立法的协同深度,同时简化区域之间的环境协同立法流程,从而形成具有成渝经济圈特色的环境协同立法模式。

(五)完善环境协同立法机制体系

自成渝签署《关于协同助力成渝地区双城经济圈建设的合作协议》后,部分的环境协同立法机制已初步建立,如征求意见机制、协商沟通机制、立法规划协同机制等。但机制种类依然不够丰富,尚未构建出环境协同立法机制的立体体系,以致难于应对环境治理中的各类实际问题,环境协同立法的各类机制亟待进一步构建完善。

1. 完善立法后评估反馈机制

为最大化加强环境保护类法律对环境治理的作用,必须在环境协同立法后,对法规的实施效果开展评估和反馈,从而为法规的进一步修改适用提供意见支持[①]。环境法规评估工作的开展，可以加强与高校的合作，邀请理论水平较高的法学专家、法学学者提供智力支持；环境法规适用反馈工作的开展，除收集群众意见和对应职能部门意见，还可征询法检两院的观点，充分发挥司法机构的反馈调整作用。

2. 完善法规清理常态机制

由于国家每年均会出台或更新部分新的法律或政策，为确保成渝地区的环境类地方性法规、规章等不与国家法律或政策相抵触，必须构建并常态化运行法规清理机制。环境法规的清理工作，一方面要着重解决地方之间存在冲突性的环境规范制度，另一方面要以成渝地区的区域环境治理为目标导向，对不符合区域环境治理目标的地方性法规、规章、规范性文件等，必须坚决予以肃清。

3. 完善高校交流学习机制

川渝境内法学资源丰富，西南政法大学、四川大学、重庆大学等多所高校的法学专家、法学学者人才济济。对于设区市的立法机关缺乏环境立法经验的问题，高校的法学资源可以很好地为地方政府提供智力支持。因此，必须深化与高校之间的交流学习，可以通过派遣立法工作者参加高校立法技能培训、邀请法学专家开展专题讲座、引进高素质法律人才等方式，拓宽立法知识交流学习渠道，从而提高环境立法的专业性、科学性。

五、结语

法律是治国之重器，良法是善治之前提。成渝地区应对好气候变化的协同治理问题，关键在于以立法为指引，做好环境协同立法工作。这不仅将影响到成都地区的区域环境治理成效，更将影响到成渝经济圈的区域一体化进程。因此，为实现碳达峰、碳中和的国家战略目标，成渝地区必须摆脱当前面临的环境协同立法困境，提供更高标准更高质量的立法保障。艰难困苦，玉汝于成，相信通过不断地摸索、实践和修整，成渝地区的环境协同立法工作必将成为绿色成渝经济圈发展的助推器，打造出新时代的高品质宜居绿色成渝经济区。

参考文献：

[1] 刘旺洪. 区域立法与区域治理法治化 [M]. 北京：法律出版社，2016.
[2] 张丽艳. 区域司法协同机理研究 [M]. 北京：法律出版社，2016.
[3] 崔英楠，王辉. 论京津冀协同立法的实现路径 [J]. 辽宁大学学报（哲学社会科学版），2018，46(4)：91−96.
[4] 王娟，何昱. 京津冀区域环境协同治理立法机制探析 [J]. 河北法学，2017(7)：120−130.

---

① 陈光：《区域立法协调机制的理论建构》，人民出版社，2014年版。

[5] 公丕祥. 法治中国进程中的区域法治发展 [J]. 法学, 2015 (1): 3-11.

[6] 陈俊. 区域一体化进程中的地方立法协调机制研究 [M]. 北京: 法律出版社, 2013.

[7] 王波. 精准立法: 新时期提高地方立法质量的基本路径 [J]. 地方立法研究, 2016 (1): 34-46.

[8] 焦洪昌, 席志文. 京津冀人大协同立法的路径 [J]. 法学, 2016 (3): 40-48.

[9] 涂青林. 论地方立法的地方特色原则——以立法法修改后的广东立法为例 [J]. 地方立法研究, 2017 (6): 39-52.

[10] 陈光. 区域立法协调机制的理论建构 [M]. 北京: 人民出版社, 2014.

碳达峰、碳中和的立法探究

冯丽妃[①]

摘　要　碳达峰碳中和战略目标是中国政府在联合国大会上作出的承诺，力争在2030年前实现碳达峰，2060年前实现碳中和。2021年10月国务院公布《2030年前碳达峰行动方案》，明确了碳达峰的主要目标及十大重点任务。为贯彻实施依法治国理念，实现生态文明建设的现代化和法制化，积极履行国际义务，应对气候变化，实现绿色低碳发展，必须推进碳达峰碳中和的法制化。通过分析现有的与碳达峰碳中和相关的法律，发现目前碳达峰碳中和实施过程中的立法不足之处，包括缺少应对气候变化的国家专门立法，相关立法缺乏对碳达峰碳中和的统筹考虑以及碳排放缺少立法进行统一管理等。结合中国目前的立法实际，具体应对策略可通过制定应对气候变化的专门立法，构建有利于绿色低碳发展的法律体系及建立碳排放监督考核制度和科技创新激励机制等立法工作加快实现碳达峰碳中和的法制进程，推进国家治理体系和治理能力现代化。

关键词　碳达峰；碳中和；立法；气候变化；绿色低碳

2020年9月，中国政府在联合国大会上庄严承诺，中国力争在2030年前实现碳达峰目标，力争在2060年前实现碳中和目标。2021年10月，国务院公布《2030年前碳达峰行动方案》，扎实推进碳达峰碳中和行动。碳达峰是指二氧化碳等温室气体的排放达到峰值，不再增加；通过植树造林、节能减排，维持全球气候变化稳定，排放的温室气体与吸收的温室气体相互抵消，达到平衡，实现碳中和。碳达峰碳中和是中国对国际社会的庄严承诺，有利于加快经济绿色发展转型，促进全球绿色低碳可持续发展，深刻体现了中国努力构建人类命运共同体的要求[②]，同时也对中国应对气候变化的治理体系和治理能力提出了巨大的挑战。为深入贯彻新发展理念，坚持系统思维，应当兼顾碳排放总量控制与经济社会发

[①]　冯丽妃：西南石油大学法学院2021级硕士研究生。
[②]　张玉卓：《为世界可持续发展贡献中国力量以高水平科技自立自强助力"双碳目标"实现》，《人民论坛》，2021年第27期，第6—8页。

展双赢的现实诉求,努力实现碳达峰碳中和。法治是国家治理体系和治理能力现代化的重要基础,法律制度的完善是推进国家治理体系和治理能力现代化的有力支撑。目前中国已经将碳达峰和碳中和目标纳入国家生态文明建设的重要内容[1],不断推进应对气候变化立法顶层设计,建立和健全以应对气候变化为目的,促进生态绿色可低碳持续发展的法律制度,是促进碳达峰和碳中和目标如期实现的关键和保障[2]。

一、碳达峰碳中和法制化的必要性

碳达峰碳中和战略目标的实现是一个长期的过程,在这一进程中,这一目标的实现无疑会面临许多困难和问题,对此国家已经出台了一系列的政策文件。2021年10月,国务院印发《2030年前碳达峰行动方案》,明确了碳达峰的主要目标及十大重点任务,将能源绿色低碳转型、节能降碳增效、绿色低碳科技创新、碳汇能力巩固提升等纳入重点推进范围,但对于碳达峰碳中和的法律制度却少之又少,然而没有法律制度的保障,就难以应对今后碳达峰碳中和目标实现过程当中的挑战。所以,目前很有必要建立健全有关碳达峰碳中和的法律制度,为促进"双碳目标"的实现提供法制保障。碳达峰碳中和法制化的必要性主要体现在以下两个方面。

(一)保障贯彻实施《2030年前碳达峰行动方案》

为全面贯彻新发展理念,构建新发展格局,坚持系统观念,处理好发展和减排、整体和局部、短期和中长期的关系,把碳达峰、碳中和纳入经济社会发展全局,有力有序有效做好碳达峰工作。2021年10月,国务院公布了《2030年前碳达峰行动方案》,明确了2030年非化石能源消费比重达到25%左右,单位国内生产总值二氧化碳排放比2005年下降65%以上。为实现能源绿色低碳转型、节能降碳增效、绿色低碳科技创新、碳汇能力巩固提升等十大重点任务,中国应坚持全国一盘棋,强化顶层设计,使各行业各领域因地制宜,重点突破。在加强政策系统性和协同性的同时,健全相关法律法规标准是重要实现保障。为加快实现生产生活方式绿色变革,确保如期实现碳达峰碳中和目标,现应构建应对气候变化的碳达峰碳中和专门法,推动能源基本法的制定,促进节约能源法、可再生能源法、循环经济促进法、清洁生产促进法。森林法、草原法等的修订,扎实推进碳达峰碳中和行动。

---

[1] 苏利阳:《碳达峰、碳中和纳入生态文明建设整体布局的战略设计研究》,《环境保护》,2021年第16期,第6页。

[2] 杨博文:《习近平新发展理念下碳达峰、碳中和目标战略实现的系统思维、经济理路与科学路径》,《经济学家》,2021年第9期,第5—12页。

（二）促进生态文明建设现代化和法制化

近年来，在依法治国理念的指导下，中国立法工作取得了长足进步，社会大部分领域的工作都实现了用法律来指导实施，因此将碳达峰碳中和的政策文件规范化和法制化是依法治国理念的贯彻，是生态文明建设现代化和法制化的重要支撑，有利于促进碳达峰碳中和实施过程的明确化和规范化，保障目标的稳定推进和实现。改革开放以来经济的快速发展也导致环境问题的不断加重，生态文明建设成为国家治理的重要内容，大量促进环境友好和生态文明的法律制度也应运而生，碳达峰碳中和作为生态文明建设的重要组成部分，建立健全相关法律法规，促进立法的完善，有利于碳达峰碳中和的实施，有利于加强生态文明建设的法制保障，促进生态文明建设的现代化发展。同时，建立有关法律制度，是承担大国责任、展现大国担当的重要体现。中国在联合国政府所承诺的碳达峰碳中和目标，需要中国切实承担生态文明建设和绿色低碳发展，实现碳达峰碳中和的国际义务。建立有关法律制度是承担大国责任的重要体现，也是约束自身和积极履行义务的重要保障。促进碳达峰碳中和在国内的全面规范实施，有助于展现中国作为负责任大国的担当精神，提升中国的国际声誉和国际地位。

二、碳达峰碳中和的立法基础

（一）宪法发挥引导和统领作用

2018年的宪法修正案增加了生态文明、建设美丽的社会主义现代化强国等内容，深刻体现了生态环境建设已经成为宪法规范不可或缺的一部分，通过发挥宪法的统领作用，引导环境保护的更好实施。一方面，生态文明展现了中国在促进社会效益和经济效益的同时也逐渐重视生态效益的良好发展，碳达峰碳中和目标的实现要以宪法为指导，体现了宪法所包含的生态文明理念，反映了人类对经济社会发展的理性思考。另一方面，建设美丽的社会主义现代化强国需要构建一个优美的生态生活环境，努力解决目前的生态环境问题。近年来经济的过度发展导致二氧化碳等温室气体的过量排放，生态被破坏，人们美好生活发展质量显著降低，成为构建美丽中国这一重要目标的阻碍。碳达峰碳中和目标的提出与构建美丽中国的宪法理念完全统一，成为碳达峰碳中和实现道路上的基石和重要助力。

（二）相关法律推动节能降碳增效

1. 大气污染防治法成为重要基础

碳达峰碳中和的主要目的和控制大气温室气体的排放量有关，而大气污染防治法的主要立法目的便是改善和优化大气环境质量，这奠定了碳达峰碳中和目标力图减少温室气体排放总量的法律基础。大气污染防治法规定，通过转变经济发展方式，优化产业结构和能源结构，来促进大气环境质量的改善，这为减少二氧化碳等温室气体的排放、应对气候变化、促进碳达峰碳中和目标的实现提供了前进方向和具体指引。

2. 森林法、草原法提升碳汇能力

碳中和是通过植树造林、节能减排，来维持全球气候变化稳定，其原理是排放的温室气体与吸收的温室气体相互抵消，达到平衡。而草原法、森林法为保障森林和草原生态安全、改善生态环境发挥了重要作用。保护森林、草原等自然资源，对于提升生态系统的碳汇能力大有裨益，从而降低了二氧化碳等温室气体的排放总量和浓度。森林法、草原法的有力实施有利于保护绿色植被，达到温室气体的相互抵消，助力实现碳中和。

3. 环境影响评价法规范低碳生产

环境影响评价法的评价类型主要分为规划环评和建设项目环评，对建设项目和重要规划依法进行环境评价，这对于促进节能减排，实现绿色低碳发展，改善生态环境具有积极意义。履行环境影响评价法，便需要控制二氧化碳等温室气体的排放，从而促进生态环境的优化和改善。碳达峰碳中和目标的实现有赖于环境影响评价法的实施。

4. 能源相关法推动节能减排

近年来，中国能源消费结构不断改善，碳排放逐渐降低。碳达峰碳中和目标的提出，加快了中国能源转型，优化了中国能源消费结构，中国不仅需要在电力、工业、建筑、农业等行业减少碳排放量[1]，也对能源相关法律提出了更高的要求。中国所出台的节约能源法、可再生能源法、清洁生产促进法，主要立法目的都在于节能、减排、提高资源利用率、促进生产生活绿色低碳发展。以上能源相关法通过节约能源、提高资源利用率、清洁生产、促进可再生能源的开发利用，达到降低中国二氧化碳等温室气体的排放，改善生态环境，优化能源结构，维持社会全面协调可持续发展的目的，为我国实现碳达峰碳中和，减少碳排放，缓解气候变化提供了法律助力[2]。

三、探究立法的不足之处

（一）缺少应对气候变化的国家专门立法

目前，中央政府出台了一系列的政策来推进实现碳达峰碳中和工作，根据中

---

[1] 苏健，梁英波，丁麟，等：《碳中和目标下我国能源发展战略探讨》，《中国科学院院刊》，2021年第9期，第1001—1009页。

[2] 卢纯：《开启我国能源体系重大变革和清洁可再生能源创新发展新时代——深刻理解碳达峰、碳中和目标的重大历史意义》，《人民论坛·学术前沿》，2021年第14期，第28—41页。

央的部署，各省（市）也相应出台了相关政策来落实碳达峰碳中和，政策的出台和推进对于推进碳达峰碳中和无疑是具有积极意义的[1]。政策能够使碳达峰碳中和举措得到快速落实，但是政策的局限性不利于碳达峰碳中和的长远施行，政策具有宏观指导性，主要是为实现宏观目标举措，而对于具体的程序和步骤没有规定，这不仅不利于碳达峰碳中和的高效实施，也会导致地方执行相关政策的弹性较大，地方只能结合自身情况应对，缺乏统一的政策指导。政策的宏观性使得各个地方对于碳达峰碳中和政策的理解存在偏差，没有一个明确统一的定义，也就导致了各个地方对碳达峰碳中和举措的做法不一甚至大相径庭。

中国在推进碳达峰碳中和这一领域的专门立法还处于空白状态，尚未有对二氧化碳、温室气体的相关法律内容，应对气候变化的举措还停留在国家政策层面，并没有上升为法律制度，促进碳达峰的实现主要依靠的便是中央及地方所出台的各项政策文件，国家缺乏应对气候变化的专门立法。虽说在2009年全国人民代表大会常务委员会通过了"关于积极应对气候变化的决议"，但规定内容过于抽象而不具有可实施性。与此同时，在我国大力推进节能减排、绿色低碳的进程中，将国家政策作为碳达峰碳中和实行的依据，法律的空缺会导致政策的实施不具有强制约束力和法律保障[2]，这难以解决碳达峰碳中和推进过程当中所面临的各种艰难险阻。

中国坚持全面依法治国，建设法治国家，推进国家治理体系和治理能力现代化。各种政策方针只有转变为法律制度才具有更好的可实施性，根据法律的要求依法行政，才能促进法治的进步。因此，为了促进碳达峰碳中和的如期实现，国家建立应对气候变化的专门法是必经之路。在国际上已经有许多国家和地区制定了应对气候变化的专门法，比如英国、加拿大、德国等。这一积极立法的行动得到了国际社会的充分肯定，也增强了本国应对气候变化的能力。中国一直以来坚持以负责任的大国形象参与国际社会的各项工作，国家出台碳达峰碳中和相关的专门立法，既是为了积极履行国际义务，体现大国责任与担当，也是解决气候变化所面临的生态环境压力的重要举措。

（二）相关立法缺乏对碳达峰碳中和的统筹考虑

在中国目前的法律体系当中，缺少关于二氧化碳、温室气体的相关法律内容，大气污染防治法、清洁生产促进法等污染防治法体系和森林法、草原法、环境影响评价法等生态保护法体系对于节能减排、推动绿色低碳发展发挥了重要作用，但这类法律的主要立法目的并未过多涉及碳达峰碳中和，与碳达峰碳中和有

---

[1] 王斐，刘卫先：《实现我国碳中和目标的环境法制保障》，《环境保护》，2021年第16期，第44—48页。
[2] 丁烈云：《尽快完善碳达峰、碳中和立法 推动我国绿色低碳健康发展》，《中国勘察设计》，2021年第3期，第18—19页。

关的法律内容过于碎片化，无法统筹考虑碳达峰碳中和，在现有的污染防治法体系和生态环保法体系之中并不能最大限度地控制二氧化碳等温室气体的排放量，高效实现碳达峰碳中和战略目标。

具体来看，以大气污染防治法、清洁生产促进法为代表的污染防治法体系是碳达峰碳中和的法律基础，但随着经济社会的发展，生态环境状况日益严峻，人们对美好生活品质的追求也对生态发展提出了更高的要求，碳达峰碳中和目标的提出表明与其相关的法律法规应该尽快出台，但法律具有滞后性。以大气污染防治法为例，其主要立法目的为防治污染和改善环境，从目的解释的角度来看，碳达峰碳中和的实现符合大气污染防治法的立法目的，但是在大气污染防治法的具体条文之中并没有关于碳达峰碳中和的相关内容，这将导致大气污染防治法并不能最大限度地促进碳达峰碳中和的实现。同时，以森林法、草原法等为代表的生态保护法体系，对于保护绿色植被、规范自然资源的利用开发发挥了重要功能，草原法、森林法的有效实施有助于提升生态系统的碳汇能力，是实现碳达峰碳中和的重要进程之一。但是，这些法律并没有直接对于碳达峰碳中和的制度安排，立法目的也没有充分体现应对气候变化，还是局限于维持生态系统和保护生物多样性，忽视了对碳汇功能的追求。

另外，中国目前尚未建立能源基本法，现有的能源相关法例如节约能源法、可再生能源法、清洁生产促进法，其立法目的主要在于提高能源利用率，加强可再生能源的开发与利用，实现节能减排低碳，但也并未明确指出应对气候变化这一目的[1]。2020年4月，国家能源局公布的能源法（征求意见稿）是中国促进能源健康绿色发展的重要迈进。中国加强能源法制建设，建立健全能源法法治体系，推动能源法治化进程，是解决生态环境的重要措施。但能源法（征求意见稿）的主要立法目的仍然集中在对于能源的开发利用、监督管理以及能源安全方面，并未对应对气候变化方面作出阐释。

（三）碳排放缺少立法进行统一管理

实现碳达峰碳中和目标所需要的各项专门的法律制度，尤其是监测标准制度、碳排放权交易制度以及责任追究制度等专门法律制度在中国并未真正建立。中国关于二氧化碳减排的相关法律以行业法为主，并未形成碳排放的管理合力[2]，各个行业与部门之间对碳排放的权利与义务关系并不明确，缺乏统一协调的管理，对于碳达峰碳中和的实现存在管理上的障碍。这便需要及时制定相关法律法规来规范碳排放和碳交易领域的问题，明确各部门行业的权利与义务，建立

---

[1] 林伯强：《中国迈向碳中和的难题与出路》，《新金融》，2021年第7期，第26—29页。
[2] 彭文生：《中国实现碳中和的路径选择、挑战及机遇》，《上海金融》，2021年第9期，第2—7页。

责任追究相关法律法规来进行碳排放的高效管理,更好地促进碳达峰碳中和的实现。

四、碳达峰碳中和的立法建议

(一) 制定应对气候变化的专门立法,

大气污染防治法、清洁生产促进法等法律虽然对于低碳降碳具有一定的积极意义,但其各自有各自最主要的立法目的,并且立法目的并没有体现应对气候变化,所包含的法律条文也没有涉及碳达峰碳中和的具体问题。中国目前缺少关于碳达峰碳中和的专门立法,建立以应对气候变化为主要立法目的的专门法律是如期实现碳达峰碳中和,促进生态文明建设、社会绿色低碳发展的法律保障[①]。中国已经加入联合国气候变化框架公约,制定应对气候变化的专门法律已成为国际社会的普遍要求,也是实现碳达峰碳中和的重要保障。2021年7月,中共中央政治局指出,尽快出台2030年前碳达峰行动方案,坚持全国一盘棋。这表明制定碳达峰碳中和的专门法律,统一布局碳达峰碳中和行动也已成为国内的迫切要求。立法应当主要从以下几个角度考虑。

1. 坚持总体部署,强化法律责任落实

碳达峰碳中和是中国政府对国际社会的庄严承诺,要履行好国际义务,实现碳达峰碳中和的目标,需要全国人民共同努力。各地区各有关部门要深刻认识碳达峰、碳中和工作的重要性、紧迫性、复杂性,明确各类主体的权利义务,除了扩大公众参与和明确企业责任之外,建立应对气候变化的专门法,应当凸显政府在实施碳达峰碳中和行动当中的法律责任[②]。政府应当主动承担防治大气污染、优化能源结构、促进经济转型的重要使命,通过专门法的强制力和约束力来推动政府更好地履行碳达峰碳中和举措,努力建立国家统一管理、部门分工合作的碳排放管理体制,同时对于地方调整管理权进行明确规定,双碳目标的实现必将下放给各地方有序实施,而各个地方的气候变化情况并不能完全一致,因此各地方政府可以根据各自的实际情况对碳达峰碳中和实行情况进行合理的调整,因地制宜,这就需要立法进行明确的规定,从而促进各地方依法合理行使地方的灵活调整管理权。

2. 坚持重点突破,突出立法重点

专门法应当着力于推动能源绿色低碳转型,巩固和提升碳汇能力,助力碳达峰碳中和的实现以及减缓和适应气候变化,保持全球气候稳定,实现经济社会生

[①] 王江:《论碳达峰碳中和行动的法制框架》,《东方法学》,2021年第5期,第122—134页。
[②] 韩立新,逯达:《实现碳达峰、碳中和多维法治研究》,《广西社会科学》,2021年第9期,第1—12页。

态的可持续发展[1]；专门法应当以构建人类命运共同体为方向。实现碳达峰碳中和，解决气候变化问题并非一个国家的使命，而应当促进各国的通力合作，加强各国沟通与交流，互帮互助，共同努力[2]。立法应当参照国际社会当中已经制定相关气候应对法的国家的立法经验，取其精华，同时从实际出发，结合中国实际实施情况，进行制度的创建。要实现碳达峰碳中和，主要在于减少二氧化碳等温室气体的排放，减缓气候变化和适应气候变化，立法应确立关键制度，突出立法重点，如建立以降碳减碳为核心的法律来减缓气候变化，建立监测标准制度、碳排放权交易制度以及责任追究制度控制碳排放，最重要的方面在于我们如何去适应气候的变化[3]。这就需要立法给予明确的规定，通过设立气候变化风险预警方案，建立气候应对技术的激励措施的相关法律来提高对气候变化的适应能力。

3. 坚持稳妥有序，科学设计立法实施程序

在实施立法程序方面，应当将大目标分解为各个小目标，两个大目标分别是2030年前实现碳达峰，2060年前实现碳中和。在实现每个目标的过程当中应当制定具体的实施细则，明确各项任务时间节点和实现路径，做到当前任务和长远发展紧密衔接[4]，比如以时间为单位划定碳排放量的标准等，逐步推进碳达峰碳中和的实现。在实施程序方面也应当明确规范监管、执法等方面的程序要求，使得碳达峰碳中和的举措能够在有法可依的同时，依法办事，防止权力滥用，促进实现过程中的公平正义。立法也应该遵循客观规律，不可急于求成。虽然中国制定应对气候变化的专门法律的时机已经较为成熟，但这并不意味着立法应该快速紧急，我们应该在充分考虑及做好充分准备的前提下开展立法工作，作出科学统筹的安排。在过渡期，全国人民代表大会常务委员会可出台有关实现碳达峰碳中和的决议，为气候变化应对法的立法工作做铺垫。

（二）构建有利于绿色低碳发展的法律体系

1. 健全相关法律体系

（1）促进节能降碳增效和提升碳汇能力。

一方面，为实现低碳降碳，促进工业领域、城乡建设、交通运输等主要领域实现绿色低碳发展，应对气候变化，政府对大气污染法、清洁生产促进法等污染防治法体系相关法条进行修订完善，充分体现碳达峰碳中和应对气候变化的立法意图，将碳达峰碳中和纳入统筹考虑[5]。另一方面，对于森林法、草原法等自然

---

[1] 常纪文，田丹宇：《应对气候变化法的立法探究》，《中国环境管理》，2021年第2期，第16—19页。
[2] 张友国：《碳达峰、碳中和工作面临的形势与开局思路》，《行政管理改革》，2021年第3期，第77—85页。
[3] 孙佑海：《实现"碳达峰碳中和"应当采用何种立法思路》，《中华环境》，2021年第9期，第66—69页。
[4] 庄贵阳：《我国实现"双碳目标"面临的挑战及对策》，《人民论坛》，2021年第18期，第50—51页。
[5] 王金南，雷宇，宁淼：《关于修订〈大气污染防治法〉的五点建议》，《环境保护》，2015年第8期，第40—42页。

资源法，突出体现提升生态系统的碳汇能力，建立生态系统碳汇监测核算体系，降低二氧化碳等温室气体排放量，维持生态系统的稳定。应对气候变化的立法目的，建立健全能够体现碳汇价值的生态保护补偿机制，研究制定碳汇项目参与全国碳排放权交易相关规则。

（2）加速能源绿色低碳转型。

能源是社会经济发展的重要物质基础，在中国生产力发展中具有重要作用，与此同时，能源也是碳排放的最主要来源。近年来，中国能源消费结构不断改善，碳排放逐渐降低。中国要实现碳达峰碳中和，不仅需要坚持安全降碳，而且需要在保障能源安全的前提下，大力实施可再生能源替代，加快构建清洁低碳安全高效的能源体系。为促进碳达峰和碳中和，加速能源绿色低碳转型行动，需要健全可再生能源法和可再生能源标准体系，加快节能标准更新。2020年4月，中国公布能源法的征求意见稿，这表明中国在能源法制建设当中取得进步，但中国尚未建立能源基本法，加速建立能源基本法对于保障能源安全、优化能源结构、实现低碳发展具有推动作用。中国所出台的节约能源法、可再生能源法等相关能源法律不能直接体现碳达峰碳中和的立法目的，建立能源基本法，需要以征求意见稿为标准作出适当修改，将应对气候变化，实现碳达峰碳中和作为其立法目的，并在各法律条文中形成逻辑的衔接，以此形成能源法对碳达峰碳中和的体系性合力，统筹考虑碳达峰碳中和，应对气候变化。

2. 环境保护法的修订与适度法典化

环境保护法是国家为了保护和改善生态环境，防治污染，促进生态文明建设和社会经济可持续发展所制定的国家基本法律，引导着大气污染防治法、清洁生产促进法、草原法、森林法等法律的实施。对环境保护法进行完善，将碳达峰碳中和纳入环境保护法当中，将会对相关的环境保护法律起到指引作用，使应对气候变化、实现碳达峰碳中和成为相关法律的立法意图。通过对环境保护法基本法的修改，达到对一般法的变革引领作用，将实现碳达峰碳中和、应对气候变化的立法意图广泛融入相关环境保护法体系当中。

近年来依法治国理念得到贯彻实施，中国环境保护法体系不断完备，按照建立现代环境治理体系的目标，加上中国对法治的不断追求和立法水平的不断提高，环境保护法的法典化趋势不断加强，适度法典化成为中国环境法典编纂的合理选择[①]。将碳达峰碳中和、应对气候变化的立法目的加入环境法典当中，能够更加直接、全面地影响整个环境保护法体系，使各法条之间形成体系性合力，使

---

① 张梓太，程飞鸿：《论环境法法典化的深层功能和实现路径》，《中国人口·资源与环境》，2021年第6期，第10—18页。

各法律条文之间更具有完整的逻辑体系，立法更具有科学性和易操作性，既有利于推进中国环境治理体系法治化进程，又对依法有效促进碳达峰碳中和的实现具有积极作用。

（三）建立碳排放监督考核制度和科技创新激励机制

中国对于碳排放管理缺乏法律明确统一的规定，各类主体的权利义务并不明确，缺乏统一协调管理。首先要重点明确规定企业在生产经营当中对于碳排放的法律义务和责任，企业是碳排放的主要排放主体，完善企业的碳排放和碳交易制度是重中之重。立法应当建立严格的惩罚责任制度和监督责任制，加速重点行业减排，规范各类重点碳排放企业的碳排放行为[①]。另外，政府应该严格执法，立法应当强调政府在监督管理碳排放方面的行政义务和责任，在实现碳达峰碳中和的各个阶段都能做到有效监管和严格执法。立法应当逐步建立系统完善的碳达峰碳中和综合评价考核制度，完善关于绿色低碳科技创新的激励机制[②]，强化企业创新主体地位，加快创新成果转化，完善绿色低碳技术和产品知识产权保护相关法律。以科技创新为推动力，促进技术的开发与提升，加快实现碳达峰碳中和的进程[③]。

参考文献：

[1] 张玉卓. 为世界可持续发展贡献中国力量 以高水平科技自立自强助力"双碳目标"实现 [J]. 人民论坛, 2021 (27)：6-8.

[2] 苏利阳. 碳达峰、碳中和纳入生态文明建设整体布局的战略设计研究 [J]. 环境保护, 2021, 49 (16)：6-9.

[3] 杨博文. 习近平新发展理念下碳达峰、碳中和目标战略实现的系统思维、经济理路与科学路径 [J]. 经济学家, 2021 (09)：5-12.

[4] 苏健, 梁英波, 丁麟, 等. 碳中和目标下我国能源发展战略探讨 [J]. 中国科学院院刊, 2021, 36 (9)：1001-1009.

[5] 常纪文, 田丹宇. 应对气候变化法的立法探究 [J]. 中国环境管理, 2021, 13 (2)：16-19.

[6] 王斐, 刘卫先. 实现我国碳中和目标的环境法制保障 [J]. 环境保护, 2021, 49 (16)：44-48.

[7] 丁烈云. 尽快完善碳达峰、碳中和立法 推动我国绿色低碳健康发展 [J]. 中国勘察设计, 2021 (3)：18-19.

[8] 林伯强. 中国迈向碳中和的难题与出路 [J]. 新金融, 2021 (7)：26-29.

[9] 彭文生. 中国实现碳中和的路径选择、挑战及机遇 [J]. 上海金融, 2021 (6)：2-7.

[10] 王江. 论碳达峰碳中和行动的法制框架 [J]. 东方法学, 2021 (05)：122-134.

---

① 《加速重点行业减排 全力推进碳达峰、碳中和》，《环境保护》，2021年第Z2期，第8页。
② 刘仁厚，王革，黄宁，等：《中国科技创新支撑碳达峰、碳中和的路径研究》，《广西社会科学》，2021年第8期，第1-7页。
③ 李勇，高岚：《中国"碳中和"目标的实现路径与模式选择》，《华南农业大学学报（社会科学版）》，2021年第5期，第77-93页。

[11] 韩立新，逯达. 实现碳达峰、碳中和多维法治研究 [J]. 广西社会科学，2021 (9)：1-12.

[12] 张友国. 碳达峰、碳中和工作面临的形势与开局思路 [J]. 行政管理改革，2021 (3)：77-85.

[13] 孙佑海. 实现"碳达峰碳中和"应当采用何种立法思路 [J]. 中华环境，2021 (9)：66-69.

[14] 庄贵阳. 我国实现"双碳目标"面临的挑战及对策 [J]. 人民论坛，2021 (18)：50-53.

[15] 王金南，雷宇，宁淼. 关于修订《大气污染防治法》的五点建议 [J]. 环境保护，2015，43 (8)：40-42.

[16] 张梓太，程飞鸿. 论环境法法典化的深层功能和实现路径 [J]. 中国人口·资源与环境，2021，31 (6)：10-18.

[17] 加速重点行业减排　全力推进碳达峰、碳中和 [J]. 环境保护，2021，49 (Z2)：8.

[18] 刘仁厚，王革，黄宁，等. 中国科技创新支撑碳达峰、碳中和的路径研究 [J]. 广西社会科学，2021 (8)：1-7.

[19] 李勇，高岚. 中国"碳中和"目标的实现路径与模式选择 [J]. 华南农业大学学报（社会科学版），2021，20 (5)：77-93.

碳中和背景下能源信用监管法律制度研究

李 庆①

摘 要：能源信用监管作为大数据背景下兴起的一种新型监管手段，已在能源各项领域广泛运用。特别是中国向世界作出碳中和目标承诺后，该项手段凸显出日益重要的治理地位。能源信用监管通过大数据技术和信息平台对能源企业信用进行信息归集、信用评价、信用奖惩、信用修复等，以实现监管的精准性和高效性。当前能源信用监管总体处于快速发展的起步阶段，呈现出创新性强但成熟度不高的现实图景，面临法律规范供给不足、监管体制不顺、监管运行机制不畅等一系列问题，亟须实施应对之策。文章通过对能源信用监管全链条分析，建议中国能源信用监管在遵循不当联结禁止原则、比例原则、合作监管原则前提下，从健全完善法律规范体系、构建社会多元主体共同参与的监管体制、建立促进良好监管的正当程序和明确能源信用监管主体责任角度出发，使中国能源信用监管法律制度更趋完善、更趋成熟、更趋定型。

关键词：能源监管；信用监管；信用法治

一、引言

随着绿色发展观念深入人心，应对全球气候变暖、保护生态环境、保障能源安全已成为全球各国基本共识。2020 年 9 月，中国首次向全球作出了"双碳"战略目标承诺②。该承诺为未来中国产业擘画了发展蓝图，为推动可持续发展和构建人类命运共同体指明了前进道路。其中，碳中和内在意涵更是直接与"绿色""创新""循环发展"等词汇表征画等号。国务院 2022 年政府工作报告中也提到推动能源低碳转型，有序推进碳达峰碳中和工作③。在此背景下，作为主战场的能源领域，推进能源结构优化调整，保障有序市场秩序，助力实现碳中和目标已成为监管部门义不容辞的职责担当。而信用监管无疑为其应对复杂多元的监管形势提供了新路径。作为一种新型监管手段和监管模式，信用监管不仅因应了

---

① 李庆：西南石油大学法学院 2020 级研究生。
② 习近平主席在第七十五届联合国大会一般性辩论上发表重要讲话，首次提出"双碳"战略目标。
③ 《政府工作报告》(2022), http://www.gov.cn/premier/2022-03/12/content_5678750.htm。

社会信用体系建设和"放管服"改革时代潮流，更在社会治理中凸显出独特优势和威力，符合市场经济条件下的成本效益原则。为此，国家能源局发布了《能源行业信用体系建设实施意见（2016—2020）》（2016）、《能源行业市场主体信用评价工作管理办法（试行）》（2017）、《全面推行电力业务资质许可告知承诺制实施方案》（2021）、《能源领域深化"放管服"改革优化营商环境实施意见》（2022）等一系列政策规定，为保障中国能源信用监管行稳致远搭建好"四梁八柱"，夯实了制度基础。

然而，中国能源信用监管尚处于起步阶段，相关法律制度未成熟定型，面临着信用监管法律规范供给不足、监管体制不顺、监管运行机制不畅等诸多难题。因此，借助信用监管弥合能源发展现状与碳中和目标差距，仍有较长的路需要走。本文围绕能源监管部门，通过对信用监管全链条分析，以期完善中国能源信用监管法律制度。

二、能源信用监管的兴起背景

（一）能源信用监管是转变政府职能的需要

2015年"放管服"改革正式拉开了政府职能转变序幕，推行简政放权、强化事中事后监管成为各级政府和各职能部门清晰的努力方向。其中，信用监管以其独特的技术优势和结果优势，成为事中事后监管的重要手段，国务院明确将其作为政府职能转变和行政管理体制改革的重要辅助工具[①]。以2015年改革元年为起点，国务院印发了《关于加快推进政务服务标准化规范化便利化的指导意见》《关于加快推进电子证照扩大应用领域和全国互通互认的意见》《加强信用信息共享应用促进中小微企业融资实施方案的通知》等一系列规定，释放了明确的政策信号，旨在通过数字化手段打造智慧型政府。在此背景下，中国能源市场监管囿于"政监合一"监管模式的局限性，存在部门职能定位不准、计划与市场关系交叉等机制性梗阻，亟须深化重点领域改革，理顺政商关系。而信用监管能有效利用信用数据描摹能源企业信用画像，为监管部门针对重点对象实施靶向监管提供决策依据，有利于打破政府错位管理的尴尬局面，构建"无事不扰""无处不在"监管新格局。

（二）能源信用监管是规范行业发展的需要

作为国家经济的重要命脉，能源发展战略正在各个领域稳步推进，但能源安全事故也常常见诸报端，引发社会广泛关注。例如2021年4月9日，贵州省金沙县东风煤矿井下发生煤与瓦斯爆炸事故，导致8人死亡，1人受伤；2021年4

[①] 韩家平：《信用监管的演进、界定、主要挑战及政策建议》，《征信》，2021年第5期。

月 16 日，北京丰台区南四环集美大红门 25MWh 直流光储充一体化电站突然爆炸，抢救中 2 名消防员牺牲，1 名消防员受伤，电站内 1 名员工失联；2021 年 6 月 13 日，湖北十堰市张湾区艳湖社区集贸市场发生燃气爆炸事故，造成 25 人死亡，138 人受伤，其中重伤 37 人……如此高频率的安全事故给企业和行业发展带来了信用危机。此外，国家能源局公布的《能源行业信用状况年度报告（2021年）》显示①，截至 2020 年 12 月 31 日，共归集行政处罚 18576 条，合同违约 11226 条，黑名单 9869 条。巨大数字背后映射出建设良好行业信用生态的紧迫性，而信用监管恰是化解信用危机、转变生产方式的关键环节。

（三）能源信用监管是社会信用体系建设的需要

国务院 2014 年印发了《社会信用体系建设规划纲要（2014—2020 年）》（以下简称《规划纲要》），成为中国社会信用体系建设里程碑式的突破——"社会信用体系建设"首次被系统纳入国家层面的文件之中。以《规划纲要》为标志，中国社会信用体系建设进入快速发展时期②。中央财经领导小组第六次会议（2014）提出政府对能源的信用监管模式③。国务院 2022 年政府工作报告中明确健全社会信用体系，推进社会治理共建共治共享④。2022 年《关于推进社会信用体系建设高质量发展促进形成新发展格局的意见》出台，再次强调社会信用体系建设在国民经济发展中的重要作用。据此，能源监管部门以大数据信息技术为支撑，以行政管理制度改革为导向，拉开了信用监管体系建设序幕。电力行业率先出台《关于开展电力行业信用建设与评价工作的指导意见》《电力行业信用建设与评价管理办法》《电力企业信用评价规范》《电力行业供应商信用评价规范》等一系列有关信用评价的方法、制度及行业标准⑤。目前，信用监管已在能源领域显露出治理优势，"一处失信、处处受限"已成为社会大众熟知的高频热词，为完善中国社会信用体系建设、服务新时代中国特色能源发展大局贡献力量。

三、能源信用监管的制度内涵

从起源上说，信用最初是道德的重要内容。诚信被视为中华民族的传统美德，中国古代流传有"实言实行实心，无不孚人之理""小信成则大信立""一言

---

① 数据来源：信用中国 https://www.creditchina.gov.cn/hangyexinyong_824/zonghedongtai/zhengfubumen/202108/t20210802_240917.html。
② 韩家平：《信用监管的演进、界定、主要挑战及政策建议》，《征信》，2021 年第 5 期。
③ 宋玉霞，郑翔：《能源企业信用体系建设的困境及破解路径》，《西南石油大学学报》，2019 年第 21 卷第 4 期。
④ 参见《政府工作报告》（2022），http://www.gov.cn/premier/2022-03/12/content_5678750.htm。
⑤ 《能源局：改善能源信用环境助力行业有序发展》，信用中国：https://www.creditchina.gov.cn/home/zhuantizhuanlan/aWeek/201709/t20170915_30958.html。

之美，贵于千金"等众多关于诚信的话语。随着商品经济发展，市场交易主体为减少交易损失、降低交易风险，呼唤契约精神，信用被赋予经济和法律意义，"信用"一词主要指市场主体对未来风险具有预警作用的经济偿付能力[①]，诚实信用也成为公法、私法领域的重要原则。而信用监管一词，在当今中国语境下，已突破合同等债务清偿界限范围，进一步包含了市场主体应当履行的法定义务。通常而言，政府信用监管是指行政机关为实现公共利益、社会管理等既定规制目标，依托大数据等技术和信息平台，对在履职过程中收集到的监管对象信用数据进行分析、评价、应用，进而采取针对性监管举措的行为[②]。

能源信用监管是信用监管在能源领域具体场景运用的体现，主要指能源监管机构为实现监管的精准性和高效性，通过大数据技术和信息平台对能源企业信用等级进行分类监管，以强制性规范和手段约束能源企业践诺履责的监管机制。具体而言，能源信用监管制度包含以下内容。

(一) 企业信用信息归集是能源信用监管制度的起点

国务院办公厅 2019 年印发了《关于加快推进社会信用体系建设　构建以信用为基础的新型监管机制的指导意见》(以下简称《新型监管机制的指导意见》)，明确各部门需以权责清单为指引，根据实际情况建立信用信息采集目录，规范信用信息采集范围，以统一社会信用代码为主体符号，在注册登记、资质审核等过程中全面收集并建立市场主体信用档案。一般而言，信用信息归集包括历史数据归集和数据动态更新，犹以数据动态更新最为重要。为实现相关目标，国家能源局充分利用大数据、云计算释放的技术"红利"，将全国公共信用信息共享平台和能源行业信用信息平台作为信用信息归集"利器"。可以说，全面、完整的能源企业信用信息数据为能源信用监管提供有效事实前提，国家能源局为此出台了《能源行业市场主体信用信息归集和使用管理办法》。《能源行业信用状况年度报告 (2021 年)》显示，2020 年归集的能源行业主体比 2019 年增长了 16.6%，可见能源企业信用信息归集能力在不断增强，不断夯实该领域信用监管的事实基础。

(二) 以信用评价开展差异化监管是能源信用监管制度的重要内容

归集能源信用信息仅仅是能源信用监管的第一步，信用信息作为能源信用监管的核心要素，必须被充分运用才能发挥生命力。能源监管部门会在信用监管平台预设相关规则，平台即对归集的信用数据进行计算、加工，监管部门则以此为依据进行综合分析评价，划分监管对象信用评级，进而达到分配监管资源、展开

---

① 王瑞雪：《政府规制中的信用工具研究》，《中国法学》，2017 年第 4 期。
② 袁文瀚：《信用监管的行政法解读》，《行政法学研究》，2019 年第 1 期。

差异化监管的目的。根据《能源行业市场主体信用评价工作管理办法（试行）》相关规定，信用评价主体为全国性能源行业组织，市场主体信用等级统一划分为AAA、AA、A、B、C三等五级。该信用等级成为量化能源企业未来风险程度与履责履约能力的可视指标，直接关系着监管资源分配：将信用状况良好的能源企业列为一般监管对象，适当降低抽查次数和频率，以减少对企业正常经营干扰；将信用状况较差的能源企业列为重点监管对象，提高抽查检查频次，防止危害公众利益等事故发生，进一步降低监管风险[①]。

（三）信用联合奖惩是能源信用监管制度的核心手段

信用联合奖惩制度确立始于2016年，国务院于同年印发了《关于建立守信联合激励和失信联合惩戒制度加快推进社会诚信建设的指导意见》（以下简称《指导意见》）。该项制度自诞生之日起便具备"跨地区、跨部门、跨领域"的"三跨"优势和威力，自然成为职能部门信用监管的核心"利器"和高悬在失信人员头顶的"剑"。据此，国家能源局建立了电力领域失信联合惩戒对象名单管理制度，并与其他部门合作签署了多个联合奖惩合作备忘录，进一步扩大能源领域失信惩戒力度[②]。目前，信用联合奖惩制度已在能源领域市场准入、重大项目核准、政府采购等重点领域广泛运用，逐渐凸显出治理优势，有利于营造公平有序的市场秩序。如2022年11个部门对大连"9.10"燃气爆炸事故安全生产严重失信主体实施联合惩戒，其中最严厉的惩戒举措为依法取消该主体的特许经营权[③]。截至2022年3月，能源行业信用信息平台归集共享能源行业失信惩戒对象信息14337条，信息涉及3410家失信主体，新增失信惩戒对象信息393条[④]，进一步强化能源领域失信联合惩戒力度。

（四）信用修复是能源信用监管制度的权利救济设计

为保障信用监管过程中相对人合法权益不受公权力侵害，信用修复机制应运而生。《新型监管机制的指导意见》明确了信用修复前提条件和具体方式，当失信主体履行了法定义务，消除了不良影响，可采取提交信用报告、参加公益慈善活动等方式开展信用修复。此后，信用修复概念频繁出现在中国的信用领域。2019年3月，国家能源局印发《能源行业市场主体信用修复管理办法（试行）》，

[①] 孔祥稳：《作为新型监管机制的信用监管：效能提升与合法性控制》，《中共中央党校（国家行政学院）学报》，2022年第26卷第1期。

[②] 国家发改委印发了《关于对电力行业严重违法失信市场主体及其有关人员实施联合惩戒的合作备忘录》和《关于对石油天然气行业严重违法失信主体实施联合惩戒的合作备忘录》。

[③] 《关于对大连"9.10"燃气爆炸事故安全生产严重失信主体实施联合惩戒的通报》（"信用阜新"办发〔2022〕1号）。

[④] 《国家能源局资质中心发布2022年3月份能源行业失信惩戒对象统计分析报告》，http://zizhi.nea.gov.cn/。

明确在公布失信信息的披露期间,市场主体可以向国家能源局等失信认定机关提出修复信用的申请,再经过认定机关的审查和核实之后,认定机关可以在平台对其失信信息进行调整。从以上概念不难看出,能源行业信用修复以市场主体主动申请为前提,由能源监管部门进行最终认定。如果说信用联合奖惩是执法者手中的"利剑",代表着公正威严,那么信用修复则为市场主体提供"纠错"机会,彰显出守信包容。信用修复机制,能够有效消除失信惩戒带来的不利后果,帮助市场主体重返市场,保障能源信用监管始终在法治轨道上运行。

四、中国能源信用监管法律制度面临的困境

(一)法律规范供给不足

不可否认,能源信用监管正在中国得到快速发展,对规范和引导市场主体行为发挥着举足轻重的作用。虽然能源信用监管不属于行政处罚法定种类范畴,但在市场准入、项目核准(备案)、专项补贴等领域对失信主体课以不利责任,减损了失信主体市场竞争信誉度,某些情况下能发挥比行政处罚更大的震慑威力。在此背景下,能源信用监管的广泛运用与法律规范供给不足形成了鲜明对比,具体体现在以下方面。第一,缺乏一部社会信用领域基本法。《社会信用法》虽然已被纳入立法计划,但尚未出台。如前所述,能源信用监管属于中国社会信用体系建设的重要领域,遵循着《规划纲要》确立的顶层设计,并确实在该领域取得了一系列制度成果。然而,《规划纲要》囿于文件本身性质和效力的限制,无法在制度方面进行更细致的立法设计。换句话说,信用监管缺乏一部该领域的基本法,难以为能源信用监管提供更加充分的法律依据。第二,能源信用领域缺乏系统专门立法。当前,能源监管部门采取的是"分类立法"模式,即对信用监管中的具体制度进行单独立法,没有针对能源信用监管的专门立法,容易出现各项制度之间衔接不畅问题,也难以发挥体系化的规制作用。第三,能源信用领域与配套法律规范制度衔接不畅。如对失信主体项目审批(备案)不予通过,可能构成违法增设许可条件,不符合《行政许可法》相关规定[①]。

(二)能源信用监管体制不顺

为全面推进能源行业信用体系建设,建立健全信用体系建设工作机制,国家能源局2017年8月发布了《关于成立能源行业信用体系建设领导小组的通知》,成立了相应的领导小组,强化了组织保障,并在国家能源局资质管理中心设立办公室作为日常办事机构。从领导小组成员设置及相关政策文件来看,中国能源信

---

① 《行政许可法》第十六条第四款:法规、规章对实施上位法设定的行政许可作出的具体规定,不得增设行政许可;对行政许可条件作出的具体规定,不得增设违反上位法的其他条件。

用监管模式是自上而下的，主要体现在：一是以政府为主导，国家能源主管部门在能源信用监管中占据主导地位；二是设立了专门的办事处，国家能源局资质管理中心是能源信用监管的主要办事机构；三是其他主体予以辅助，主要是指相关行业协会、第三方信息服务机构等社会团体以及能源行业市场主体在信用信息归集、信用评价分级方面发挥参与作用。

不难发现，能源信用监管搭建以政府为主导的监管模式，不可避免落入传统行政管理窠臼之中，容易诱发监管体制方面的消极因素。一方面，以能源监管机构为代表的政府部门内部存在无法回避的体制障碍，具体表现在以下方面。一是能源监管部门职能定位存在较大偏差。从国家能源局官网查询得知，国家能源局实行"政监合一"模式，不仅要对企业进行日常监管，还需承担制定相关法规和政策的职责[①]。在有限的行政资源下，难以实现双管齐下目标。二是从能源监管部门上下级关系来说，地方各级能源主管部门对本级党委政府负责，接受上级部门业务指导。在此背景下，上级部门的政令有时会出现不通畅现象，能源信用监管存在"最后一公里"问题。三是能源监管部门与其他职能部门未形成制度化的能源信用监管合作机制，各部门之间往往"各自为战"。如生态环境部门对过度开采油气资源的企业进行了行政处罚，但能源监管部门无法及时知晓该处罚是否已被生态环境部门纳入该企业的信用档案。

另一方面，以行业协会、企业为代表的社会主体也因自身固有弱点影响监管效能发挥。作为个体利益组织化、权力社会化的产物，行业协会本应通过政府权力制衡、协会自律等方式引导协会成员诚实守信[②]。然而中国大部分行业协会是借助政府力量自上而下建立起来的，与行业主管部门具有天然联系，这也成为中国多数行业协会无法真正独立的现实原因。而中国能源相关行业协会是政府机构改革的产物，与能源监管部门职能职责存在交叉，成为依附行政力量运行的"合法"政府职权延伸，缺乏制衡政府权力、维护行业利益的内生动力与能力。中国能源市场主体的自主监管意识薄弱，公司化治理程度不高，无法成为信用监管的坚决贯彻者[③]。此外，能源监管机构过度干预企业、协会，市场机制作用难以发挥，导致秉承不同价值取向的主体难以在平等协商基础上参与信用监管政策的论证和制定[④]。

（三）能源信用监管运行机制不畅

从能源信用监管全链条分析可知，能源信用监管作为一项系统化的复杂工

[①] 访问链接：http://www.nea.gov.cn/gjnyj/index.htm，最后访问时间：2022年3月24日。
[②] 王新红：《行业协会对社会信用的影响：中国问题及其法律解决》，《东南学术》，2019年第4期。
[③] 王浩：《论合作监管体系之构建——以石油天然气行业政府监管为例》，《中国行政管理》，2018年第3期。
[④] 王浩：《论合作监管体系之构建——以石油天然气行业政府监管为例》，《中国行政管理》，2018年第3期。

程，需要依赖健全有效的运行机制，包括协同高效的合作监管方式、公开透明的正当程序保障和权责清晰的责任分担机制。

然而，以健全监管机制检视能源信用监管，存在以下问题。一是部门之间未建立合作机制，存在监管合力不足、监管效能低下的问题，尤其在信用信息共享方面问题突出。所谓信用信息共享，指的是能源监管部门将履职过程中收集或市场主体主动申报的信用信息与其他政府职能部门、社会组织和第三方机构进行数据交换和共用。当前各大政府部门均积极开展信用平台建设，如国家信息中心主办了"信用中国"网站，国家市场监管局建设了"国家企业信用信息公示系统"，国家能源局打造了能源行业信用信息平台和"信用能源"网站。然而由于行业分割等原因，数据共享未完全实现，"信息孤岛"仍然存在。二是公众和相对人知情权保障不足，存在相当比重市场主体和公众不知晓信用信息的披露途径。就能源行业来说，其公开途径为全国公共信用信息共享平台和"信用能源"网站。因不知晓官方渠道，人们往往选择"天眼查""企查查"等商业查询平台，通过付费进行相关信息查询。这类平台虽然的确归集了部分信用信息，但无法与官方平台实现即时数据共享对接，存在一定的信息滞后性。更有甚者，部分企业完全不知晓自己已被纳入"黑名单"，当去银行等金融机构办理贷款业务遇阻时，才急忙寻找监管部门了解情况。三是能源信用监管主体责任分担不明确，容易导致推诿扯皮现象发生。如能源企业主体责任落实不到位，能源监管部门和相关行业协会职责模糊，增加相关主体推卸责任的可能性。

五、完善能源信用监管法律制度需遵循的原则

虽然能源信用监管取得了一系列制度和实践成效，但仍然面临着诸多争议。特别是失信联合惩戒、"黑名单"管理制度遭到了合法性、合理性怀疑。要完善能源信用监管法律制度，必须遵循相应法治原则，才能确保其始终在法治轨道上运行。

（一）不当联结禁止原则

中国法律文本中未明确不当联结禁止原则。该原则起源于德国，主要是指为了追求特定目的，公权力在对公民权利进行限制时，必须证明限制基准具有事理上必然性、实质性、正当性的关联性，从而防止肆意[1]。鉴于"一处失信、处处受限"已成为信用惩戒（含失信联合惩戒）的修饰词，实践中出现了许多信用惩戒不当联结现象，如公务员为其拆迁户亲属负拆迁到位之连带责任[2]；为争取某

---

[1] 欧爱民，谢雄军：《不当联结之禁止原则及其适用方案》，《湖南师范大学（社会科学学报）》，2008年第5期。

[2] 胡建森：《法治禁止不当联结》，《学习时报》，2019年8月21日第3版。

一项荣誉称号，企业需要跑十几个部门证明自己无相关违法违规记录。具体到能源信用监管领域，需要以不当联结禁止原则为指引，合法、合理使用政府规制的信用工具，以《中华人民共和国立法法》确立的法律、法规、规章为依据，作为信用惩戒的创设主体，明确信用惩戒的标准和适用范围，将信用惩戒限缩至合理、合法的范畴[1]。

（二）比例原则

比例原则属于公法领域中的重要原则，旨在规范行政权力行使，保障私权利不受侵犯。通常认为比例原则有三个子原则：适当性、必要性和狭义比例原则。适当性原则，主要强调公权力行使目的的正当性与合理性。必要性原则，也称为"最小侵害原则"，要求行政机关应当采取影响相对人权益最小的措施。狭义比例原则，也称"法益相称原则"，指在行使权力时，采取的措施能够实现目的，但是对于私权利的侵害不能过度[2]。由于能源信用监管本质上仍是行政权力干预市场活动，因此，能源信用监管部门需以比例原则为指引，对市场主体实施信用惩戒措施时严格惩戒名单认定和管理程序，综合考量市场主体主观过错程度，违法行为性质、情节和社会危害程度，秉承过罚相当理念，杜绝出现惩戒结果与违法行为危害后果明显失衡现象。

（三）合作监管原则

随着经济全球化的深度融合，20世纪80年代，西方主要国家纷纷大刀阔斧改革本国的监管体制，政府积极利用市场和社会力量，推行公共服务社会化。在此背景下，合作监管制度应运而生。所谓合作监管，就是指政府、市场、社会主体在监管领域发挥各自优势，以政府监管为基础，构建起一种集约、高效的新型监管模式。合作监管原则突破传统监管模式将政府作为唯一监管主体的理论，不同主体在横向合作中形成不可或缺的监管环节，在相互信赖基础上共享资源，共同协作，共同分担，共同对监管结果负责，形成统一协调的有机体。就能源信用监管而言，合作监管旨在充分发挥能源监管部门、其余职能部门、行业协会、能源企业、社会公众相应参与作用，为实现能源安全等公共管理目标构筑起坚强防线。

六、完善中国能源信用监管法律制度的路径

（一）健全能源信用监管制度法律体系

能源信用监管的法律法规是中国实现能源安全信用监管最主要、最基础的依

---

[1] 沈岿：《社会信用惩戒的禁止不当联结》，《暨南学报（哲学社会科学版）》，2021年第11期。
[2] 陈新民：《行政法学总论》（修订八版），法律出版社，2005年版，第62页。

据。健全能源信用监管法律制度，必须以完善能源信用监管法律规范为出发点。在国家立法层面，可从以下方面着力构建法律体系。一是加快社会信用领域基本法——《社会信用法》出台进度。社会信用立法虽已被纳入十三届全国人大三次会议立法计划，但有必要进一步加快相关立法进度，明确社会信用立法的适用边界和调整范围，就信用信息归集和共享责任、信用信息主体使用和惩戒的权限等进行厘定，为能源信用监管提供位阶更高的法律依据。二是制定能源信用监管部门法，可参照市场监管领域出台的《市场主体登记管理条例》（2022），将能源信用信息归集、信用信息评价、信用联合奖惩、信用修复等制度系统规定于一部法律规范中，不仅可以做到制度规范之间有效衔接，而且能提升能源信用监管法律规范位阶，减少利用规范性文件对信用监管进行规定的做法。三是做好与配套法律规范衔接工作。如前所述，"放管服"改革背景下，信用监管在能源领域得到广泛运用，但出现了诸多《行政许可法》无法包容的现象，如在能源领域推行行政许可告知承诺制[1]。因此，有必要根据当前改革实践，系统修改中国《行政许可法》，避免能源信用监管面临合法性基础缺失问题。

（二）构建社会多元主体共同参与的信用监管体制

通过分析中国当前能源信用监管模式不难发现，以政府为主导的监管模式受监管理念、技术手段等因素掣肘，容易诱发监管体制消极因素，进而给能源信用监管带来负面效应。在合作监管大前提下，以部门权责清单和"三定方案"为基础，厘清能源监管主体之间职能定位，将权力按照政府、市场、社会主体的思路进行横向配置，构建以政府为主导、社会多元主体参与的能源信用监管体制，有助于实现能源安全等公共管理目标。

1. 发挥政府监管主导作用

政府在持续推进能源信用监管制度时，需要将各部门间的监管权力与责任进行界定，特别是需要厘清能源监管部门内部的职能职责。当前能源领域实行的是"政监合一"的监管模式，非专业的行政管理部门在复杂多变的监管形势下往往显得捉襟见肘，而政企长期同盟也是影响信用监管效能发挥的深层次原因之一[2]。因此，引入"政监分离"模式，设立独立的监管机构，有利于进一步厘清能源管理机构与监管部门的事权和责任，一方面缓解外部形势对管理机构的行政压力，另一方面可帮助监管部门集中力量主抓监管业务。同时，能源监管部门应加强行业市场主体的诚信教育建设，引导行业市场主体树立诚信经营理念，营造风清气正的市场环境。此外，能源监管部门还应发挥统筹协调作用，引导中电

---

[1] 2021年12月22日，国家能源局印发的《能源领域深化"放管服"改革优化营商环境实施意见》中提及。
[2] 董正爱，张宇：《油气资源市场监管的法律规制》，《西南石油大学学报》，2021年第23卷第5期。

联、中电建协等行业协会通过行业自查方式，加强行业诚信文化建设，选择典型案例，以行业协会力量强化对市场主体行为约束，营造风清气正的行业氛围。

2. 发挥行业协会实质参与作用

如前所述，中国大多数行业协会自诞生之日起即与行业主管部门具有天然联系，未有实质意义的独立地位。行业协会在中国现代化社会治理中作用发挥不尽如人意，能源行业协会也难逃这一尴尬局面。鉴于能源信用监管的系统性和复杂性特点，必须考虑重塑行业协会独立地位，保障其能实质性参与能源信用监管，进一步释放能源信用监管效能。一是厘清行业协会与政府职能分界，从立法上对行业协会独立地位予以重申和保障。实践中诟病最多的就是行业协会承担了本该政府部门行使的公共管理职能，因而被视为政府治理的附庸与工具。因此，有必要从法律层面将行业协会与政府部门实现职责分离，使其成为真正独立的社会组织。二是完善行业协会行为规制的立法，避免行业协会包庇、帮助协会内成员实施欺诈等不正当竞争行为谋取利益。建议在《反不正当竞争法》中明确行业协会违背上述规定的法律责任。三是完善对行业协会自律规则监管的立法。行业协会自律规则只具备内部效力，不得规定成员企业外部权利，也不宜规定成员企业法定、固有权利。只有合法合规的自律规则才能引导成员企业诚信经营，反之将产生负面效应[①]。

3. 鼓励社会公众积极参与

社会公众具有知情权，积极鼓励社会公众参与能源信用建设将达到事半功倍的作用。一方面，社会公众可通过"信用能源"网站等信用信息披露途径，了解行业内市场主体信用状况，降低预期交易风险，减少交易成本，达到以市场要素配置倒逼行业主体履责践诺目的。另一方面，公众可监督能源监管部门是否充分对外公示了能源信用监管规则、标准、结果等相关信息，对能源监管部门的信息公示责任予以明确。此外，可建立能源行业违法行为投诉举报奖励制度，将线索投诉举报奖励纳入地方政府财政预算，由各级能源监管部门统一受理、调查相关投诉举报线索，并依托信用监管服务平台等载体，及时、全面、准确地将调查处理情况纳入能源企业信用档案。同时，对提供了真实可靠线索的投诉举报人发放一定数额的奖励。通过激励型行政行为引导社会公众积极参与能源行业社会治理，监督行业市场主体践诺履责情况，从而推动能源安全信用监管社会共治。

（三）建立促进公平正义价值实现的正当程序

如前所述，能源信用监管是基于大数据和信息技术产生的新型监管手段。在信用信息公开共享过程中，信用信息服务平台往往自动导入上传能源市场主体相

---

① 王新红：《行业协会对社会信用的影响：中国问题及其法律解决》，《东南学术》，2019年第4期。

关信息数据，并根据事先确立的规则自动作出行政决策[①]。比如只要被列入失信名单，就将自动化地引发一系列惩戒。在此背景下，若没有建立促进良好监管的正当程序，相对人合法权益将处于不确定的法律风险中，监管部门的公权力也容易步入"失范"轨道。

在当代行政法理论中，正当程序具备维护社会公平正义的法律价值，包含了程序公开性和程序参与性要求。因此，能源信用监管正当程序建立需要考虑上述两方面因素。其一，加强信用信息公开，从"软件"和"硬件"两方面入手，保障市场主体和社会公众的知情权。"软件"指的是明确信息披露范围，将监管规则和监管结果纳入公开范畴，特别是要将影响能源市场主体切身利益的信用信息采集目录、惩戒规则和处理结果进行清楚公示，使相关市场主体知晓自身何种信息会被纳入归集范围，不再"无所适从"，明明白白接受监管。"硬件"指的是进一步筑牢能源信用信息平台技术支撑，提升信用信息归集和公示能力。能源监管部门应当加大对自建信用信息公示平台宣传力度，以门户网站、微信公众号等方式延伸宣传触角，提升市场主体和人民群众对信用信息披露途径的知晓率。其二，坚持公开透明原则，推动参与性行政程序建设，保障市场主体实质参与权利。具体而言，能源信用监管部门应制定保障相对人知情权和陈述申辩权的程序规则。特别是将市场主体纳入严重违法失信名单或失信联合惩戒名单之前，能源监管部门应当履行相应告知程序，将惩戒标准、惩戒依据、惩戒措施、法律后果等用书面形式告知相对人，听取相对人的陈述、申辩，并告知其进行权利救济的途径。其三，积极引入专家参与、评估程序。能源信用惩戒措施特别是联合惩戒措施将会对市场主体权益产生重大影响。因此，要强化依法决策意识，严格落实重大行政决策程序，注重听取有关专家意见。可通过座谈会、听证会等形式，由专家出具书面意见书，实行专家信息和意见公开，保证专家参与程序中立性实现信用惩戒程序正义价值目标[②]。

（四）明确能源信用监管主体责任

能源信用监管作为牵涉多方主体和领域的复杂工程，除了搭建多元社会主体参与的监管体制，还需构建责任清晰、分担合理的责任体系。否则，权责不对应、不匹配将极可能导致能源信用监管"最后一公里"无法打通问题。

首先应明确政府部门及其工作人员的监管责任。就能源信用监管而言，第一，应明确上级能源主管部门对下级部门的指导、监督责任。上级主管部门可通过设置科学合理考核指标、通报批评等方式监督、考察能源信用监管具体实施成

[①] 孔祥稳：《作为新型监管机制的信用监管：效能提升与合法性控制》，《中共中央党校（国家行政学院）学报》，2022年第26卷第1期。

[②] 何海波：《内部行政程序的法律规制（下）》，《交大法学》，2012年第2期。

效。第二，充分发挥绩效考核正向激励作用，将能源信用监管纳入对地方政府年度绩效考核内容，作为衡量地方安全生产重要指标。特别是明确各职能部门如市场监管、税务、住建等部门关于能源企业信用信息共享责任，引导各职能部门强化责任担当意识，加快自有业务平台数据端口共享进度，实现涉企信用数据全面汇聚。第三，明确相关工作人员的法律责任。当前能源信用监管相关制度只对工作人员责任追究进行了概括性规定，实际操作性不强，建议在立法层面对工作人员责任追究进一步明确，可与《公职人员政务处分法》进行有效制度衔接，填补该领域的法律空白。

其次应明确能源企业信用主体责任。能源企业作为能源市场重要参与主体，承担着法律赋予的第一责任人的义务[1]。如前所述，当前中国能源信用监管不仅包含企业在合同、金融等领域的偿债履约能力，还包括行政管理领域法定义务的履行，如安全生产、节能环保等重点领域表现情况。因此，能源企业一方面应加强员工职业教育和培训，让不同岗位员工熟练掌握相关知识与专业技能，树立诚信经营理念。另一方面应建立科学完善的内部自我监管制度，设立内部自我监管机构，通过自我督查检查，及时发现并解决问题，确保自我合规义务的履行。

最后应明确行业协会相应法律责任。如前所述，能源领域市场主体信用评价规则已经确立，其中明确了全国性能源行业信用评价主体地位，并规定信用评价主体对最终评价结果承担主体责任。中国电力企业联合会、中国煤炭工业协会等全国性能源行业协会需根据各自行业评价标准，对该行业领域市场主体开展统一评价。因此，全国性能源协会应积极引导行业市场主体参与信用体系建设工作，秉承中立、客观原则开展信用评价工作，可通过政府购买服务方式引入第三方信用服务机构，使信用评价结果更加科学、合理。严禁有篡改信用评价数据和信息、歪曲信用评价结果、泄露在信用评价过程中非公开信息等非法行为。如果违反相关规定，相关行业协会就应受到不利的法律评价并承担相应法律责任。

---

[1] 洪海：《关于推进企业主体责任落实的思考》，《中国市场监管研究》，2021年第2期。

碳排放监管法律制度研究

付晓玲[①]

摘 要：为了实现"双碳目标"，今后几十年，中国将更加自主贡献，制定更有效的政策，推行更有力的措施。控制碳排放量是实现双碳目标的核心，而对于碳排放的监管迫在眉睫，碳排放广泛存在于各个行业领域，然而中国能源结构一直约束经济发展和转型，即长时间以煤炭为主，同时与发达国家相比，中国的服务业占比较低，城市化率也较低，这对于"双碳目标"的实现影响很大。"双碳目标"任务繁重、挑战大，对碳排放的有效监管能够将目标落到实处，而目前中国存在监管体制不够完善，"双碳目标"实现过程中涉及的监管主体责任划分不明问题。那么如何进行更加行之有效的监管？针对中国目前在监管方面的不足，笔者提出了相关的应对策略。

关键词：双碳目标；碳排放；碳交易权；碳核查；碳监管；法律制度

一、碳排放的相关概念

碳排放权，是基于大气环境容量理论而建立起来的，通常我们所说的大气环境容量是指大气可以同化污染物，其同化过程可以是物理的，也可以是化学的和生物的，大气的容纳功能也因不同的污染物存在着不同。本文主要针对温室气体的容量展开研究。碳排放权在现代社会具有价值，可以作为一项资产，同时也可以作为商品，在市场上自由交易，参与市场经济活动。减排困难的企业可以向减排容易的企业购买碳排放权，减排容易的企业帮助前者完成减排任务，也可以基于此而获得收益。目前随着碳达峰碳中和目标的确定，碳排放权日益变得重要，成为更为常见、更有市场潜力的商品。由此可见，碳排放权是针对企业的一种限制，一种额度限制，它既可作为一项资产进行交易，又可推动企业节能减排、绿色低碳生产。

碳交易，即我们通常所说的碳排放权交易，指将温室气体的排放权当成商品在交易所买卖。政府一般会根据实际情况给予企业一定额度，以此限制企业，达

[①] 付晓玲：西南石油大学法学院法律硕士。

到节能减排、低碳环保的目的,助力碳达峰碳中和"双碳目标"的实现。那么,这时候往往会出现一种情况——一些企业的碳排放额度不够,与此相反,有的企业碳排放额度还有富余,这样为碳排放权交易提供了可能性,从而使其具有一定的交换价值。碳交易对于实现"双碳目标"具有重要作用,目前参与中国碳排放权交易的企业数量众多,根据统计,这些企业的二氧化碳排放量超过 40 亿吨,说明中国的碳排放权交易市场日益壮大,甚至将成为全球覆盖温室气体排放量规模最大的碳市场。政府通过价格信号引导资源优化配置,通过市场机制更好地达到节能减排的效果,推动绿色低碳产业投资,推动绿色能源逐步普及,推动经济结构和能源转型。碳达峰碳中和为中国带来了许多的投资机会。本文的监管主要是针对碳排放权交易的监管。

碳核查,是指对参与碳排放权交易的企业提交的温室气体排放量报告进行核查的第三方结构。碳核查在碳市场框架体系中举足轻重,碳核查的工作内容和工作形式是全新的,企业或集团作为被核查的单位,可以通过计算核查的集团或企业的碳排放总量并制成相关报告从而达到核查的目的。这些碳排放总量是指企业或集团在生产作业活动各环节中直接或间接排放的碳总量。核查机构的存在,是企业积极履行社会责任、响应国家政策的体现,不仅利于企业本身对温室气体排放的管理和控制,而且利于国家对"碳达峰碳中和"目标的实现。中国目前的第三方核查机构存在两种类型,主要是私人核查机构和具有政府背景的核查机构,私人核查机构是十分常见的一种核查机构,它一般的设立主体是私人,并由其设立、运营;第二种类型则是由政府部门设立或者隶属于政府部门主管的机构。

碳达峰是指温室气体排放量达到历史最高值,峰值之后进入平台期,之后二氧化碳排放量持续下降的过程,也即由增转降的历史拐点。碳中和,一段时间之内,二氧化碳的排放总量通过推广使用绿色能源、促进经济结构转型等形式,抵消自身产生的碳排放量,最后实现"零排放"。

二、"双碳目标"下碳监管的必要性与挑战性

(一)必要性

气候变化是当今全球面临的重大挑战之一,2030 年碳达峰和 2060 年碳中和是中国在 2020 年就提出的明确目标,它表明了中国对环境保护事业自主贡献的决心,也是中国政府对国际社会应对气候变化挑战的最新承诺。实现"双碳目标"是中国统筹国际国内两个大局的重要战略决策,彰显了中国的责任担当,构建人类命运共同体,这也为中国不断建设绿色低碳社会、推进能源结构转型、经济结构调整提供了更充足的动力,降低碳排放量对于环境保护事业和全球气候变化有不可估量的作用。

碳监管碳排放权交易作为一种行之有效的刺激手段，具有双重作用，不仅有利于减缓全球变暖，缓解相关的气候变化，而且有利于保障中国的能源安全。然而碳排放权交易作为一种经济活动，国家十分有必要对其进行监管，主要是因为碳排放权交易容易因为市场调节的缺陷而深受影响，如果完全任由市场自由发展，容易触发一些金融风险，如一些不完全竞争。与此同时，碳排放权交易实践的一些地区和国家都对交易进行了严格监管，如追踪相关交易信息、完善问责制度，中国碳排放权交易市场可以借鉴相应经验，进行相应的监管。

（二）挑战性

中国是一个人口大国、经济大国，也是一个巨大能源生产国和能源消费国，实现碳达峰、碳中和是一场广泛而深刻的经济社会系统性变革。碳达峰碳中和的深层次问题是能源问题，中国实现"双碳目标"面临巨大挑战。一方面，长久以来，中国能源"一煤独大""富煤贫油少气"，煤炭能源消费非常高。根据数据统计，煤炭能源消费占比已经高达60%左右，中国单位能源的二氧化碳排放强度、单位GDP的能耗强度较世界平均水平分别高30%和50%，而可再生能源替代化石能源是实现"双碳目标"的主导方向，在长久不变的能源结构和经济结构下推动能源转型具有很大的挑战性。另一方面，中国实现碳达峰的时间紧迫，实现"双碳目标"具有很大的挑战性。一般来说，发达国家实现碳达峰一般发生在服务业占比达到70%，城市化率达到80%左右的时期，而中国目前服务业占比为55%，城市化率为64%；与发达国家相比，中国服务业占比较低，城市化率也较发达国家低；与此同时，发达国家"双碳目标"的实现，一般都要经历50年以上，而中国只有短短30年左右，比一般的发达国家时间更短，不仅时间相对紧迫，而且任务繁重艰巨。而在实现"双碳目标"的过程中，还要兼顾社会效益，避免采取简单粗暴的手段，避免为了尽快完成任务而对经济社会生活产生不必要的负面影响。在面临实现"双碳目标"巨大的挑战时，针对碳排放实施科学有效的监管迫在眉睫。

三、碳排放监管法律制度总体现状及问题

（一）碳排放权的特征

碳排放权是对企业碳排放额度的限制，一般是政府部门在科学评估之后，在碳排放总量一定的情况下，根据评估再分成若干份额，灵活分配，并允许其在市场上交易。碳排放权通常具有以下特征。第一，可分割性。若干份的碳排放额度分配给排放单位后，这些单位可以经过分割而出售给其他需要的企业，碳排放额度是一种可分割的、有价值的资产。第二，可交易性。碳排放权具有商品的属性，具有交换价值，也有价值，符合我们通常在经济学上对商品的定义，它可以

在市场上自由地交易、买卖。第三，稀缺性。政府碳排放的额度在企业或集团间进行分配，而总体的额度是一定的，我们通常所能认知到的环境容量是有限的，它决定了这种稀缺性，从而可以意识到碳排放权的稀缺性。第四，排他性。碳排放权是排放单位对其拥有的碳排放额度的独占权，可以自由处分，它将其他主体的权利排斥在外。

(二) 碳排放监管总体现状

碳排放行为的法律监管主要可以分为两个部分：第一部分是碳排放准入监管制度，包括碳排放监测计划的备案和碳排放的许可；第二部分主要是指碳排放核查监管制度。

1. 碳排放准入监管制度

政府对排放各单位的监管主要通过备案制和许可制实施。在实际操作中，备案制相当灵活，但也饱受法律争议。中国的监管主要采用备案制，可提前了解排放单位在生产作业中采取的监测步骤及方法等相关信息，并通过要求相关备案单位按照备案的监测方法进行监测，可在一定程度上约束排放企业的行为，从而确保其自行进行检测和报告的能力。但备案一词没有明确的法律界定，行政备案与行政许可不同，一般而言，除非法律明确规定，否则未经备案并不影响行政相对人依法从事某种行为的权利，即行政机关在行政备案中没有否决权。与行政许可不同，行政备案不仅缺乏明确的法律依据和法律后果，而且在实际操作中具有不确定性。在备案中出现纠纷，对保护排放企业等行政相对人的权益十分不利，有必要通过法律规定进一步规范。

2. 碳排放核查监管制度

随着近年来中国经济持续发展，市场规模不断扩大，中国碳核查市场逐渐面临供不应求的局面。就中国的碳核查现状而言，纳入交易的控排企业大约仅有一万家，根据统计的数据汇总，其中第三方核查企业占比相当低，甚至不足百分之三，由此可见，碳排放气体的核查工作按时按质完成需要各方齐心努力，要求更高，严格对核查机构以及核查技术人员进行把关迫在眉睫。但是就中国碳排放监管现状而言，直接承担核查任务的是第二种类型的核查机构，这种机构往往在人力资源或者专业能力方面存在些许不足。私人核查机构才是最为常见和普遍存在的机构，私人核查机构专业背景较强，同时比较独立，是碳核查的有力支撑。不论哪种机构，这些第三方核查机构的存在可以有效弥补政府监管的不足，填补漏洞，从而提高政府工作效率，减轻负担，实现有效监管。最为特别的是，这些第三方核查机构相对中立，与企业和政府能够保持相对独立，这样就可以避免政府监管部门和相关企业之间的一些利益冲突。

然而在中国碳核查的实际工作中，中国的排放单位普遍是听取政府的安排，由政府直接指派核查机构。在中国有关碳排放交易试点省市，相关法规要么明确规定政府指定或委托机构，要么虽然明面规定由企业自主选择机构，但是实践操作中仍然由政府有关主管部门组织核查。由此可见，中国目前许多交易规则以及监管制度都不完善。监管过程中，针对气候变化的执法监管活动，在执法检测设施和手段、执法人员能力等方面还存在执法监管力度不足、监管措施松散、监管效果不佳等问题。

（三）问题

温室气体排放对环境的影响已经逐渐凸显，全球变暖是人类正在面临的巨大挑战，温室气体排放监管工作也一直深受广大民众关注，因此，中国对于温室气体的排放检查工作近年来十分重视。2021年7月，中共中央指出，坚持全国一盘棋，充分发挥法律的作用，运用法治手段推进实现"双碳目标"。中国未来必将更加自主地采取措施进行长期、深度、持续的减排，做好顶层设计，采用法治的手段建立有效机制应对气候变化，具体为采取更严厉的碳减排措施，更有效的监管措施，建设完善的碳市场机制，增加碳汇，借助技术革新，同时发挥法律规范主体行为的作用。但是中国目前立法的探索和实践难度难以满足实现碳达峰、碳中和目标愿景的现实需求。就中国的现状而言，国家层面上既没有专门立法，也不存在直接立法，相关监管体系法律制度也不够完善；从短期来看，将"双碳目标"纳入中国碳排放权交易相关立法之外，还可考虑在其他领域的相关立法中纳入这些目标，比如在能源法、金融法等领域中纳入这两个目标。就监管层面的法律制度而言，目前中国主要有以下问题。

第一，监管主体的责任划分不够明确，监管主体法律地位尚不明晰。中国碳核查行业协会没有正式建成，目前，相关文件没有明确部门责任，只是概括地强调监管主要由国家发改委和相应部门负责。相关部门按职责分工，政府部门、第三方核查机构及企业是主要的参与主体，利益冲突需要通过法律得到更好的协调。

第二，实际监管过程中，碳核查的相关规定亟待完善，碳排放核查标准和碳交易权核查标准尚不统一。究其深层原因，是现在的核查指南中存在着与行业划分不相符合之处。现有核查指南中，行业划分标准与企业实际情况不相符合，与企业的生产作业活动不符合；同时计算方法也与企业实际工艺流程不相匹配，一些企业的检测状况尚无法满足核查指南中计算公式的要求。这一系列的问题产生究其根本是对核查标准的把握不足，欠缺统一的核查标准，同时，不同的主体对核查指南的理解也可能不一样。虽然这些问题看起来对企业的影响不大，但是就全国来说，总的数量就会变得很庞大，会影响中国碳达峰的计算。

第三，核查监管中，法律系统不够健全，尤其是关于碳排放权交易的法律系统不统一。目前,中国有七个碳排放权交易试点,这七个试点的法律系统建设各不相同,有五个试点尚未公布相关的法律法规,另外两个试点有相关的法律,但与现实情况有一些出入,虽然这些地方公布了相关法律,但在执行时参照政府部门的文件,这样极容易出现违规操作的问题,难以确保碳交易质量,从而影响监管效果。同时,中国立法的探索和实践进度还远远不能满足碳达峰、碳中和目标愿景的现实需求,还有很长的一段路需要走。具体而言,在应对气候变化方面,中国还没有国家层面的专门法律,而在对温室气体的控制方面,目前仅仅能依据大气污染防治法进行间接治理,在当前实现"双碳目标"的挑战下,出台专门法显得尤为必要了。

四、对策建议

(一)明确碳排放监管主体法律责任

在监管工作中,相关法律制度可以从协同执法入手,在实际操作中,可以从以下几个方面入手。

其一,应当用法律的手段强调企业的环境社会责任,规范企业的行为。从碳排放大户来看,主要集中在能源、制造、交通和建筑领域,而对这些领域的碳排放的核查主要是通过对企业的监管实现的。企业是市场参与的主体,是温室气体最主要的制造者,尤其是工业企业,企业自主承担环境社会责任对实现"碳达峰碳中和"举足轻重,企业在市场中不断获得经济效益的同时,也应当兼顾社会效益。因此,在实现碳达峰、碳中和过程中,应当通过法律、法规的形式加强上市公司环境、社会和公司治理(Environmental, Social, Goverance, ESG)信息披露,出台相关制度,督促上市公司履行相应的环境社会主体责任,完善上市公司ESG信息披露的具体内容,根据实际情况变化,适时调整。一个兼顾社会效益、承担社会责任的企业才能更受市场认可。

其二,明确核查机构的法律责任。在碳排放权交易管理条例中,对核查机构的法律责任可以进一步从以下两个方面入手:一方面加强对核查机构的问责,避免由于核查机构的过错导致核查结果不准确,应当使核查结果的可信度与碳排放额度相发放相挂钩,从而引起核查机构对核查结果可信度重视。同时核查机构的过错形态仅为"弄虚作假""重大过失",是否追究法律责任值得考虑。

其三,发挥金融监管部门、环境保护部门的作用,以法律法规形式鉴定碳排放权的金融属性,以市场为导向,发挥市场的自主调节作用,构建生态、金融监管等多部门组成的综合行政执法体制,形成协调联动的综合执法格局。

(二)完善核查标准,加强事前审查

夯实碳排放检测的核算标准,完善碳核查行业标准。《全国碳排放权交易的第三方核查指南》(以下简称《指南》)不断完善,核查机构应当重视核查标准,不能"一刀切"。根据实际情况核查,合理设置碳排放额度,才能更好地激发企业的自主性和积极性。适时规范碳核查机构的工作流程,碳核查行业标准不一,与企业实际生产作业活动不相符合是核查工作目前最主要的问题。针对《指南》所包含的行业、工业类型以及相关的检查项目详尽规定,不断完善核查标准,形成一套独立的核查标准体系。

(三)以市场为导向,推动能源转型

国家对钢铁、电力、化工、建材等重点行业领域的碳排放实施主动有效的控制,积极承担与基本国情、我国发展阶段和实际能力相符的国际义务,争取实现低碳目标,推动经济结构转型,推动清洁能源。实现"双碳目标",既要讲发展,又要讲目标。从碳排放大户来看,中国主要集中在能源、制造、交通和建筑领域,实现"双碳目标"的主要方向也从这些领域着手:在能源领域推进绿能替代,构建以新能源为主的现代电力体系;在制造业领域力争实现燃料或原料脱碳;在交通领域就是要进一步推动电动化和氢动化;在建筑领域就是要大力推广节能建筑和零碳建筑。加强对市场的监管,更好地实现碳达峰碳中和,一方面,以市场为导向,发挥市场的自主调节作用,推动技术创新和变革,完善相关法律法规,保障科技创新加强对市场包括生物化学、人工智能以及数字技术等领域的创新和变革,将一些新兴的领域纳入法律的调整范围,让法律成为科技创新的后盾。另一方面,加强对绿色能源项目的审批和检查。绿色能源项目具有很强的创新性,一般这种科技含量较高的项目具有很大的发展潜力,但同时也具有一些潜在的风险,在鼓励其发展的同时必须谨慎,预防一些项目半途而废,浪费社会资源,增加投资者的风险。可以通过设立专门机关或部门的形式从源头上加强审查,也可以对一些绿色能源项目进行事后评估,对一些行之有效的项目进行推广,加快实现绿色低碳转型,加快实现碳达峰、碳中和的目标。

参考文献:

[1] 刘宇. 关于我国碳排放核查中存在的问题及对策建议 [N]. 中国科学报, 2017-11-20.

[2] 陈慧珍. 许可抑或备案:我国碳排放准入监管的法制进路 [J]. 法学评论 (双月刊), 2016 (5).

[3] 高宝艳. 碳排放权交易的监管体系研究 [J]. 绿色科技, 2014 (4): 264-265.

[4] 陈慧珍. 中国碳排放权交易监管法律制度研究 [M]. 北京:社会科学文献出版社, 2017.

[5] 邵小林, 李燕青. 基于低碳经济视角的城市环境研究 [J]. 绿色科技, 2018 (14).

[6] 王美多, 陈伟. 绿色经济视野下的低碳经济发展新论 [J]. 现代经济信息, 2018 (25): 13-14.

[7] 徐建中, 张楠. 低碳经济背景下厂商市场势力的形成和实施研究 [J]. 管理世界, 2018, 34 (5):

174-175.
[8] 苑红. 碳排放核查工作中存在问题的分析 [J]. 科学与技术, 2020 (16): 12.
[9] 杜群, 李子擎. 国外碳中和的法律政策和实际行动 [N]. 中国环境报, 2021-04-16.
[10] 高桂林, 陈炜贤. 碳达峰法制化的路径 [J]. 广西社会科学, 2021 (9): 13-19.

迈向碳中和的行政指导

白灵芝[①] 李智贤[②] 徐海原[③]

摘 要：中国已经迈入"双碳目标"阶段，采取行政指导是确保2060年如期实现碳中和目标的关键所在。然而，在迈向碳中和进程中，因存在行政指导法律政策依据不足；与其他行政行为界限不清、行政指导范围不定；信息公开共享、公众有效参与程序不规范；以及责任承担主体、方式不明，救济渠道单一薄弱等问题，导致在迈向碳中和进程中行政指导难以发挥其补充与替代、辅助与促进、协调与疏通、预防与抑制等作用，阻碍碳中和背景下行政指导行为的高效实施和优质执行。为稳步促进碳中和目标的实现，在习近平法治思想的指引下，结合"功能角度三分说"行政指导分类理论，应健全碳中和背景下行政指导法律政策体系，厘清行政指导行为的具体范围及其与其他行政行为的边界，规范行政指导信息公开、共享和公众参与程序，完善碳中和背景下行政指导的责任类型，完善责任救济保障，汇聚起实现碳中和目标的磅礴伟力。

关键词：碳中和；行政指导；柔性行政行为

一、引言

2020年9月22日，习近平主席出席第七十五届联合国大会一般性辩论并发表重要讲话，郑重明确承诺："中国将提高国家自主贡献力度，采取更加有力的政策和措施，二氧化碳排放力争于2030年前达到峰值，努力争取2060年前实现碳中和。"[④] 自此，中国发展进入了迈向"双碳目标"阶段。在迈向碳中和目标背景下，政府多采取命令控制型行政行为，易损害民众学习碳中和理论的主动性，误导民众践行碳中和要求的正确性，导致行政指导在碳中和进程中难以发挥其补充与替代、辅助与促进、协调与疏通、预防与抑制等作用。为确保稳步实现碳中和目标，有必要引入行政指导。

[①] 白灵芝：西南石油大学法学院2020级硕士研究生。
[②] 李智贤：西南石油大学法学院本科生。
[③] 徐海原：西南石油大学法学院本科生。
[④] 习近平：《在第七十五届联合国大会一般性辩论上的讲话》，《人民日报》，2020年9月23日，第3版。

行政指导是指行政机关在其职能或职责范围内，为适应复杂多样的经济和社会管理需要，基于国家的法律精神、原则、规范或政策，适时灵活地采取指导、劝告、建议等非权力强制性方法，谋求相对人同意，以有效地实现一定行政目的之主动行为[①]。其目的是通过引导、鼓励等方式期冀行政相对人作出相应行为选择进而实现行政目的。随着碳中和目标的提出，碳中和背景下的行政指导应运而生。所谓碳中和背景下的行政指导是指行政主体在法律框架内，根据法律规定、立法原则或有关政策，通过对行政相对人采用劝说、调停、启导、提倡、示范、建议、协商、奖励等非强制性行政手段，促使行政相对人作出符合低碳或零碳等环保行为或不得作出碳排放超标、碳污染等破坏行为。随着碳中和元年的开启，行政指导分别从能源、产业、交通、建筑等领域共同推进。然而，现阶段碳中和背景下的行政指导，仍囿于法律规范依据不足，行政指导适用范围不明，信息公开、民众参与程序不畅以及责任划分不清、追究机制不健全等困境之中，导致在迈向碳中和进程中的行政指导难以被高效实施和优质执行，其指引、示范和促进低碳治理的作用并未得到有效发挥。因此，为更好发挥行政指导在低碳治理过程中的补充与替代、辅助与促进、协调与疏通、预防与抑制等作用[②]，稳步扎实推进碳中和进程，完善碳中和背景下的行政指导行为具有非凡现实意义和深远战略价值。

二、迈向碳中和亟须行政指导

（一）命令控制型降碳行为面临困境

行政强制是行政机关执法的常用手段，在行政管理中发挥着重要作用。然而，行政强制通常以侵害行政相对人的权利为代价来换取行政目的之实现，如使用不当极易演变为人权与自由的"桎梏"[③]。在迈向碳中和的发展过程中，命令控制型降碳行为屡见不鲜。如2020年工信部部长指出，钢铁行业作为能源消耗高密集型行业，要坚决压缩粗钢产量，确保粗钢产量同比下降[④]；住房和城乡建设部等七部门发布《关于印发绿色建筑创建行动方案的通知》，明确表示到2022年城镇新建建筑中绿色建筑面积需占比达到70%[⑤]；浙江省提出坚决遏制地方新

[①] 莫于川：《非权力行政方式及其法治问题研究》，《中国人民大学学报》，2000年第2期，第83—89页。
[②] 莫于川：《法治视野中的行政指导行为——论我国行政指导的合法性问题与法治化路径》，《现代法学》，2004年第3期，第3—13页。
[③] 陈晓红，吕尖：《低碳经济视域下法治行政理念及实现路径》，《河北学报》，2011年第6期，第245—247页。
[④] 吕涛涛：《2020年重点钢铁企业粗钢产量变化对钢材品种产量影响分析》，《冶金管理》，2021年第6期，第17—22页。
[⑤] 《住房和城乡建设部国家发展改革委教育部工业和信息化部人民银行国管局银保监会关于印发绿色建筑创建行动方案的通知》，2020年7月15日，http://mohurd.gov.cn/wjfb/202007/t20200724_246492.html。

上石化、化纤等高耗能行业项目，严控水泥、钢铁等产能过剩行业新增产能项目；山东省对高耗能行业分类划定加严"标准线"，对达不到标准的产能限期关停，加速落后产能市场出清。归根究底，可发现上述措施实际是对有关碳排放设施、设备、物品和管理主体采取查封、扣押、罚款、拘留、责令停业整顿、关闭、限期改正、没收违法所得等行政强制措施。

虽然此类命令控制型降碳行为在短时间内会显示出显著成效，但伴随着时代的日新月异和新事物的层见叠出，命令控制型降碳行为的弊端与不足也在逐渐显现。首先，命令控制型行政行为以其显著成效受到国家的大力推崇，不过在降碳减排领域，命令控制型降碳行为便逐渐固定僵化；同时，采取查封、扣押、罚款等命令控制型行政行为直接意味着对行政相对人的权利或自由进行一定程度的限制，长此以往便会降低全社会降碳减排的积极性、主动性和创造性，不利于碳中和目标的如期实现。其次，命令控制型行政行为效率低下，成本高昂。以拉闸限电为例，2021年开始，中国各地限电现象范围扩大。自5月开始，限电出现在云南、广东等部分南方省份，引发工业企业限产；9月后，浙江、江苏等制造业大省纷纷针对高耗能企业进行限电、限产；9月23日开始，东北辽宁等多地出现用电高峰时段突然拉闸限电的情况，不仅限制了工业生产，而且影响到居民生活和城市运转，甚至引发安全生产事故。为了完成国家硬性的"能耗双控"指标，一些地方政府广泛采取命令控制型行政行为，最终进入转型阵痛期。上述弊端皆表明现阶段行政强制手段已无法满足碳中和目标，命令控制型降碳行为亟待变革与创新。

（二）行政指导为实现碳中和目标提供指引和示范

习近平主席在第七十五届联合国大会一般性辩论上的讲话指出："应对气候变化《巴黎协定》代表了全球绿色低碳转型的大方向，是保护地球家园需要采取的最低限度行动，各国必须迈出决定性步伐。中国将提高国家自主贡献力度，采取更加有力的政策和措施，二氧化碳排放力争于2030年前达到峰值，努力争取2060年前实现碳中和。"[1] 碳中和目标的提出，对波诡云谲的国际环境和纷繁复杂的国内形势影响深远，意义重大，这不仅是中国作为负责任的大国所应对国际社会承担的责任，更体现了中国经济社会发展全面绿色转型的内在要求[2]。实现绿色低碳的转型乃至实现碳中和目标，不仅需要政府的努力，更需要个人、企业乃至全社会的广泛参与。由于行政指导方式更便于行政机关与行政相对人沟通，

---

[1]《应对气候变化〈巴黎协定〉代表了全球绿色低碳转型的大方向》，2020年11月22日，http://news.cnr.cn/dj/20201122/t20201122_525337960.shtml。

[2] 刘清云：《论中国共产党引领社会建设的百年追求——从实现小康到美好生活》，《武汉理工大学学报》，2021年第2期，第8—14页。

因而以行政指导方式进行碳中和进程中的行政管理显现出了较强的应用性与实效性[1]。减碳降碳满足了人民对美好环境的需求,但对企业而言无疑是一次前所未有的重大挑战。在迈向碳中和的进程中,部分企业进入碳中和的误区,如东北某限电区域,部分企业通过购买柴油发电机借以发电等形式完成零碳指标。有鉴于此,碳中和目标背景下的企业应如何进行生产建设,是否可以开展"运动式"减碳等难题,便需要政府通过行政指导来及时灵活地指引、启导和规范企业进行低碳生产、绿色排放。反之,如果企业未得到政府及时正确的行政指导,极易误入转型阵痛期,届时即便是短暂的波动,也有可能使企业对实现碳中和目标的信心大为降低。

(三)行政指导促进低碳治理

低碳治理是迈向碳中和的必由之路。但目前而言,在低碳治理过程中存在诸多弊端,如减碳单一化、"运动式"减碳、减碳指标错位等一系列误解与困境。此类误解造成企业盲目减产,如工厂将碳排放和常规污染物排放混为一谈,在降碳的同时减产,导致减碳既降低了生产能力,又打乱了供求秩序;同时,地方政府认为现阶段推动减排就是采取由上到下层层分解任务目标,通过强制性手段下达减碳指标,最终导致降碳活力不足[2]。面对上述情况,政府通过出台政策来对低碳治理进行指引、启导和规范,如制定和实施低碳产业发展政策,调整能源结构,逐步形成新型低碳产业经济体系以及明确减碳不能单一脱节,而应从中国现阶段国情出发,坚持降碳、减污、增绿、增长四位一体协同推进[3]。上述行政指导不仅为企业在降碳与减产的矛盾中指明了方向,而且通过柔和性、具有行政关怀的人文指导又弥补了强制性行政行为的不足,更易让企业、人民接受。行政机关通过启导、规范、建议、示范来鼓励和引导行政相对人采取符合低碳标准的行为,有效减少了政府在减碳领域中的宏观调控,不仅有助于市场经济的高质量健康发展,而且能兼顾经济发展的同时节能减排,进而坚实保障碳中和目标的如期实现。

三、迈向碳中和的行政指导现状

(一)迈向碳中和的行政指导实践

自2020碳中和元年以来,国内节能减排、降碳环保工作如火如荼持续进行。

---

[1] 陈晓红,吕尖:《低碳经济视域下法治行政理念及实现路径》,《河北学报》,2011年第6期,第245—247页。
[2] 《减碳不是减少生产能力,更不是人为打乱供求秩序》,2021年9月27日,http://jer.whu.edu.cn/jjgc/14/2021-09-27/5293.html。
[3] 于杨曜:《论政府在发展低碳经济中的行政行为及其法律控制》,《华东理工大学学报》2014年第5期,第74—80页。

其中政府运用了大量的命令控制型行政手段进行降碳减排，同时作为柔性行政行为的行政指导也发挥了重要的作用。关于行政指导的学理分类，根据其功能、依据、救济方式等角度可划分为多种类型。目前，学术界主要存在四种观点，分别是"功能角度三分说""功能角度二分说""依据角度划分说"和"救济角度划分说"[1]。其中，尤以中国台湾地区著名行政法学家林纪东教授所持的"功能角度三分说"为主要观点，并被中国行政法学家杨建顺教授等学者所广泛认同与提倡。林纪东教授从功能角度出发，将行政指导分为三类，分别是"规制性或抑制性的行政指导、调整性或调停性的行政指导、促进性（助成性）或辅助性（建议性）的行政指导"[2]。行政指导在迈向碳中和进程中发挥着不可替代的非凡作用。本文通过考察梳理碳中和背景下中国行政指导的实践与困境，结合"功能角度三分说"，对迈向碳中和工作中行政指导措施作如下分类。

1. 规制性行政指导

"这是为了维护和增进公益，预防危害公益的现象发生，对违反公共利益的行为加以规范和制约的行政指导。"[3] 在迈向碳中和进程中，中央政府和地方各级人民政府均通过各种方式的规制性或抑制性行政指导对违反碳中和目标的行为进行规范和制约。例如，《政府工作报告》将碳达峰、碳中和作为2021年重点工作之一进行统一部署[4]；北京市正在按国家有关规定开展碳达峰评估，并研究制定本市碳中和行动纲要[5]；工信部将逐步研究建立以碳排放、污染物排放、能耗总量等为依据的产量约束机制[6]；浙江省生态环境厅发布《浙江省建设项目碳排放评价编制指南（试行）》，要求从2021年8月8日起全省范围的钢铁、火电、建材等九大重点行业，在上马新项目时，要在环评中纳入碳排放评价[7]。

因而可知，规制性行政指导具有规范、预防、抑制碳主体行为之作用。在碳中和背景下，政府通过发布规制性或抑制性行政指导，可有效制约社会各主体的碳排放行为，规范其做到自觉降碳、绿色生活、节能生产，为碳中和的顺利实现作出贡献。

---

[1] 莫于川：《行政指导论纲——非权力行政方式及其法治问题研究》，重庆大学出版社1999年版，第46-49页。
[2] 林纪东：《行政法》，三民书局1988年版，第437-438页。
[3] 莫于川：《行政指导范畴论——行政指导的概念与若干相关问题》，《金陵法律评论》，2001年第1期，第145-161页。
[4] 《实化、量化、细化碳达峰、碳中和工作》，2021年3月10日，https://cenews.com.cn/opinion/202103/t20210310_971436.html。
[5] 《北京研究制定碳中和行动纲要》，《北京青年报》，2021年6月6日。
[6] 《要求更"刚"！碳达峰碳中和倒逼钢铁行业高质量发展》，2021年3月21日，http://www.gov.cn/xinwen/2021-03/21/content_5594257.htm。
[7] 《浙江推行重点行业碳排放评价碳评成项目上马关键》，2021年8月7日，http://zj.cnr.cn/gstjzj/20210807/t20210807_525555337.shtml。

2. 调整性行政指导

"这是以调整相互对立的当事人之间的利害关系为目的的行政指导，即相对行政人之间发生争执又协商不成时，行政机关出面调停以求达成妥协。"[1] 碳中和背景下，节能减排指标和环保要求标准始终伴随着政府行政行为，为确保完成低碳等环保任务，政府极易滥用自身行政权力，通过强制手段实现节能指标，损害公民的能源普惠权利，进而导致能源纠纷数量显著增长，尤以近期东北地区拉闸限电事件为典型。2021年9月26日，受"双碳"政策和煤炭价格上涨等多重因素影响，东北三省等地方政府急于实现节能减排既定目标，重视运用行政强制手段完成上级交付指标，采用不当甚至是粗暴的方式进行大面积限电停电，甚至居民用电也被"拉闸限电"，严重影响了当地居民的生产生活，引发群众不满和舆论热议。面对此类能源纠纷，常态纠纷解决和矛盾化解机制难以应对当前矛盾，因此调整性或调停性行政指导应时而生。如国家发改委有序放开全部燃煤发电电量上网电价，严禁地方不当干预电价擅自关停煤矿[2]；辽宁省工信厅强调要加强有序用电执行情况的监督检查，保证有序用电实施到位，最大可能避免出现拉闸限电情况[3]；吉林全力保障基本民生用电需求，最大可能避免出现拉闸限电情况[4]；黑龙江省委省政府明确要求全力保障基本民生用电需求，确保冬季居民住上暖屋子[5]。

概而论之，针对能源纠纷相对人之间的矛盾纠纷，调整性或调停性行政指导可以发挥事前预防、事中调整和事后调节的作用，具有协调和疏通之性质。在迈向碳中和的进程中，命令控制型行政行为固然重要，但面对新型能源纠纷时便会显得相形见绌，故而便需要调整性或调停性行政指导加以疏通、化解和调节，促进碳中和目标的稳步实现。

3. 促进性行政指导

促进性行政指导是指以帮助和促进，促使相对人的行为合理化而给予的行政指导。根据其主要内涵、表现形式、价值功能的不同，促进性行政指导又可分为建议型、启导型、提倡型和示范型行政指导实践。

---

[1] 莫于川：《行政指导范畴论——行政指导的概念与若干相关问题》，《金陵法律评论》，2001年第1期，第145-161页。

[2] 《国家发改委：严禁地方不当干预电价擅自关停煤矿》，2021年10月22日，http://www.chinanews.com/cj/2021/10-22/9592166.shtml。

[3] 《辽宁电力供应缺口增至严重级别，将尽最大可能避免拉闸限电》，2021年9月26日，http://ln.people.com.cn/n2/2021/0926/c378317-34932096.html。

[4] 《吉林：最大可能避免出现拉闸限电情况》，2021年9月27日，http://jl.cnr.cn/jlyw1/20210927/t20210927_525616827.shtml。

[5] 《黑龙江省回应"拉闸限电"：将尽最大努力保障居民生活用电》，2021年9月27日，https://www.bjnews.com.cn/detail/163273178914419.html。

（1）建议型行政指导。为引导社会各领域、行业企业和公民主动正确地践行碳中和要求、自觉履行低碳节能义务，中央和地方以文件等形式印发了较多的建议型行政指导。如党中央国务院成立碳达峰碳中和工作领导小组，制定碳达峰、碳中和时间表、路线图、1+N政策体系，陆续发布指导意见[1]；教育部印发了《高等学校碳中和科技创新行动计划》[2]；生态环境部为推动践行低碳理念，规范大型活动碳中和实施，发布了《大型活动碳中和实施指南（试行）》[3]。

（2）启导型行政指导。为保证碳中和目标的稳步实现，全国各地也推出了多项举措引导节能减排，疏导企业压力，促进降碳环保。如中国积极的造林政策和在培育优良树木品种等方面取得的大量成果，不仅能够绿化国土，增加"碳汇"，还向世界展示了中国负责任的大国形象[4]；安徽省积极谋划推动碳达峰、碳中和行动，制定全省二氧化碳排放达峰行动方案，明确提前达峰地区、行业名单及时限[5]；重庆市生态环境局在全国率先发布了《重庆市规划环境影响评价技术指南——碳排放评价（试行）》《重庆市建设项目环境影响评价技术指南——碳排放评价（试行）》[6]。

（3）提倡型行政指导。为促进低碳节能、降碳减排等绿色环保观念与行为在全社会蔚然成风，中央和地方均通过颁布文件等形式鼓励和倡导企业和民众自觉学习碳中和概念，正确践行碳中和要求。如四川省生态环境厅、文化和旅游厅、体育局、机关事务管理局、林业和草原局联合印发了《四川省积极有序推广和规范碳中和方案》[7]；黑龙江省生态环境厅进一步扩大碳中和服务覆盖范围，促进全社会积极参与绿色低碳发展[8]；中国人民银行鼓励有条件的金融机构研究提出碳中和目标，但应避免"一刀切"和"运动式"减碳[9]。

（4）示范型行政指导。除上述政策文件外，碳中和背景下全国各地还存在大

---

[1] 《中国气候变化事务特使解振华：中国实现碳中和目标或需投入136万亿》，2021年7月24日，http://finance.cnr.cn/2014jingji/djbd/20210724/t20210724_525542940.shtml。

[2] 《教育部关于印发〈高等学校碳中和科技创新行动计划〉的通知》，2021年7月29日，http://wap.moe.gov.cn/srcsite/A16/moe_784/202107/t20210728_547451.html。

[3] 《关于发布〈大型活动碳中和实施指南（试行）〉的公告》，2019年6月17日，https://www.mee.gov.cn/xxgk2018/xxgk/xxgk01/201906/t20190617_706706.html。

[4] 《实现碳中和，林业有担当》，《光明日报》，2021年7月24日。

[5] 《安徽积极谋划推动碳达峰、碳中和行动》，2021年2月8日，http://www.cnr.cn/ah/news/20210208/t20210208_525409990.shtml。

[6] 《重庆率先发布规划和建设项目环评碳排放评价指南》，2021年2月24日，http://cq.cnr.cn/tp/20210224/t20210224_525420596.shtml。

[7] 《四川出台全国首个省级碳中和推广方案》，2021年4月3日，http://sc.people.com.cn/n2/2021/0403/c345167-34657379.html。

[8] 《黑龙江省生态环境系统大型活动将实施碳中和》，《黑龙江日报》，2021年9月2日。

[9] 《央行：引导资金支持绿色发展避免"一刀切"式减碳》，2021年10月22日，https://m.gmw.cn/2021-10/22/content_1302648541.htm。

量的示范型行政指导。作为全国首个国家生态文明试验区，福建有意启动一批农业碳汇平衡试点[1]；广东省率先形成全方位多层次的低碳试点体系[2]；国家税务局总局灌云县税务局采取多种方式，在全系统广泛开展节能知识宣传、绿色低碳出行倡议等活动，以此启动公共机构节能示范单位争创工作，积极打造节约型机关[3]。行政主体以身作则胜过无数命令要求，碳中和背景下政府通过示范型行政指导能够展现自身亲和力，发挥身先士卒的先锋队作用，带动全社会积极主动践行碳中和要求，为碳中和目标的顺利实现作出贡献。

（二）迈向碳中和的行政指导困境

1. 迈向碳中和的行政指导法律政策依据不足

自碳中和目标提出后，行政指导便广泛运用于低碳治理实践中，但与此对应的行政指导法律则还存在滞后现象。相较于环境行政管理领域，碳中和过程中的行政管理法律则少之又少。一方面，碳中和行政指导在国家政策中表现为数量稀少，只有少数在能源、交通等领域出现，而低碳治理作为宏观领域，涉及企业生产、民众生活等各方面，亟需行政指导为行政相对人指明方向。另一方面，碳中和进程中的行政指导缺乏单行法。"不论是日本、韩国还是美国，均通过法律或司法判例对行政指导加以明确规定。"而中国在碳中和过程中的行政指导不仅缺乏相应的行政指导单行法，在其他单行法中也没有关于碳中和的行政指导。反观环境治理，环境行政指导在很多单行法中均有体现，如《大气污染防治法》第九条、《固体废物污染防治法》第四条、《清洁生产促进法》第四条等诸多规定。由此可见，目前中国在迈向碳中和进程中的行政指导与行政指导法律体系之间还存在不对等、不相适应等现象，碳中和背景下行政指导的相应法律政策严重缺乏。

2. 迈向碳中和的行政指导界限范围模糊

迈向碳中和的行政指导界限模糊，主要表现在行政指导与其他行政行为之间界限划分标准不清晰。由于行政指导是政府在适应现代市场经济的发展和行政民主化潮流下转变职能过程中出现的一类积极行政活动方式，其适用范围广，使用时机较灵活，行使方式较多元，易与其他行政行为发生界限模糊等问题。因其产生时间较短，现阶段人们对行政指导的研究与知晓程度并不充分全面[4]，因而致使许多行政主体不知何时使用，如何规范使用，与此同时行政相对人也难以区分行政指导与其他行政行为。如生态环境部印发的《关于统筹和加强应对气候变化

---

[1] 《碳中和的福建农业担当》，《福建日报》，2021年6月22日。
[2] 《广东超额完成碳强度目标》，《广州日报》，2020年11月9日。
[3] 《绿色低碳：多措并举打造节约型机关》，2021年7月9日，http://www.cnr.cn/rdzx/20200709/t20200709_525161881.shtml。
[4] 莫于川：《法治视野中的行政指导行为——论我国行政指导的合法性问题与法治化路径》，《现代法学》，2004年第3期，第3-13页。

与生态环境保护相关工作的指导意见》中提出,要鼓励推动能源、工业、交通、建筑等重点领域以及钢铁、建材、有色、化工、石化、电力、煤炭等重点行业制定相关目标及行动方案[①]。对于上述意见,实践中有众多行政相对人难以分辨其为行政指导政策抑或行政强制性政策,以至于行政相对人在综合考虑下选择将其视为行政强制政策,这便使得低碳治理难以取得良好成效,也造就碳中和背景下的行政指导界限范围逐渐模糊不明。

3. 迈向碳中和的行政指导程序不规范

迈向碳中和的行政指导程序不规范,主要是指信息公开程序不完善、民主参与度有待提高等方面存在问题。

首先,信息公开程序不完善,导致行政相对人难以充分获取有效信息。实现碳中和目标需要相关主体之间进行信息互通、充分交流,然而目前中国在碳中和行政指导进程中存在发布渠道受限、政务公开不足等问题,致使行政相对人对行政指导具体内容缺乏了解,而行政指导最终亦成效甚微。同时,由于信息公开不透明,行政主体难以对其所发布的行政指导政策失效作有效评估。另外,行政相对人对行政指导政策的改进或建议意见难以相互传递,不利于形成良性的互助体系。

此外,行政相对人和专家参与程度较低,致使行政相对人对政策的接受度低。随着社会的发展进步,人民对国事政务的关注度不断提高,参与度逐渐增加。然而,在碳中和背景下的行政指导中,政府制定行政指导程序鲜少将民众、企业代表或利害关系人等行政相对人纳入其中,通常导致行政指导政策出台后,民众、企业代表或利害关系人等行政相对人才知晓的情况出现,这便导致行政指导政策易出现内容不透明化,程序不公开化问题,继而削弱政府的公信力和执行力,损害行政指导的执行实效。与此同时,政府在制定相应的行政指导政策时,有时会因时效性等原因将专家也排除在外。任何政策的制定都需要集思广益,博采众长,如果将专家学者等具有专门知识的人排除在外,则该政策的科学性、合理性与专业性势必会遭到质疑,也必将会影响到碳中和目标的实现。

4. 迈向碳中和的行政指导追责机制不健全

迈向碳中和的行政指导追责机制不健全,主要体现在行政主体责任不明和奖惩不清。由于行政指导具有非强制性的特点,致使行政主体重视过程忽视结果,加之行政指导程序在信息公开程序不完善、民主参与度有待提高等方面存在问题,导致行政指导的效果难以评估,责任难以明确。同时,行政指导界限范围模

---

① 《专访全国政协常委吕忠梅:用法律保障实现碳达峰碳中和》,2021年3月8日,https://www.bjnews.com.cn/detail/161518572315012.html。

糊。同一行政指导行为，在实施和执行过程中由于受主客观等因素综合影响，致使社会各主体理解分歧、认识错误，以至于影响后期效果。对于行政主体而言，奖惩往往影响着行为人的积极性，而在碳中和背景下的行政指导中，有关行政主体实施行政指导的实效与后果等方面并未得到具体规定，存有立法空白与政策缺漏，直接关系到社会公平正义的实现与民众履行碳中和义务的热情信心。

四、完善碳中和行政指导的路径选择

行政指导以实现一定行政管理目标为目的，根据法律规定、立法原则或有关政策，采取柔性行政方式，促使行政相对人为或不为相应行为。在迈向碳中和的进程中，需要推进行政指导的类型化、规范化，有效发挥其补充与替代、辅助与促进、协调与疏通、预防与抑制等作用，助力碳中和目标如期实现。

（一）健全碳中和背景下行政指导法律政策体系

法治既是解决当前问题的基本依据，也是长远意义上的制度保障[①]。法治对于实现预期稳定、长远持久发展起到保障作用，碳中和背景下的行政指导也必须走一条法治化之路，通过建设一套与碳中和相适应的长效稳定、科学完备的行政指导法治体系来保障碳中和目标的实现。

第一，稳步推进《行政程序法》制定，学习借鉴日本和中国台湾地区采用专章形式规定行政指导的方式，严格明确行政指导的适用范围、定义界限、责任承担等实践中较为模糊的概念。第二，推动《行政指导法》立法工作加快进程，单独制定专门的《行政指导法》，对行政指导作出明确清晰的规定，为碳中和背景下行政指导提供指引。第三，制定与碳中和背景下行政指导相配套和关联的法律规范，针对实践中碳中和具体情况和困境难题，对行政指导行为进行补充规定，以全面完善行政指导法律体系。第四，发挥规划的导向作用，积极谋划制定"十四五"时期碳中和发展总体规划，将降碳减排作为主攻方向纳入规划布局。

（二）厘清碳中和背景下行政指导界限范围

在迈向碳中和的进程中，行政指导与其他行政行为界限不清，行政指导具体范围模糊，会引发各政府部门间推诿扯皮、懒政乱政现象的出现，进而影响碳中和行政指导内容的科学性、执行的高效性和人民的满意性。因此，厘清碳中和背景下行政指导的界限范围，是正确制定、执行行政指导行为的前提，也是确保降碳减排工作顺利进行的肯綮。一方面，需厘清行政指导行为和其他行政行为的边界，主要明确行政指导与其他行政行为的理论定义界限、实践区分标准、具体适用范围等，其中尤以区分行政指导与需要采取命令行政措施的行政行为之间的范

[①] 习近平总书记 2020 年 11 月 16 日在中央全面依法治国工作会议上的讲话。

围最为关键，泾渭分明是确保行政指导与其他行政行为能够独立顺畅施行的必备要件。另一方面，要写明碳中和背景下行政指导的具体范围。现实生活中碳中和实践纷繁复杂，变幻莫测，政府应该通过制定文件等方式及早严格明确行政指导的具体范围、适用情形、理论边界、后果责任等事宜，以应对日新月异的碳中和实践纠纷。

（三）完善碳中和背景下行政指导程序机制

完善行政指导程序机制对于实现碳中和目标的重要性不言而喻。合理科学的程序机制可以有效约束和调整行政主体的行政指导行为，保障碳中和背景下行政指导行为的高效实施和优质执行，且有益于程序正义的实现并最终促进实体正义的完成。在迈向碳中和的行政指导进程中，可以通过信息公开和共享、公众与专家参与等协商程序机制设置让各主体参与到碳中和行政指导之中，如此便能有效约束和保障行政主体行政指导行为的规范性与合法性，增强行政指导相对人对行政指导主体和行为的认同，确保碳中和背景下行政指导任务的高质量完成，汇聚起实现碳中和目标的磅礴伟力。

1. 完善行政指导信息公开和共享程序

首先，要对碳中和背景下行政指导的具体内容进行信息公开和共享。一方面，行政主体针对碳中和问题在制定行政指导时，应拓宽公民参加和评议行政行为的途径与渠道，通过公示、听取意见、咨询、召开听证会等形式广泛征询行政指导相对人的意见和建议，提升行政指导行为的广泛性、群众性和科学性；另一方面，行政主体针对碳中和问题在制定行政指导后，应该做好政务公开，通过政府网站公布、媒体宣传等多渠道多方式公布行政指导的内容，并向行政相对人就行政指导的内容作出必要的解释，确保行政指导传播覆盖面更广，群众了解度更深，人民满意度更强，保障碳中和行政指导的高质量实施。其次，要畅通政府部门间的数据资源传输共享机制。碳中和行政指导的高效顺畅运行，离不开庞大的基础数据资料支撑，因此，政府需要打破部门间信息不对称的壁垒，消除行政指导关系主体间的信息鸿沟，防止由于信息不对称在迈向碳中和进程中行政指导主体与相对人之间发生误会、产生矛盾，进而保障碳中和目标的顺利实现。

2. 完善公众参与程序

碳中和背景下的行政指导涉及专家和公众等多方参与，碳中和行政指导的科学性、可行性离不开社会各方主体的广泛参与和深入协商。政府的任何行政行为都不能闭门造车、盲目决策和执行，必须要完善公众参与程序，拓宽公众参与渠道，疏畅群众参加通道。反之则会导致碳中和工作受到影响，造成行政相对人的不满与不信任，进而损害政府公信力与执行力。为促进碳中和目标能在2060年如期实现，在扩大公民参与碳中和行政指导方面，首先，政府需要做好政务公开，加强信息披露，培育社会性外部参与，保障公民的知情权，同时要及时回应人民群众的需求与反馈；其次，政府在针对碳中和问题在作出行政指导决策之前，可以通过新闻发布会、听证会等形式广泛吸引社会各主体参与到碳中和行政指导程序中，调动起人民群众的热情；最后，碳中和行政指导执行过程中和实施后，应建立社会评估制度和反馈检举制度，支持利益关系人等社会主体对碳中和行政指导行为进行价值衡量和实效评价，并且鼓励公民向政府检举揭发碳中和行政指导中存在的不合法、不合理等问题，激发社会公众参与行政指导的热情，从而为碳中和行政指导行为的科学决策、高效执行奠定实践基础。

（四）建立碳中和背景下行政指导行为责任与救济制度

在制定和执行行政指导过程中，政府部门可能会违反法律规定进而实施损害行政相对人切身利益的行为。目前，碳中和背景下行政指导行为责任机制的不完善使得行政主体责任不明确，弱化了责任承担与责任追究机制的权威性，出现权力和职责不对等，救济渠道单一薄弱。因此，应建立碳中和背景下行政指导行为责任与救济制度。具体而言，一方面，应明确行政主体在碳中和行政指导中的责任，完善碳中和背景下行政指导的责任类型，建立以民事责任、刑事责任以及行政责任为体系的行政指导法律责任。同时需要进一步细化行政指导问责流程，促使归责认定明确化、精准化。另一方面，完善责任救济保障，确保权利主体相关权利得以实现。首先，应在《行政指导法》《行政程序法》法律中明确增加对主体责任和权利救济的相关规定。此外，还应在《行政诉讼法》建立健全行政指导救济的配套措施与严格程序，做好单方救济与双方救济。

五、结语

行政指导作为行政机关非权力的行政执法活动，能够有效地调动行政相对人的作为或不作为，在中国现阶段，应充分发挥行政指导的作用，弥补强制性行政行为的不足。迈向碳中和，不仅需要强制性行政行为来调整生产结构，而且需要规制性、调整性和促进性行政指导来进行规范、引导和鼓励行政相对人作出低碳选择的行为，坚持将行政指导这类柔性行政行为作为强制性行政行为的辅助和必要补充。但在推进碳中和行政指导过程中也要注意把握现状，完善碳中和行政指导的路径选择，充分发挥行政指导在碳中和过程中的作用，促进低碳治理，为迈向碳中和目标夯实基础。

迈向碳中和的"一带一路"能源低碳协作治理

王 浩[①] 黄小坚[②]

摘 要：能源低碳协作治理是"一带一路"沿线国家迈向碳中和的关键举措。然而，"一带一路"沿线国家能源低碳协作治理面临理念缺失、能源低碳协作规范依据不足、能源低碳协作体制不顺、能源低碳协作运行机制不畅等问题。因此，"一带一路"国家要实现双碳目标须在"能源命运共同体"理念指引下，建构能源低碳协作治理体系。具体而言，需要从健全"一带一路"能源低碳合作规范依据，形成多主体、全方位的能源低碳协作主体结构，完善"一带一路"能源低碳协作治理方式，优化"一带一路"环境评估程序、能源应急、纠纷解决程序机制，以及制定"一带一路"能源碳减排责任机制等各环节着手，助力碳中和目标如期实现。

关键词：碳中和；碳达峰；一带一路；能源协作治理

一、引言

通常认为，"碳中和"是指通过优化资源利用、低碳节能和植树造林等途径，令温室气体的排放总量实现全部抵消，双碳目标的提出就是实现温室气体的相对"零排放"。自"碳中和"目标提出以来，许多国家加入双碳目标的行动中来，也制定了相应的减排计划。2017 年 12 月，29 个国家都表明了要在 21 世纪中叶实现零碳排放的承诺[③]。2019 年 9 月，66 个国家在联合国气候行动峰会上承诺碳中和目标并且联盟组成气候组织[④]；2020 年 5 月，449 个城市参与了联合国通过

[①] 王浩：西南石油大学法学院副教授、院长助理，西南石油大学法治与社会治理研究所副院长，中国社科院法学所博士后，主要研究方向为行政法、能源法。
[②] 黄小坚：西南石油大学法学院 2021 级硕士研究生，主要研究方向为行政法、能源法。
[③] Carbon Neutrality Coalition. Plan of action: carbon neutrality coalition at https://www.carbon-neutrality.global/plan-of-action/(Last visited on August 20,2020).
[④] UNFCCC. Climate ambition alliance: nations renew their push to upscale action by 2020 and achieve net zero CO_2 emissions by at https://unfccc.int/news/climate-ambitionalliance-nations-renew-their-push-to-upscale-action-by-2020-andachieve-net-zero(Last visited on August 20,2020).

的零碳方案活动[1]。截至 2020 年 6 月 12 日，已有 125 个国家明确要在 21 世纪中叶前实现碳中和的目标[2]。在碳中和目标背景下，2020 年 9 月在出席联合国第 75 届大会时，习近平主席向世界庄严宣告了"双碳目标"，这不仅彰显了负责任大国的风范，"碳中和"目标的提出更是契合了当前生态保护的价值理念和应对全球气候变化的趋势。2021 年 10 月 24 日，中共中央、国务院印发《关于完整准确全面贯彻新发展理念　做好碳达峰碳中和工作的意见》就确保如期实现碳达峰、碳中和目标作出全面部署，在内容上提出 10 方面 31 项重点任务，明确了碳达峰碳中和工作的路线图、施工图。承诺掷地有声，举措抓铁有痕。在新冠肺炎疫情、极端天气频发等事件的影响下，全球市场越来越关注低碳减排并对可持续发展理念的认同度有了明显的提升[3]。

那么，在碳中和背景下，"一带一路"倡议在实现国际能源合作和促进低碳转型的同时，同样面临着生态环境和气候变化的严峻考验和传统产业从高碳发展模式转型到低碳绿色发展的多重挑战。因此，为实现"一带一路"国家的碳中和目标，有必要将能源低碳协作治理理念融入"一带一路"建设中，同时健全"一带一路"国家间能源低碳合作的依据、体制和机制，开辟低碳绿色可持续发展的"中国路径"。

二、碳中和要求一带一路能源低碳治理

（一）"一带一路"能源低碳协作治理顺应了当前能源结构转型优化的发展趋势，有利于促进双碳目标的如期实现

国际油价跌宕起伏，石油危机频繁发生，能源安全问题已经成为世界稳定发展和全球能源治理的关键因素。加上 2020 年以来受到新冠疫情影响，能源供需矛盾加剧。2020 年 2 月，美国宣称是世界上最大的石油和天然气生产国[4]。2021 年，新一任美国总统拜登上任后，又提出不少减排和气候政策以应对全球气候危机：颁发重返《巴黎气候协定》的行政令、2035 年率先在电气行业实现碳中和以及 2050 年碳中和的目标等等。其中能源政策更是重中之重，这些政策将深刻影响到全球能源格局和中国"双碳目标"实现。中国作为世界上第二大能源消费

---

[1] UNFCCC. Race to zero campaign at https://unfccc.int/climate-action/race-to-zero-campaign (Last visited on August 20, 2020).

[2] Energy& *Climate Intelligence Unit. Net zero emissions race* at https://eciu.net/netzerotracker/map (Last visited on August 20, 2020).

[3] 夏炎、姜青言、杨翠红，等：《"一带一路"倡议助推沿线国家和地区绿色发展》，《中国科学院院刊》，2021 年第 06 期，第 724 页。

[4] White House, Remarks by President Trump in State of the Union Address, 4, February 2020, https://www.whitehouse.gov/briefings-statements/remarks-president-trump-state-union-address-3/, visited on 20 November 2020.

国和最大的石油进口国，从能源结构的调整优化入手将是解锁高碳排放、实现碳中和目标的主要途径。

从木柴到煤炭再到新能源的能源转型进程，反映了人类能源利用的发展规律和趋势。近日来，中国多地出现了"拉闸限电"的举措，这个行为本身有其背后的复杂度，但有一点可以看出来，现在70%依然依赖煤炭发电，上游煤炭的飞速涨价以及其对低碳理念的违背，使得这个"拉闸限电"的措施在一定程度上倒逼各地政府、企业和人民更加关注新能源发电，推动新能源发电及相关配套技术的研发和推广。显然，通过传统行政手段强制企业减排以履行碳减排义务，不仅影响被赋予实现国家目标的正当性，而且会对"双碳目标"的推进产生反作用，更加无法获取公众的支持。据此我们不难发现，开展能源低碳协作治理，一方面是实现国家和区域能源安全的必然选择，尤其会推动在"一带一路"影响下的沿线国家能源体系主体要素根本转变和能源结构转型，提高"一带一路"发展中国家在全球能源治理引领力和重塑全球能源大格局产生深远的影响；另一方面有利于在有效解决能源低碳转型与能源安全的矛盾中，助力实现"碳达峰"目标和探索"碳中和"的有效路径。

因此，推动能源低碳治理既能促进中国能源结构优化，加快传统产业从高碳排放量向绿色低碳转型，又能有效解决能源供应不足问题，保障能源进口安全，拓宽能源供应渠道，营造稳定良好的能源发展市场，促进双碳目标的达成，实现能源经济绿色可持续发展。

（二）能源低碳协作治理更好地贯彻落实生态文明新发展理念，发挥中国在全球气候和环境治理中引领示范新作用

碳排放与经济发展紧密联系，经济发展就意味着要消耗能源。受新发展理念以及当前全球气候变化的影响，因能源开发利用引发的环境问题日益突出。能源问题与环境问题息息相关，当前国际社会也逐渐重视能源和环境问题，全球频频召开高等级的气候、环境及能源大会。

2016年《巴黎协定》的签订明确了发达国家和发展中国家各自的责任，为生态保护和绿色低碳发展指明了道路和方向。中国积极推进能源低碳协作，责无旁贷负起应有的大国责任，在碳减排行动中发挥的作用日益突出，并且主动向世界作出2060年碳中和的承诺。这不仅为推动碳中和目标的实现发挥了引领作用，彰显了大国担当，而且为全球环境的可持续发展作出中国贡献。此外，中国充分利用"一带一路"低碳发展联盟和大数据的作用，分享中国可再生能源产品、技术和经验，助力发展中国家突破新能源可及性瓶颈，提升中国能源对外援助和合作的数量及质量。2021年9月8日，邹骥在中国环境与发展国际合作委员会2021年会主题论坛上强调："在中国的'一带一路'倡议中，绿色是底色，低碳

转型也成为必然选择。"这些有力的举措都让那些所谓"中国借'一带一路'搞'碳排放转移'"的谣言不攻自破。国家主席习近平始终坚持贯彻低碳绿色发展的理念,2021年9月21日,他提出要加强全球环境治理和积极应对气候变化,实现人与自然和谐相处,加快能源低碳转型,实现绿色复苏发展。由此可见,碳排放对全球生态环境和气候变化的影响十分重大,尤其体现在疫后经济复苏阶段,加强"一带一路"能源低碳治理合作更为必要。当前中国推行能源低碳协作治理的重大发展举措,坚持和贯彻了新发展理念,是化危为机之举,也将更好地发挥中国在全球气候和环境治理中引领示范新作用。

中国是最大的发展中国家,要始终以绿色"一带一路"国际合作为契机,加强与"一带一路"各国进行可再生能源领域技术交流与合作,深化国际合作,增强政策的协同性和标准的一致性。这在推动可再生能源利用沟通交流,适应世界能源革命趋势的同时,也对降低环境污染、保护环境安全发挥重要作用。

(三)能源低碳协作治理有助于推进高质量绿色"一带一路"建设,增强和践行"能源命运共同体"的新全球意识

随着世界对能源问题的关注,出现了不少与"一带一路"能源治理相关的国际机构。但是,全球能源治理体系尚不完善,要构建"稳定、共赢、合理、和谐"的新型国际能源秩序,需要"一带一路"各国积极参与到全球能源协作治理中。与此同时,传统国际能源机构法律制度相对滞后,中国作为新兴经济体,目前的弱势地位一定程度上阻碍和制约了能源治理体系的构建和发展。另外,在国际能源立法中,多数法律文件没有将环境规范纳入其中。更遗憾的是,中国与《能源宪章条约》缔约方签订的双边协定多停留在早期,在内容上较为简略,合作程度都比较低,更不会具有全面"投资者—国家争端解决机制"[1]。《能源宪章条约》生效至今,以其为主要依据进行国际仲裁的案件仅61个,这说明该条约权威性比较有限,法律体系不完善和约束力不强[2]。

人类命运共同体理念体系下构建的"能源命运共同体",必须是能代表新兴经济体国家的能源诉求和兼顾"一带一路"其他类别国家能源安全和利益[3],共同助力绿色"一带一路"建设高质量发展。因此,推行能源低碳治理有利于充分利用各种平台和多方途径参与国际能源治理,体现了中国"能源命运共同体"的新全球意识的大国担当。同时,中国应积极参与国际能源合作和全球能源治理体

---

[1] 单文华:《外资国民待遇与陕西的外资政策研究》,《西安交通大学学报(社会科学版)》,2013年第2期,第81-88页;单文华:《中国对外能源投资的国际法保护:基于实证和区域的制度研究》,清华大学出版社,2014年版。
[2] 马妍:《全球能源治理变局:挑战与改革趋势》,《现代国际关系》,2016年第11期,第60页。
[3] 朱雄关:《能源命运共同体:全球能源治理的中国方案》,《思想战线》,2020年第1期,第140-148页。

系改革，促进能源供应、运输、投资和环境各环节整体协调，为"一带一路"国家能源转型营造良好的外部环境。

三、"一带一路"能源低碳治理现状及问题

(一)"一带一路"能源低碳治理现状

多数学者将能源治理归属于全球治理的体系之下，普遍认为能源治理的过程涵盖制度、政策、主体实施、监督、评估等方面[①]。自进入21世纪，全球一体化进程加快，"一带一路"经济贸易不断交融，全球能源治理体系逐步完善，逐渐形成了多维度、多层次、多元化模式，"一带一路"能源低碳治理呈现新态势。

1. "一带一路"能源低碳治理依据

大部分国家能源治理新平台的相关决议仅具建议性质，"一带一路"能源治理体系有关的多边条约相对较少，普遍性和影响力不足，缺乏硬性的法律约束。在"一带一路"能源低碳治理实践中，主要有国际条约、多边条约和国际论坛等。

2015年制定的《国际能源宪章》仅仅是支持国际能源贸易和投资的政治声明，法律约束力不强[②]。从2009年哥本哈根气候大会召开直至2015年《巴黎协定》的最终达成，国际社会确立了2020年后的全球气候治理制度，气候治理的理念和制度设计发生了重大变化。《京都议定书》时代的治理模式由"自上而下"逐渐演变为"自下而上"，发达国家与发展中国家分担减排责任的"二分法"也变为适用于所有缔约方的"国家自主贡献"。此外，从国际法的视角来看，中国和"一带一路"沿线国家都是《联合国气候变化框架公约》的缔约方，都必须贯彻执行《联合国气候变化框架公约》及《巴黎协定》的治理理念、行动目标和政策要求。但就目前而言，在国际社会和任何一国的国内立法中，均没有关于国际能源低碳协作治理方面的统一规则。

2. "一带一路"能源低碳治理机构

"一带一路"倡议使得国家之间的合作越来越紧密，能源相互依存程度日益增强，但是，"一带一路"国家能源治理机构之间协调性明显不足。在全球能源治理实践中，1991年国际能源署与石油输出国组织双方签署合作的仅仅局限于谅解备忘录，成立联合工作组进行共享数据[③]；同年成立的国际能源论坛只是政

[①] 刘晶：《全球能源治理：模式、现状与中国方案》，《现代管理科学》，2019年第02期，第18页。

[②] 参见《能源宪章条约》网站，https://www.energycharter.org/process/international-energy-charter-2015/overview/，2020年11月20日访问。

[③] See Ann Florini, *The International Energy Agency in Global Energy Governance*, 2 Global Policy 46 (2011).

府间的协调机构，作为中立身份参与协调成员国的共同能源利益关系；近年来出现的全球能源治理国际机构，只是为全球能源治理提供了方案或合作项目的相关支持[1]。能源低碳治理本身又是一个充满矛盾和冲突的变动过程，国家、国际能源组织、跨国企业、个人等都涉及其内；其间，国际能源博弈加剧，地缘政治风险比较大，所有这些因素都影响着诸多国际能源合作，规则难以保持稳定，较之以往，更需要与时俱进。当前"一带一路"能源治理体系碎片化现象严重[2]，亟须建立一个权威性、专门性的"一带一路"能源协调机构[3]。因此，通过建立"一带一路"的能源组织，才能创制出统一的、较为有力稳定的法律规则[4]。

3. "一带一路"能源低碳治理机制

能源低碳治理机制的广度和深度还不够，形式上以合作、谈判等柔性措施为主，硬约束有待加强。显然，目前全球能源治理机制和职能相互重叠，而且治理的对象比较局限[5]。近年来，国家能源局不断加强与各国能源部门、国际组织的沟通协调，推动与各国互促共赢，取得了不错的成效。一是与部分国家签署了加强能源各领域合作的政府间合作文件，如联合声明、合作协议、谅解备忘录等。二是建立在双边合作机制基础上，通过与部分国家政府开展联合规划研究，能够有序实施好能源项目和应对部分国家能源供应紧张的状况。三是投资重大能源合作项目，优化并完善国际能源变革论坛机制，成功主办各项重要能源会议。由此可见，"一带一路"国家之间的能源合作主要是通过谈判、合同等方式实现。同时，各国也要关注好《巴黎协定》中凸显出目标缺位，责任承担泛化，管理和法律刚性约束不强等弊端。总而言之，国际社会必须尽快解决好在全球能源治理体系中缺乏全面有力的国际法规则和硬性约束规则的问题。

截至2020年2月，中国已与140个国家和31个国际组织共同签署了200多份"一带一路"合作文件。相关数据显示，已经有9个国家是中国与"一带一路"沿线国家的主要能源低碳协作治理国家[6]。随着"一带一路"战略得到沿线国家越来越多的参与和支持，国家之间的贸易往来和合作程度都比较高，能源低碳协作治理关注点各不相同，对碳减排分类标准也尚未明确和统一。国和会委员、"一带一路"绿色发展国际联盟联合主席、贝索斯地球基金总裁斯蒂尔也强

---

[1] 杨玉峰，尼尔·赫斯特：《全球能源治理改革与中国的参与》，清华大学出版社，2017年版，第1页。

[2] Navroz K, Dubash & Ann Florini, *Mapping Global Governance*, 2 Global Policy 6-18 (2011).

[3] Aleh Cherp, Jessica Jewell & Andreas Goldthau, *Governing Global Energy: Systems, Transitions, Complexity*, 2 Global Policy 75-87 (2011); Navroz K. Dubash & Ann Florini, *Mapping Global Governance*, 2 Global Policy 11 (2011).

[4] 岳树梅：《国际能源合作法律问题研究》，西南政法大学2007年博士学位论文。

[5] Navroz K, Dubash & Ann Florini, *Mapping Global Governance*, 2 Global Policy 15 (2011).

[6] 马贵凤：《"一带一路"主要能源合作国家能源投资环境评价》，青岛科技大学2019年硕士学位论文。

调说:"制定沿线国家绿色发展的应对气候变化目标至关重要。"如果"一带一路"国家根据自己的标准使用不同的规则,很容易因各国不同的能源规则引起各种冲突,从而破坏能源交易的可预见性和稳定性并增加能源交易的成本,将不利于国际能源协作治理的顺利开展。这么说来,在碳中和目标背景下,"一带一路"能源低碳协作治理主体结构比较单一,"一带一路"能源低碳协作治理协调方式、环境评估程序完善程度、能源应急、纠纷解决以及能源碳减排责任机制尚未建立。

综上所述,必须融入能源低碳协作治理理念,健全"一带一路"能源低碳合作法律规范,形成"一带一路"多主体、全方位的能源低碳协作主体结构,完善合作协调、环境评估、能源应急、纠纷解决方式程序以及制定相应的能源碳减排责任机制,加快形成"一带一路"能源低碳协作治理体系。

(二)"一带一路"能源低碳治理当前存在的问题

1. "一带一路"能源低碳协作治理理念缺失

随着全球100多个国家发布碳中和目标,世界各国已逐步形成应对气候变化的国际共识,但是"一带一路"沿线国家中相当一部分国家经济水平相对落后,基建水平不高,产业结构依靠高碳排放型。其中发展中国家以能源、原材料供应为主,处于依赖能源推动经济发展的转型期,能源、资源等成本消耗比重大,经济发展方式粗放,技术效能低。总体来看,"一带一路"沿线国家还处于高消耗和高排放作为经济发展的驱动力的阶段,技术和基础设施条件相对落后,资源消耗保持快速增长的态势,生态环境压力仍在不断加大。因此,当前要实现碳中和目标的愿景面临巨大的挑战,要凝聚"一带一路"能源低碳协作治理理念共识更是困难重重。

在实现"碳中和"这个共同问题上,各国对全球环境均负有责任,但也要区分好各国对这个责任的负担。当前个别发达国家依然存有强权霸凌思想,奉行单边主义,完全没有顾及发展中国家的正当利益和诉求,试图淡化"共同但有区别的责任"原则[①]。由此可见,要形成"一带一路"能源低碳协作治理理念共识仍受到重重阻碍,实现碳中和的道路任重而道远。

2. "一带一路"能源低碳协作规范依据不足

《巴黎协定》的签订具有重大的里程碑意义,全球气候治理旨在落实《巴黎协定》。然而,上述文件尽管体现了国际社会在应对全球气候变化路径的有益探索,但是对于"一带一路"建设的法律约束力微乎其微,"一带一路"倡议在实践中主要还是依靠双边或多边合作协议来行动。综观上述现状,亟须完善能源低

[①] 杨解君:《实现碳中和的多元化路径》,《南京工业大学学报(社会科学版)》,2021年第2期,第21页。

碳协作规范依据，由签订备忘录、联合声明或框架协议等政治宣言向国际条约转变，同时要赋予全球能源治理新平台相关决策以法律约束。

然而，气候变化全球治理行动特别是政策和立法却差强人意，尤其是美国等发达国家的表现与气候正义相去甚远[①]。有学者也指出，国家之间能源要实现协同治理缺乏一个中心权威指引[②]。具体而言如下。

一方面，"一带一路"各国能源协作治理的法律制度规范合作程度较低。其一，目前中国国际能源低碳协作治理法律制度规范的对象主要是较为初级的能源贸易和投资，而在石油化工、工程技术服务等领域较少涉及[③]。这影响了"一带一路"能源开发的深度合作和可持续发展，正如有学者所言，诸多条约未能全面涵盖能源低碳协作治理的过程，只关注到能源低碳协作治理的局部领域，严重影响能源双边和多边国际合作的整体效率[④]。其二，条约大多为政策及原则性规定，导致"一带一路"的能源低碳协作治理停留在宏观指导和构想阶段，缺少微观具体的实施细节，使能源低碳协作治理争议和纠纷增多，进而影响能源低碳协作治理的不稳定性和可预期性。

另一方面，中国与"一带一路"沿线国内相关法律制度不健全。目前，"一带一路"未有完备系统的法律制度对其能源低碳协作治理予以规制，能源低碳协作治理所遵循的原则也是在"共商、共建、共享"的框架内进行，这意味着能源低碳协作治理出现纠纷矛盾，主要以合作国家之间的协商和对话解决。这样的解决方式受客观环境的影响较大，容易降低合作效率，提高合作交易成本。与此同时，"一带一路"沿线多数国家能源领域法律法规还不够完善并缺乏稳定性，特别是中亚国家对能源部门的国际协作还有一定的限制，在执行方面也存在很大的随意性[⑤]；签订《能源宪章条约》的多为发达国家，"一带一路"沿线国家除中国作为观察员身份加入外，大多都未签订，使该条约的法律约束力大大减弱；沿线仍有部分国家，如塔吉克斯坦、乌兹别克斯坦等国不是世贸组织（WTO）成员，还未有健全的市场经济的法律规范和保障体系，推动能源低碳协作治理困境重重。另外，中国国内能源法律体系不完善。自2007年提出《能源法（征求意见稿）》以来，中国《能源法》迟迟未能出台，能源国际合作法律规范还有待完善。此外，中国单行法律能源国际合作方面存在一定的局限性，如《电力法》

---

① 周珂：《适度能动司法推进双碳达标——基于实然与应然研究》，《政法论丛》，2021年第04期，第13页。
② Navroz K, Dubash & Ann Florini, *Mapping Global Governance*, 2 Global Policy 6–18 (2011).
③ 杨泽伟：《共建"丝绸之路经济带"背景下中国与中亚国家能源合作法律制度：现状、缺陷与重构》，《法学杂志》，2016年第01期，第21页。
④ 任虎：《中国与"一带一路"沿线国家能源合作法律制度研究》，《国际经济合作》，2016年第9期，第93–95页。
⑤ 蔡亚琦：《"一带一路"能源合作的法律风险及其防范》，《人民法治》，2019年第22期，第50–53页。

《煤炭法》《可再生能源法》等已多年未进行再修订,不能适应能源发展要求。而《石油天然气管道保护法》主要保护国内石油天然气管道运输安全[①],并不具有域外效力,中国对于跨国能源通道运输法律规制并不完善。这些因素严重阻碍了中国能源在国际能源协作治理上的规范化。

概而言之,建立良好的"一带一路"能源协作治理的法治保障是关键路径,构建"一带一路"能源应急、纠纷解决以及能源碳减排责任机制,不仅有利于提高"一带一路"各国应对当前全球气候变化能力,而且能够实现最大的互补价值效应,形成"一带一路"低碳协作治理的格局,也贯彻了"能源命运共同体"的理念,符合如期实现碳中和目标的根本要求。

3. "一带一路"能源低碳协作体制不顺

"双碳目标"的实现,需要多种形式的双边合作、多边合作、区域合作以及国际间合作。目前,中国主要采取设立双边(中国的发改委与合作国家的能源管理部门)和多边能源低碳协作治理机构进行能源国际合作。双边机构有2004年中国与哈萨克斯坦建立的能源低碳协作治理分委会,多边机构有上海经济合作组织。

借助"一带一路"合作框架,中国近年来已计划与第三方市场共同发掘新机遇并实施相应的行动举措,与欧洲多国开展相关合作,完善政府间的协调制度和国家间的合作机制。同时,中国政府利用自身优势帮助"一带一路"发展中国家提高应对气候变化和能源转型的能力,实现高质量合作。譬如,近年来,习近平主席就多次提到要坚持绿色发展,坚持低碳可持续发展。2019年提出的"绿色理念"和2021年4月22日发起的"一带一路"绿色行动倡议充分印证了该思路。中国深化与"一带一路"沿线国家的能源低碳协作治理,构建合作伙伴关系网络,成为"一带一路"能源合作新标杆,共同应对好"一带一路"国家经济发展及低碳节能面临的挑战,建立国际能源低碳协作治理平台,发展"一带一路"能源低碳协作治理机制。双边和多边能源安全合作机制在一定程度上能够促进中国与沿线国家开展能源低碳协作治理,但其在具体操作实践中也存在着许多问题。

其一,双边能源低碳协作治理机构稳定性不足。从双边制度建构来看,能源低碳协作治理议题更多的是分散在诸多备忘录、联合声明或框架协议中,不同的"一带一路"双边文件中对能源低碳协作治理的规定和表达又各不相同[②]。这会

---

① 翟语嘉:《"21世纪海上丝绸之路"框架下能源通道安全保障法律机制探究》,《法学评论》,2019年第2期,第131—142页。

② 吕江:《"一带一路"能源合作(2013—2018)的制度建构:实践创新、现实挑战与中国选择》,《中国人口·资源与环境》,2019年第6期,第15页。

使条约文件规定容易发生冲突矛盾,缺乏很好的协调,影响其合作的稳定性。

其二,区域性组织能源领域合作有待完善。首先,眼下"一带一路"区域性多边机构合作内容更多涉及经济、政治和文化等方面,其对能源领域关注度不足,影响能源低碳协作治理效率。其次,"一带一路"各区域组织的宗旨和原则不同,还未有统一、全面和专业的能源低碳协作治理,不利于能源深度发展。最后,虽然成立"一带一路"能源低碳协作治理伙伴关系为能源安全合作提供了框架和方向,但具体职能和合作内容需要落实,相关保障措施也需要完善。

其三,中国尚未建立统一对外能源低碳协作治理机构。目前,"一带一路"倡议和国际产能合作是以国家主导,各政府部门共同参与的国际能源低碳协作治理体系[①]。但由于"一带一路"能源安全国际合作涉及领域广,任务多,而各部门之间职能分散,加之缺乏"一带一路"能源国际合作项目决策和执行监督,导致各职能部门在能源对外援助事项上出现战略欠缺、职权错乱、管理无据、效果不理想等各种问题[②]。

4. "一带一路"能源低碳协作运行机制不畅

能源低碳协作运行机制的平稳运行有利于推动碳中和目标迈入更深层次内容,促进能源低碳协作治理的长期发展。目前,"一带一路"能源低碳协作运行机制在以下几个方面的问题还比较突出。

(1)"一带一路"协调机制不健全,现有能源机制缺乏良性协调。首先,当今国际社会还没有一个涉及大部分国家的普遍性能源组织,国际能源机构受到成员国的局限性约束,目标旨在保障西方能源供应安全,全球能源治理机制往往是由发达国家主导,无法代表新兴经济体的立场和观点,缺乏广泛国际代表性[③]。同时,能源低碳协作治理机制的顶层设计尚不到位,制度呈零散碎片化状态,因而"一带一路"合作能源机制呈现分散化和多元化的特点。如果没有准确的战略规划和协调措施,信息无法有效传达共享,就难以应对"一带一路"沿线国家之间因经济、政治和文化等差异带来的沟通、协调问题。

(2)"一带一路"环境影响风险评估机制存在缺陷。环境影响评估可以分析能源项目对环境的潜在影响,也能够保护中国对外能源低碳协作治理安全。在"一带一路"能源设施建设合作中,因为环境评价问题导致项目推迟和停滞的情形并不少见。例如,2009年中国与缅甸共同建设密松水电站,因在未进行环评

---

① 史育龙,卢伟:《"一带一路"建设背景下我国对外援助和开发合作进展、问题及推进策略》,《经济研究参考》,2018年第9期,第5页。

② 曹俊金,肖国兴:《中国能源对外援助:现状、挑战与制度因应》,《中国人口·资源与环境》,2019年第12期,第33—36页。

③ 朱雄关:《"一带一路"背景下中国与沿线国家能源合作问题研究》,云南大学2016年博士学位论文。

公告的情况下便开工建设项目，引发的水污染问题遭到当地环保组织民众的反对，最终导致中国在该项目上搁置[①]。2019 年 4 月，《"一带一路"重点区域（国家）的环境影响评价体系的研究报告》（简称《报告》）指出，在环评中部分项目凸显出评价内容深度不够、评价过程管理力度不强、公众参与不充分等诸多问题。另外，《报告》也具有局限性，其只对越南、孟加拉国和巴基斯坦这三个国家的重点能源行业进行研究，研究对象和范围有限；同时，单一的报告形式只是环境影响评估机制其中的一项环节，缺乏更多评价措施和标准，影响了"一带一路"环境影响风险评估机制建设。

（3）"一带一路"应急机制不完善。当前，在中美关系急剧下滑和新冠疫情影响的情况下，加强"一带一路"的能源低碳协作治理应急机制是有效化解政治、经济风险和改善紧迫外部环境的重要手段。然而，我国对外能源低碳协作治理应急机制还有诸多短板，进而影响我国和"一带一路"参与国家的能源利益。

第一，能源低碳转型带来的昂贵的合作费用[②]，不完善的能源信息及能源行为者的机会主义倾向[③]导致能源应急合作的成本高，合作效率降低，进而影响"一带一路"国家能源的进出口，容易激发能源危机。第二，能源资源分布的不均衡性、新能源技术的差异性[④]使得各个国家能源应急储备能力差距较大。具体来看，"一带一路"国家普遍话语权不足，在国际能源市场中缺乏定价能力，而且多以能源出口为本国的经济支柱，国内经济更容易受到能源价格下跌的影响，能源供需不平衡，能源安全岌岌可危。第三，当前碳中和目标愿景与能源应急法律规范不健全不相适应的矛盾也影响了"一带一路"能源低碳协作治理的进一步实施。

（4）"一带一路"能源低碳协作纠纷解决机制不规范。首先，"一带一路"能源低碳协作治理存在着深刻的"功能主义"色彩，所遵循的原则是在"共商、共建、共享"的框架内进行。"一带一路"国家之间重短期利益轻长期关系，只注意到了自身安全保障，忽视了共同安全建设。这意味着"一带一路"能源低碳协作治理出现纠纷矛盾，主要以合作国家之间的协商和对话方式解决，容易受客观语境变化的限制，对低碳可持续的发展路线造成巨大阻力[⑤]。其次，"一带一路"沿线国家各方面实力差距比较大，在协商对话过程中弱势方基于利益的考量会处

[①] 肖蓓：《中国企业投资"一带一路"沿线国家的生态环境风险及法律对策研究》，《国际论坛》，2019 年第 04 期，第 91 页。
[②] ［冰］思拉恩·埃格特森：《新制度经济学》，吴经邦等译，商务印书馆 1996 年 10 月版，第 16—17 页。
[③] 岳树梅：《国际能源合作法律问题研究》，西南政法大学 2007 年博士学位论文，第 156—157 页。
[④] 岳树梅：《"一带一路"能源合作法律机制构建研究》，《社会科学战线》，2017 年第 08 期，第 196—203 页。
[⑤] 吕江：《"一带一路"能源合作（2013—2018）的制度建构：实践创新、现实挑战与中国选择》，《中国人口·资源与环境》，2019 年第 06 期，第 10—19 页。

于被动地位，丧失其话语权，从而造成协商过程中地位不平等，影响能源低碳协作治理的实效。"一带一路"合作机制上，多边合作参与度不高，双边稳定性不够，国家级规划阙如，政府管理效率低下，发展中国家能源能否转型是实现全球的可持续发展的关键环节。最后，缺乏透明、规范的纠纷解决机制也会催生和加剧外部舆论对于中国"一带一路"倡议的怀疑。例如，有国外学者提出"一带一路"是新的"马歇尔计划"，甚至指责中国借机通过周边国家来实现碳排放转移[1]。所以，建立完备透明的纠纷解决机制不仅能够化解沿线国家的能源低碳协作治理矛盾，也能够增进世界对"一带一路"的认同与理解，也是在"一带一路"能源低碳协作治理过程中推动碳中和目标的如期实现。

中国的化石能源大部分输入来源于"一带一路"区域国家，中国的石油天然气安全很大程度上受到"一带一路"其他沿线国家的影响，而"一带一路"沿线国家能源资源种类繁多，缺少设备技术与勘探能力。两者进行良性互补可以很好缓解低碳减排的目标带来的巨大压力。

（5）"一带一路"能源碳减排责任机制有待增强。《巴黎协定》和《京都议定书》为全球应对气候变化行动奠定了制度基础[2]。《巴黎协定》实际上只是将缔约分歧和困难推迟到了周期盘点的环节，2020年将迎来第一次减排承诺更新，对各国温室气体减排目标的评估和调整，减排分担仍是一个无法绕开的现实问题[3]。2021年5月18日，国际能源署（IEA）发布了世界上第一份关于如何在2050年前向净零能源系统过渡的全面研究报告。据统计，从1800年至今，碳排放的主要来源是发达国家和地区的生产以及消费活动。应对全球气候变化是全人类须共同承担实现碳达峰、碳中和的责任，另外根据"污染者付费"的基本经济逻辑和"共同但有区别"原则，发达国家和地区更应该和更有能力为此承担责任。

然而，一方面，就整体情况看，目前导致气候变化问题的温室气体虽然很大程度是来源于发达国家已经经历的工业化进程，但未来碳排放的压力集中在发展中国家。另一方面，"一带一路"沿线国家受制于自身发展的经济和技术水平，经济发展仍然依靠能源消耗来增长，各国碳排放贫富分化严重。这么看来，无论是其主观意愿还是客观实力，"一带一路"沿线大部分国家要依靠自身实现净零排放的难度都极大。而在现有国际合作机制下，根本无法解决这些国家与地区减

---

[1] "*The New Silk Road：China's Marshall Plan?*". Shannon Tiezzi. the Diplomat. 2014.
[2] 莫建雷，段宏波，范英，等：《〈巴黎协定〉中我国能源和气候政策目标：综合评估与政策选择》，《经济研究》，2018年第8期，第168-181页。
[3] 林洁，祁悦，蔡闻佳，等：《公平实现〈巴黎协定〉目标的碳减排贡献分担研究综述》，《气候变化研究进展》，2018年第05期，第529-539页。

排的资金需求。因此，国际碳减排合作的前景不够明朗，能源碳减排责任机制亟须健全和增强。

四、协作治理是"一带一路"能源低碳发展的关键

（一）协作治理的核心内涵

碳中和目标的提出再一次明确了"一带一路"能源低碳协作治理是未来趋势和必由之路，协作治理也被赋予了更多新的内涵。一般来说，协作治理核心就是要优化和解决公共问题，促进公共管理①。具体到能源治理之中，就是要形成多元主体结构，健全多维度法律体系，从构建能源协作治理体系理念和法律规范到协作方式、程序以及归责机制，以更好解决全球气候变化问题，助力碳中和目标的如期实现。

（二）协作治理对碳中和目标实现和"一带一路"建设的制度功能

能源低碳协作治理不仅很好地与碳中和目标相契合，同时对于"一带一路"沿线国家应对气候变化工作、经济绿色复苏和实现其国家自主贡献与可持续发展目标具有重要意义。

1. 协作治理可推动"一带一路"沿线国家达成合作共赢理念共识

尽管联合国政府间气候变化专门委员会（IPCC）设立了统一标准，但是正式提出碳中和承诺的 29 个国家或地区大多数并未严格遵循，而是对同一类目标进行了不同的解读，在碳中和目标问题上就采用多种标准进行表述，导致各自的碳中和目标未统一。上述情况一定程度上反映了个别国家行动战略和行动规划不相称，甚至未制定成体系的碳中和战略。通过协作治理来形成统一的标准，推动"一带一路"沿线各国达成合作共赢理念共识，才能在合作共赢中共同实现全面可持续发展。要将碳中和目标纳入全球气候变化谈判议题，使碳中和目标成为"一带一路"沿线各国的普遍共识②。

2. 协作治理有利于"一带一路"沿线国家构建多元主体的体制保障

由于环境难以确定边界，同一环境问题的主体是"荣辱与共"的关系问题③。气候问题无国界，这不只是某些主体的责任，而是全人类的共同责任，是每个国家必须共同面对的挑战，协作治理已然成为全球能源治理的必然趋势。"公地悲剧"理论适用于应对全球气候变化领域，即仅仅依靠某一方或者某些主体不可能完成缓解全球气候变化的任务。因此，"一带一路"国际能源低碳治理

---

① 吕志奎，孟庆国：《公共管理转型：协作性公共管理的兴起》，《学术研究》，2010 年第 12 期，第 32 页。
② 杨解君：《实现碳中和的多元化路径》，《南京工业大学学报（社会科学版）》，2021 年第 2 期，第 21 页。
③ 王春磊：《法律视野下环境利益的澄清及界定》，《中州学刊》，2013 年第 4 期，第 60—64 页。

中，必须要走全方位、多领域的协作道路。为避免"公地悲剧",各国必须要通过协作治理促进"一带一路"沿线国家构建多元主体的体制，强化能源命运共同体的意识，为"双碳目标"的实现提供强有力的体制保障。

3. 协作治理有效激发"一带一路"国家间能源互联合作

各项气候协定的签订和发展，反映了国际社会为解决全球气候变化问题进行的有益探索。除了建立履约机制，各国还可以构建起其他形式的合作平台。"一带一路"也应将气候合作行动内容纳入其中。这有利于坚持能源命运共同体理念，"一带一路"沿线各国在国际协作治理中共同行动，在交流合作中实现可持续发展，以技术支撑发挥韧性，实现长期深度脱碳和如期碳中和目标[1]。"一带一路"沿线各国要强化碳中和战略的技术、政策路径设计，通过协作治理这一有效途径能有效激发"一带一路"沿线各国能源的互联合作，提升能源的开发和利用效能，才可能全面实现"一带一路"沿线国家的碳中和目标。

五、碳中和下"一带一路"能源低碳协作治理的路径选择

(一) 以"能源命运共同体"观念指引"一带一路"能源低碳协作治理体系建立

能源命运共同体就是"一带一路"各方在自愿和平等的基础上，为推动能源领域的交流、帮助和安全而成立的国际合作机构，从而促进能源国际合作交流，创造能源国际合作的美丽愿景。在此过程中，建设能源共同体有如下重要意义。

第一，能源命运共同体与"人类命运共同体"不可分割。"一带一路"倡议实质上就是践行了"人类命运共同体"理念[2]。而"一带一路"能源低碳协作治理集中体现了人类命运共同体的理念精神，它从行动上践行了"能源命运共同体"理念，为"一带一路"能源国际合作提供价值观上的指引。

第二，能源命运共同体的构建彰显"一带一路"倡议的内涵。建设能源命运共同体能够将利益各方的争端纳入统一框架下，加强能源低碳协作治理的政策沟通，从而协调合作国家的能源利益诉求、消除能源贸易壁垒、降低贸易和投资成本。另外，能源命运共同体也能够践行"一带一路"的"共商、共建、共享"原则，促进"一带一路"沿线国家能源合作，最终实现共同繁荣和经济的高质量发展。

第三，能源命运共同体有利于保障我国能源安全，实现能源革命。通过能源

---

[1] 项目综合报告编写组：《〈中国长期低碳发展战略与转型路径研究〉综合报告》，《中国人口·资源与环境》，2020年第11期，第1—25页。

[2] 《人类命运共同体理念的文化品格》, http://www.rmzxb.com.cn/c/2018-09-06/2163217.shtml, 2021年9月16日访问。

命运共同体的建立，能够拓宽我国能源进口渠道，增强我国能源储备力量以应对外部环境的紧张变化；同时，能源命运共同体也有利于"一带一路"沿线国家间的能源技术交流，提升我国可再生能源的利用效率，促进能源产业升级转化，推动能源革命。

(二) 明确"一带一路"能源低碳合作规范依据

1. 国际法规则

国际法的渊源可以分为"硬法"和"软法"。硬法包括有约束力的国际义务如生效的条约、国际法院的判决、透明的惯例和国际法准则。惯例定义为主权国家的一般做法。软法则强调制定自愿标准的法律工具，仅仅是一种声明原则和目标。联合国大会决议和现有国际能源机构与会议的宣言就属这一类[1]。目前，国际公约零散、分化不利于能源安全国际合作的进一步发展，综合性的能源法规体系仍未出台。因此，需要整合利用国际公约，推动"一带一路"能源低碳协作治理规范的标准化和制度化。

首先，制定"一带一路"能源安全国际合作公约。2019年，《"一带一路"能源低碳协作治理伙伴关系合作原则和务实行动》[2]的内容就涵盖了能源基础规划、能源基础设施、能源投资贸易、能源技术等方面并为其提供了方向指引，也为"一带一路"能源国际安全合作的具体法律规范奠定了基础。未来，应当在其框架下加强规则建设，细化各方面内容，形成新的规则体系。同时，加强程序机制建设，只有形成一套完整具体的运作程序，"一带一路"能源安全国际合作才能走向常态化。

其次，签订能源贸易和投资便利化协定[3]，拓展能源领域合作范围。"一带一路"沿线国家能源投资贸易合作有利于通过能源市场以及能源相关的资本市场进行能源投资交易等活动[4]，提高能源低碳协作治理产品层级和附属价值，延长能源低碳协作治理产业链，消除中亚国家的能源投资不必要限制和贸易壁垒，推进能源低碳协作治理深度发展。

最后，重视对《能源宪章条约》和WTO规则的运用。《能源宪章条约》中设立的能源宪章会议可解决有关投资、贸易、运输等方面的争端。能源宪章体系

---

[1] 岳树梅：《国际能源合作法律问题研究》，西南政法大学2007年博士学位论文。
[2] 《"一带一路"能源低碳协作治理伙伴关系合作原则和务实行动》，http://www.nea.gov.cn/2019-04/25/c_138008739.htm，2021年9月11日访问。
[3] 吴胜男：《"一带一路"背景下中国参与国际能源低碳协作治理法律问题研究（2016年会论文）》，http://www.energylaw.org.cn/newsitem/277954122，2021年9月2日访问。
[4] 何凌云：《能源金融若干理论与实践问题研究》，科学出版社，2014年版。

的发展方向与中国"一带一路"建设规划不谋而合[①],《能源宪章条约》建立的有关能源贸易、能源投资、能源跨境输送和能源效率等方面的法律规范为"一带一路"能源低碳协作治理提供了经验。在这个意义上,中国应当审慎检视自身相关能源法律制度与其兼容性,积极推动和参与《能源宪章条约》的修改工作[②]。同时,WTO 的很多规则已具有广泛的适用性,因此,运用 WTO 规则也有助于保障"一带一路"能源安全国际合作的顺利。

2. 国内法规则

虽然中国法律并不具有域外效力,但立足于国内能源法制建设,完善中国相关能源的法律法规也有助于中国能源法律法规与"一带一路"相关政策和条约相协调,为"一带一路"能源国际合作提供经验和借鉴。中国宪法序言和总纲统领建构起碳达峰碳中和法制框架,环境保护法体系、能源法体系和相关法律是碳达峰碳中和行动的法制框架的支架,其共同造就了碳达峰碳中和行动的法制框架的雏形。但是,国内缺失应对气候变化的国家专门立法,缺少减污降碳协同增效的基础性规则以及相关立法的立法目的缺乏协调,集中映射了中国碳达峰碳中和行动的法制框架的关键缺失。所以,完善"一带一路"能源低碳合作规范依据,有利于建构起完备的碳达峰碳中和行动法制框架,形成"一带一路"能源低碳协作治理"政策引领—技术推进—法制保障"三位一体的行动方略,为双碳的如期实现提供充分有效的法制保障[③]。

第一,制定出台《能源法》,统筹能源法律体系。在能源国际合作方面,2020 年 4 月,国家能源局将《中华人民共和国能源法(征求意见稿)》[④] 第八十四条到八十九条规定的国际能源低碳协作治理的方式和内容,其方式主要是通过建立双边和多边条约、国际合作组织和协商对话方式开展能源低碳协作治理。合作内容包括境内能源低碳协作治理、信息服务合作、投资贸易合作、科技教育合作与跨境基础设施建设。因此,在《中华人民共和国能源法(征求意见稿)》的基础上,作出能源领域重大问题的原则性规定,统筹考虑国内、国外在"一带一路"能源、环境与发展各个领域的有关现状和趋势,尽快出台能源法,有利于协调各项能源单行法,发挥其在"一带一路"能源领域的基础作用。

第二,修改能源单行法,细化能源国际法律合作规定。首先,石油天然气是中国主要的能源消费方式,《石油天然气管道保护法》规范跨国能源通道运输并

[①] 单文华,王鹏,王晗:《"一带一路"建设背景下中国加入〈能源宪章条约〉的成本收益分析》,《国际法研究》,2016 年第 1 期,第 39—61 页。
[②] 胡德胜:《中国应该如何对待〈能源宪章条约〉》,《政法论丛》,2017 年第 6 期,第 87 页。
[③] 王江:《论碳达峰碳中和行动的法制框架》,《东方法学》,2021 年第 5 期,第 2 页。
[④] 《国家能源局关于〈中华人民共和国能源法(征求意见稿)公开征求意见公告〉》,http://www.nea.gov.cn/2020-04/10/c_138963212.htm,2021 年 9 月 21 日访问。

不完善,应在其基础上制定《石油天然气管道法》,加强跨境管道保护。其次,修订《煤炭法》《电力法》《可再生能源法》等能源单行法律,将"一带一路"能源发展理念和精神融入其中,使其适应"一带一路"能源安全国际合作需要。

第三,完善能源政策法律,适应"一带一路"合作趋势。目前,国内涉及"一带一路"能源安全合作的政策仍然较少。在未来,应当紧跟"一带一路"合作论坛达成的协议和内容,出台能源安全合作政策文件及评估报告,为国内能源部门和对外投资企业提供能源安全合作的指引。

综上所述,中国有必要建立统一、完备的能源法律体系,将国际能源低碳协作治理纳入立法考量范围,全面清理目前法律法规中与碳达峰碳中和实践中不相适应部分,研究建立健全碳达峰碳中和标准计量体系,完善碳排放数据管理和发布等制度[1]。另外,要结合中国参与的国际合作条约规范立法,做到政策转换为法律,促进中国参与"一带一路"合作有法可循[2]。同时,中国与"一带一路"沿线国家亟须健全国际能源低碳合作法律规范,制定相应的政策措施,设计相应的行动的框架,为碳中和目标的如期实现提供制度保障。

(三)形成"一带一路"多主体、全方位的能源低碳协作主体结构

在碳中和目标实现的国际协作治理中,需要走一条高水平、多层次、深领域的合作之路,打造多主体、全方位的能源低碳协作主体结构,加上"一带一路"沿线各国增强合作意愿,共同行动。

第一,密切"一带一路"沿线国家能源合作伙伴关系。首先,要推动碳中和目标如期实现,在《联合国气候变化框架公约》机制基础上,还可组建其他多方合作平台,构建"一带一路"能源命运共同体。其次,中国要利用自身优势,积极支持和帮助"一带一路"最不发达国家应对气候变化,真正实现互利互惠[3]。最后,广泛吸收和借鉴欧盟等第三方国家和地区经验,优化自身转型机制,促进"一带一路"经济高质量发展[4]。

第二,强化国际能源组织的重要地位。在"一带一路"项目上,加大与美欧在碳市场和碳排放机制方面的合作力度。国际各机构和市场主体可以将关键市场连接起来,为"一带一路"项目的开发积累资本,评估和化解投资环境风险,推动经济绿色高质量发展。切实加速推进中美欧"一带一路"建设第三方市场合作,推动低碳转型。在能源低碳协作治理和能源国际组织建设进程中,为达成

---

[1] 何立峰:《完整准确全面贯彻新发展理念 扎实做好碳达峰碳中和工作》,《人民日报》,2021年10月25日,第6版。
[2] 吕振勇:《能源法导论》,中国电力出版社,2014年版,第325页。
[3] 杨解君:《实现碳中和的多元化路径》,《南京工业大学学报(社会科学版)》,2021年第2期,第21页。
[4] 张雅欣,罗荟霖,王灿:《碳中和行动的国际趋势分析》,《气候变化研究进展》,2021年第1期,第88-97页。

"双碳目标"，必须开展区域性、多边性和全球性等多种形式的国际合作。因此，中国通过深化与"一带一路"沿线国家的能源合作伙伴关系，合力解决"一带一路"国家能源发展及治理协作中面临的问题，建立国际能源低碳协作治理平台，优化"一带一路"能源低碳协作治理机制。

第三，推动国家各级政府纵横协同。法律对新型社会关系的调整要求有适度的超前和引领功能，立法和司法要更为积极能动。总体上英美法在这方面有优势，大陆法相对保守。中国法治特别强调立法是前提，严格执法和司法。中国国家权力机关首要权力是立法权，因此，有必要加强"一带一路"碳排放领域的立法工作，构建完备的实现碳达峰、碳中和的法律体系。中国环境保护法治的另一个传统是行政主导，这也对立法和司法的功能有所制约[1]。立法机关同时要积极行使监督职能，在碳排放领域国家权力机关通过上述监督途径积极行使监督权，促进行政机关与司法机关正确行使职权，助力实现碳达峰、碳中和目标与愿景。特别指出的是，中国碳排放的主要执法监管机关为生态环境部门。自此，有关碳排放执法监管权得到集中行使，扫清了多头管理导致部门之间扯皮推诿的障碍。根据法律法规的规定与授权，行政机关可以通过行政规制、行政规划、行政扶持等手段助力实现碳达峰、碳中和[2]。

第四，激发企业的强大动力。企业作为碳排放主要社会主体，应负碳减排和能源转型的主要责任。企业既是社会的主要参与者，也是低碳市场经济发展的受益者。企业保护生态环境免受破坏和污染是环境权实现的主要手段，而国家与公民的环境权实施对企业生产利用行为产生促进效果。到目前为止，中国的碳交易市场还存在诸多问题，难以发挥市场在碳中和目标中的作用[3]。企业在市场运行中扮演重要角色，更要充分发挥在"一带一路"构建低碳协作治理中的重大作用，通过加强国际碳交易，发展绿色金融，加强低碳技术合作，促进产业转型升级等途径，更好助力"双碳目标"实现。因此，企业需承担"一带一路"碳排放控制与能源转型的主要责任。企业应树立低碳经营理念，认真落实碳达峰、碳中和相关法律与政策，做一个积极的守法者。

具体来说，可以从以下几方面着手：一要秉持绿色发展理念，用激励性政策引导企业实施清洁节能；二要提高科技创新能力，通过有效大数据信息技术手段开展网络化合作，促进企业能源效益最大化；三要兼顾和平衡好各主体利益，推动企业强强联合或以强带弱，提升"一带一路"企业防控风险能力。必须鼓励和

---

[1] 周珂：《适度能动司法推进双碳达标——基于实然与应然研究》，《政法论丛》，2021年第4期，第15页。
[2] 参见杨解君：《实现碳中和的多元化路径》，《南京工业大学学报（社会科学版）》，2021年第2期，第17—18页。
[3] 杨解君：《实现碳中和的多元化路径》，《南京工业大学学报（社会科学版）》，2021年第2期，第17页。

支持国内企业更多地参与到"一带一路"能源治理当中去,发挥政企的合力作用。

第五,发挥环境公益组织的独特作用。环境公益组织是保护生态环境的重要社会力量,也是实现"一带一路"碳达峰、碳中和目标与愿景的重要推动主体。社会组织包括企业公益组织、社会团体等,而在碳排放领域我们主要讨论对实现碳达峰、碳中和产生重要影响的企业与环境公益组织。为了低碳减排及实现"一带一路"碳达峰、碳中和目标,环境公益组织可以采取以下方式。一是提起有关碳排放的公益诉讼。中国法律规定:环境公益组织提起环境公益诉讼有严格的限定条件。该法条大大缩减了提起环境公益诉讼的主体范围,实施效果并不理想。因此,为了有效发挥环境公益诉讼对生态环境保护的作用,应适当扩大有权提起环境公益诉讼的环境公益组织范围,譬如说,无违法记录的环境公益组织也有权提起环境公益诉讼。二是对公众进行低碳宣传、教育及培训,提高公众低碳环保意识。三是针对低碳立法决策以及诉讼,通过社会调查问卷、调研报告等方式反映公众意愿,提供社会大数据支持。

(四)建构"一带一路"能源低碳协作机制

如前文所述,"一带一路"能源协作治理运行不畅,完整的制度安排的缺乏导致其体系化不够。因此,要完善"一带一路"能源低碳协作治理安全机制,需要从以下几点出发。

1. 健全国际能源低碳协作治理协调机制

第一,秉持开放包容、互利共赢的理念。通过能源安全国际合作,打造"一带一路"能源低碳协作治理共同体、利益共同体和责任共同体,各参与国在能源领域共发展、共繁荣。第二,健全顶层制度设计,完善战略规划或协调手段,实现各部门信息互联互通。通过信息共享,深化能源信息交流,从而加强"一带一路"的能源国际安全合作。第三,要借鉴国际组织运行程序,协调各方政策,完善"一带一路"能源国际合作组织中的议事、决策规则,从而使得能源国际合作运行机制更有效率和保障[1]。因此,国际组织开展的联合行动方案,能够弥补当前全球能源治理体系协调性的不足[2]。

2. 完善能源低碳协作治理环境影响评估机制

第一,促进评估主体多元化。如引入非政府组织(NGO)和加入评估体系,提升公众参与度,定期对"一带一路"能源项目的环境影响进行综合分析;完善环境评估法律,统一"一带一路"能源低碳协作治理环评标准。第二,拓宽能源

---

[1] 任虎:《中国与"一带一路"沿线国家能源合作法律制度研究》,《国际经济合作》,2016年第9期,第94—95页。
[2] 杨玉峰,尼尔·赫斯特:《全球能源治理改革与中国的参与》,清华大学出版社,2017年版,第86页。

评估内容和评估领域。这既能为能源项目建设者和决策者提供必要信息，也能够减少对环境的损害。按照《联合国环境规划署的环境影响评估原则》的要求，环境影响评估至少应当包括以下内容：拟议项目的基本情况，可能受影响的环境，实际的备选方案，可能的和潜在的各种环境影响，准备采取的减轻环境影响的措施的估计简要等[1]。第三，完善环境评估监管体系，加强环评过程管理。这些措施符合能源开发利用中注重环境保护的理念，促进了"一带一路"绿色发展。

3. 建立健全能源低碳协作治理应急机制

能源低碳协作治理应急机制能够有效减少突发事件给能源安全带来的威胁。首先，搭建"一带一路"能源低碳协作治理预警和应急平台。"一带一路"双边及多边合作组织应当制定能源预警规则，加强国际能源市场预测和预警，提升应对能源突发事件和合作效率的应急能力。其次，提高能源应急战略储备。"一带一路"能源低碳协作可以借鉴国际能源机构应急措施，例如，规定成员国一定标准的石油进口量和石油存量[2]。再次，完善"一带一路"能源应急合作法律规范。目前，欧盟在能源应急机制方面处于领先地位，其制定的《欧洲能源安全战略》《里斯本条约》为"一带一路"能源低碳协作治理应急机制提供了经验。这需要把能源与经济、环境、科学研究等领域相结合，形成长期能源应急战略举措，把能源应急法律体系化[3]。最后，将"一带一路"能源安全合作范围不断外延，加强政治、军事等方面的保障措施，不仅能应对国际油气价格波动对"一带一路"能源低碳协作治理造成的重大影响，而且可以维护能源供应地区的稳定和过境安全[4]。

4. 优化能源低碳协作治理纠纷解决机制

国际商事法庭的建立[5]，进一步完善了国际能源纠纷解决机制，为国际解决争端提供了有效途径。不言而喻，能源低碳协作治理纠纷解决机制的优化和完善不仅能够及时化解"一带一路"能源纠纷带来的不信任，而且能够提升纠纷解决水平，构建和谐的能源安全体系。一方面，需要加强"一带一路"能源国际合作

---

[1] Amy B. Rosenfeld etc., *Approaches to Minimizing the Environmental and Social Impacts of Oil Development in the Tropics*, in Zhiguo Gao ed., Environmental Regulation of Oil and Gas, Kluwer Law International 1998, p. 288.

[2] 吴胜男：《"一带一路"背景下中国参与国际能源低碳协作治理法律问题研究（2016年会论文）》，http://www.energylaw.org.cn/newsitem/277954122，2021年9月2日访问。

[3] 程苍：《论能源危机对欧盟能源应急法律政策发展的影响》，《暨南学报（哲学社会科学版）》，2015年第1期，第24—32页。

[4] EYRON Y. *China－Japan interaction in the middle east：a battleground of Japan's remilitarization*. The Pacific review, 2017.

[5] 参见2018年1月中央全面深化改革领导小组审议通过的《关于建立"一带一路"国际商事争端解决机制和机构的意见》。

舆论引导。如利用新闻和外交等途径阐明其政策、立场和基本态度，尽量消除"一带一路"国家之间的不信任，减少能源低碳协作治理纠纷的产生。同时，中国在致力于能源命运共同体建设过程中，应当积极主动作为，加强国际话语权建设并提升影响力。另一方面，在协商和对话方式之外，促进纠纷解决机制规范化。促进国际仲裁和国际司法等法律手段解决争端，使双方处于平等地位，公平解决能源争端，提高争端解决结果的可接受度。

5. 完善能源碳减排责任机制

由于环境难以确定边界，同一环境问题的主题是"荣辱与共"的关系问题[①]。如今环境问题已成为世界面临的共同问题，在能源命运共同体的背景下，为应对全球气候变化，全人类须共同承担实现碳达峰、碳中和的责任。值得注意的是，"一带一路"沿线国家普遍遭遇低碳转型发展资金缺口比较大的困境。2014年，世界银行《世界发展指标》（WDI）数据显示，"一带一路"沿线有24个国家化石能源消费占比仍然很高。所以，发展中国家能否实现能源低碳协作治理，对全球气候变化将产生巨大影响[②]，尤其是在碳中和愿景实现进程占有举足轻重地位。

因此，推行"一带一路"能源低碳协助治理举措势在必行。国际社会对碳减排责任的划分，应以公平与正义原则为指导，坚持"共同但有区别"的责任理念，加强国际能源低碳协作，弥补单边行动和"一带一路"沿线的发展中国家在技术和资金方面的不足，加快构建能源碳减排责任体系和法律机制，最终实现互利共赢。从矫正正义的角度来看，发达国家是工业革命以来造成碳排放主要来源、影响全球温室效应的主要"责任人"，在节能减排中应承担主要责任[③]。当然，中国作为最大的发展中国家，也有责任利用自身在可再生能源设备和技术世界领先优势，帮助发展中国家提升应对碳中和转型的能力，反对利用气候变化实行的单边主义和损害疫后世界经济复苏的行为。与此同时，在"一带一路"项目中，加大与美欧等发达国家的能源协作治理力度，加速推进中美欧"一带一路"建设第三方市场合作，推动"一带一路"能源结构低碳转型，确保"双碳目标"如期实现。

---

① 王春磊：《法律视野下环境利益的澄清及界定》，《中州学刊》2013年第4期，第60—64页。
② 周大地，高翔：《应对气候变化是改善全球治理的重要内容》，《中国科学院院刊》，2017年第9期，第1022—1028页。
③ 韩立新，逯达：《实现碳达峰、碳中和多维法治研究》，《广西社会科学》，2021年第9期，第28页。